pfeiffer
bei Klett-Cotta

Zu diesem Buch

Schüchternheit und Gehemmtheit im Umgang mit anderen, geringes Selbstwertgefühl und mangelnde Durchsetzungsfähigkeit schränken die Lebenqualität der betroffenen Menschen stark ein. Nicht selten steigert sich die Sozialangst zur sozialen Phobie – der Kontakt zur Umwelt wird dann möglichst vollständig vermieden. Das Buch berichtet ausführlich über mögliche Entstehungsbedingungen und über die Frage, wie die Angst aufrechterhalten wird. Der hier zugrunde liegende kognitiv-verhaltenstherapeutische Zugang ermöglicht die Analyse der individuell angstauslösenden Reize, der problematischen Überzeugungen und der positiven wie negativen Verstärker. Zusammen mit dem Klienten können so Ansatzpunkte für Veränderung gefunden werden. Ein ausgearbeitetes Therapiemanual erleichtert eine gezielte Vorgehensweise.

Dr. phil. Hansruedi Ambühl ist Fachpsychologe für Psychotherapie, Verhaltenstherapeut; er ist in freier Praxis in Bern tätig; Ausbilder und Supervisor im ambulanten und stationären psychotherapeutischen/psychiatrischen Bereich.

Dr. phil. Barbara Meier ist Fachpsychologin für Psychotherapie, Verhaltenstherapeutin; sie ist in freier Praxis und im stationären psychiatrischen Bereich in Zürich tätig.

PD Dr. Ulrike Willutzki, Dipl.-Psychologin mit kognitiv-verhaltenstherapeutischer, systemischer und Psychodramaausbildung. Tätig an der Fakultät für Psychologie, Ruhr-Universität Bochum, in Psychotherapie, Lehre, Forschung, Ausbildung und Supervision.

Hansruedi Ambühl
Barbara Meier
Ulrike Willutzki

Soziale Angst verstehen und behandeln

Ein kognitiv-verhaltenstherapeutischer Zugang

Pfeiffer bei Klett-Cotta

Leben lernen 145

Pfeiffer bei Klett-Cotta

Printed in Germany
Umschlag: Michael Berwanger, München
Titelbild: Ger van Elk: Sans titre II, 1981

Satz: PC-Print, München
Auf holz- und säurefreiem Werkdruckpapier gedruckt
und gebunden von Gutmann + Co, Talheim
ISBN 3-608-89692-9

Zweite, durchgesehene Auflage, 2004

Bibliographische Information Der Deutschen Bibliothek
Die Deutsche Bibliothek verzeichnet diese Publikation in der
Deutschen Nationalbibliographie; detaillierte bibliographische
Daten sind im Internet über <http://dnb.ddb.de> abrufbar.

Inhalt

Einleitung

Soziale Angst wurde bereits im Altertum als Phänomen anschaulich beschrieben. In einer der ältesten Falldarstellungen soll Hippokrates einen Mann skizziert haben, den man »wegen seiner Schüchternheit, wegen seines Argwohns und seiner Furchtsamkeit kaum zu sehen bekam; der die Dunkelheit wie sein Leben liebte und weder Helligkeit ertragen noch an beleuchteten Plätzen sitzen konnte, der – den Hut über die Augen gezogen – weder andere sehen noch von ihnen angeschaut werden wollte. Er mied jeden Kontakt aus Angst, schlecht behandelt zu werden, sich zu blamieren oder in seinen Gebärden oder durch sein Reden aus dem Rahmen zu fallen, oder sich übergeben zu müssen. Er glaubte sich von jedermann beobachtet ...« (Marks, 1977/1993, S. 101).

Angst vor sozialen Kontakten und Bewertung durch andere ist demnach als Phänomen altbekannt. Aber erst in neuerer Zeit wird der sozialen Angst immer größere Bedeutung beigemessen. Weshalb soziale Angst heute so sehr im Mittelpunkt des öffentlichen Interesses steht – was sozial-ängstliche Personen nach Möglichkeit zu vermeiden suchen – hat verschiedene Gründe, auf die im Folgenden etwas näher eingegangen wird.

In der heutigen Zeit wird von Personen mehr denn je erwartet, dass sie sich nach außen gut präsentieren können. Die gesellschaftlichen Erwartungen und Anforderungen an Personen bezüglich selbstsicher auftreten, sich gegen andere behaupten, sich gut verkaufen, Kritik ertragen, Kontakte zu anderen knüpfen können usw. waren noch nie so hoch wie heute. Seit der Begriff ›Soziale Kompetenz‹ die Runde gemacht hat, haben es zurückhaltende, schüchterne und sozialängstliche Personen sehr schwer, sich in ihrem sozialen Umfeld günstig zu positionieren. Während in früheren Zeiten in erster Linie ausgewiesene Leistungen und fachliche Kompetenz die Grundlage für den Broterwerb sowie gesellschaftliches und auch persönliches Ansehen darstellten, gibt heutzutage mehr und mehr die soziale Kompetenz den Ausschlag darüber, wer einen Job kriegt und wer nicht, wer innerhalb eines Betriebs in eine höhere Position befördert wird und wer nicht, wer beliebt ist bei den Mitmenschen und wer nicht, wer attraktiv ist für mögliche (Lebens-)Partner und wer nicht.

Der heutige Zeitgeist verlangt von den Individuen, dass sie sich in der Öffentlichkeit optimal präsentieren und verkaufen können. Stolpern auf dem sozialen Parkett im Auge der Öffentlichkeit wird ganz schnell zur Anstößigkeit, zum Skandalon. Der Slogan ›Schein statt Sein‹ macht in unserer Zeit die Runde und verheißt all jenen nichts Gutes, die – aus welchen Gründen auch immer – solchen Anforderungen nicht genügen können.

Nun gibt es aber und gab es immer schon Menschen, die Mühe haben, in der Öffentlichkeit zu sprechen, denen es schwer fällt, Bekanntschaften zu schließen, die große Nervosität befällt, wenn sie vor anderen Leuten eine Leistung erbringen sollen, die schüchtern und in diesem Sinne sozial-ängstlich sind. Sie ängstigen sich davor, von anderen (negativ) beurteilt zu werden oder sich in sozialen Situationen daneben zu benehmen, aufzufallen, in den Mittelpunkt des Interesses zu geraten, deplatziert zu wirken. Sie sorgen sich, sich nicht den Erwartungen anderer oder der Gesellschaft gemäß zu verhalten, sich vielleicht so peinlich ›daneben‹ zu benehmen, dass sie ausgelacht werden könnten, dass man sie geringschätzt und dass sie in Folge davon vor Scham über ihr Ungenügen am liebsten im Boden versinken würden. Solche Menschen haben es sehr schwer, in unserer leistungs- und ‚performanzzentrierten' Gesellschaft zu bestehen.

Weil sie eine panische Angst davor entwickelt haben, sich vor anderen bloßzustellen und der Lächerlichkeit preiszugeben, versuchen solche Menschen nach Möglichkeit für sie gefährliche soziale Situationen zu vermeiden und sich zurückzuziehen. Im Zeitalter der Kommunikation stellt jedoch der individuelle Rückzug kein probates Mittel zur Lösung der erlebten Schwierigkeiten dar, da es schlicht nicht möglich ist, ohne erhebliche Einschränkungen in der individuellen Lebensführung alle sozial ›gefährlichen‹ Situationen zu vermeiden. Oder anders ausgedrückt: Der Preis, den Personen mit sozialer Angst bezahlen, ist sehr hoch. Sie leiden darunter, können sich beruflich und persönlich nicht richtig entfalten, finden häufig keine(n) Partner(in), leben einsam und gesellschaftlich isoliert, werden depressiv oder abhängig von Medikamenten oder Alkohol, die sie zur Regulierung ihrer Probleme einsetzen (Wittchen & Beloch, 1996).

Vor diesem Hintergrund einer immer größeren Wertigkeit von assertivem Auftreten und selbstsicherer Performanz verschieben sich die Trennlinien zwischen sinnvoller und nützlicher Furchtreaktionen auf Gefahr bzw. Bedrohung und panischer Angst bzw. phobischer Vermeidung im Bereich sozialer Ängstlichkeit immer mehr. Phobien sind mit Leiden verbunden und können die Lebensgestaltung massiv beeinträchtigen. Das Gemeinsame aller Formen von Phobien ist, dass die intensiven Angstreaktionen dem Anlass und den Auslösern unangemessen erscheinen (nur mit einem sehr weiten Phobie-Begriff kann die Liste von über 250 Phobien verstanden werden, die in der Titelgeschichte des Time Magazins vom 14. Mai 2001 »Everything you always wanted to know about phobias but were afraid to ask« erschienen ist. Die Aufzählung reicht von Ablutophobie, der Angst vorm Baden, bis Zoophobie, der Angst vor Tieren.) Soziale Phobie beinhaltet mehr als nur ein Unbehagen im sozialem Kontext, nämlich intensives und unkontrollierbares Angsterleben.

Die Annahme, dass kulturelle Faktoren soziale Angst mitbeeinflussen, schlägt sich auch in Erklärungsmodellen verschiedener Angststörungen nieder (vgl. z. B. Friedmann, 1998). Soziale Phobie ist demgemäß eine Angststörung, die sich weder überwiegend onto-phylogenetisch (wie z. B. die Höhenangst), noch überwiegend kulturell oder traditionsbezogen erklären lässt (wie z. B. die abendländische Prüfungsangst oder die japanische ›Angst bei Angesicht zu Angesicht‹). Zudem weisen unterschiedliche Auftretenshäufigkeiten der sozialen Phobie in verschiedenen Kulturen darauf hin, dass der soziokulturelle Wert von Auftreten und Bewertetwerden auf die Entwicklung einer Angststörung Einfluss nehmen kann. Was das Kollektiv als schlimm oder gefährlich betrachtet, wird für das Individuum zum persönlichen Maßstab. Individualität und das Heraustreten aus Normen erscheint offensichtlich für viele gefährlich, was sich u.a. auch daran ablesen lässt, dass die Zugehörigkeit zu einer Gruppe so deutlich sichtbar gemacht wird (›Jeans-Kultur‹).

So kommt es nicht ganz von ungefähr, dass das Zustandsbild von ›Menschenscheu‹, unter dem eine beträchtliche Anzahl von ZeitgenossInnen leidet, in neuerer Zeit als soziale Angst große Beachtung findet. Unter den Namen ›Soziale Phobie‹ oder ›Soziale Angststörung‹ haben die Extremformen dieser Angst den offiziellen Status einer psychischen Störung erlangt. 1980 wurden erstmals Definitionskriterien für die psychische Störung mit dem Label ›Soziale Phobie‹ entwickelt.

Soziale Phobie ist eine Angststörung, bei welcher sich die Angst auf soziale Situationen bezieht, die häufig auch phobisch zu vermeiden versucht werden. Es sind dabei zwei Gruppen von Situationen, die Personen mit sozialer Angst fürchten: Soziale Interaktionen und soziale Auftritte. Prototypisch für erstere sind Partys, Rendezvous, Begegnungen mit Unbekannten, lockere Gespräche usw. Zur Klasse der sozialen Auftritte gehören Sprechen vor Gruppen, eine Leistung in der Öffentlichkeit erbringen (z. B. Musik, Sport etc.), essen oder schreiben vor andern oder die Benützung öffentlicher Toiletten. Dabei variiert die Angst gefürchteter Situationen bei Menschen mit einer Sozialphobie von ganz wenigen, spezifischen bis hin zu sehr vielen sozialen Interaktions- oder Leistungssituationen.

In jüngerer Zeit wurden zahlreiche Studien zur Erfassung der Häufigkeit der sozialen Phobie durchgeführt. Gerade dieser Punkt ist besonders wichtig im Hinblick auf die Erforschung dieser psychischen Erkrankung: je mehr Menschen unter einer Störung leiden, desto größer ist das Interesse daran. Tatsächlich haben solche Überlegungen wohl mit dazu beigetragen, dass die diagnostischen Kriterien zur Erfassung der sozialen Phobie in den letzten 20 Jahren mehrmals ausgeweitet wurden, was natürlich auch die Anzahl der davon betroffenen Personen beträchtlich erhöht hat.

Eine Anfang 1994 veröffentlichte repräsentative Studie beziffert die Verbreitung der sozialen Phobie bei der Bevölkerung der USA auf sage und schreibe 13 Prozent (Kessler et al., 1994). Dies bedeutet, dass etwa 35 Millionen US-AmerikanerInnen unter dieser Störung leiden. Nach der depressiven Störung und dem Alkoholismus steht in den USA die soziale Phobie bezüglich Auftretenshäufigkeit an dritter Stelle. Es ist zu vermuten, dass die soziale Phobie in Mittel- und Westeuropa ähnlich verbreitet ist, obwohl dazu bisher nur wenig Ergebnisse vorliegen.

Die weite Verbreitung der sozialen Phobie hat für davon Betroffene zunächst einmal zur Folge, dass ihre Schwierigkeiten nicht mehr als individuelle angesehen werden, sondern als Symptomatik einer ernsthaften psychischen Störung verstanden werden, über die auch in den Medien ausführlich informiert wird (siehe z. B. Zeitfragen in der NZZ, Nr. 66, 2000: ›Diagnose Menschenscheu. Die Erfindung der Krankheit [»Sozialphobie«] durch Ärzte und Pharmafirmen‹).

Dadurch müssen sich Personen mit sozialer Angst mit ihrem Schicksal nicht mehr so allein fühlen. Darüber hinaus dürfen sozialphobische Menschen berechtigterweise Hoffnung haben, dass die Forschung für diese lange Zeit ›vernachlässigte‹ Störung vorangetrieben wird, und dass neue und effektive therapeutische Möglichkeiten zur Behandlung der Sozialphobie entwickelt werden. Tatsächlich gibt es in den USA gegenwärtig mehr als zwanzig Forschungsprojekte über Sozialphobie, die von den nationalen Gesundheitsbehörden finanziert werden. Aber auch die Pharmaindustrie hat bei so einer Menge potentieller PatientInnen ein riesiges Interesse an der Herstellung geeigneter Medikamente zur Behandlung der Störung. Die Öffentlichmachung des Leidens samt der Einschränkungen, die mit einer sozialen Phobie verbunden sind, macht deutlich, dass Menschen mit dieser Störung nicht einfach mit ermunterndem Zuspruch aus ihrer Zurückgezogenheit in ein erfüllteres oder sozial erwünschteres Leben zurückgeholt werden können – von einer sozialen Angststörung Betroffene sind auf die Hilfe von Fachpersonen angewiesen. Allerdings sollte die Popularität und Akutalität dieser ›neuen‹ psychischen Störung nicht dazu verleiten, sämtliche Abweichungen von sozial kompetentem Verhalten zu problematisieren und pathologisieren.

Dieses Buch möchte auf dem Hintergrund einer kognitiv-verhaltenstherapeutischen Sichtweise einen Beitrag zur aktuellen Diskussion der sozialen Angst leisten. Leitlinien sind dabei die Frage danach, was soziale Angst ist, wie sie sich entwickelt, wie sie aufrechterhalten wird und, daraus abgeleitet, wie sie therapeutisch angegangen werden kann. Das Buch richtet sich an psychotherapeutisch tätige Fachpersonen, an Personen in psychiatrisch/psychotherapeutischer Aus- und Weiterbildung sowie an interessierte Laien und Betroffene.

In diesem Fachbuch wird das Phänomen soziale Angst aufgefächert, es werden Entwicklungslinien und aktualgenetische Prozesse beschrieben und es werden therapeutische Behandlungsansätze und -methoden dargestellt: Der Einstieg erfolgt über eine Annäherung an das Thema soziale Angst in Abgrenzung zu Schüchternheit und sozialer Unsicherheit. Danach werden die Merkmale der sozialen Angst, die diagnostischen Kriterien der sozialen Phobie, deren Verbreitung und Krankheitsverlauf sowie deren Komorbiditäten und differenzialdiagnostischen Abgrenzungen zu anderen psychischen Störungen dargestellt (Teil A: ›Was ist soziale Angst/soziale Phobie?‹).

Dann wird der Frage nachgegangen, welche Faktoren die Entwicklung einer Sozialphobie verursachen können. Hierbei wird unterschieden zwischen Veranlagungs- und Dispositionsfaktoren, Entwicklungsaspekten der Schüchternheit und negativen Erfahrungen in der Kindheit oder Adoleszenz (Teil B: ›Wie entwickelt sich eine soziale Phobie?‹).

Große Bedeutung wird der Frage beigemessen, was die soziale Angst am Leben erhält, denn daraus lassen sich mögliche Ansatzpunkte zu deren Veränderung ableiten. Es werden verschiedene Faktoren, die zur Aufrechterhaltung der Sozialphobie beitragen, unter die Lupe genommen. Zu nennen sind insbesondere Vermeidung und Flucht, problematische Annahmen über die Gefährlichkeit sozialer Situationen, angstbestätigende Erfahrungen und der ›Teufelskreis‹ von Angsterwartung und Angsterleben. Schließlich wird das Zusammenwirken dieser Faktoren zur Aufrechterhaltung der Sozialphobie in einem anschaulichen Modell dargestellt (Teil C: ›Wie wird eine soziale Phobie aufrechterhalten?‹).

In den letzten Jahren wurden verschiedene Ansätze und Methoden zur Behandlung sozialer Angst entwickelt. Diese ›störungsspezifischen‹ oder ›störungsorientierten‹ psychotherapeutischen Behandlungsansätze haben ihre Wurzeln in der kognitiven Verhaltenstherapie: Verfahren zum Aufbau sozialer Kompetenz, Strategien der Angstbewältigung, Expositionsverfahren und Konfrontation mit angstauslösenden Situationen sowie kognitive Umstrukturierung der problematischen Annahmen über die Gefährlichkeit sozialer Situationen. Jede dieser Methoden setzt dabei an einem (oder mehreren) der Faktoren an, die die Sozialphobie aufrechterhalten, und induziert so den therapeutischen Veränderungsprozess (Teil D: ›Übliche Behandlungsansätze der sozialen Phobie und ihre Vor- und Nachteile‹).

Problematisch bei der Darstellung verschiedener Behandlungsmethoden der Sozialphobie erscheint die Tatsache, dass nirgendwo auch nur ansatzweise auf die therapeutische Beziehung eingegangen wird. Dabei stellt die Therapie selbst eine gefürchtete soziale Situation dar, in der es darum geht, eigene Schwächen zu präsentieren. Es lohnt sich daher bei PatientInnen mit einer sozialen Phobie besonders, auf Schwierigkeiten in der Therapiebeziehung vorbereitet zu sein und mit einer ressourcenorientierten Beziehungsgestaltung entsprechende Klippen erfolgreich zu umschiffen (Teil E: ›Therapeutische Beziehung bei PatientInnen mit sozialer Angst‹).

Der letzte Teil des Buches liefert ein integratives Behandlungskonzept der sozialen Phobie. Dieses ist als Manual gestaltet, das sehr konkret einen möglichen Therapieablauf strukturiert. Dieses Konzept geht von einer individuumsspezifischen Fallkonzeption aus, anhand derer ein individuelles Erklärungsmodell zur Entstehung und Aufrechterhaltung der sozialen Angst entwickelt wird. Besonderes Gewicht wird auf die Spezifizierung hindernder Faktoren bei der Veränderung sozialer Ängste gelegt. Die für alle Personen mit sozialer Angst notwendigen korrigierenden Erfahrungen sollen über Konfrontationen mit realen Situationen im Sinne von Verhaltensexperimenten erreicht werden. Falls solche Erfahrungen nicht zu einer spürbaren Einstellungsveränderung führen, werden hindernde kognitive Annahmen zusätzlich therapeutisch bearbeitet. Abschließend wird auf die Frage eingegangen, wie der Erfolg einer Psychotherapie auch über das Behandlungsende hinaus stabilisiert werden kann (Teil F: ›Ein integratives kognitiv-verhaltenstherapeutisches Behandlungsmanual der sozialen Phobie‹).

Wir hoffen, dass dieses Buch das Verständnis für die soziale Phobie vertiefen hilft und Fachpersonen und davon Betroffenen Mut macht, dieser Angststörung die Stirn zu bieten.

A) Was ist soziale Angst / soziale Phobie?

Angst in sozialen Situationen ist ein weit verbreitetes Phänomen. Wer kennt nicht das Gefühl der Aufregung vor einer Prüfung oder die ängstliche Anspannung vor einem wichtigen Gespräch? Die meisten von uns kennen Unruhe oder Aufregung angesichts von Situationen, in denen wir von anderen Personen beurteilt oder bewertet werden, z. B. bei Vorstellungsgesprächen, beim Sprechen vor einer Gruppe oder beim Kennenlernen fremder Menschen. Für die meisten Menschen ist diese Art von Aufregung oder Angst mit einem gewissen Unwohlsein verbunden, das wir zwar als lästig empfinden, das uns aber bei der Erreichung wichtiger Ziele nicht weiter beeinträchtigt. Oft führt das so gesteigerte Erregungsniveau sogar zu einer besseren Leistung oder Reaktionsbereitschaft.

Rampenlicht und Lampenfieber: im Auge der Öffentlichkeit

Es ist also allgemein verbreitet, sich in gewissen sozialen Situationen ängstlich, angespannt oder unruhig zu fühlen. Gemeinsamer Nenner dieser Situationen ist, dass man mit einer oder mehreren anderen Personen zusammentrifft und von ihnen wahrgenommen wird. Beispiele hierfür sind etwa, eine Rede oder ein Referat zu halten, zu feiern, Telefonate zu führen, Behördengänge oder Einkäufe zu erledigen, im Wartezimmer zu sitzen usw. Viele Personen werden nervös, wenn sie ins ›Rampenlicht‹ gelangen, z. B. wenn sie gebeten werden, vor Zuhörern zu sprechen, und es ist bekannt, dass selbst erfahrene Schauspieler in solchen Situationen ›Lampenfieber‹ haben.

Angst kann auch in üblicheren Alltagssituationen auftreten. So kann sich eine Person etwa ängstlich fühlen, wenn sie sich in einer Gruppe an der Unterhaltung beteiligen soll. Sie kann sich unwohl fühlen, wenn sie in der Öffentlichkeit essen oder schreiben sollte, oder sie kann sich Sorgen machen, dass sie möglicherweise Zeichen von Anspannung wie Zittern, Schwitzen oder Erröten zeigen wird. All dieses sind Beispiele von sozialen Ängsten, bei denen eine Person sich davor fürchtet, im Mittelpunkt zu stehen, auffällig zu sein, sich unangemessen oder unmöglich zu benehmen bzw. in sozialen

Situationen eine schlechte Figur abzugeben. Es gibt viele Menschen, die durch Ängste in sozialen Situationen massiv beeinträchtigt werden und sehr darunter leiden.

Auffallen und Bewertetwerden

Die subjektiven Gründe für die soziale Angst variieren sehr stark. Manche Menschen machen sich Sorgen, dass andere ein Angstsymptom wie etwa Erröten, mit der Hand oder der Stimme zittern oder Schwitzen bemerken werden. Andere wiederum fürchten sich davor, etwas Unangebrachtes oder Peinliches zu sagen, einen Fehler zu machen, aufzufallen oder sonst irgendwie ›komisch‹ zu agieren, was sie befangen machen oder erniedrigen würde. Wieder andere fürchten, dass sie sich in Verlegenheit bringen könnten, wenn sie vor einer gefürchteten Situation ohne Erklärung fliehen müssten. Meist ist es unwahrscheinlich, dass die gefürchtete Peinlichkeit tatsächlich eintritt: So fürchtet etwa der erfahrene Schauspieler, dass er plötzlich panikartig von der Bühne wegrennen muss, weil er ein totales ›Blackout‹ hat, oder der Referierende befürchtet, dass er bereits bei der Anrede des Publikums weiche Knie bekommen und in Ohnmacht fallen werde. Die Person kann sich die befürchtete Peinlichkeit auch so ausmalen, dass allein schon die Vorstellung eine Katastrophe für sie darstellt – und sie möglichst alles tut, damit so etwas nur nicht passiert –, wie z. B. die junge Frau, die befürchtet, dass ihr Rendezvous platzen wird, wenn sie auch nur ein einziges Mal stammelt.
Im Folgenden werden verschiedene Facetten des Themas soziale Angst angesprochen. Zunächst wird beschrieben, wie sich soziale Angst in problematischen Situationen manifestieren kann. Es wird auf die weit verbreitete Schüchternheit eingegangen und anhand deren Ausprägung ein Kontinuum zur sozialen Angst gezogen. Auch soziale Unsicherheit und verschiedene Ansätze zur Überwindung sozialer Hemmungen und zur Erreichung sozialer Kompetenz werden erörtert.
Es werden dann die Hauptmerkmale der sozialen Angst beschrieben und der kontinuierliche Übergang zur psychischen Störung ›Soziale Phobie‹ skizziert. Anhand der kurzen Geschichte der sozialen Phobie seit ihrer Aufnahme in das ›Diagnostische und Statistische Manual Psychischer Störungen‹ im Jahre 1980 werden Entwicklungen und Veränderungen der Diagnose-Kriterien beschrie-

ben sowie die derzeitigen Kriterien zur Erfassung einer sozialen Phobie dargestellt. Es wird den Fragen nachgegangen, wie verbreitet diese Störung ist, wann sie zum ersten Mal auftritt und welchen Verlauf sie ohne Behandlung nimmt.
Da die soziale Phobie im Durchschnitt sehr früh in der Lebensgeschichte auftritt, geht sie auch oft mit anderen – später auftretenden – psychischen Störungen einher. Von ihrem Erscheinungsbild her hat sie mit verschiedenen anderen psychischen Störungen mehr oder weniger große Ähnlichkeiten. Am Ende dieses Teiles wird daher beschrieben, wie andere psychische Störungen, die entweder oft mit einer sozialen Phobie einhergehen oder die sich vom Erscheinungsbild her gleichen können, von der sozialen Phobie abgegrenzt werden können.

1. Eine Annäherung an das Thema soziale Angst

Ausgehend vom ›Lampenfieber‹, das viele kennen, wenn sie im Rampenlicht der Öffentlichkeit stehen, wird herauskristallisiert, welche Formen soziale Angst konkret annehmen kann und was davon betroffene Personen in angstauslösenden Situationen oft erleben.
Anhand der weit verbreiteten Schüchternheit, die ähnliche Symptome wie soziale Angst auslöst, werden im Folgenden Gemeinsamkeiten und Unterschiede dieser beiden Phänomene dargestellt. Da die Unterschiede eher quantitativer als qualitativer Natur sind, können Schüchternheit und die psychische Störung ›Soziale Phobie‹ als auf einem Kontinuum liegend verstanden werden.
Im Zusammenhang mit sozialer Angst spielt auch die soziale Unsicherheit eine wichtige Rolle. Diese äußert sich vor allem im Fehlen einer angemessenen sozialen Kompetenz. Der Zusammenhang von sozialer Unsicherheit und sozialer Kompetenz sowie unterschiedliche Konzepte zur Erreichung sozialer Kompetenz werden erläutert.
Abschließend wird der Frage nachgegangen, wie sich soziale Angst manifestieren kann, welche Merkmale dabei wichtig sind.

1.1 Was passiert bei sozialer Angst?

Verschiedene Personen haben unterschiedliche Befürchtungen in sozialen Situationen und erleben zudem unterschiedliche Angstsymptome.
Manche Symptome sind körperlich und äußern sich in: Zittern, Schwitzen, Erröten, Weinen, Benommenheit, schnellem Herzschlagen, unsicherer Stimme oder trockenem Mund. Andere Symptome erstrecken sich etwa auf Schwierigkeiten, sich zu konzentrieren, Worte richtig auszusprechen, oder auf das Gefühl, dass der Kopf ganz leer wird.
Die Vermeidung von schwierigen Situationen ist ein weit verbreitetes Merkmal von sozialen Ängsten. Bestimmte soziale Situationen werden nach Möglichkeit umgangen oder nur unter großem Unwohlsein durchgestanden.
Es kann sein, dass die Angst nur durch ganz wenige, einzelne Bedingungen ausgelöst wird und demnach klar identifizierbare Situationen wie z. B. öffentlich sprechen vermieden werden. Es kann aber auch sein, dass sich jemand in sehr vielen Situationen ängstlich fühlt.
Die Art und Weise, wie eine Person denkt oder sich verhält, wenn sie sich ängstlich in sozialen Situationen fühlt, ist maßgeblich dafür, dass ihre Angstgefühle anhalten. Beispiele dafür können etwa sein:

Sie bemerken, dass Sie in einer Unterhaltung mit einer Gruppe von Freunden wenig gesagt haben und Sie haben den Gedanken »ich bin zu ruhig, die anderen müssen denken, dass ich langweilig bin«. Als Ergebnis dieses Gedankens achten Sie noch mehr auf sich selbst und werden ängstlich bis zu einem Punkt, wo Sie das Gefühl haben, auffällig oder fehl am Platz zu sein. Sie sagen dann weniger oder entschuldigen sich und verlassen die Situation, um den Schaden zu verringern. Vielleicht zwingen Sie sich auch, endlich etwas zu sagen – auch wenn es gar nicht passt und alle Sie verständnislos ansehen …
Sie machen sich Sorgen, dass Sie erröten könnten, wenn Sie ein Geschäft betreten und der Verkäufer Sie anspricht. Sie fühlen sich sehr ängstlich und versuchen, sich auf Ihr Gesicht zu konzentrieren und zu verhindern, dass die Röte sich ausbreitet. Dies

führt dazu, dass sich Ihr Gesicht noch heißer anfühlt. Sie gehen dann davon aus, dass alle Ihr Erröten sehen können und denken z. B., dass Sie sich blamieren oder dumm aussehen. Sie fühlen sich so, als ob alle Augen auf Ihnen ruhen, aber Sie sehen sich nicht mehr um, um herauszufinden, ob dies stimmt (was es oftmals nicht tut!). Sie versuchen, möglichst wenig in Geschäfte zu gehen, damit Ihnen das alles nicht noch einmal passiert.
Falls es dann doch einmal nötig sein sollte, erinnern Sie sich daran, dass Sie das schon lange nicht mehr getan haben und sicher gar nicht mehr können.

Teufelskreis

So ergeben sich mehrere Wege, auf denen sich eine soziale Angst verschärfen kann, ohne dass die davon betroffene Person diesen Prozess bemerken muss. Ein ›Teufelskreis‹ hat sich entwickelt, in welchem Erwartungsangst vor solchen angstauslösenden Situationen zu deren Vermeidung führt; die Vermeidung führt umgekehrt dazu, dass die Erwartungsangst und die Angst in sozialen Situationen noch mehr ansteigt. Dies kann zu einer immer größer werdenden funktionalen Beeinträchtigung führen, durch die der Bewegungsspielraum der davon betroffenen Personen immer stärker eingeschränkt wird.

1.2 Von der Schüchternheit zur sozialen Angst

Besorgtheit, Zurückhaltung und ängstliche Anspannung in sozialen Situationen sind Merkmale der sozialen Angst, passen aber auch zu dem, was gemeinhin als Schüchternheit verstanden wird. Wie stehen Schüchternheit und soziale Angst miteinander in Beziehung? Auch Schüchternheit ist weit verbreitet. Die meisten Menschen haben in ihrer frühen Kindheit eine gewisse Zeit lang gefremdelt und sich ängstlich angelehnt an ihre vertrauten Personen. Viele von ihnen haben nach einer gewissen Zeit dieses Verhalten wieder abgelegt. Der Ausdruck Schüchternheit wird in der Umgangssprache sehr häufig verwendet, ohne dass recht klar wird, was darunter zu verstehen ist. Im nächsten Abschnitt soll diesem Begriff im Einzelnen nachgegangen werden.

Im wissenschaftlichen Kontext wurde Schüchternheit erstmals von Darwin (1872) definiert, der diese als eine Überempfindlichkeit hinsichtlich der Meinung anderer Personen beschrieb, wobei die anwesenden Personen nicht vertraut sein dürfen. Hartenberg (1921), ein französischer Psychiater, gebrauchte den Begriff Schüchternheit synonym für soziale Ängste und schlug eine Definition der Schüchternheit (und der sozialen Ängste) anhand der auftretenden Symptome vor. Schüchternheit äußert sich seiner Ansicht nach darin, dass davon Betroffene in eine emotionale Erregung gelangen, die mit Angstgefühlen verbunden ist und hauptsächlich von somatischen Symptomen begleitet wird (z. B. Herzklopfen, kalter Schweiß, Zittern). Die Betroffenen reagieren darauf verwirrt und beschämt.

Die Meinung anderer

Darwin und Hartenberg betonen beide die interpersonelle Dimension der Angst – geringgeschätzt zu werden von andern, minderwertig im Urteil anderer zu sein, lächerlich zu erscheinen –, wobei für Hartenberg es nicht zwingend ist für das Auftreten von Schüchternheit, dass die Anwesenden Fremde sein müssen.
Aktuellere Theorien beschreiben Schüchternheit als übergroße Empfindlichkeit gegenüber Meinungen anderer, die durch überhöhte Selbstbezogenheit noch verstärkt wird, indem sie schüchternes und ängstliches Verhalten nach sich zieht (Lépine & Simon, 1998). So fand Zimbardo (1986) bei Personen, die sich selbst als schüchtern einschätzen, folgende Probleme in zwischenmenschlichen Beziehungen:

1. Auftreten von negativen Gefühlen wie Angst, Depression und Einsamkeit;
2. mangelnde Fähigkeiten, sich an neue Situationen anzupassen, und Schwierigkeiten, die eigene Meinung zu äußern;
3. übertriebene Zurückhaltung; Projektion eines negativen Selbstbildes, was schüchterne Menschen als unfreundlich, hochmütig und wenig herzlich erscheinen lässt;
4. Schwierigkeiten, sich in der Gegenwart anderer mitzuteilen;
5. überhöhte Selbstaufmerksamkeit.

Damit wird nahe gelegt, dass Schüchternheit mit ihren psychischen, emotionalen und Verhaltenskomponenten das Leben der davon Betroffenen behindern und beeinträchtigen kann. Als schüchtern gelten in den meisten Studien jene Personen, die sich selbst als schüchtern bezeichnen. Es fällt tatsächlich schwer, genau zu unterscheiden, wo Schüchternheit endet und soziale Phobie beginnt.

Ähnliche Symptome

Die Symptome der emotionalen Erregung, Erröten, Herzklopfen, Zucken der Muskeln, Zittern und Schwitzen u. a. scheinen bei schüchternen Personen sehr ähnlich zu sein wie bei sozialphobischen Personen (Turner & Beidel, 1989). Beide Gruppen scheinen sich von Normalpersonen bezüglich Puls und Blutdruck in Stresssituationen zu unterscheiden (Kagan, Reznick & Snidman, 1988). Auch die Gedanken (›Kognitionen‹) der schüchternen und sozialphobischen Menschen sind sehr ähnlich: beide Gruppen berichten über eine Angst vor negativer Beurteilung in sozialen Interaktionen (Ludwig & Lazarus, 1983).

Trotz dieser Ähnlichkeiten steht fest, dass selbstattribuierte Schüchternheit viel häufiger vorkommt als soziale Phobie. Nach Pilkonis und Zimbardo (1979) geben 80% der befragten Menschen an, zumindest zeitweise schüchtern zu sein, und immerhin 40% der untersuchten Personen stufen sich als generell schüchtern ein. In einer anderen Studie wird berichtet, dass 20-40% einer Gruppe von Mittelschülern sich als schüchtern bezeichnen (Spielberger, Pollans & Wordern, 1984). Im Vergleich dazu liegt die Auftretenshäufigkeit der sozialen Phobie nach Kessler, McGonagle, Zhao, Nelson, Hughes, Eschlemann, Wittchen & Kendler (1994) bei 13.3%. Weil von Schüchternheit Betroffene sich diese üblicherweise ohne spezifische Kriterien selbst zuschreiben, ist diese Kategorie viel heterogener als diejenige der sozialen Phobie, die nach klaren diagnostischen Kriterien definiert wird (vgl. Kapitel A 2 ›Diagnostik der sozialen Phobie‹).

Gemeinsamkeiten und Unterschiede

In ihrem Versuch der Abgrenzung von sozialer Angst und Schüchternheit listen Beidel und Turner (1999) folgende Gemeinsamkeiten und Unterschiede auf. Für beide Gruppierungen sind charakteristisch: erhöhte physiologische (kardiovaskuläre) Erregung, negative Gedanken in sozialen Begegnungen, Vermeidung von sozialen Situationen und Mängel in der sozialen Kompetenz. Im Vergleich zu Schüchternheit findet sich jedoch für die soziale Phobie eine kleinere Auftretenshäufigkeit in der Bevölkerung, häufiger chronische Störungsverläufe, stärkere funktionale Beeinträchtigungen sowie ein späterer durchschnittlicher Störungsbeginn.

Quantitativer Unterschied

In Anbetracht der großen Gemeinsamkeiten der Konzepte Schüchternheit und sozialer Phobie spricht vieles dafür, deren Unterschiede eher auf quantitativer denn auf qualitativer Ebene festzumachen, und zwar vor allem im Hinblick auf den Grad der funktionalen Beeinträchtigung und das Ausmaß der Vermeidung sozialer Situationen.

1.3 Soziale Unsicherheit und soziale Kompetenz

›Soziale Kompetenz‹ ist ein viel benutzter, aber in den seltensten Fällen klar definierter Begriff zur Beschreibung der Anforderungen an Personen, sich im sozialen und gesellschaftlichen Umfeld zurechtzufinden und behaupten zu können. Gewisse Fähigkeiten scheinen nützlich für zwischenmenschliche Beziehungen und den Umgang mit anderen Menschen im Leben eines jeden Individuums zu sein. Zur Beschreibung dieser Fähigkeiten existiert eine wahre Begriffsinflation: ›Selbstsicherheit‹, ›assertives Verhalten‹, ›Durchsetzungsvermögen‹, ›Selbstbehauptung‹, ›Selbstsicherheit‹, ›emotionale Freiheit‹, ›soziale Fertigkeiten‹, ›soziale Flexibilität‹ und ›soziale Geschicklichkeit‹ sind einige der dafür verwendeten Begriffe (Fliegel, Groeger, Künzel, Schulte & Sorgatz, 1994). Die Schwierigkeiten bei der Definition sozialer Kompetenz bzw. Selbstsicherheit rühren vor allem daher, dass unterschiedliche Autoren verschiedene theoretische Ansätze entwickelt haben, die teilweise sehr Ähnliches, in vielen Fällen aber durchaus Unterschiedliches meinen.

Überwindung sozialer Hemmung

Die frühesten Formen verhaltenstherapeutischer Selbstsicherheitstrainings stammen von Salter (1949) und Wolpe (1958). Salter überträgt Pawlows Theorie der klassischen Konditionierung auf die therapeutische Praxis. Er führt dabei psychische Störungen auf Störungen der Ausgewogenheit von Aktivierungs- und Hemmungsprozessen zurück, die sich in zwei unterschiedlichen Persönlichkeitstypen manifestieren: einem spontanen, bei dem die Aktivierungsprozesse überwiegen, und einem gehemmten, bei dem soziale Hemmungen spontane Reaktionen behindern. Eine ›gehemmte‹ Person kann demzufolge nicht spontan sein und kann ihre Gefühle und Bedürfnisse schlecht äußern. Als Behandlungsmethode entwickelt Salter das ›expressive training‹, das aus verschiedenen Spontanitätsübungen besteht. Wolpe wurde von Salters Ansatz angeregt und entwickelt den Begriff ›Selbstsicherheitstraining‹ bzw. ›Selbstbehauptungstraining‹ (›assertive training‹). Er betrachtet die Angst als Ursache unsicheren Verhaltens in sozialen Situationen. Wolpe führt diese Angst ebenfalls auf einen ›klassischen‹ Konditionierungsprozess zurück und entwickelt eine Behandlungsmethode, die auf dem Prinzip der ›Gegenkonditionierung‹ oder ›reziproken Hemmung‹ basiert. Da er das gleichzeitige Auftreten von Angst und selbstsicherem Verhalten für unvereinbar hält, setzt er die assertive Selbstbehauptung als angsthemmendes Mittel ein. Hierbei gilt ihm durchaus auch aggressives Verhalten als Mittel der Wahl.

›Social Skills-Training‹

Gewissermaßen eine Gegenposition zum Assertiveness-Konzept nehmen die ›Social Skills-Modelle‹ ein. Diese Modelle führen sozial inkompetentes Verhalten vor allem auf falsch oder gar nicht gelerntes Sozialverhalten zurück. Wie auch immer solche Defizite entstanden sein mögen, nimmt man an, dass sie ganz oder wenigstens teilweise durch ein Training neuer, situationsangemessener Verhaltensweisen ausgeglichen werden können. Solche Trainings sozialer Kompetenzen haben nicht einen Angstabbau, sondern einen Aufbau von beobachtbaren Verhaltensweisen und Fertigkeiten, die gelernt werden können, zum Ziel. Basierend auf den Prinzipien der sozialen Lerntheorie (Mischel, 1973; Bandura, 1979) wurden verschiedene Trainings zur Erwerbung sozialer Kompetenzen entwickelt.

Einstellung und soziale Wahrnehmung

Zu Beginn der siebziger Jahre setzte sich zunehmend die Einsicht durch, dass für die Erreichung von Selbstsicherheit sowohl die Überwindung sozialer Angst wie auch der Aufbau sozialer Fertigkeiten zentrale therapeutische Ansatzpunkte seien. Zusätzlich müsse allerdings ein dritter Bereich berücksichtigt werden, nämlich kognitive Variablen wie ›Einstellung zu sich selbst‹ und ›soziale Wahrnehmung‹. Die wichtigsten Vertreter dieser Richtung sind Goldstein (1973), Lazarus (1971) und Ullrich de Muynck und Ullrich (1973), die den für den deutschen Sprachraum wichtigen Begriff der ›Selbstsicherheit‹ einführten.

Soziale Kompetenz

Gegen Ende der siebziger Jahre zeichnete sich im Zusammenhang mit der kognitiven Ausrichtung der Verhaltenstherapie im deutschen Sprachraum ein vierter Ansatz ab, der mit dem Begriff der ›sozialen Kompetenz‹ verbunden ist (Sommer, 1977; Zimmer, 1978). Theorien zur sozialen Kompetenz beschäftigen sich mit hypothetischen Strukturen oder Fähigkeiten zur zwischenmenschlichen Interaktion. In den Kompetenztheorien wird das tatsächliche Verhalten als ein Produkt aus der ›individuellen Kompetenz‹ und den jeweiligen ›Performanzbedingungen‹ – womit die fördernden oder hemmenden Aspekte der Interaktionssituation gemeint sind – betrachtet. Die Förderung sozialer Kompetenz geht von ihrem Anspruch her über ein bloßes Verhaltenstraining hinaus und zielt auf eine Verbesserung der zugrunde liegenden hypothetischen Kompetenz oder Fähigkeit ab.

Sozial kompetente Verhaltensweisen

Gemäß dem heutigen Erkenntnisstand besteht ein wesentlicher Grundgedanke des Begriffs ›Soziale Kompetenz‹ darin, dass »Individuen in mehr oder minder starkem Maße über Fertigkeiten verfügen, akzeptable Kompromisse zwischen sozialer Anpassung einerseits und individuellen Bedürfnissen andererseits zu finden und zu verwirklichen« (Hinsch & Pfingsten, 1998, S. 12). Gambrill (1995) zählt verschiedene konkrete Verhaltensweisen auf, die zu sozialen Kompetenzen gezählt werden können:

- Gespräche beginnen, aufrechterhalten und beenden
- Auf Kontaktangebote eingehen
- Erwünschte Kontakte herbeiführen
- Jemanden um einen Gefallen bitten
- Komplimente machen
- Gefühle offen zeigen

- Nein sagen
- Auf Kritik reagieren
- Widerspruch äußern
- Unterbrechungen im Gespräch unterbinden
- Sich entschuldigen
- Schwächen eingestehen
- Unerwünschte Kontakte beenden
- Komplimente akzeptieren

Sozial unsicheres bzw. inkompetentes Verhalten liegt hiernach jeweils dann vor, wenn jemand eines dieser Verhaltensmuster in entsprechenden Situationen nicht oder nur unvollkommen verwirklichen kann. Manche Personen verhalten sich dabei vor allem vermeidend-unsicher, andere eher aufdringlich-aggressiv. Man könnte diese Verhaltensweisen auch als Flucht nach hinten bzw. Flucht nach vorne bezeichnen.

1.4 Merkmale der sozialen Angst

Für manche Menschen werden im Laufe der Zeit ihre sozialen Schwierigkeiten zu einem chronischen und belastenden Problem, das im Extremfall das ganze Leben massiv beeinträchtigen kann. In solchen Fällen handelt es sich um eine so genannte soziale Phobie. »Darunter versteht man eine dauerhafte, unangemessene Furcht und Vermeidung von Situationen, in denen die Betroffenen mit anderen Menschen zu tun haben und dadurch einer möglichen Bewertung im weitesten Sinne ausgesetzt sind. Menschen mit einer Sozialphobie befürchten zu versagen, sich lächerlich zu machen oder durch ungeschicktes Verhalten gedemütigt zu werden« (Margraf & Rudolf, 1999, S. 4). In den gefürchteten Situationen neigen sie dazu, verlegen und selbstkritisch zu reagieren. Sie spüren dabei oft physiologische Angstsymptome wie Erröten, Herzklopfen, Schwitzen und Zittern.
Manche Menschen mit sozialen Ängsten fürchten sich vor einzelnen konkreten Situationen – z. B. Lampenfieber bei einem öffentlichen Auftritt –, während andere sich praktisch vor sämtlichen zwischenmenschlichen Kontakten fürchten bzw. sie nach Möglichkeit

vermeiden. Soziale Phobien können daher eng umschrieben sein (z. B. Angst vor öffentlichem Sprechen) oder einen großen Teil aller zwischenmenschlichen Aktivitäten einschließen.

Leistung und ihre Bewertung

Auch Leistungssituationen werden von manchen Personen mit einer sozialen Phobie sehr gefürchtet und lösen massive Ängste aus. Das Lampenfieber vor und in Prüfungen ist eine milde Form der Angst, etwas zu leisten, was von anderen Personen bewertet wird. Das zentrale Angstmoment beim Erbringen von Leistungen besteht darin, dass man den – meistens selbst gesetzten – hohen Ansprüchen nicht genügen und sich dadurch vor anderen blamieren und der Lächerlichkeit preisgeben könnte.

Befürchtungen und Sorge

Die meisten Personen mit sozialer Phobie machen sich große Sorgen, wenn sie in einer sozialen Situation im Mittelpunkt stehen. Sie können in solchen Situationen verschiedene Befürchtungen haben wie z. B. »Ich werde verlegen und weiß gar nichts zu sagen«, »Ich werde mich total peinlich benehmen«, »Ich werde mich blamieren und lächerlich machen« etc. Derartige Befürchtungen und Sorgen können Minuten, Tage oder sogar Monate vor der erwarteten schwierigen sozialen Situation beginnen. Ein anstehendes Betriebsessen oder eine geplante Hochzeit kann schon Monate im Voraus überschattet werden durch die immer wieder aufkeimende Befürchtung, beim Anstoßen der Gläser zu zittern und damit den Beweis zu liefern, dass mit einem etwas nicht stimmt. Hierbei wird deutlich, eine wie wichtige Rolle die kognitive Bewertung von solchen Ereignissen spielt.

Angst vor der Angst

Typischerweise löst die gedankliche/antizipierte Konfrontation mit einer sozialen Situation mehr oder weniger große Erwartungsängste aus. Die ›Angst vor der Angst‹ ist ein wesentliches Merkmal der sozialen Phobie. Die große Angst davor, von anderen negativ beurteilt zu werden oder sich so zu verhalten, dass man sich der Peinlichkeit oder Lächerlichkeit aussetzt, führt oft zu Vermeidung oder Fluchtverhalten, was bewirkt, dass die Angst ausbleibt oder sofort nachlässt. Damit verschwinden allerdings die Beschwerden nicht, sondern sie werden ganz im Gegenteil verstärkt und aufrechterhalten. Beim nächsten Mal wird sich die Person an die Flucht aus der letzten Situation erinnern und noch weniger an ihre Möglichkeiten glauben. Ein ›Teufelskreis‹ hat sich entwickelt, in welchem Erwartungsangst vor solchen angstauslösenden Situationen zu deren Vermeidung führt; und die Vermeidung führt umgekehrt dazu, dass die Erwartungsangst und die Angst in sozialen Situationen noch mehr ansteigt. Die verschiedenen Faktoren, die eine soziale Angst am Leben erhalten, werden in Teil C ›Was hält eine soziale Phobie aufrecht?‹ ausführlich diskutiert.

Sichtbare körperliche Symptome

Die Erwartungsängste und die gemachten Annahmen bezüglich der negativen Konsequenzen des gezeigten Verhaltens, die in der Folge bereits durch die Vorstellung von angstauslösenden Situationen entwickelt werden, können dann im Sinne einer ›sich selbst erfüllenden Prophezeiung‹ zu körperlichen Symptomen wie Verkrampfung, Zittern, Herzklopfen, Schwitzen, Erröten, Atemnot, Kloßgefühl im Hals, Stottern, Sprachhemmung, Kopf- oder Magenschmerzen, erhöhtem Stuhl- oder Harndrang usw. führen. Die körperlichen Beschwerden stellen für viele sozialphobische PatientInnen das ›eigentliche Problem‹ dar, weil es sich dabei auch um Symptome handelt, die nach außen sichtbar werden (wie Erröten, Zittern, Schwitzen) und somit von den Betroffenen als weiterer bzw. eigentlicher Grund für ablehnende oder negative Bewertung durch andere empfunden werden.

Strategien im Umgang mit der sozialen Angst

Die Umgangsstrategien mit der sozialen Angst können subtil sein wie etwa die Vermeidung des gleichmäßigen Blickkontakts oder der Verzicht, ein Gespräch anzufangen. Die Angst kann aber auch in extremen Fällen dazu führen, dass davon Betroffene sämtliche Kontakte außerhalb ihrer Familie vermeiden. Manche Personen richten ihr Leben auf die Einschränkungen ihrer sozialen Phobie ein, indem sie z. B. einen nicht so exponierten Job einer besseren Arbeitsstelle vorziehen oder indem sie aus Angst vor der Begegnung mit neuen Leuten in ihrer unglücklichen Beziehung verharren. Die soziale Phobie kann gut auf einem Kontinuum abgebildet werden: Im normalpsychologischen Bereich erfüllt sie eine adaptive Funktion, indem sie der betroffenen Person (Vermeidungs-)Strategien an die Hand gibt, um angstauslösende Situationen heil zu überstehen. Im klinisch-pathologischen Bereich wird die Anpassung an die soziale Umwelt dermaßen erschwert oder gar unmöglich gemacht, sodass der individuelle Lebensraum der Betroffenen total eingeschränkt wird (Wlazlo, 1995).

2. Diagnostik der sozialen Phobie

Wird die soziale Phobie auf einem Kontinuum abgebildet, wird so ihre Verwandtschaft zu normalpsychologischen Phänomenen sozialer Ängstlichkeit unterstrichen. Auch die qualitative Nähe zur Schüchternheit ist hilfreich, wenn es um Überlegungen zur Entstehung und Funktion gehen mag. Im psychotherapeutischen Kontext der Erfassung und Behandlung ist es jedoch notwendig, klare Kriterien zu definieren, anhand derer die soziale Phobie bzw. Sozialphobie bzw. soziale Angststörung verlässlich diagnostiziert werden kann.
Zunächst soll ein historischer Abriss den Weg der sozialen Phobie skizzieren, vom Auftauchen des Begriffs über die erstmalige Aufnahme als eigenständige psychische Störung in das Diagnostische Klassifikationssystem DSM-III 1980 bis zu den nachfolgenden Diagnosesystemen. Interessant sind dabei die verschiedenen Veränderungen und Anpassungen der Diagnosekriterien an das Erscheinungsbild sozialer Angst. Daran anschließend werden die derzeit gültigen Diagnosekriterien der sozialen Phobie/sozialen Angststörung sowohl des DSM-IV (1994) als auch der ICD-10 (1992) aufgelistet und vergleichend kommentiert.

2.1 Zur Geschichte der Diagnostik der sozialen Phobie

Der Begriff ›soziale Phobie‹ (phobie des situations sociales) wurde erstmals von Janet (1903) gebraucht zur Beschreibung von PatientInnen, die Angst davor hatten, beobachtet zu werden, während sie z. B. öffentlich sprachen oder Klavier spielten. Die Beschreibung von Syndromen von Schüchternheit, sozialer Angst und Vermeidung von sozialen Situationen reichen allerdings bis in die Zeit von Hippokrates zurück. Marks und Gelder (1966) umschreiben die Sozialphobie als Angst, die in Situationen auftritt, in denen eine Person im Mittelpunkt steht und bestimmte Tätigkeiten ausführt. Problematische Situationen sind: in der Öffentlichkeit zu sprechen (und nicht souverän anzukommen); vor anderen zu essen (und sich vielleicht zu verschlucken); eine öffentliche Toilette zu benützen (und in Anwesenheit anderer nicht urinieren zu können); etwas vor den Augen anderer zu schreiben (und möglicherweise dabei zu zittern). Die Angst tritt in solchen Situationen dann auf, wenn die Person glaubt, sie könnte etwas Peinliches tun, den Erwartungen nicht genügen, oder andere könnten Anzeichen ihrer Angst bemerken (Juster, Brown & Heimberg, 1996). Ein bedeutsames zusätzliches Kriterium zur Stützung der Diagnose einer Sozialphobie besteht darin, dass Personen solche Tätigkeiten absolut angstfrei ausführen können, wenn keine anderen Personen anwesend sind.

1980: Die soziale Phobie wird zur Diagnosekategorie im DSM-III

Erst 1980 erlangte die Sozialphobie offiziellen Status als psychische Störung durch die Aufnahme in die dritte Ausgabe des ›Diagnostic and Statistical Manual of Mental Disorders‹ (American Psychiatric Association, 1980). Damit wurde die Soziale Phobie als offizielle Diagnosekategorie in den psychiatrischen Sprachgebrauch aufgenommen. Ihre diagnostischen Kriterien orientierten sich an dem von Marks und Gelder (1966) beschriebenen Konzept der Störung und stellten strenge Standards dafür auf, was als Sozialphobie diagnostiziert werden konnte. »Erforderlich war, dass Patienten Angst vor nur einer Tätigkeit, etwa Schreiben, Essen oder öffentlichem Sprechen, empfanden. Ferner genügte es nicht, dass jemand sich bloß vor einer bestimmten Situation fürchtete; diese Furcht musste den Betroffenen zwingen, eine solche Situation überhaupt zu meiden« (Cottle, 2000, S. 99).

1987: Revision und Erweiterung der Diagnosekriterien im DSM-III-R

Diese stark eingegrenzte Definition der sozialen Angststörung wurde in einer von Liebowitz, Gorman, Fyer und Klein (1985) veröffentlichten Studie mit dem Titel »Social phobia: Review of a neglected anxiety disorder« kritisiert, weil sie die Störung »verenge und marginalisiere« und damit Leute mit einer »schweren allgemeinen Scheu« als PatientInnen mit einer »vermeidend-selbstunsicheren Persönlichkeitsstörung« etikettiere. Mit der revidierten Fassung des DSM-III (DSM-III-R; APA, 1987) erfuhr die Definition der Sozialphobie eine Ausweitung. Es wurde neu ein generalisierter Untertyp der Störung eingeführt, wenn Personen vor den meisten sozialen Situationen phobische Angst empfinden. Noch bedeutsamer war die Entscheidung der American Psychiatric Association, die Feststellung eines zwanghaften Vermeidungswunsches (DSM-III; APA, 1980) als diagnostisches Kriterium fallen zu lassen. Damit konnte neu eine Person auch als sozialphobisch diagnostiziert werden, wenn sie die gefürchtete Situation nur unter intensiver Angst durchgestanden hatte (a.a.O.). Auf die Frage, weshalb man diese Änderung vorgenommen habe, antworteten Liebowitz et al.: »Es gibt Menschen, die durchstehen eine schwierige Situation allein. Man sollte sie dafür nicht bestrafen. Und man sollte ihnen auch nicht sagen müssen, sie sollten, um der Definition zu entsprechen und die Behandlungskosten erstattet zu bekommen, aufhören, sich selbst anzustrengen« (zit. nach Cottle, 2000, S. 99).

1994: Die aktuellen Kriterien für die soziale Phobie im DSM-IV

Seit der Veröffentlichung von DSM-III-R und später DSM-IV (APA, 1994) wird die Sozialphobie in einem deutlich erweiterten Sinne gebraucht. Die früher strikte Unterscheidung der Diagnosen soziale Phobie und Vermeidend-Selbstunsichere Persönlichkeitsstörung wurde mit der Einführung eines generalisierten Subtypus für sozialphobische Personen, die sich vor den meisten sozialen Situationen fürchten, durchlässiger. Die derzeitigen Definitionsversuche bestimmen als Schlüsselelement der Sozialphobie eine extreme Angst davor, von anderen beurteilt zu werden oder sich in einer Weise zu verhalten, dass man in eine peinliche Situation gerät oder sich der Lächerlichkeit ausgesetzt sieht.

2.2 Derzeitige Diagnosekriterien für die soziale Phobie

In den neuesten Auflagen der international verbreiteten Diagnoseschlüssel der Amerikanischen Psychiatrischen Vereinigung (DSM-IV; APA, 1994) und der Weltgesundheitsorganisation (ICD-10; WHO, 1992) wird die Sozialphobie als eigenständige Störungskategorie innerhalb der Klasse der Angststörungen beschrieben. Die Störungsdefinition sieht heute folgendermaßen aus (APA, 1996, S. 479–480; APA, 1998, S. 186–188):

DSM-IV: Soziale Phobie (Soziale Angststörung) (300.23)

A: Eine ausgeprägte und anhaltende Angst vor einer oder mehreren sozialen oder Leistungssituationen, in denen die Person mit unbekannten Personen konfrontiert ist oder von anderen Personen beurteilt werden könnte. Der Betroffene befürchtet, ein Verhalten (oder Angstsymptome) zu zeigen, das demütigend oder peinlich sein könnte.
Beachte: Bei Kindern muss gewährleistet sein, dass sie im Umgang mit bekannten Personen über altersentsprechende soziale Kompetenz verfügen, und die Angst muss gegenüber Gleichaltrigen und nicht nur in der Interaktion mit Erwachsenen auftreten.

B: Die Konfrontation mit der gefürchteten Situation ruft fast immer eine unmittelbare Angstreaktion hervor, die das Erscheinungsbild einer situationsgebundenen oder einer situationsbegünstigten Panikattacke annehmen kann.
Beachte: Bei Kindern kann sich die Angst durch Weinen, Wutanfälle, Erstarren oder Zurückweichen von sozialen Situationen mit unvertrauten Personen ausdrücken.

C: Die Person erkennt, dass die Angst übertrieben oder unbegründet ist.
Hinweis: Bei Kindern darf dieses Kriterium fehlen.

D: Die gefürchteten sozialen oder Leistungssituationen werden vermieden oder nur unter intensiver Angst oder Unwohlsein ertragen.

E: Das Vermeidungsverhalten, die ängstliche Erwartungshaltung oder das starke Unbehagen in den gefürchteten sozialen oder Leistungssituationen beeinträchtigen deutlich die normale Lebensführung der Person, ihre berufliche (oder schulische) Leistung oder soziale Aktivitäten oder Beziehungen, oder die Phobie verursacht erhebliches Leiden.

F: Bei Personen unter 18 Jahren hält die Phobie über mindestens 6 Monate an.

G: Die Angst oder Vermeidung geht nicht auf die direkte körperliche Einwirkung einer Substanz (z. B. Droge, Medikament) oder eines medizinischen Krankheitsfaktors zurück und kann nicht besser durch eine andere psychische Störung (z. B. Panikstörung mit oder ohne Agoraphobie, Störung mit Trennungsangst, Körperdysmorphe Störung, Tiefgreifende Entwicklungsstörung oder Schizoide Persönlichkeitsstörung) erklärt werden.

H: Falls ein medizinischer Krankheitsfaktor oder eine andere psychische Störung vorliegt, so stehen diese nicht in Zusammenhang mit der unter Kriterium A beschriebenen Angst, z. B. nicht Angst vor Stottern, Zittern bei Parkinson'scher Erkrankung oder, bei Anorexia Nervosa oder Bulimia Nervosa, ein abnormes Essverhalten zu zeigen.

Bestimme, ob:

- **Generalisiert:** Wenn die Angst fast alle sozialen Situationen betrifft (z. B. Unterhaltungen zu beginnen oder aufrechtzuerhalten, an kleineren Gruppen teilzunehmen, Verabredungen einzugehen, mit Autoritätspersonen zu sprechen, Partys zu besuchen).
  Beachte: ziehe auch die zusätzliche Diagnose einer Vermeidend-Selbstunsicheren Persönlichkeitsstörung in Betracht.

Eine vom Schwerpunkt her ähnliche, insgesamt jedoch weniger differenzierte Beschreibung der Diagnosekategorie »Soziale Phobie« findet sich im ICD-10, dem im medizinischen Kontext üblichen Diagnosesystem (WHO, 1994, S. 116–117):

ICD-10: Soziale Phobien (F40.1)

A: Entweder (1) oder (2):
(1) deutliche Furcht, im Zentrum der Aufmerksamkeit zu stehen oder sich peinlich oder erniedrigend zu verhalten,
(2) deutliche Vermeidung, im Zentrum der Aufmerksamkeit zu stehen oder von Situationen, in denen die Angst besteht, sich peinlich oder erniedrigend zu verhalten.
Diese Ängste treten in sozialen Situationen auf, wie Essen oder Sprechen in der Öffentlichkeit, Begegnung von Bekannten in der Öffentlichkeit, Hinzukommen oder Teilnahme an kleinen Gruppen, wie z. B. Parties, Konferenzen oder in Klassenräumen.

B: Mindestens zwei Angstsymptome in den gefürchteten Situationen mindestens einmal seit Auftreten der Störung sowie zusätzlich mindestens eines der folgenden Symptome:
(1) Erröten oder Zittern,
(2) Angst zu erbrechen,
(3) Miktions- oder Defäkationsdrang bzw. Angst davor.

C: Deutliche emotionale Belastung durch die Angstsymptome oder das Vermeidungsverhalten. Einsicht, dass die Symptome oder das Vermeidungsverhalten übertrieben und unvernünftig sind.

D: Die Symptome beschränken sich ausschließlich oder vornehmlich auf die gefürchteten Situationen oder auf Gedanken an diese.

E: *Häufigstes Ausschlusskriterium:* Die Symptome des Kriteriums A sind nicht bedingt durch Wahn, Halluzinationen oder andere Symptome der Störungsgruppen organische psychische Störungen, Schizophrenie und verwandte Störungen, affektive Störungen oder eine Zwangsstörung oder sind nicht Folge einer kulturell akzeptierten Anschauung.

DSM-IV und ICD-10 im Vergleich

Die beiden diagnostischen Klassifikationssysteme DSM-IV und ICD-10 sind bezüglich der Kriterien für eine Soziale Phobie miteinander vergleichbar. Im DSM-IV wird neben der Angst vor sozialen auch die Angst vor Leistungssituationen explizit erwähnt. Auch die minimale Dauer der Störung wird im DSM-IV bei Personen unter 18 Jahren auf mindestens 6 Monaten beziffert. Während im ICD-10 die soziale Phobie hauptsächlich als punktuell auftretende Angst in spezifischen sozialen Situationen beschrieben wird, sieht die DSM-IV-Klassifizierung darüber hinaus einen generalisierten Typus der Sozialphobie vor.

Diagnosekriterien für Kinder

Im Diagnoseschlüssel des DSM-IV werden anhand der Kriterien der Sozialphobie auch die Besonderheiten erwähnt, die bei der Diagnosestellung bei Kindern speziell zu berücksichtigen sind. So muss beispielsweise bei Kindern zusätzlich gewährleistet sein, dass sie über altersentsprechende soziale Kompetenz im Umgang mit ihnen bekannten Personen verfügen sollen sowie dass die sozialen Ängste auch auftreten, wenn sie nur mit Gleichaltrigen zusammen sind. Kinder müssen auch nicht unbedingt selbst erkennen, dass ihre Ängste unbegründet oder übertrieben sind. Schließlich kann sich die Angst der Kinder bei der Konfrontation mit gefürchteten sozialen Situationen auch darin manifestieren, dass sie weinen, einen Wutanfall bekommen, erstarren oder davor zurückweichen. Es fragt sich allerdings in diesem Zusammenhang, welche Vor- und Nachteile eine solche Diagnosestellung schon bei Kindern und Jugendlichen haben kann. Auf der einen Seite zeigen gewisse Befunde, dass eine unbehandelte soziale Phobie häufig einen chronischen Verlauf nimmt. Eine frühzeitige Diagnosestellung könnte auch eine frühzeitige Behandlungsmöglichkeit der Störung eröffnen und damit eine Chronifizierung verhindern. Auf der anderen Seite entwickelt sich eine soziale Phobie in einem komplexen Wechselspiel von Person und Umwelt. Günstige Entwicklungsbedingungen können demnach auch dazu führen, dass soziale Ängste nur vorübergehend auftreten; eine frühe Zuschreibung der Diagnose würde dann einer vorschnellen Pathologisierung entsprechen.

3. Verbreitung und Krankheitsverlauf der sozialen Phobie

Seit dem Eingang der sozialen Phobie in die Diagnosesysteme zur Beschreibung und Erfassung psychischer Störungen liegen nun Kriterien vor, um Verbreitung und Verlauf dieser Angststörung zu untersuchen und die Ergebnisse aus verschiedenen Studien miteinander zu vergleichen. Im Folgenden werden Daten zur Auftretenshäufigkeit dargestellt und kritisch auf dem Hintergrund der angewandten Diagnosekriterien diskutiert, sowie Angaben zu Beginn und Verlauf der Störung gemacht.

3.1 Auftretenshäufigkeit und soziodemographische Merkmale

Seit Mitte der 80er Jahre wurden weltweit große Studien zur Verbreitung der sozialen Phobie (›Epidemiologie‹) und ihrer Auftretenshäufigkeit, bezogen auf bestimmte Zeitpunkte (›Prävalenz‹), durchgeführt. Die unterschiedlichen Definitionen der sozialen Phobie bestimmten auch die Einschätzungen, wie häufig diese Störung in der Bevölkerung sei. Die Konsequenzen für die jeweilige Abschätzung des Problems werden im Folgenden nachgezeichnet. Mit Hilfe eines diagnostischen Interview-Leitfadens (DIS; Robins, Helzer, Croughan & Ratcliff, 1981) wurden zahlreiche Studien durchgeführt, in denen die Vorkommen der Sozialphobie bei der Bevölkerung lebenszeitlich und innerhalb eines Jahres erfasst wurden. Um repräsentative Ergebnisse zu gewährleisten, wurden ausgeklügelte Erhebungsmethoden eingesetzt, die typischerweise nach dem Vorbild der ›Epidemiologic Catchment Area‹-Studien (ECA) des US-amerikanischen National Institute of Mental Health durchgeführt wurden. Da in diesen epidemiologischen Studien die DSM-III-Kriterien (APA, 1980) benutzt wurden, waren damals nur Personen mit Angst vor einer begrenzten Zahl spezifischer Situationen erfasst worden (Hope & Heimberg, 1993).

Nach diesen großen repräsentativen Umfragen, die alle mit denselben Erhebungsinstrumenten durchgeführt wurden, variiert die Lebenszeitprävalenz der sozialen Phobie zwischen 0,5% in Südkorea (Lee, Kwak, Yamamoto, Rhee, Kim, Han, Choi & Lee, 1990) und 3% in Neuseeland (Wells, Bushnell, Hornblow, Joyce & Oakley-Browne, 1989). Die größte Umfrage, die in verschiedenen Teilen der USA erhoben wurde, kommt auf eine Lebenszeitprävalenz von 2,4% (Schneier, Johnson, Horning, Liebowitz & Weissman, 1992), was immerhin bedeutet, dass in den USA fast 6 Millionen Erwachsene unter dieser Störung im Sinne des DSM-III leiden. Da die Sozialphobie oft auch durch Beeinträchtigungen im Berufs- und Sozialleben der darunter leidenden Personen begleitet wird, erscheinen die summarischen Auswirkungen der Sozialphobie auf die Bevölkerung ganz beträchtlich.

Wachsendes Auftreten

In einer neueren ›National Comorbidity Survey‹ (NCS), in der eine Befragung mit einer repräsentativen Stichprobe von 8000 US-AmerikanerInnen im Alter von 15–54 Jahren landesweit nach den Kriterien des DSM-III-R durchgeführt wurde, stieg die Auftretenshäufigkeit der Sozialphobie markant noch oben (Kessler et al., 1994). Die Jahresprävalenz für Sozialphobie beträgt dieser Studie zufolge 6,6% bei Männern und 9,1% bei Frauen. Die Lebenszeitprävalenz liegt bei 11,1% für Männer und bei 15,5% für Frauen. Mit einem gemittelten Wert für die Lebenszeitprävalenz von 13,3% stellt somit die Sozialphobie in den USA nach Major Depression und Alkoholismus die dritthäufigste psychische Störung dar.
Dieser sprunghafte Anstieg der Häufigkeit bedarf einer Erklärung. Mit dem Wechsel des diagnostischen Bezugsrahmens von DSM-III auf DSM-III-R wurde die Sozialphobie breiter definiert und die Einschlusskriterien für die Störung erweitert. Während beispielsweise im DSM-III die Diagnose einer ›Vermeidend-Selbstunsicheren Persönlichkeit‹ ein Ausschlusskriterium für die soziale Phobie darstellte, fiel dieses Kriterium im DSM-III-R weg. Im Übrigen finden die Ergebnisse der Studie von Kessler et al. (1994) ihre ›antizipierte Bestätigung‹ in einer viel kleineren Studie, die zu Anfang der 90er Jahre mit einer Stichprobe von 470 erwachsenen SchweizerInnen ebenfalls auf Basis der DSM-III-R-Kriterien durchgeführt wurde (Wacker, Müllejans, Klein & Battegay, 1992). Mit einer ge-

mittelten Lebenszeitprävalenz von 16% liegt die Rate für soziale Phobie in der Schweiz sogar noch höher als die von Kessler et al. (1994) berichtete.

›Artefakt‹ der Diagnosekriterien?

Seitens der KritikerInnen dieser Studien wird argumentiert, dass die Ausweitung der diagnostischen Kriterien der Hauptgrund dieses inflationär anmutenden Anstieges ihrer Auftretenshäufigkeit sei. Es handle sich demnach nicht um eine effektive Zunahme der Verbreitung der sozialen Phobie, sondern um eine scheinbare, beziehungsweise sei nicht klar zu bestimmen, wie viel dieses Anstieges auf häufigeres Auftreten und wie viel auf andere Störungsdefinitionen zurückzuführen sei. Auch habe die Pharmaindustrie ein viel größeres Interesse, an der Erforschung und Behandlung eines Leidens beteiligt zu sein, von dem 35 Millionen Menschen und nicht ›bloß‹ 6 Millionen betroffen seien. Je mehr Opfer eine Krankheit fordere, umso mehr Druck laste auf den Behörden, die Forschung in diesem Bereich finanziell zu fördern. Dementsprechend gibt es in den USA zur Zeit mehr als zwanzig Forschungsprojekte über Sozialphobie, die von den nationalen Gesundheitsbehörden finanziert werden. Mindestens eine ebenso große Forschungsfinanzierung findet sich in der Pharmaindustrie. So wurde etwa 1999 eine von verschiedenen Arzneimittelherstellern unterstützte Studie veröffentlicht, welche die hohen Kosten für die nationale Produktivität berechnet hatte (Cottle, 2000).

Es ist wohl tatsächlich nicht von der Hand zu weisen, dass die Ausweitung der diagnostischen Kriterien der sozialen Phobie wesentlich zu diesem markanten Anstieg ihrer Auftretenshäufigkeit geführt hat. Was sind die Vor-, was die Nachteile einer breiteren Definition? Für die davon Betroffenen liegen die Vorteile vor allem darin, dass ihre Problematik nicht weiter heruntergespielt und individualisiert wird, sondern als psychische Störung mit Krankheitswert betrachtet wird. Die aufgrund der größeren Verbreitung der sozialen Phobie investierten Forschungsgelder führen zu neuen therapeutischen Verfahren, die wiederum die Hoffnung auf effiziente Hilfe vergrößern. Schließlich sind auch die Gesundheits- und Krankenkassen dazu bereit, für die Behandlung der sozialen Phobie Geld zur Verfügung zu stellen. Als nachteilig kann sich die breitere Definition dahingehend auswirken, dass soziale Ängste bereits sehr früh pathologisiert werden, indem z. B. ›normale‹ Anzeichen von Schüchternheit oder mangelnde soziale Kompetenz in unserer Gesellschaft überhaupt nicht mehr toleriert, sondern mit dem Etikett einer psychischen Störung versehen würden.

3.2 Störungsbeginn und Krankheitsverlauf

Die soziale Phobie beginnt bei vielen Betroffenen bereits in ihrer Jugend, und zwar zwischen dem 15. und 21. Lebensjahr (Amies, Gelder & Shaw, 1983; Solyom, Ledwige & Solyom, 1986).

Beginn und Entwicklungsstand

Der häufige Störungsbeginn in der Pubertät hängt vermutlich mit den massiven sozialen Veränderungen und Anforderungen dieser Altersstufe zusammen. Manchmal finden sich in der Vorgeschichte soziale Hemmungen und Schüchternheit in der Kindheit, manchmal gab ein belastendes oder peinliches Erlebnis den Ausschlag für den Beginn einer sozialen Angststörung (siehe Teil B: ›Wie entwickelt sich eine soziale Phobie?‹).
Es wird immer wieder berichtet, dass Ängste vor sozialen Situationen bereits ab der frühen Kindheit auftreten können (siehe im Einzelnen in Teil B). Es gibt auch Studien, die den Beginn der Störung bei manchen Kindern bereits im Alter von weniger als 5 Jahren feststellen (Schneier et al., 1992). Allerdings kann man dazu argumentieren, dass die Sozialphobie nicht beginnen kann, bevor Kinder ein Bewusstsein über andere und sich selbst als Objekte der Beurteilung haben. Unter einer entwicklungspsychologischen Perspektive lässt sich sagen, dass die kognitiv-emotionalen Voraussetzungen für Verlegenheit und Befürchtungen über negative Beurteilungen durch andere bei Kindern ab dem Alter von 8 Jahren vorliegen (Bennet & Gillingham, 1991; Crozier & Burnham, 1990). Orientiert man sich am zentralen Kriterium der sozialen Phobie bei Erwachsenen – nämlich der Angst vor negativer Bewertung durch andere –, so kann diese Störung erst ab einem Alter bestehen und diagnostiziert werden, in dem die Entwicklungsvoraussetzungen für Verlegenheit und Befürchtungen um die Bewertung durch andere bereits bestehen.

Der frühe Störungsbeginn hat für die Betroffenen einschneidende Konsequenzen für ihre sozialen Beziehungen, wird doch dadurch die Kontaktaufnahme zu gleichaltrigen Peers erheblich behindert. So kommt es, dass 40–60% der Betroffenen im Erwachsenenalter keinen Partner haben (Wlazlo, 1995). Die Tatsache, dass Personen mit einer sozialen Phobie oft keinen festen Partner haben, kann teilweise als Problem der sozialen Phobie selbst verstanden und teilweise durch den biographisch frühen Beginn der sozialen Schwierigkeiten erklärt werden.

Behandlungsbeginn

Im Vergleich zu anderen spezifischen Phobien (wie z. B. Tierphobien) liegt der Beginn einer sozialen Phobie biographisch später; im Vergleich zur Panikstörung treten soziale Ängste dagegen deutlich früher auf (Rapee, 1995). Typischerweise suchen Personen mit einer sozialen Phobie auch in früherem Alter eine Behandlung auf als Personen mit anderen Angststörungen (Amies et al., 1983; Solyom et al., 1986). Im Mittel liegt das Alter bei Behandlungsaufnahme bei zirka 30 Jahren. Der zwischen Störungs- und Behandlungsbeginn liegende Zeitraum von durchschnittlich 10 bis 20 Jahren ist dennoch bedeutend länger als bei Personen mit Panikstörungen. Die Gründe für den grossen Abstand zwischen Störungsbeginn und Behandlungsaufnahme dürften in der Natur der Störung liegen: Viele unter einer sozialen Phobie leidende Personen fürchten sich davor, eine Behandlung aufzusuchen, weil sie glauben, dass die Offenbarung ihrer Ängste nur Peinlichkeit oder negative Beurteilung durch andere nachziehen könnte. Dieser Umstand weist auf die durch diese Störung verursachte große Not bei den Betroffenen hin und zeigt gleichzeitig, wie wenig Bewusstsein über Behandlungsmöglichkeiten der sozialen Phobie vorhanden ist. Es kann aber auch sein, dass Personen mit einer sozialen Phobie mehr als andere dazu neigen, ihre Störung als eine widerspenstige Komponente ihrer Persönlichkeit zu betrachten und sich damit abzufinden versuchen. Häufig melden sich Personen mit einer Sozialphobie auch erst wegen anderer – oft sekundär mit der Phobie verbundener – Probleme wie z. B. Alkoholabhängigkeit zu einer Behandlung an (siehe unten; Juster et al., 1996).

Chronischer Verlauf?

Unbehandelt dauert die soziale Phobie meist das ganze Leben lang an, obwohl in manchen Fällen während der Adoleszenz ihr Schweregrad abnimmt oder die Störung ganz verschwindet. Im Vergleich zu Sorgen über körperliche Bedrohungen (z. B. Angst vor Herzinfarkt) erscheinen soziale Ängste über die ganze Lebensspanne hinweg relativ stabil zu sein. Dies legt die Vermutung nahe, dass unbehandelte soziale Ängste einen deutlich chronischen Verlauf nehmen. Tatsächlich geht dieser Befund aus verschiedenen Studien hervor (Chartier, Hazen & Stein, 1998). Retrospektiv berichten Personen mit einer sozialen Phobie über einen konstanten statischen Störungsverlauf (Solyom et al., 1986). Ähnliche Ergebnisse zeigen sich auch bei prospektiven Daten zur Entwicklung von Schüchternheit. In einer zirka 30 Jahre dauernden Längsschnittuntersuchung von schüchternen Personen wurde festgestellt, dass Schüchternheit in der Kindheit ziemlich konstant bis ins Erwachsenenalter bestehen kann (Caspi, Elder & Bern, 1988). Unbehandelt scheint auch extremer sozialer Rückzug in der frühen Kindheit bis in spätere Jahre relativ stabil zu bleiben (Rosenbaum, Biederman, Hirshfeld, Bolduc & Chaloff, 1991).

Belastungen und Anforderungen modulieren den Verlauf

Die Problematik der sozialen Phobie entwickelt sich generell eher über eine längere Zeitspanne und nicht so abrupt wie in den meisten Fällen der Agoraphobie. Das Ausmaß der Beeinträchtigung durch die soziale Phobie kann fluktuieren, je nachdem, wie ausgeprägt Belastungsfaktoren und persönliche Anforderungen zur Bewältigung sozialer Situationen sind. So kann beispielsweise bei einer Person mit Angst vor Verabredungen die soziale Phobie abnehmen, wenn sie heiratet. Sie kann auch entsprechend wieder verstärkt auftreten, wenn der Ehepartner nicht mehr da ist. Auch eine Beförderung in eine berufliche Position, in der öffentliches Sprechen erforderlich ist, kann bei einer Person, die zuvor niemals öffentlich auftreten musste, zu einer Verstärkung der sozialen Phobie führen.

4. Sozialphobie und andere psychische Störungen

Bei dem Versuch, die Sozialphobie in ihrem Zusammenhang zu anderen psychischen Störungen darzustellen, sind zwei Aspekte wesentlich. Zum einen ist die soziale Phobie ein Störungsbild, das in seiner Symptomatik gewisse Ähnlichkeiten und Überschneidungen mit anderen Angststörungen aufweist. Für einen adäquaten Behandlungsansatz ist es eminent wichtig, dass man diese Überschneidungen mit anderen Störungen kennt und differenzialdiagnostisch abgrenzen kann. Zum andern ist die soziale Phobie eine psychische Störung, die häufig mit anderen Störungen einhergeht.

Hohe Komorbidität

In der bereits erwähnten US-amerikanischen ECA-Studie wurde bei 69% der Personen mit Sozialphobie eine Komorbidität mit anderen psychischen Störungen festgestellt, wobei in 77% der Fälle der Beginn der sozialen Phobie vor dem anderer Störungen stand (Schneier et al., 1992). Der relativ frühe Beginn der Sozialphobie legt nahe, dass diese ein ursächlicher Faktor oder zumindest ein erhöhtes Vulnerabilitätsrisiko für die Entwicklung von anderen psychischen Störungen darstellt. Im Folgenden werden die psychischen Störungen, die eine große Ähnlichkeit in der Symptomatik und/oder eine hohe Komorbidität aufweisen, in ihrem Zusammenhang mit der sozialen Phobie diskutiert.

4.1 Sozialphobie und Vermeidend-Selbstunsichere Persönlichkeitsstörung

Zwischen der vermeidend-selbstunsicheren Persönlichkeitsstörung und dem generalisierten Subtyp der sozialen Phobie gibt es starke Überlappungen hinsichtlich der diagnostischen Kriterien. So haben denn auch Studien gezeigt, dass 50–89% der PatientInnen mit einer Sozialphobie des generalisierten Typs gleichzeitig die Kriterien der vermeidend-selbstunsicheren Persönlichkeitsstörung erfüllen, während umgekehrt die meisten PatientInnen mit einer solchen Persönlichkeitsstörung gleichzeitig die Kriterien der Sozialphobie erfüllen (Heckelman & Schneier, 1995). Diese Überlappung ist in Anbetracht der Ähnlichkeit der diagnostischen Kriterien nicht erstaunlich. Personen mit einer generalisierten sozialen Phobie und zugleich einer vermeidend-selbstunsicheren Persönlichkeitsstörung leiden unter noch stärkeren Ängsten, funktionieren schlechter und weisen häufiger Komorbiditäten mit anderen Persönlichkeitsstörungen auf als diejenigen ohne vermeidend-selbstunsichere Persönlichkeitsstörung.

Fließende Übergänge

Personen mit einer generalisierten Sozialphobie mit oder ohne vermeidend-selbstunsicherer Persönlichkeitsstörung scheinen sich bezüglich der durchschnittlichen Schwere ihrer Sozialphobie voneinander zu unterscheiden. Substanzielle qualitative Unterschiede zwischen den beiden Störungen bestehen jedoch nicht. Damit wird deutlich, wie unscharf und verschwommen im Bereich der sozialen Angst und Vermeidung die Grenzen zwischen einer phobischen Symptomatik und Persönlichkeitszügen sind. Anstatt eine klare Differenzialdiagnose zwischen diesen beiden Störungen zu versuchen, erscheint es nützlicher, solche PatientInnen sowohl unter der Perspektive der Angststörung (DSM-IV, Achse-I) als auch unter der Perspektive der Persönlichkeitsstörung (DSM-IV, Achse-II) zu betrachten. Die Überlappungen zwischen generalisierter sozialer Phobie und vermeidend-selbstunsicherer Persönlichkeitsstörung sind so groß, dass man sich gerade für den Problembereich der sozialen Ängste fragen muss, inwieweit ein kategoriales System (wie das DSM-IV) angemessen ist oder ob nicht ein dimensionales Modell gegenstandsangemessener wäre.

4.2 Sozialphobie und Agoraphobie

Für die Abgrenzung zwischen Sozialphobie und Panikstörung mit Agoraphobie gelten als wichtigstes differenzialdiagnostisches Kriterium die Befürchtungen der PatientInnen.

Andere Befürchtungen

Bei der Agoraphobie beziehen sich diese Befürchtungen auf das eigene körperliche Wohlbefinden (z. B. Angst, in Ohnmacht zu fallen, zu sterben, verrückt zu werden, die Kontrolle zu verlieren), wobei sich davon Betroffene nicht primär vor den Bewertungen eines solchen Ausgangs durch andere fürchten. Im Gegensatz dazu beziehen sich bei Personen mit einer sozialen Phobie die Befürchtungen hauptsächlich auf eine negative Bewertung des eigenen Handelns oder der eigenen Person durch andere (z. B. »was denken die anderen?«, »es wäre so peinlich, wenn ich dann ohnmächtig daliegen würde«). »Auch wenn die vordergründige Angstsymptomatik agoraphobischen Charakter hat (z. B. Angst umzufallen), sollten die weiteren Konsequenzen des Umfallens erfragt werden, die dann Aufschluss darüber geben können, ob funktionell gesehen der agoraphobischen Symptomatik eine Form von Gehemmtheit zugrunde liegt (»wenn ich umfalle, dann werden alle zusehen, und es wäre peinlich, was die anderen von mir denken könnten«)« (Wlazlo, 1995, S. 18).

Die Wirkung anderer

Ein weiteres differenzialdiagnostisches Kriterium betrifft die An- oder Abwesenheit anderer Menschen in den angstauslösenden Situationen. Während sich sozialphobische PatientInnen im Allgemeinen wohler fühlen, wenn sie allein sind, fühlen sich agoraphobische bzw. panische PatientInnen in Begleitung anderer Personen sicherer. Beide Gruppen mögen öffentliche Plätze vermeiden; PatientInnen mit einer sozialen Phobie fürchten sich aber vor der damit verbundenen möglichen öffentlichen Peinlichkeit, Bewertung und Demütigung. PatientInnen mit einer Panikstörung fürchten sich dagegen davor, in einem geschlossenen oder gefüllten Raum nicht fliehen zu können, wenn sie von einer Panikattacke befallen werden (Heckelman & Schneier, 1995).

Verschiedene Symptome

Im Weiteren lassen sich die beiden Gruppen auch bezüglich der typischen Angstsymptome unterscheiden. Sozialphobische PatientInnen berichten häufig über in ihren Augen gut sichtbare körperliche Symptome wie Erröten, Schwitzen, Zittern, während agoraphobische PatientInnen häufiger über ›innere‹ Symptome wie Schwäche in den Gliedern, Atembeschwerden, Schwindel, Herzklopfen, Ohnmacht, Kopfschmerzen und Depersonalisation berichten (Amies et al., 1983). Dazu muss ergänzt werden, dass Personen mit Sozialphobie selten befürchten, während einer Angstepisode zu sterben, wogegen Ängste zu sterben, die Kontrolle zu verlieren oder verrückt zu werden klassische Symptome von Panikattacken mit Agoraphobie sind.

Es kommt relativ häufig vor, dass ein Patient sowohl unter einer Sozialphobie wie auch einer Panikstörung mit Agoraphobie leidet. In diesem Bereich kommen recht viele Fehldiagnosen vor, weil bei der Diagnosestellung die soziale Phobie ›untergeht‹. Nach Wlazlo (1995) leiden bis zu 50% der PatientInnen mit einer Agoraphobie unter sozialen Ängsten/Defiziten und bis zu 30% der PatientInnen mit einer Sozialphobie unter agoraphobischen Beschwerden.

4.3 Sozialphobie und Generalisierte Angststörung

Die wesentlichen Kriterien der generalisierten Angststörung sind unrealistische und exzessive Angst und Sorgen, die nicht auf eine bestimmte Situation begrenzt sind und mit körperlichen Beschwerden einhergehen können. Diese Befürchtungen und Sorgen beziehen sich auf die vorherrschenden Lebensumstände und können verschiedene Lebensbereiche betreffen und allein oder in Verbindung mit körperlichen Beschwerden zur Behinderung im sozialen/beruflichen Leben oder zum Leidensdruck führen (Wlazlo, 1995).

Sich sorgen und grübeln

Die Unterscheidung zwischen der generalisierten Angststörung und der sozialen Phobie kann gewisse Schwierigkeiten bieten, wenn Sorgen über soziale Situationen einhergehen mit anderen nichtsozialen Ängsten. Die soziale Phobie ist die häufigste Zweitdiagnose bei generalisierter Angststörung und kommt nach Barlow (1988) bei 59% der PatientInnen vor. In diesen Fällen geht das Vorherrschen der langandauernden Sorgen und Befürchtungen und deren Ausmaß am ehesten mit sozialen Ängsten einher. Es ist daher zu überlegen, ob der begründende Zusammenhang beider Störungen stärker ist, als bisher angenommen wird, besonders da das Sorgen und Grübeln eine vermeidende und angstreduzierende Funktion haben kann (Borkovec, Shadick & Hopkins, 1991). Jedenfalls haben soziale Ängste einen wesentlichen Anteil an der Entstehung der generalisierten Angst. Der wichtigste diagnostische Indikator für eine soziale Phobie bezieht sich darauf, ob eine bedeutsame Angst vor Peinlichkeit oder Erniedrigung vorliegt. Trifft dies zu und gibt es zudem andere Bereiche, auf die sich die Sorgen und Befürchtungen der PatientInnen beziehen, so müssten beide Störungen diagnostiziert werden (Heckelman & Schneier, 1995).

4.4 Sozialphobie und Körperdysmorphe Störung

Eine körperdysmorphe Störung zeichnet sich aus durch andauernde Belastung und Beschwerden aufgrund eines spezifischen körperlichen ›Mangels‹, der von anderen nicht wahrgenommen wird (Marks, 1987). Die davon am häufigsten betroffenen Körperbereiche sind Gesicht, Geschlechtsorgane, Haare, Brüste, Hüften usw. Die darunter leidenden Personen befürchten bzw. sind davon überzeugt, dass der Körper oder bestimmte Glieder (z. B. Nase) missgebildet, zu klein oder zu groß sind. Die Beschwerden können sich auch auf einen schlechten Schweiß- oder Mundgeruch, auf den Geruch der Geschlechts- oder Ausscheidungsorgane beziehen. Wie bei sozialphobischen Personen führt die Angst, dass solche subjektiv empfundenen Fehler von anderen wahrgenommen und zu Ablehnung führen könnten, zu einer ausgeprägten Vermeidung sozialer Situationen (Wlazlo, 1995).

Leiden auch in der Abwesenheit anderer

Das Hauptmerkmal der körperdysmorphen Störung besteht aber darin, dass die davon Betroffenen total auf einen eigenen körperlichen Mangel fixiert sind und unter diesem auch leiden, wenn sie keinen Kontakt zu anderen Personen haben. Dieser vermeintliche körperliche Fehler wird als Hauptgrund für die soziale Vermeidung angegeben. Allerdings führt die Vermeidung sozialer Situationen nicht immer zur Reduktion der Beschwerden, weil die PatientInnen auch subjektiv unter ihrer vermeintlichen körperlichen Unzulänglichkeit leiden. Zur ›Behebung solcher Mängel‹ werden immer wieder plastisch-chirurgische Eingriffe in Anspruch genommen. Zur Verbesserung des Selbstwertgefühls tragen sie häufig nur eingeschränkt bei, weil den Betroffenen das Gefühl von Unvollkommenheit in Fleisch und Blut übergegangen ist.

4.5 Sozialphobie und Depression

Sowohl sozialphobische wie auch depressive PatientInnen zeichnen sich aus durch sozialen Rückzug und Vermeidung sozialer Situationen. Das Hauptmerkmal der diagnostischen Unterscheidung dieser beiden Störungen liegt in der Frage, was jemanden zum Rückzug und zur Vermeidung motiviert. Im Kontext eines depressiven Erscheinungsbildes ist die soziale Vermeidung üblicherweise eine Folgeerscheinung der Lustlosigkeit oder der fehlenden Kraft. Dieselbe Vermeidung ist bei der Sozialphobie verbunden mit der Angst vor prüfender Beobachtung oder Bewertung durch andere. Im Unterschied zu depressiven PatientInnen glauben sozialphobische PatientInnen, dass sie ohne ihre Furcht vor der Beurteilung durch andere die Gesellschaft der anderen genießen würden (Heckelman & Schneier, 1995).
Dementsprechend wird zur Differenzierung der Diagnosen häufig die ›Einsame-Insel‹-Frage gestellt: Während Personen mit sozialen Ängsten äußern, auf einer einsamen Insel problemfrei zu sein, beschreiben sich eher depressive PatientInnen als weiterhin belastet.

Folge oder Vorläufer

Aus verschiedenen Studien geht hervor, dass die Komorbiditätsrate von Depression und sozialer Phobie ziemlich hoch ist. Munjack und Moss (1981) berichten z. B., dass ein Drittel ihrer PatientInnen mit Sozialphobie entweder in der Vergangenheit oder gegenwärtig unter einer depressiven Störung litten bzw. leiden. Depressive Verstimmungen sind sehr häufig die Folge einer sozialen Angststörung. Amies et al. (1983) berichten, dass gar die Hälfte der untersuchten sozialphobischen PatientInnen unter depressiven Symptomen leiden. Bei vorliegender Komorbidität von Sozialphobie und Major Depression kann die Diagnose einer sozialen Phobie nur dann mit

Sicherheit gestellt werden, wenn es im Leben des Patienten eine Zeit gegeben hatte, in der die sozialphobischen Symptome auch ohne eine depressive Störung vorhanden waren. Falls die depressive Störung ein bereits vorhandenes sozialphobisches Bild erschwert, empfiehlt es sich, beide Störungen zu behandeln. Auch dysthyme Störungen als mildere, aber länger dauernde Verstimmungen können zusammen mit einer Sozialphobie auftreten. Die Dysthymia scheint die Effektivität einer direkt auf die soziale Phobie bezogene Behandlung nicht zu beeinträchtigen.

4.6 Sozialphobie und Alkoholismus

Die Sozialphobie wird häufig von Alkoholmissbrauch oder -abhängigkeit begleitet. Verschiedene Studien bei hospitalisierten AlkoholikerInnen berichten, dass zwischen 8 und 56% der PatientInnen auch soziale Ängste haben: damit ist die Auftretenshäufigkeit der sozialen Phobie bei AlkoholikerInnen signifikant höher als bei der Normalbevölkerung. Umgekehrt berichten verschiedene Studien über hohe Raten von AlkoholikerInnen bei sozialphobischen PatientInnen (5–36%) (Heckelman & Schneier, 1995). Das häufige Zusammentreffen dieser beiden Störungen weist darauf hin, wie wichtig es ist, bei Personen mit sozialen Ängsten ihren Alkoholkonsum zu erfassen und bei AlkoholikerInnen die Diagnose einer sozialen Phobie zu prüfen.

Symptombekämpfung oder Ursache

Zum besseren Verständnis der Beziehung dieser beiden Störungen zueinander kann die Reihenfolge des Beginns aufschlussreich sein. Oft berichten PatientInnen, dass ihre sozialphobischen Symptome dem Alkoholmissbrauch oder der -abhängigkeit vorausgingen (Smail, Stockwell, Canter & Hodgson, 1984) und dass Alkohol oft als Selbstmedikation bei vorliegender Sozialphobie eingesetzt wird (Turner, Beidel, Dancu & Keys, 1986). Alkohol führt in manchen Fällen zu einer vorübergehenden Erleichterung der sozialphobischen Symptome, wird jedoch zu einer teuren Strategie, wenn er zur Abhängigkeit führt, welche dann zum Hauptproblem wird. Andererseits treten sozialphobische Symptome oft als Folge von

Alkoholproblemen auf und verschwinden wiederum vollständig, wenn die Person mit Trinken aufhört. Wie auch immer die Abfolge des Erstauftretens dieser beiden Störungen ist, sind sie häufig miteinander in einem komorbiden Zustand verwoben, sodass die Behandlung nur einer Komponente wenig erfolgversprechend ist.

4.7 Sozialphobie und Schizophrenie

Paranoide Vorstellungen führen häufig zu Vermeidungsverhalten in sozialen Kontakten. Obwohl die Befürchtungen mancher PatientInnen mit einer sozialen Phobie auch paranoid anmuten können, ist »das eindeutige Trennungskriterium die Fähigkeit, sich von den eigenen Vorstellungen zu distanzieren, diese als Ausdruck von Angst und als unsinnig oder übertrieben zu sehen« (Wlazlo, 1995, S. 23).

Die Angst als übertrieben erkennen können

PatientInnen mit einer schizophrenen Störung fürchten und vermeiden üblicherweise soziale Situationen, weil ihnen das soziale Interesse fehlt oder weil sie wahnhafte Ängste vor Verletzungen haben. Sie vermeiden solche Situationen jedoch nicht, weil sie sich vor Demütigung, Erniedrigung oder Peinlichkeit fürchten. In Grenzfällen, in denen kein volles psychotisches Bild vorhanden ist, aber die Befürchtungen sehr übertrieben erscheinen und sich die PatientInnen nur bedingt davon distanzieren können, empfiehlt es sich, anhand verschiedener sozialer Situationen genauer abzuklären, welche sozialen Reize vom Patienten wahnähnlich im Sinne von überwertigen Ideen verarbeitet werden.
Es ist auch seit langem bekannt, dass viele schizophrene PatientInnen ausgeprägte soziale Hemmungen haben. Diese können sowohl eine Zusatzdeterminante bei der Entstehung der Psychose darstellen als auch eine Folge von langjähriger chronischer Erkrankung mit weitgehender Entfremdung vom sozialen Alltag (Hospitalismus) sein (Wlazlo, 1995).

Zusammenfassend präsentiert sich die soziale Phobie als eine psychische Störung, die zwar bereits im Altertum als Problematik bekannt war, aber erst 1980 als offizielle Diagnosekategorie eingeführt worden ist. Die wichtigsten Merkmale der sozialen Phobie sind eine dauerhafte, unangemessene Furcht und Vermeidung von individuell verschiedenen sozialen Situationen, weil davon betroffene Personen befürchten, zu versagen, sich lächerlich zu machen oder durch ungeschicktes Verhalten von anderen gedemütigt zu werden. Die Angst vor der Bewertung durch andere und die Scham aufgrund antizipierten peinlichen Verhaltens führen dazu, dass sozialphobische Personen gewisse oder fast alle sozialen Situationen als gefährlich erachten und nach Möglichkeit vermeiden.
Soziale Phobie ist weit verbreitet. Sie ist für die davon Betroffenen mit großen Einschränkungen in ihren sozialen Beziehungen und mit Einbußen ihrer beruflichen Leistungsfähigkeit verbunden. Die Störung beginnt bei vielen bereits in der Pubertät. Unbehandelt dauert eine soziale Phobie häufig das ganze Leben lang an. Die Entwicklung von erfolgreichen Behandlungsmethoden der sozialen Phobie hat daher eine große Bedeutung.

B) Wie entwickelt sich eine soziale Phobie?

Es gibt für die Entstehung und die Entwicklung einer Sozialphobie keine einfache im Sinne einer monokausalen oder eindimensionalen Erklärung. Die Annahmen über die Ursprünge und den Werdegang der Sozialphobie sind multimodal: Sie umspannen biologische, entwicklungspsychologische, verhaltenstheoretische und psychodynamische Konzepte und Befunde. Es ist anzunehmen, dass es verschiedene Entwicklungsverläufe der Sozialphobie gibt.
In individuellen Verläufen mögen jeweils stärker psychologische oder biologische Faktoren für die Entstehung wichtig erscheinen. Entwicklungsgeschichten unterscheiden sich einmal darin, wie eindeutig eine Grundlage der Sozialphobie aus Person und Biographie zu erkennen ist. Weiter unterscheiden sie sich auch darin, ob sich ein klar markierbarer Beginn der Störung findet oder ob die sozialphobische Symptomatik den Endpunkt einer stetigen Entwicklung bedeutet.
Nach heutigem Wissensstand betten sich die einzelnen Bausteine zu einer umfassenden Theorie der Sozialphobie stimmig, mehr oder weniger explizit, alle in ein Raster eines Diathese-Stress-Modells für die Entwicklung psychischer Störungen und Krankheiten ein: Sowohl Veranlagung wie Umgebungsfaktoren spielen bei der Entstehung einer Sozialphobie zusammen; mitgebrachte Prädispositionen interagieren mit persönlichen Erfahrungen und Lebensbedingungen, mit Einstellungen und Normen der individuellen und kulturellen Umwelt, mit den besonderen Herausforderungen typischer Entwicklungsaufgaben einzelner Lebensabschnitte und – nicht zuletzt – mit einschneidenden Lebensereignissen.

Fragestellungen

Die Suche nach spezifischen Grundlagen und Bedingungen für die Entwicklung einer Sozialphobie im Verlaufe einer individuellen Lebensgeschichte lässt sich in verschiedene Frageschwerpunkte aufgliedern:

- *die Frage nach Veranlagung und Dispositionen:* Welche Hinweise finden sich auf genetische Anteile, auf spezifische Sensibilitäten/Vulnerabilitäten, auf begünstigende Persönlichkeitsmerkmale für die Entwicklung von sozialen Ängsten?

- *die Frage nach formenden Lebensumständen:* Welche Entwicklungsumstände und -anforderungen in verschiedenen Lebensabschnitten erscheinen besonders kritisch für die Entstehung von sozialphobischem Verhalten?
- *die Frage nach negativen Erfahrungen und verunsichernden Einflüssen:* Wie häufig lösen traumatische Erfahrungen eine soziale Phobie aus oder markieren den Beginn eines sozialphobischen Verlaufes? Wie sehr tragen bestimmte Werte, Vorbilder, Normen, spezifische Lebenskontexte und die individuellen Möglichkeiten zu deren Meisterung zu Auslösung und Werdegang einer sozialen Phobie bei?

Zugangswege

Einen häufig gewählten Zugang zu Informationen über Grundlagen und Bedingungen der Sozialphobie stellt der Vergleich sozialphobischer Menschen mit anderen dar. Was gibt es für Hinweise auf charakteristische und typische Persönlichkeitsmerkmale bei Personen mit sozialen Angststörungen? Worin unterscheidet sich ihre retrospektiv betrachtete Biographie von der anderer Personen? Ein weiterer Zugang kann die Analogie zur Schüchternheit sein: Wenn wir Schüchternheit und Sozialphobie als qualitativ ähnliche, graduell jedoch verschiedene Ausprägungen einer selben Verunsicherung und Angst vor negativer Bewertung durch andere beschreiben (siehe Kapitel A1 ›Von der Schüchternheit zur sozialen Angst‹), dann liegt es nahe, gemeinsame zugrundeliegende Faktoren zu postulieren. So können wir Annahmen über die Entwicklung der Schüchternheit zur Theoriebildung über die Entstehung einer Sozialphobie hinzuziehen.
Im Folgenden soll den einzelnen Perspektiven zur Ätiologie der sozialen Phobie nachgegangen werden. Dabei wird zunächst auf die Frage nach vererbten Grundlagen, nach Veranlagung und Disposition eingegangen. Anschließend werden Entwicklungslinien der Schüchternheit dargestellt und der Zusammenhang ihrer dispositionellen und formenden Faktoren mit sozialer Ängstlichkeit diskutiert. Im letzten Teil schließlich stehen verschiedene Formen negativer Erfahrungen und ihre Rolle bei der Entstehung einer Sozialphobie im Zentrum.

1. Veranlagung und Disposition

Bei der Frage nach vererbten Grundlagen für die Entwickung einer sozialen Angststörung sind folgende drei Zugangswege maßgebend: 1) der Vergleich der Auftretenshäufigkeit in Familien, 2) Zwillingsstudien sowie 3) die Untersuchung spezifischer Persönlichkeitszüge, die mit der Symptomatik einer Sozialphobie in Beziehung stehen und als begünstigende Vorläufer für die Entstehung einer Sozialphobie wirken können.

Familiäre Häufung / Zwillingsbefunde

Wie verschiedene andere Angststörungen ist auch die Sozialphobie kein durchweg singuläres Schicksal von Individuen. Vielmehr findet sich eine gewisse familiäre Häufung der sozialphobischen Problematik (Chapman, Mannuzza & Fyer, 1995). So liegt, je nach Studie und der verwendeten Methodik, das Risiko naher Verwandter von sozialphobischen Personen, an derselben Angststörung zu erkranken, zwischen rund 6% bis 16%. Diese Werte liegen deutlich über dem Anteil sozialphobischer Verwandter von psychisch nicht auffälligen Personen. Weiter zeigt sich ein Unterschied zwischen dem generalisierten und dem spezifischen Typus der Störung: es ist die generalisierte Sozialphobie, die stärker familiär gehäuft vorkommt (Knowles, Mannuzza & Fyer, 1995; Stein, Chartier, Hazen, Kozak, Tancer, Lander, Furer, Chubaty & Walker, 1998). Die wenigen Zwillingsstudien zur Sozialphobie geben zwar kein eindeutiges Bild einer höheren Konkordanz bei eineiigen Zwillingen; die Hypothese eines genetischen Faktors wird durch diese Befunde jedoch auch nicht deutlich in Frage gestellt (Kendler, Neale, Kessler, Heath & Eaves, 1992; Beidel & Turner, 1998).
Die vorliegenden Daten aus Familien- und Zwillingsstudien zur Sozialphobie lassen sich zusammenfassend nur ganz allgemein und auch eher trivial lesen als Hinweis darauf, dass auch bei der Entstehung dieser Angststörung ein genetischer Faktor mitspielt. Offen bleibt die Frage nach dem Anteil Vererbung vs. dem Anteil an Einflüssen während des Aufwachsens. Zudem bedeutet eine gewisse familiäre Häufung ja keineswegs, dass das Schicksal der Einzelpersonen somit determiniert wäre.

Temperamentsparameter

Ein weiterer dispositioneller Aspekt, der bei sozialen Ängsten eine Rolle spielen kann, sind die so genannten ›Temperamentsunterschiede‹. In Berichten über kleine Kinder wird häufig auf umfassend erscheinende Unterschiede in ihrer Aktivität und Vitalität eingegangen, die unter diesem Begriff zusammengefasst werden: Temperament meint bereits ganz früh sich zeigende, relativ zeitüberdauernde Wesenszüge im Erleben und Verhalten. Bereits kleine Kinder unterscheiden sich in der Art und Weise, wie sie auf die Umwelt eingehen, darauf reagieren; und entsprechend unterscheidet sich auch, wie die Umwelt mit ihnen in Beziehung tritt, für sie eine Umwelt schafft.

Gibt es bestimmte Temperamentsparameter, die allenfalls eine Disposition, eine erhöhte Anfälligkeit für soziale Ängstlichkeit anzuzeigen vermögen?

›Behavioral Inhibition‹ / Verhaltensgehemmtheit

Eine deutliche Beziehung zu sozialer Unsicherheit und Schüchternheit wurde vielfach für einen Temperamentsparameter postuliert, der als ›Behavioral inhibition‹ (Verhaltenshemmung) beschrieben und untersucht wurde (Kagan, 1999). ›Behavioral inhibition‹, Hemmung oder Gehemmtheit, zeigt sich auf der Verhaltensebene ganz allgemein als Scheu und angstvolle Vorsicht gegenüber dem Unvertrauten, als Meidung des Fremden, als Rückzug vor dem Neuen. Diese Gehemmtheit manifestiert sich bereits früh in der Kindheit. Sie umfasst ein Reaktionsmuster, das eng mit Schüchternheit und Ängstlichkeit assoziiert ist. Das Unbekannte/Unvertraute sind einerseits Personen, andererseits auch Situationen und Ereignisse, denen mit Zurückhaltung begegnet wird. ›Behavioral inhibition‹ charakterisiert demnach einen Wesenszug, der Gehemmtheit oder Hemmung nicht nur als Schüchternheit und Ängstlichkeit in sozialen Kontakten umfasst, sondern sich darüber hinaus auch als Bedachtsamkeit in verschiedenen neuen Kontexten äußert. Dass (sozial)ängstliche Eltern häufig gehemmte Kinder haben (Knowles et al., 1995), weist auf die Bedeutung des ›Behavioral inhibition‹-Parameters hin. Offen bleibt, ob es sich bei dieser Gehemmtheit um einen Vorläufer erwachsener Ängstlichkeit handelt oder ob kindliche Gehemmtheit ein Reaktionsmuster darstellt, das in einem bestimmten Lebenskontext besonders verstärkt und ausgebildet wird.

Erregbarkeit

Die physiologischen Reaktionsmuster gehemmter Kinder in für sie belastenden neuen Situationen weisen alle in Richtung einer höheren Erregbarkeit. Eine erhöhte Reaktionsbereitschaft auf Außenreize und lebhafte motorische Aktivität kann als ein früher Ausdruck und als wichtiger Vorläufer von Hemmung, Scheu und Ängstlichkeit gewertet werden: Längsschnittstudien zeichnen bei vielen Kindern einen Weg nach von hoher Reagibilität im Alter von wenigen Lebensmonaten bis zu schüchterner sozialer Zurückhaltung im Alter von viereinhalb Jahren und/oder zu Ängstlichkeit im Schulalter (Kagan, 1999). Somit würde eine Verbindung von hoher Ansprechbarkeit auf Eindrücke zu Rückzug und Zurückhaltung gezogen. Eine entsprechende Entwicklungslinie scheint zwar plausibel, ist jedoch nicht zwingend.

Sensibilität

Hohe Reaktionsbereitschaft als Wesenszug, der für die Entwicklung von Schüchternheit und Furchtsamkeit relevant werden kann, ist auch mit dem Konzept der ›Sensitivity‹ angesprochen (Aron, 1999): ›Sensitivity‹ meint eine ausgeprägte Sensibilität oder hohe Empfindsamkeit für Sinnesreize und deren Verarbeitung. Zurückhaltung, Scheu, Auf-der-Hut-Sein sind danach mögliche Folgen der sensitiven Art, sehr schnell und sehr intensiv auf Reize zu reagieren. Soziale Situationen bestehen aus einer Fülle von Eindrücken, die in aller Regel nicht eindeutig vorhersehbar und nicht einfach zu filtern sind. Eine hohe Sensibilität für vielschichtige soziale Informationen erschwert es der Person möglicherweise, sich ›klar‹ zu verhalten bzw. soziale Interaktionen für sich stimmig zu interpretieren. Denkbar ist auch, dass andere Interaktionspartner auf interpersonell sensible Personen eher aversiv und abwertend reagieren. So könnte die Sensibilität eine prädisponierende Grundlage gerade für Angst in sozialen Kontexten darstellen.

Soziale Situationen, der Austausch mit der Umwelt, die Interaktion und Kommunikation mit anderen Menschen, die Schaffung eines sozialen Lebensraumes stellen zentrale Entwicklungsaufgaben dar. Hohe Reaktionsbereitschaft und Verhaltenshemmung sind dabei Wesenszüge, die die Entstehung von Angst in sozialen Kontexten begünstigen können. Sie stellen mögliche prädisponierende Faktoren für die Entstehung einer sozialen Angst in der Lebensgeschichte dar.

2. Entwicklungsaspekte der Schüchternheit

Aspekte der Entstehung und Entwicklung von Schüchternheit aufzuzeigen ist in zweifacher Hinsicht für eine Ätiologie der Sozialphobie relevant: Zum einen können Einflussfaktoren, Entwicklungsaufgaben und Ausdrucksformen von Schüchternheit in verschiedenen Lebensabschnitten auf das qualitativ ähnliche Phänomen der Sozialphobie übertragen werden; zum andern stellt sich die Frage, ob und wie Schüchternheit ein Vorläufer der Sozialphobie werden kann.

Gehemmtheit und Befangenheit

Mit ›Schüchternheit‹ werden Eigenschaften und Wesensmerkmale bezeichnet, die sich voneinander gerade auch in ihrer entwicklungspsychologischen Verankerung abheben lassen. Schüchternheit als Persönlichkeitszug, mit dem bereits Kleinkinder benannt werden, zeigt sich in der Entwicklung zunächst in einer Form der Zurückhaltung und Scheu gegenüber Neuem, wie sie im Konzept der ›Behavioral inhibition‹ auch mit erfasst wird. Frühe schüchterne Hemmung ist einerseits durch körperliche Anzeichen von Furchtsamkeit, Erregung und Angst und andererseits durch verhaltensmäßige Zurückhaltung und Rückzug gekennzeichnet.
Im Verlauf der kindlichen Entwicklung verändert sich das Phänomen der Schüchternheit (Cheek & Krasnoperova, 1999). Sie wird zunehmend auch geprägt durch kognitive Variablen der Selbst-Bewusstheit. Schüchternheit als komplexes Muster von Reaktionen in sozialen Kontexten beinhaltet häufig zusätzlich zu der Angst vor dem Neuen gedankliche und gefühlsmäßige Symptome, die typischerweise als Befangenheit, Besorgtheit um Bewertung durch andere, Vorwegnahme der Situation und schmerzhafte Beschäftigung mit sich und der Positionierung zu den andern skizziert werden

können. Diese Form der Schüchternheit beginnt sich etwa ab dem 5. Lebensjahr abzuzeichnen. Sie lässt sich als befangene (›self-conscious‹) Schüchternheit von einer ängstlich-furchtsamen (›fearful‹) Schüchternheit abgrenzen (Buss, 1980; Crozier, 1999; Schmidt & Fox, 1999). Voraussetzungen für die Entwicklung der befangenen Schüchternheit dürften sein, dass ein Verständnis für das Lesen der Reaktionen anderer auf einen selbst vorhanden ist und dass die Möglichkeit zu einer gewissen Perspektivenübernahme gegeben ist. Die typische Frage bei der befangenen Schüchternheit könnte als: »Wie mag ich bestehen vor den andern?« formuliert werden; bei der ängstlichen Schüchternheit fokussiert sich die Sorge um: »Was kann Schlimmes geschehen?«

Im Erwachsenenalter sind Befangenheit und Furchtsamkeit zwei Qualitäten, die Schüchternheit gewichten und zu färben vermögen, die jedoch nicht ganz trennscharf voneinander abzugrenzen sind (Crozier, 1999).

Der unterschiedliche Entwicklungsbeginn für die beiden Formen der Schüchternheit könnte auf unterschiedliche Entstehungsbedingungen hinweisen (Rothbart, 1999): Frühe, ängstliche Schüchternheit oder Gehemmtheit wäre danach Ausdruck eines Temperamentsmerkmales von Kindern, die wenig soziale Annäherungsmotive und viel soziale Rückzugsmotive zeigen. Später sich entwickelnde, befangene Schüchternheit wäre demgegenüber eine Folge schmerzhafter Erfahrungen von Zurückweisung durch andere; in ihr manifestiert sich ein Annäherungs-Vermeidungs-Konflikt, z. B. möchte ein Kind eigentlich mitspielen, traut es sich aber nicht zu.

Eine Analogie zu Angstreaktionen verbindet die ängstliche Schüchternheit mit Fluchtverhalten, die befangene Schüchternheit mit Erstarren. Auch in Bezug auf das individuelle Leitsymptom sozialer Phobie im Erwachsenenalter könnten möglicherweise durch die Form der kindlichen Schüchternheit Weichen gestellt werden: ob vor allem furchtsames Vermeiden angstbesetzer und furchtauslösender Situationen im Vordergrund steht oder ob stärker eine schamvolle Besorgtheit um eine negative Bewertung das Bild der sozialen Angst prägt (Schmidt & Fox, 1999).

Selbstwert und Selbst-Bewusstheit

Schüchternheit korreliert negativ mit umfassender Selbstachtung, d. h., dass allgemein größere Schüchternheit mit niedrigerem Selbstwertgefühl einhergeht. Dieser Zusammenhang ist ein über verschiedene Lebensalter hinweg konsistenter. Während frühe Schüchternheit vor allem durch körperliche Ängstlichkeit und Verhaltenshemmung gekennzeichnet ist, bezieht spätere, befangene Schüchternheit kognitive Symptome mit ein wie qualvolle Befangenheit und Beschäftigung mit sich und der eigenen Identität, mit der eigenen Person und ihrer Wirkung. Selbst-Reflexion und das Nachdenken über eventuelle Selbst-Beurteilung durch die anderen treten an die Stelle einer unbefangenen Weltsicht auf die andern. Der Höhepunkt der späteren Schüchternheit liegt im Alter zwischen etwa 14 bis 17 Jahren. Im Jugendlichenalter wird der kognitive Egozentrismus abgelöst, es entwickelt sich ein relativierendes Denken, in dem der Perspektive anderer ein wichtiger Platz zukommt (vgl. z. B. Schuch, 1998). Ein geringer Selbstwert in der späteren Kindheit und Adoleszenz könnte ein möglicher Vorläufer von befangener, erwachsener Schüchternheit sein, weil so der Bewertung durch andere ein besonderes Gewicht beigemessen wird.
Ein weiterer Vorläufer von befangener Schüchternheit könnte der Grad des Bewusstseins um sich selbst als öffentlich-soziales Wesen (›public self-consciousness‹; Buss, 1980) sein. Große Bewusstheit von sich selbst als Protagonisten vor den Augen und im Urteil der andern wäre eine notwendige Grundlage, um überhaupt mögliche Gefahren aus dieser Öffentlichkeit zu vermuten und sich vor der Bewertung durch andere zu ängstigen. Tatsächlich zeigt sich, dass die Fokussierung auf sich selbst als soziales Wesen bei allen schüchternen Personen ausgeprägt ist, aber dass nicht alle Personen mit großer sozialer Bewusstheit schüchtern sind oder schüchtern werden.

Schüchternheit und Entwicklungsaufgaben

Schüchternheit zeigt sich in verschiedenen Lebensabschnitten in unterschiedlichen Formen. Alle Entwicklungsphasen halten für die Heranwachsenden ganz spezifische Anforderungen bereit, die Klippen für soziale Unsicherheit darstellen können. Sie formen die Schüchternheit mit, sei es, dass sie sie auslösen oder intensivieren,

sei es, dass sie sie mildern oder überwinden helfen (Carducci, 2000). Wichtige Prüfsteine für soziale Scheu oder Unbekümmertheit von Kindern sind alle Formen von Kontakt mit Gleichaltrigen. Deshalb können der Eintritt und Übertritt in Strukturen, wo das Miteinander mit Gleichaltrigen mit dazugehört, wie Kindergarten, Schule, zu besonderen Herausforderungen für zurückhaltende, gehemmte, schüchterne Kinder werden. Interessanterweise scheint es im Zusammenspiel von Schüchternheit und Beziehungen zu Gleichaltrigen keine direkte Linie zwischen Zurückhaltung, sozialer Verunsicherung und Zurückweisung zu geben. Schüchterne, zurückhaltende Kinder werden von ihren Kameraden nicht häufiger ausgeschlossen. Schüchternheit scheint kein Prädiktor für Zurückweisung zu sein (Vernberg, Abwender, Ewell & Beery, 1992). Es leuchtet jedoch ein, dass Zurückweisungen Befangenheit und verunsicherte Selbst-Bewusstheit weiter festigen mögen.
Die Suche nach einem erwachsenen Selbst in der Pubertät und Adoleszenz, nach einer stabilen inneren Identität bei ständig wechselndem äußerem Erscheinungsbild, ist ein weiterer kritischer Lebensabschnitt, der den Anfangspunkt einer sozialphobischen Entwicklung markieren kann (siehe Kapitel A 3 ›Störungsbeginn und Krankheitsverlauf‹).
In den verschiedenen Entwicklungsaltern vom Kleinkind zum Erwachsenen sind es immer auch bestimmte Lebensräume und anstehende Aufgaben, die Schüchternheit mehr oder weniger zur Herausforderung oder zum Problem werden lassen. Dazu gehören die Anforderungen, die durch verschiedene Formen außerhäuslicher Strukturen gegeben sind – sich zurechtfinden in der Spielgruppe, im Kindergarten, in der Schule, in Vereinen –, sowie die Zunahme sozialer Begegnungen – der Kontakt mit Gleichaltrigen, neuen Erwachsenen, die auch unterschiedliche Stile im Umgang mit zurückhaltenden Kindern entwickelt haben.
Im Gegenzug suchen aber auch schüchterne Kinder – und Erwachsene – sich ihre Lebensräume so zu gestalten, dass sie am stimmigsten zu ihrer Zurückhaltung und sozialen Bedachtsamkeit passen: Wenn etwa schüchterne Kinder und Jugendliche sich in der Schule einen Fächerkatalog zusammenstellen, in welchem Einzelarbeit einen großen Stellenwert einnimmt.
Umweltanforderungen und Umweltgestaltung stehen so in Wechselwirkung. Die Suche nach Lebensräumen, die zu den eigenen

Wünschen, Bedürfnissen und Fähigkeiten passen, wird erst dann problematisch, wenn aus der aktiven Gestaltung des individuellen Lebensraums eine passiv aufgezwungene Einengung wird, wenn Vermeidung aus Angst das dominante Kriterium der Lebensgestaltung und der Gestaltung sozialer Beziehungen werden muss.

Bewertung der Schüchternheit

Es stellt sich in diesem Zusammenhang auch die Frage, inwieweit die Vorstellungen über Geschlechtsrollen einen Einfluss darauf haben, als wie schüchtern eine Person eingeschätzt wird bzw. sich erlebt und wie sehr dies negativ gewertet wird. Von der Häufigkeit her betrachtet ist Schüchternheit weder ein typisches Mädchen- noch ein überwiegendes Jungenproblem (Jones, Briggs & Smith, 1986). Was sich allenfalls unterscheidet, sind Reaktionen auf gezeigte Zurückhaltung und Scheu bei Jungen und Mädchen. Verschieden kann auch die Bedeutung sein, die weiblicher und männlicher Schüchternheit in einem jeweiligen soziokulturellen Kontext zugeschrieben wurde oder wird. Schüchternheit steht beispielsweise ziemlich konträr zu immer noch aufgefundenen stereotypen Charakterisierungen ›männlicher‹ Abenteuerlust, Dominanz, Selbstvertrauen usw. Das Adjektiv ›schüchtern‹ hingegen findet sich unter so genannten ›typisch weiblichen‹ Attributen; so gehört es beispielsweise im Geschlechtsrollenfragebogen von Bem zur Dimension ›Feminität‹ (Bem, 1981). Solche Stereotypisierungen und daraus folgende Erwartungen können zur Folge haben, dass die Reaktionen auf Gehemmtheit, Bedachtsamkeit, Vorsicht, Behutsamkeit, Befangenheit bei Jungen möglicherweise negativer als bei Mädchen ausfallen. Aufgrund anderer Erwartungen an ›kleine Männer‹ könnten sich größere Diskrepanzen zwischen Realselbst und Normselbst ergeben. Insofern erschwert Schüchternheit den Prozess der Sozialisation in der Geschlechtsrolle für Jungen – je nach den vorherrschenden kulturellen Normen – noch zusätzlich (Carducci, 2000). Eine unterschiedliche kulturelle Bewertung von schüchternen Menschen wirkt sich somit darauf aus, wie sehr Schüchternheit zu einer Belastung werden kann. Im Gegenzug betont eine Wertschätzung der Qualitäten, die schüchterne Menschen häufig auszeichnen – wie besondere Sensibilität, Empathie und Fähigkeit zur Rollenübernahme (Henderson & Zimbardo, 1999) –, die positiven Aspekte von ›Schüchternheit‹.

Stabilität und Variabilität der Schüchternheit

Wie stabil ist Schüchternheit in der Entwicklung? Ist ›schüchtern‹ ein Wesenszug, der eine ganze Kindheit und Adoleszenz begleitet und bis ins Erwachsenenalter präsent bleibt? Ein Vergleich von kindlicher Schüchternheit mit derjenigen im jungen Erwachsenenalter kann zunächst aufzeigen, wie sehr Schüchternheit über verschiedene Lebensabschnitte hinweg wirkt: Etwa ein Drittel der sich als schüchtern einstufenden jungen Erwachsenen blickt auf eine ›schüchterne‹ Kindheit zurück. Dabei scheint eine früh begonnene schüchterne Entwicklung nachhaltiger zu sein: etwa drei Viertel der seit früher Kindheit Schüchternen sind es heute noch, während dieses Verhältnis sich zu halb-halb verändert für diejenigen, die später in ihrer Kindheit oder Adoleszenz schüchtern waren (Bruch & Cheek, 1995). Somit ist Schüchternheit für einen nicht unbeträchtlichen Anteil von Personen eine sie kennzeichnende Eigenschaft über Entwicklungsstufen hinweg.

Gibt es nun einen Zusammenhang zwischen Schüchternheit in ihren verschiedenen Qualitäten und Sozialphobie? Ist Schüchternheit ein (notwendiger? hinreichender gar?) Vorläufer einer sozialen Phobie (Beidel & Turner, 1999)? Schüchternheit in der Kindheit als ein möglicher prädisponierender Faktor einer sozialphobischen Problematik im Erwachsenenalter scheint vor allem für die generalisierte Sozialphobie wirksam zu sein: Hier finden sich drei Viertel von PatientInnen, die sich an eine schüchterne Kindheit erinnern. Bei der Sozialphobie vom spezifischen Typus hingegen berichtet nur etwas über die Hälfte von einer schüchternen Kindheit, ein Wert, der nur wenig über den Angaben von Erwachsenen ohne psychische Probleme liegt (Stemberger, Turner, Beidel & Calhoun, 1995). Aus diesem Befund auf eine Vorläufer-Funktion der Schüchternheit für spätere soziale Angst zu schließen, ist aus zwei Überlegungen fraglich: Zum einen könnte eine die aktuelle Lebenssituation prägende soziale Angst auch den Blick zurück auf die eigene Entwicklung spezifisch einfärben, sodass die Schüchternheit in der Erinnerung größeres Gewicht bekommt. Zum andern war auch die Hälfte der Personen ohne besondere soziale Angst im Erwachsenenalter früher schüchterne Kinder. Es gibt demnach keine zwangsläufige Entwicklungslinie vom schüchternen Kind zum ängstlichen Erwachsenen.

Schüchterne Kinder und ihre Eltern

Ob und wie sehr frühe Zurückhaltung und spätere Befangenheit sich zu überdauernder Schüchternheit festigen, ist mit-moduliert durch die Interaktion mit den Eltern und deren Reaktionen auf ihr scheues Kind (Bruch & Cheek, 1995). Eltern reagieren aufgrund ihres eigenen Temperaments, ihrer Persönlichkeit, ihrer Vorstellungen über Erziehung, ihrer sozialen Ressourcen und Möglichkeiten sehr unterschiedlich auf ihre Kinder. Je nachdem wie gut Eltern auf ihre zurückhaltenden, vorsichtigen, ängstlichen, befangenen Kinder eingehen können – z. B. sie unterstützen, versichern, bestätigen, ermutigen –, desto größer ist die Chance für die Kinder, dass sich Annahmen über Gefährlichkeit und Verunsicherung, bezogen auf Neues, Unvertrautes, nicht weiter bestätigen und festigen. Zu einem Elternverhalten, in welchem Kinder wenig ermutigt werden, neue soziale Erfahrungen zu machen, gehören z. B. Aufforderungen, die sich stärker auf das Spiel selbst als auf das Mitspielen mit den andern beziehen, sowie Interventionen, mit denen soziales Meideverhalten bekräftigt und mutigeres Verhalten entkräftet wird (Beidel & Turner, 1998).

Auch wenn Schüchternheit und soziale Angst als quantitativ verschiedene Ausprägungen auf einer gemeinsamen Dimension betrachtet werden können, ist ihr Zusammenhang weitaus komplexer als ein einfacher Ablauf, der ein scheues Kind zu einem befangenen Jugendlichen und einem sozialängstlichen Erwachsenen werden lässt. Viele Faktoren spielen bei der Ausprägung, Intensivierung oder Abschwächung von schüchternen und ängstlichen Zügen eine entscheidende Rolle. Anlagefaktoren und im Entwicklungsverlauf relevante Faktoren – Erwartungen und Reaktionen von Familie und Umwelt, die Beziehungen zu den Peers, das sich dabei entwickelnde Selbstwertgefühl – interagieren somit bei der Schüchternheit in komplexer Weise.

3. Negative Erfahrungen

Neben dispositionellen Faktoren und Entwicklungsaufgaben bzw. -bedingungen können – wie bei anderen psychischen Störungen auch – negative Erfahrungen eine Rolle in der Ätiologie sozialer Ängste spielen. Angstvolle Überzeugungen bezüglich der Gefährlichkeit und Gefährdung in sozialen Situationen gehören nicht für alle Menschen zu ihren Grundannahmen über die Welt. Es erscheint daher nahe liegend, in einmaligen oder wiederholten negativen Erlebnissen in der Lebensgeschichte einen Ätiologiefaktor der Sozialphobie anzunehmen. Dabei wird davon ausgegangen, dass eine Koppelung von bestimmten Situationen mit eigenem Angsterleben und angstbedingtem Verhalten eine Lerngeschichte hat, dass soziale Ängstlichkeit und Verunsicherung einen Bezug aufweisen zu Erfahrungen in der Lebensgeschichte.
Psychologische Lernvorgänge für einen möglichen Beginn oder die Verschärfung sozialphobischer Entwicklungen sind (Beidel & Turner, 1998):

- *direkte, traumatische Konditionierungen* (wie öffentliche Beschämungssituationen, wenn sich z. B. in der Schule das Publikum lustig macht über das Versagen der Stimme oder einen Versprecher bei einem Vortrag),
- stellvertretendes *Lernen am Modell* relevanter anderer (wenn beispielsweise Personen miterleben, wie andere ausgelacht, ausgeschlossen oder kritisiert werden) und
- *symbolische/indirekte Vermittlung von Gefahrenpotenzial* in bestimmten Kontexten (z. B. wenn Vorbilder, Eltern oder andere Erziehende soziale Situationen als gefährlich, peinlich usw. schildern; beziehungsweise wenn sie daran zweifeln, dass ihre Kinder sich darin behaupten können).

Direkte oder stellvertretende negative Erfahrungen können dabei eine ganze Palette umfassen von einmaligen Traumatisierungen bis hin zu wiederholten atmosphärischen Imprägnierungen und Verunsicherungen. Zu den negativen Erfahrungen kommt als weiterer Faktor explizite oder implizite Vorstellungen und Annahmen hinzu. Erfahrungen und/oder Vorstellungen führen zu der Überzeugung, dass – vereinzelte, ganz bestimmte, sehr viele oder praktisch

alle – soziale Situationen potenziell gefährlich sind und unausweichlich zu negativen Emotionen führen werden.
Der Bedeutung negativer Erfahrungen für die Entstehung einer Sozialphobie wird zunächst in Bezug auf einschneidende Angsterlebnisse und soziale Traumata nachgegangen. Darauf werden Verunsicherungen in der Entwicklung – durch Eltern, durch Peers – thematisiert. Abschließend wird der Stellenwert überfordernder, neuer, veränderter Lebenssituationen diskutiert.

3.1 Einschneidende Angsterlebnisse, soziale Traumata

Wie häufig wird eine soziale Phobie tatsächlich ausgelöst durch einschneidende negative emotionale oder traumatische Erfahrungen? Befragt man Personen mit sozialer Phobie, dann beschreibt in verschiedenen Untersuchungen grob gesagt rund die Hälfte eine Erinnerung an ein bestimmtes Ereignis, das den Beginn der sozialen Ängste markiert oder das zumindest den Zeitpunkt einer deutlicheren Intensivierung der sozialen Ängste kennzeichnet: So nannten in einer Studie 58% der sozialphobischen Personen eine vorgängige traumatische Erfahrung (Öst & Hugdahl, 1981), in einer weiteren Untersuchung waren es 44%, die über ein solches Erlebnis berichteten (Townsley, 1992, in Mineka & Zinbarg, 1995).

Traumatische Erlebnisse

Eine Angsterfahrung steht demnach häufig am Anfang einer sozialen Phobie. Würde man diesen Satz einfach so stehen lassen, dann würden hier zwei wichtige und spannende Gesichtspunkte fehlen: zum einen, dass dieses Ergebnis ja auch bedeutet, dass etwa die Hälfte der von sozialer Phobie Betroffenen kein solches Lebensmoment benennen kann. Bei ihnen findet sich in der Rückschau kein Ereignis, das die Phobie im engeren Sinne ausgelöst hat oder wodurch die Schwelle von Vorliebe/Abneigung zu Angststörung überschritten wurde. Zum Zweiten kommt hinzu, dass von den gesunden Erwachsenen, die als Kontrollpersonen befragt wurden, auch etwa jede/r Fünfte ein vergleichbares traumatisches Lebensereignis in seiner/ihrer Biographie benennen konnte, ohne dass es zu einer sozialen Angststörung kam.

Inwieweit traumatische Ereignisse Auslöser für eine soziale Phobie sein können, lässt sich auch deshalb schlecht abschätzen, weil der Bericht über solche Ereignisse immer in die Lebens»geschichte« der Person eingebettet ist. Ihre Lebensgeschichten erzählen Menschen sich und anderen – so weit möglich – so, dass sie sich kohärent und stimmig anhören. Eine Person, die soziale Ängste hat, wird soziale Ereignisse in ihrem Leben eher als angstrelevant erleben und in diesem Sinne schildern. Auch im Nachhinein wird sie dazu neigen, entsprechende Akzentuierungen solcher Geschehnisse vorzunehmen. Eine andere Person hingegen, die in der gleichen Situation war, zieht völlig andere Schlüsse daraus. Auch wenn die Lebensgeschichte so eher im Zusammenhang mit dem aktuellen als dem historischen Erleben steht: Für PatientInnen mit sozialen Ängsten sind die vergegenwärtigten sozialen Traumata wahr und somit psychologisch relevant (vgl. z. B. Bruner, 1986).

Generalisierte und spezifische Sozialphobie

Schlüsselt man den Zusammenhang zwischen einschneidender Erfahrung und sozialer Angststörung weiter auf, dann scheint eine kritische, negative Lebenserfahrung eher bei spezifischen sozialen Phobien eine Rolle zu spielen. Im Anschluss an dieses Erlebnis kommt es dort häufiger zu einer auf eine ganz bestimmte Situation bezogenen Angst, wie z. B. Sprechen in der Öffentlichkeit, etwas schreiben unter den Augen anderer usw. Bei Personen hingegen mit generalisierter Sozialphobie ist ein solches einmaliges Auslösemoment weniger häufig auszumachen: In der erwähnten Untersuchung von Townsley sind es 56% der Personen mit spezifischer Sozialphobie gegenüber 40% mit generalisierter Sozialphobie, bei denen eine einschneidende negative Erfahrung am Beginn ihrer Angstentwicklung steht (Mineka & Zinbarg, 1995).

Lernen an Modellen

Die Koppelung ›soziale Situation = Gefahr‹ muss im Übrigen nicht notwendig am eigenen Leib erfahren worden sein. Auch stellvertretend miterlebte soziale Traumata können am Anfang einer sozialphobischen Entwicklung stehen (Öst, 1985). Dies war beispielsweise in der erwähnten Studie von Öst und Hughdahl (1981) bei 13% der Fall. Wenn ein Junge z. B. beobachtet, wie ein Klassenkamerad von größeren und stärkeren Jungen verspottet und gequält wird, so mag sich bei ihm die Furcht entwickeln, dass auch ihm so etwas passieren könnte und er sich genauso wenig wehren könnte.

Die Nachhaltigkeit von negativen Erlebnissen

Die Nachhaltigkeit einer Lernerfahrung ist mitbeeinflusst von Modellen und Reaktionen der Umwelt: Wie furchtsam reagiert z. B. die familiäre, kollegiale, subkulturelle Umgebung? Wie schwer wiegt ein ›Vergehen‹ im für den Einzelnen relevanten Lebenskontext? Typische soziale Traumasituationen enthalten praktisch durchgängig Beschämung, Bloßstellung, Zurückweisung. In den Situationen wird eine Diskrepanz zwischen erwartetem und tatsächlichem Auftreten thematisiert. Ein Auseinandergehen von Erwartung und Ausführung wird als Fehler oder Makel gespiegelt beziehungsweise von den Betroffenen so aufgrund der Reaktionen der anderen wahrgenommen und verarbeitet.

Für die Nachhaltigkeit einer negativen Lernerfahrung werden auch Aspekte der Kontrollierbarkeit der Situationen wichtig (Mineka & Zinbarg, 1995). Dazu gehören Überzeugungen darüber, wie sehr negative Erlebnisse überhaupt und ganz allgemein kontrollierbar im Leben sind wie auch Annahmen darüber, wie sehr gerade die spezifischen Situationen für einen hätten kontrollierbar sein sollen. Wie sind die Befunde zu einschneidenden Erlebnissen als Auslöser von sozialer Angst zu werten? Der retrospektive Zugang ist an sich eher problematisch: Zum einen deshalb, weil Menschen vielleicht auch selektiv ihre Lebensgeschichte nach Gründen und Ereignissen absuchen, die ihre heutige Angststörung erklären würden. Der Blick zurück in den persönlichen Werdegang ist auch gefärbt durch die aktuelle Problematik, und vielleicht kristallisieren sich so bestimmte Zusammenhänge besonders deutlich. Zum andern wird vielleicht aufgrund der Intensität der heutigen Störung ein Lernereignis geringeren Effekts nicht erinnert, obwohl es vielleicht den Beginn der Entwicklung markieren würde. Ganz allgemein kann man festhalten, dass einschneidende Erfahrungen bedeutsam sein können bei der Entstehung einer Sozialphobie in der Lebensgeschichte. Aber es wird auch klar, dass ein so genanntes Trauma offensichtlich weder notwendig noch hinreichend ist für die Entwicklung einer Sozialphobie.

3.2 Verunsicherungen in der Entwicklung: Erziehungsstil, Familienkontext und die Beziehungen zu den Peers

Wie soziale Interaktionen wahrgenommen und bewertet werden ist durch die individuelle Lebensgeschichte geformt. Die Wahrnehmung und Bewertung ist modelliert an den Elternbildern, und sie richtet sich nach den bestimmten Regeln in einem Familienkontext. Darüber hinaus wird sie beeinflusst von den herrschenden Normen in der Peergruppe, und sie speist sich auch aus Vorstellungen eines ›comme il faut‹ von Gesellschaften und (Sub-)Kulturen. Im Zusammenspiel von Vorbildern, Vorstellungen, Erwartungen und Erfahrungen kann dann die Bewertung durch andere besonders wichtig werden, so wichtig, dass eine Vermutung darüber, welchen Eindruck man auf andere hinterlassen hat oder hinterlassen wird, bedeutsamer wird als die (überprüfbare) eigene Einschätzung.

Anforderung und Schonung

Eltern prägen mit eigenen Ängstlichkeiten, mit ihrem Erziehungsstil und ihren Normen und Familienerwartungen die Qualität des Erfahrungsraumes ihrer Kinder. Eltern schaffen aber auch ganz konkret den Lebensradius, in welchem Kinder ihre Erfahrungen machen. Der Lebensraum beeinflusst Sensibilisierungen und Konsolidierungen sozialängstlichen Erlebens und Verhaltens. Lebensräume unterscheiden sich darin, wie sehr sie sich als Übungsfeld eignen, um Annahmen bezüglich gefährlicher sozialer Interaktionen zu überprüfen. Sozialphobische PatientInnen beschreiben ihre Eltern immer wieder auch als übermäßig behütend (Bruch & Heimberg, 1994; Rapee & Melville, 1997). Je nachdem, welcher Lebensraum überhaupt zur Verfügung steht und wie er gestaltet wird, werden in ihm auch kritische Erfahrungen ermöglicht. In der schwierigen Erziehungsbalance von Schonung und Anforderung können aber auch nicht besonders ängstliche Eltern dazu beitragen, dass die Ängste eines gehemmten und befangenen Kindes sich verstärken. Das ist beispielsweise dann der Fall, wenn eine wohlgemeinte Reduktion von Anforderungen und Schonung bei einem körperlich schwächlichen Kind dazu führt, dass es seine Ängste nicht mehr an der Realität messen kann und seine Befangenheit weiter zunimmt.

Erziehungsstil

Werden sozialphobische Personen nach besonderen Merkmalen ihres Elternhauses gefragt, so erinnern sie sich häufig daran, dass ihre Eltern sehr auf die Meinung anderer bedacht waren und größten Wert darauf legten. Hinzu kommt, dass sie die Eltern als ziemlich isoliert erlebten und diese wenig sozialen Austausch mit Bekannten und Freunden pflegten. Bezüglich dieser Erinnerungen unterscheiden sich sozialphobische Personen von anderen Angstpatienten und von gesunden Kontrollpersonen (Bruch & Cheek, 1995; Beidel & Turner, 1998). Interessanterweise scheint dabei den Faktoren Isolation und Sozialkontakte ein differenzieller Einfluss zuzukommen: Bei den generalisierten Sozialphobien waren diese Merkmale des Elternhauses noch deutlicher ausgeprägt als bei den umschriebenen sozialen Phobien.

Außenseitertum

Sozialängstliche Entwicklungen können auch initiiert werden oder sich intensivieren, wenn sich ein Mensch in irgendeiner Weise als Außenseiter erlebt.

Sich als Außenseiter einzuschätzen, hat potenziell verschiedene Quellen. So kann die wahrgenommene Diskrepanz zwischen einem in gewissen Medien (z. B. BRAVO, VIVA) vermittelten Bild von ›richtigem‹ oder ›coolem‹ Lebensstil und eigenem Verhalten für Heranwachsende dazu führen, sich als nicht zugehörig zu erleben. Wenn z. B. eigene Zurückhaltung und persönliches Auftreten der eingeforderten Lässigkeit nicht genügen, kann dies zu Ausgrenzung führen, die negativ erfahren wird: So wird etwa ein Junge, der zu schnellem Erröten neigt, von einer Clique Gleichaltriger ausgeschlossen, weil er zu wenig ›cool‹ erscheint.

Ausgrenzung ergibt sich auch aus Diskrepanzen zwischen familiärem Lebensstil und Erwartungen und außerhäuslichem Gruppendruck: Wenn etwa ein Mädchen gegen den Trend angezogen ist – indem es etwa die Kleidung der älteren Geschwister auftragen muss, etwa weil seine Eltern sich neue Kleidung gar nicht leisten können oder sie die jugendlichen Konsumwünsche aufgrund ihrer Wertehaltung ablehnen –, so wird es von seinen modischen Klas-

senkameradInnen womöglich als langweilig und uninteressant eingestuft. In eine ähnliche Position können auch Kinder geraten, deren Eltern einer religösen oder weltanschaulichen Gruppe angehören und die aufgrund dessen nach Einschätzung der Gleichaltrigen ›komische‹ Gewohnheiten haben.
Wohl am häufigsten jedoch leitet sich Außenseitertum, Abseitsstehen, Ausgeschlossensein aus den Beziehungen zu den Gleichaltrigen, zu den Peers, ab.

Nichtbeachtung und Zurückweisung durch die Peers

In Lebensgeschichten sozialphobischer Personen finden sich immer wieder Erfahrungen von Abweisungen und Viktimisierungen durch Peers: Nichtbeachten, aktiver Ausschluss von gemeinsamen Aktivitäten, Bloßstellungen, verbale und physische Belästigungen und Angriffe. Der Stellenwert solcher Erfahrungen als Auslöser für sozialphobische Entwicklungen wird kontrovers diskutiert. Insbesondere stellt sich die Frage, ob die negativen Reaktionen der Gleichaltrigen eine Grundlage einer sozialphobischen Entwicklung darstellen oder ob sich in ihnen eine Reaktion auf sozialängstliches Verhalten ausdrückt. Den typischen Zusammenhang zwischen Art der Ausgrenzung und psychischen Problemen formulieren Beidel und Turner (1998): Während Kinder ohne psychopathologische Symptome gewöhnlich bei den andern beliebt sind, verhaltensauffällige Kinder dagegen von den andern zurückgewiesen werden, besteht das Schicksal ängstlicher Kinder vorwiegend darin, dass andere sie nicht beachten und ihnen gegenüber eine indifferente Haltung einnehmen, ohne spezielle Sympathie oder Antipathie. Daher finden sie oft auch weniger Freunde als andere Kinder (Rapee & Melville, 1997). Als Folge von Nichtbeachtung oder Ausschluss ziehen sich ängstliche Kinder in der Regel zurück und bleiben allein. Diese Einsamkeit erhöht auf zweifachem Weg die ängstliche Befangenheit: Einmal bleibt so die Annahme, dass die ängstlichen Kinder unattraktiv für andere und nicht liebenswert sind, bestehen; zum andern fehlen diesen Kindern die Gelegenheiten, altersgemäßes sozial kompetentes Verhalten zu lernen, einzuüben und immer wieder anzuwenden.
Auch wenn offen bleibt, wie groß der Stellenwert von Verunsicherungen in der Entwicklung bei der Entstehung sozialer Phobie ganz allgemein ist, so stellen doch Erziehungsstil, Normvorstellungen im

Elternhaus, erlebtes Ausgeschlossensein von den Gleichaltrigen Faktoren dar, die im Einzelfall eine sozialängstliche Entwicklung verstärken können.

3.3 Überforderungen der sozialen Kompetenz

Gehemmtheit, Schüchternheit, Nichteinbezogensein wirken auch als erschwerende Faktoren bei der Entwicklung sozialer Fertigkeiten. Im Wechselspiel von Ängstlichkeit und sozialem Rückzug wird es immer schwieriger, ein angemessenes Übungsfeld direkter oder stellvertretender Erfahrungen sozialkompetenten Verhaltens zu haben. Für ängstliche Kinder, die sich zudem zurückziehen, wird das Übungsfeld für sozial kompetentes Verhalten immer noch kleiner. Gleichzeitig berauben sie sich durch ihren Rückzug auch der Modelle, die ihnen andere Verhaltensmöglichkeiten aufzeigen könnten.
Ganz allgemein kann eine wiederholte Überforderung der sozialen Kompetenz, unabhängig von ihrer ›schüchternen‹, gehemmten, ungeübten oder unzureichenden Qualität, als eine Bedingung sozialer Angst angesehen werden. Situative Gegebenheiten, welche die eigenen zur Verfügung stehenden sozialen Fertigkeiten und Fähigkeiten überfordern (›veränderte Situationsmenüs‹; Pfingsten, 1998, S. 36), führen zu negativen Erfahrungen. Aufgrund dieser Erfahrungen werden Annahmen gemacht und/oder verstärkt, dass soziale Situationen gefährlich sind.

Neue Anforderungen

Bedingungen für soziale Überforderungen lassen sich allgemein bei sich verändernden Lebensumständen orten. Werden Personen mit neuen Gegebenheiten konfrontiert oder in neue Kontexte verpflanzt, kann sich die Balance zwischen eigenen Fertigkeiten und Neigungen und Anforderungen in Richtung Überforderung verschieben. Beispiele hierfür sind: eine Beförderung im Berufsleben, die neue Jobanteile wie zusätzliche Repräsentationspflichten einfordert; der Auszug eines älteren Geschwisters, das immer initiativ das Sozialleben organisiert hat und ein zurückhaltendes Teilhaben an Sozialkontakten ohne Befangenheit ermöglichte, usw.

Veränderungen des eigenen Lebensraumes und des darin erforderlichen Handlungsrepertoires können sich auch aus entwicklungsbedingten Veränderungen ergeben (siehe Kapitel B 2 ›Entwicklungsaspekte der Schüchternheit‹). Darüber hinaus treten Veränderungen als einschneidende Lebensereignisse von außen an Personen heran, z. B. Tod oder Krankheit eines Familienmitgliedes, sodass die bisherige Rollenverteilung eines Ehepaares völlig verändert wird und von einem Partner bisher ungewohnte Aufgaben, wie etwa angstbesetzte Behördengänge etc., einfordert.
Soziale Überforderung ergibt sich aber auch aufgrund eigener problematischer Entscheidungen, die nicht übereinstimmen mit Möglichkeiten und Wünschen. Beispiele finden sich hier in den Bereichen Berufs- und Partnerwahl: Wenn ein junger Mann aus inhaltlichem Interesse ein Sprachenstudium wählt, das fast zwangsläufig zur Lehrtätigkeit führt, gelangt er so in ein berufliches Tätigkeitsfeld mit sehr spezifischen Anforderungen an Auftreten und sozialer Kompetenz. Wenn eine junge Frau gegenüber einem begehrten Partner eine Rolle spielt, die sie nicht aufrechterhalten kann, in der kein Platz zu sein scheint für Unsicherheiten und eigene Grenzen, so wird sie u. U. das Gefühl haben, sich als sozial sicher darstellen zu müssen, ihre Anstrengung spüren und als Zeichen dafür nehmen, dass sie völlig unzulänglich ist und dass dies eines Tages auch offenbar werden wird.

Selbstrepräsentation

Veränderte Anforderungen und Überforderungen der eigenen Möglichkeiten können auch Ausdruck ungünstiger Selbstdarstellungen sein (›Selbstrepräsentationsfalle‹): Eine angestrebte Selbstdarstellung kann nur unter großem psychischen Aufwand aufrechterhalten werden, es gibt eine Kluft zwischen der selbstgewählten Rolle sozialen Auftretens, wie man sich vermeintlich geben sollte, und dem, wie man von seiner Person und seinen Wünschen und Bedürfnissen her sich eigentlich geben möchte.
In dieser Konstellation drückt sich auch das grundlegende Dilemma der Menschen mit sozialen Ängsten aus: Soziale Situationen sind deshalb so angstbesetzt, weil sozialphobische Personen ständig damit konfrontiert sind, einen bestimmten Eindruck hinterlassen zu wollen, den sie nicht herstellen können. Jede soziale Situation kann so potenziell neuerlich die Diskrepanz zwischen dem Soll, das

sind die eigenen Vorstellungen und wahrgenommenen Aufträge, und dem Ist, das sind die wahrgenommenen und/oder realisierten Handlungen, belegen. Jede soziale Situation kann so zu einem Beweis für eigenes Versagen werden.
Auch wenn keine Einschätzung durch andere konkret bekannt ist – z. B. wenn nur ein allgemeiner gesellschaftlicher Anspruch angenommen wird, oder selbst wenn erkannt wird, dass die Anforderungen selbst-generiert sind –, wird der nicht zu erfüllende Anspruch doch zu einem wichtigeren, ja zum einzig relevanten Gradmesser für die Stimmigkeit eigener Handlungen und damit für das Wohlbefinden.

Zusammenfassend präsentieren sich die Annahmen und Befunde zur Entstehung einer Sozialphobie als komplexes Zusammenspiel (anlagemäßiger) Vulnerabilitäten und spezifischer Lernerfahrungen (direkte Konditionierungen, stellvertretendes Modelllernen, Vermittlung von Bedeutungszuschreibungen). Je nach Sensibilität und vorangehenden Sensibilisierungen werden Individuen durch bestimmte Erfahrungen stärker geprägt. Der Stil von Familien- und (Sub-)Kulturkontext färben diese Verarbeitungen mit ein. Wichtige Puzzleteile eines Genesemodells für Sozialängstlichkeit und Sozialphobie sind:

- Bedachtsamkeit gegenüber Neuem als Temperamentsunterschied
- nicht-ermutigende soziale Übungsfelder
- Normorientiertheit von Auftreten und Selbstdarstellung
- einschneidende Erfahrungen sozialen Ausschlusses.

Auch wenn solche und andere stimmige – prädisponierende, auslösende, vorangehende – Elemente in einzelnen Entwicklungsverläufen immer wieder identifiziert werden können: Es gibt nicht *den* Werdegang einer Sozialphobie. Es gibt vielmehr verschiedene mögliche Entstehungswege. Das bedeutet gleichzeitig auch, dass eine soziale Phobie nicht auf eine Ursache allein zurückgeführt werden kann: Entwicklung findet immer im Wechselspiel von Erfahrung und Reaktionen statt, in der Auseinandersetzung zwischen eigenen Wünschen und Möglichkeiten und dem Lebensraum, der zur Verfügung steht. Damit ist eine soziale Phobie zugleich kein einmal ausgelöster Prozess, der nicht rückgängig zu machen ist. Es handelt sich um einen Prozess, der sich unter bestimmten Bedingungen am Leben erhält, sich auszuweiten mag – oder aber auch als Episode in einer Biographie zu einem Stück individueller, persönlicher Vergangenheit werden kann.

C) Wie wird eine soziale Phobie aufrechterhalten?

Jede Form von Angst bleibt so lange bestehen, wie sie aufgrund der individuellen Erfahrung die stimmigste Emotion zu einer Situation ist. Für die soziale Phobie bedeutet dies: die Angst bleibt so lange aufrechterhalten, bis der Gegenbeweis ungefährlicher bzw. weniger gefährlicher Erfahrung in der gefürchteten sozialen Situation für die Person überzeugend erbracht worden ist. Bis zu einem solchen Gegenbeweis bleibt Angst vor einer neuerlichen Erfahrung von Angst in bestimmten Situationen und Kontexten die vorherrschende Emotion. Im Folgenden soll auch gezeigt werden, dass diese Angst eine Gefühlswirklichkeit bildet, die dazu führt, dass die Angst sich immer wieder bestätigt.

Bezogen auf die soziale Phobie sind – je nach Person und Störungsbild sind es vereinzelte oder ganz bestimmte, vielleicht auch sehr viele oder praktisch alle – soziale Situationen gefährlich. Sie sind und bleiben deshalb gefährlich, weil sie mit Demütigung und Scham verbunden sind, den Selbstwert gefährden und weil sie außerhalb der eigenen Kontrolle liegen.

Verhinderte Überprüfung der Annahmen

Fehlen neue Erfahrungen, kann es zu keiner Realitätsüberprüfung davon kommen, inwieweit die biographisch erworbenen Annahmen über die Gefährlichkeit sozialer Situationen und die Angst, in solchen Situationen gefährdet zu sein, überhaupt zutreffen. Es gibt verschiedene Strategien, die verhindern oder erschweren, dass neue Erfahrungen gemacht werden. Die Strategien finden sich, in unterschiedlicher Ausprägung und Form, bei allen Angststörungen. Aufgrund der ängstlichen Vorwegnahme dessen, was geschehen könnte, und dem Versuch, sich dem nicht aussetzen zu müssen, kommt es zu Vermeidung des Gefürchteten oder zu baldmöglichster Flucht aus der angstauslösenden Situation.

Vermeidung und Flucht haben gemeinsam, dass sie beide eine Konfrontation mit der Realität der Situation verunmöglichen. Beide verhindern eine genaue Überprüfung davon, ob und wie Befürchtung und Realität miteinander übereinstimmen. Weil diese Überprüfung nicht stattfinden kann, kommt es zu keiner Korrektur der Annahmen über die Gefährlichkeit sozialer Situationen. Die Angst bleibt somit unvermindert bestehen.

Negative Verstärkung

In der Vermeidung wird versucht, eine Konfrontation mit der gefürchteten Gegebenheit zu umgehen. Die Strategie wird bereits im Vorfeld von sich ankündigenden oder möglicherweise sich ergebenden Situationen wirksam. In der Flucht wird eine Konfrontation nur mit gewissen Aspekten einer Situation zugelassen. Diese Hinweisreize werden dann als Auslösesignale für das notwendige Fliehen gewertet. Die Situation wird verlassen, bevor sie ihren ›natürlichen‹ angebahnten Ablauf genommen hat. Beide Bewegungen, die des Umschiffens und die des Weggehens, werden von der Person als ›sinnvolle‹ Bewältigungsversuche erfahren, weil dadurch die unmittelbar erlebte Angst reduziert wird. Der Lohn von Vermeidung und Flucht ist die sofort geringer werdende Angst und Anspannung. Ein unangenehmer Zustand wird beendet, Vermeidung und Flucht werden negativ verstärkt.

Kurzfristige und längerfristige Folgen

Gemessen an dem, was sich alles noch gemäß den Befürchtungen hätte ereignen können, bringen Vermeidung und Flucht eine spürbare Angstreduktion. Aufgrund dieser kurzfristig positiven Konsequenz werden diese Strategien beibehalten. Längerfristig jedoch wird die Angst am Leben gehalten, weil Vermeidung und Flucht eine genaue Realitätsüberprüfung der Annahmen verhindern. ›Gefahr‹ bleibt das Label für die vermiedenen und/oder verlassenen Situationen. Zwar werden Anspannung, Angst, Nervosität und andere negative Emotionen in der Folge von Flucht und Vermeidung geringer, aber es kommt selten nur zu einem vollständigen Abwurf des empfundenen negativen Befindensballastes. Beunruhigung kann sich so leicht immer wieder auch auf einem Reststück von Anspannung aufbauen. Das unmittelbare Gefühl der Erleichterung dürfte weniger erlebt werden als »ein Stein ist mir von der Seele gefallen« oder »eine Last ist von mir genommen worden«; eher wohl formuliert sich die erlebte Erleichterung als »ich bin noch einmal heil davongekommen – weil ich geflohen bin«.

Im Folgenden sollen die Faktoren, die bei der Aufrechterhaltung einer sozialen Phobie zusammenwirken, genauer aufgeschlüsselt werden: Wie bleiben Annahmen über die Gefährlichkeit der angstbesetzten Situationen aktiv? Welche besonderen Qualitäten können Vermeidung und Flucht bei der Sozialphobie annehmen? Wie gehen sozialphobische Personen damit um, dass sich soziale Situationen nicht völlig vermeiden lassen? Wie werden Erfahrungen von Menschen mit sozialer Angst gedeutet und eingeordnet? Wie lässt sich erklären, weshalb eine Sozialphobie auch dann aufrechterhalten bleibt, wenn sich Personen in die angstbesetzte Situation, in ›die Höhle des Löwen‹ begeben?
Diese Fragen bilden den Leitkatalog für die nachstehenden Ausführungen. Zunächst werden die Möglichkeiten und die Bedeutung von Vermeidung und Flucht bei der sozialen Angst diskutiert. Als Nächstes steht die Frage im Vordergrund, wie sich ›Gefährlichkeit‹ der sozialen Situationen zusammensetzt: Welche Aspekte werden hauptsächlich von Personen mit sozialer Angst gefürchtet, welches sind die prototypischen Befürchtungen und Erfahrungen, die Angstreaktionen auslösen? Darauf folgt ein kognitives Modell der Aktualgenese, das die Prozesse erklären soll, weshalb es trotz Konfrontation in den Situationen immer wieder zu angstbestätigenden Erfahrungen kommt. Überlegungen dazu, wie erwartete und erlebte Angst sich gegenseitig am Leben halten, stehen in einem letzten Kapitel. Abschließend werden die Faktoren, die eine soziale Phobie am Leben halten, in einem Modell zusammengestellt.

1. Vermeidung und Flucht

Die Vermeidung gefürchteter Situationen ist eine nahe liegende Strategie, um mit einer aktuellen Angst umzugehen. Es ist zudem eine Strategie, die kurzfristig von Erfolg gekrönt ist, weil die negativen Emotionen tatsächlich reduziert werden. Vermeidung findet sich bei den verschiedenen Angststörungen in unterschiedlicher Variation und unterschiedlichem Schweregrad. Sie kann anhand verschiedener Dimensionen beschrieben werden:

- *Häufigkeit* (vermieden wird gelegentlich bis praktisch immer);
- *subjektive Gefährlichkeit und Vertrautheit* (so kann sich z. B. bei einer sozialen Phobie ein gewisser relativ angstfreier Lebensraum und Handlungsradius finden, indem die Angst bei FreundInnen und Bekannten nicht auftritt);
- *Bewältigungsbedingungen* (allein eine Situation vermeiden vs. in sich Begleitung konfrontieren; mit einer ›Notration‹, z. B. einem angstlösenden Medikament, aus dem Haus gehen vs. ohne sich nicht getrauen können, usw.).

Vermeidung ist umso wirksamer, je klarer umrissen die Auslösebedingungen für die Angst sind. Das Paradebeispiel hierfür sind Ängste aus der Gruppe der so genannten einfachen Phobien, die sich auf im Lebensumfeld der Betroffenen nicht heimische Tiere (z. B. Schlangen) beziehen. Vermeidung ist hier häufig ohne größere Einschränkung gut lebbar.

Vielfalt angstauslösender Reize

›Gegenstand‹ der sozialen Phobie sind nun jedoch Situationen, die sich auf vielfältige Reizkonstellationen beziehen, die sich im Alltag sehr häufig und in verschiedenen Kontexten ergeben können; sie zu vermeiden ist deshalb nicht einfach. Eine gefürchtete Situation kann zahlreiche Konkretisierungen und vielfältige Inszenierungen erfahren. So gibt es z. B. verschiedenste Anlässe, bei denen sich eine Errötungsangst manifestieren kann; es sind mannigfaltige Kulissen, in welchen eine Sprechangst einem die Stimme versagen lassen könnte, und es gibt vielfältige Gelegenheiten, bei denen man sich vor anderen beim Essen möglicherweise verschlucken könnte.
Um vieles größer noch ist die Vielfalt der angstauslösenden Situationen bei dem generalisierten Typ der Sozialphobie. Wenn Umgang mit Unbekannten, sich präsentieren vor andern, soziale Kontakte ganz allgemein das Set angstauslösender Reize beschreiben, dann wird eine umfassende oder gar völlige Vermeidung gefürchteter Situationen nur noch unter Aufgabe von sehr viel Lebensraum und Lebensqualität möglich.

Individualität und Fremdorientierung

Ein Lebensstil oder eine Lebensnische, die ursprünglich aufgrund von Angstvermeidung entstanden sind, entwickelt sich nur selten

zu einer erfüllenden Lebensgestaltung. Häufig ist der Preis der Vermeidung vieler Situationen und der daraus entstehende soziale Rückzug sehr hoch.
Fatalerweise würde ja gerade auch zur Wahl einer eigenen, persönlichen, individuellen Lebensgestaltung ohne Qual ein Stück Unabhängigkeit von der Meinung anderer gehören. Dieser Schritt zu einer Individualität, die vielleicht das Leiden vermindern oder gar beenden würde, ist als Kernproblem bei der Sozialphobie gerade nicht möglich. Solch ein Schritt würde es erfordern, sich von der vermeintlichen negativen Bewertung durch andere selbst-bewusst loslösen zu können. Darüber hinaus gehören das allfällige Erklärenmüssen eigener Vorlieben und Entscheidungen – z. B. weshalb man nicht mitgehen mag zu den regelmäßigen Happy-Hour-Treffen nach Arbeitsschluss – und die Peinlichkeitsgefühle wegen der vermuteten negativen Einschätzung durch die andern genau zu dem Material, aus dem die sozialphobische Angst beschaffen ist.

Flucht und ihre Bewertung

Es fällt nicht schwer, sich auszumalen, welchen Effekt auf die Annahmen über die Gefährlichkeit sozialer Situationen eine reale Flucht aus einer solchen Situation haben kann. Sich durch offenes Fliehen zu entziehen ergibt eine gelebte Bestätigung davon, dass man sich nicht der Situation angemessen benehmen und behaupten kann. Durch Flucht wird z. T. gerade die Bewertung aktiviert, die die Person vermeiden will.
Differenzialdiagnostisch ist dieses Kriterium einer möglichen Beschämung und Demütigung, einer ersorgten Lächerlichkeit eigenen Verhaltens durch Flucht, relevant. Flucht aus einer angstauslösenden Situation kommt bei vielen Angststörungen vor. Im Unterschied zur sozialen Phobie mag sich offenbar das Fluchtverhalten aus anderen Kontexten besser rechtfertigen: Möglicherweise wird die Angst von den Betroffenen stärker als Krankheit und nicht als persönliches Versagen eingeschätzt, wenn ein phylogenetisch begründbarer Aspekt von Urängsten, wie Dunkelheit, Enge, Höhe usw., in ihnen anklingt. Weiter gehören solche Situationen vielleicht auch deshalb stärker zu einem akzeptierbaren Set von Angstsituationen, weil viele Menschen diese Themen als prototypische Albtraumszenarien kennen, sodass sich Betroffene deswegen weniger schämen müssen.

Flucht wäre dann eine zwar problematische, aber doch verständliche Reaktion. Dass die Flucht bei einer sozialen Angststörung besonders problematisch ist, mag auch darin liegen, dass Sozialphobie als Problem weniger bekannt ist als andere Angststörungen, wie z. B. eine Panikstörung oder einfache Phobie. Wenn etwas nicht als Angststörung bekannt ist, kann es auch nicht als Erklärung für eine Flucht beigezogen werden. Vielmehr würde dann wiederum eine Flucht als ganz persönliches Versagen und Ungenügen interpretiert – und damit geschähe genau das, wass Menschen mit sozialen Ängsten zu verhindern suchen.

Handlungsspielraum in sozialen Situationen

Um Missverständnissen vorzubeugen, muss gesagt werden, dass Vermeidung und Flucht hier nicht für frei gewähltes Umgehen oder Weggehen stehen. Alle kennen wohl aus ihrem Alltag soziale Situationen, die sie mit für sie mehr oder weniger passenden Erklärungen zu vermeiden suchen (etwa auf eine Einladung reagieren mit »Heute bin ich nicht in Stimmung«). Vermieden wird dabei auch aus der Scheu vor der Nervosität und dem Unbehagen, das bereits im Vorfeld spürbar wird. Weiter kennen sicher alle auch aus eigener Erfahrung soziale Situationen, aus denen sie sich frühzeitig entfernt und verabschiedet haben (z. B. mit einer Erklärung wie »Auf dieser Party herrscht ja gar keine richtige Stimmung«), weil ihnen unbehaglich war und sie sich nicht wohl in ihrer Haut gefühlt haben. Der Unterschied zwischen diesen Formen von ›Vermeidung‹ und ›Flucht‹ im Alltag normalängstlicher oder auch schüchterner Personen und den problematischen, die Angst aufrechterhaltenden Strategien sozialphobischer Personen liegt im Freiheitsgrad der Wahl. Es macht einen Unterschied, ob Personen aus eigener Entscheidung Dinge vermeiden oder sich daraus durch ›Flucht‹ vorzeitig entziehen, oder ob es aufgrund von Anspannung und Angst gar nicht anders möglich ist, als Strategien der Vermeidung oder Flucht einzusetzen.

Interne/kognitive Vermeidung

Personen mit einer sozialen Phobie können also das Gefürchtete nur erschwert vermeiden, und durch eine Flucht werden Befürchtungen besonders aktiviert und intensiviert. Vermeidung und Flucht nehmen daher bei sozialer Angst häufig die Qualität einer

›inneren‹ Vermeidung an, neben ›offener‹ Vermeidung und Flucht werden spezifische Facetten einer internen oder kognitiven Vermeidung wirksam (Butler, 1985). ›Flucht‹ meint dann nicht mehr nur ganz konkret das Verlassen von Situationen, sondern umfasst auch ein ›inneres‹ Wegtreten in eigene Phantasien und ein Sichausklinken aus dem interaktiven Geschehen. Diese Form von Vermeidung kann auch eine dissoziative Qualität von ›außer sich sein‹, ›neben sich stehen‹ annehmen. ›Vermeidung‹ kann somit auch bedeuten, dass man sich zwar in die gefürchteten Situationen hineinbegibt, dann aber die äußere Realität nicht angemessen wahrnehmen kann. Fokussiert wird vielmehr das eigene Erleben und Verhalten. Hiermit wird die interne, kognitive Vermeidung zu einem wichtigen Prozess bei der Aufrechterhaltung einer sozialen Angst, wie im Kapitel C 3 ›Angstbestätigende Erfahrungen in den Situationen‹ noch eingehender dargestellt werden wird.

2. Annahmen über die Gefährlichkeit sozialer Situationen

Dass soziale Situationen als bedrohlich eingestuft werden, ist eine Folge typischer Überzeugungen, die sozialphobische Personen über sich und die Art und Weise haben, wie sie sich in sozialen Situationen verhalten sollten. Soziale Angst kann ganz allgemein als Resultat zweier Faktoren charakterisiert werden, die miteinander in Konflikt stehen: Auf der einen Seite steht der Wunsch bzw. die als dringend erlebte innere Notwendigkeit, einen ganz spezifischen, ›günstigen‹ Eindruck auf andere zu machen. Auf der andern Seite stehen der tiefe Zweifel und eine übermäßige Verunsicherung darüber, ob man dazu imstande ist, diesen Eindruck hervorzurufen, ob die eigenen Fähigkeiten und Möglichkeiten diesem Anspruch überhaupt genügen können. Häufig sind Zweifel und Verunsicherung auch schon einer ausgeprägten Überzeugung gewichen, ganz gewiss einen erwünschten Eindruck nicht hinterlassen zu können.

Diskrepanz zwischen Anspruch und Zuversicht

Die sozialphobische Kernthematik der Angst vor einer negativen Bewertung durch andere entsteht aus der Diskrepanz zwischen Wunsch und Zutrauen. Anspruch und Zuversicht klaffen auseinander. Die Befürchtung, negativ beurteilt zu werden, wird in den verschiedenen Phasen einer angstauslösenden Situation wirksam: Sie findet sich als Anspannung und Angst während der Planung und Vorbereitung, während der Konfrontation mit der Situation sowie während der Rückschau und Bilanzierung. Im Vorfeld kann die Sorge um eine negative Bewertung dazu führen, dass deshalb die Situation vermieden wird, und somit werden positivere, eine Befürchtung allenfalls entkräftende, Gegenerfahrungen verunmöglicht. Wenn die Situation nicht vermieden wird, erzeugen die Befürchtungen im Voraus Anspannung und Nervosität (Erwartungsangst). Die Angst vor einer negativen Bewertung ist in der Situation selbst wirksam, indem sie die Wahrnehmung filtert und das Verhalten steuert. Mit spezifischen Abwehrritualen und Handlungen zur Erhöhung von Sicherheit werden antizipierte Katastrophen ›abgewehrt‹. Schließlich schafft die Sorge um negative Bewertung in all ihren Variationen auch die Stimmungsbasis und den Raster für die Bilanzierung und Wertung der vermeintlichen Misserfolge als angstbestätigende Erfahrung.

Problematische Überzeugungen

Die bei der Aktualgenese der Sozialphobie wirksamen problematischen, dysfunktionalen Überzeugungen lassen sich z. B. mit Clark und Wells (1995) gruppieren und drei Klassen zuordnen: Die Annahmen beziehen sich einmal auf den individuellen Beitrag zu einer Situation, wobei hier überzeichnet hohe Erwartungen an eigenes soziales Verhalten charakteristisch sind. Weiter finden Annahmen über Effekte und Folgen eigenen Verhaltens in problematischen, generalisierenden Aussagen ihren Niederschlag. Und schließlich erfolgt die Beurteilung der eigenen Person und ihrer Beiträge und Möglichkeiten als nicht-hinterfragte Pauschalurteile über sich selbst als ›soziales Wesen‹.

1. *Erwartungen an eigenes soziales Verhalten:* Die Erwartungen an eigenes soziales Verhalten, die Annahmen darüber, wie der eigene Beitrag in einer sozialen Situation sich präsentierten müsste,

sind nicht einlösbar (»*Alle* müssen mich mögen, jeder muss mich sympathisch finden«); sie sind ungenau formuliert und so nicht zweifelsfrei überprüfbar (»Ich muss einen kompetenten Eindruck hinterlassen« – wie definieren sich hier die Merkmale für ›kompetent‹ genau?); oder sie thematisieren die eigene Befindlichkeit auf eine problematische, angstverschärfende Art und Weise (»Niemand darf merken, dass ich nervös bin«, d. h., auch ›normale‹ Anspannung und Nervosität wird zu einer zusätzlichen Quelle von Sorge und Gespanntheit).

2. *Effekte und Folgen eigenen sozialen Verhaltens:* Die Beziehungen zwischen eigenem Verhalten und seinen Effekten und Folgen formulieren sich typischerweise als problematische Wenn-dann-Sätze. Sie gehen bei sozialphobischen PatientInnen in die Richtung übertriebener, negativer Konsequenzen für sie selbst (»Wenn ich einen Fehler mache, dann werden die andern mich nicht mehr mögen«, »Wenn ich eine Frage stelle, dann wird man mich für begriffsstutzig und blöd halten«). Jede Tat wird zum Prüfstein für die Person als Ganzes, von einem Ausschnitt in der Zeit wird auf das ganze Leben und die Ewigkeit geschlossen. Es gibt auch keinen Kredit, den man für sich in Anspruch nehmen und bei anderen haben kann. Zudem zeigen diese Annahmen kein Vertrauen in die Urteilskraft der anderen, die so zu grausamen KritikerInnen werden, die allzeit den Daumen nach oben respektive eben nach unten halten.
3. *Beurteilung der eigenen Person als ›soziales Wesen‹:* Die Beurteilung der eigenen Person ist ebenfalls gekennzeichnet durch generalisierende Schlussfolgerungen. Aufgrund jeder erlebten Diskrepanz zwischen Anspruch und Vermögen erleben sich sozialphobische Personen als ›komische Vögel‹, anders als die andern, ungenügend etc. Interessanterweise sind diese Annahmen über die eigene Person jedoch nicht konstant nur negativ (im Unterschied etwa zu den Selbst-Schemata depressiver Personen). Sozialängstliche Menschen denken nicht immer über sich nur in Urteilen wie »ich bin unattraktiv«, »ich bin seltsam«, »ich bin dumm«, sondern sie haben außerhalb der gefürchteten sozialen Situationen durchaus auch eine positive Einschätzung von sich selbst. Dies ist dann der Fall, wenn keine Gefahr herrscht, z. B. wenn sie alleine sind oder sich im vertrauten Kreis von Familie

und Freunden aufhalten oder wenn die Kontrolle über den sozialen Ablauf mehrheitlich bei ihnen liegt.

Die Annahmen über die Gefährlichkeit sozialer Situationen speisen sich aus verschiedenen Quellen. Zum einen beruhen sie auf überhöhten Ansprüchen an sich selbst, worauf im Abschnitt ›Gewünschte und unerreichte Selbstdarstellung‹ eingegangen wird. Die Annahmen über die Gefährlichkeit stehen auch in Verbindung zu einer problematischen Einschätzung eigener Effektivität und Kontrolle; dieser Aspekt wird unter dem Titel ›Risiko und Verhaltensspielraum‹ aufgegriffen. Schließlich stehen die Annahmen über die Gefährlichkeit in Beziehung zu befürchteten negativen Konsequenzen, die im Abschnitt ›Peinlichkeit und Scham‹ thematisiert werden.

2.1 Gewünschte und unerreichte Selbstdarstellung

Weshalb sozialphobische Personen sich Sorgen machen, einen angestrebten Eindruck nicht herstellen zu können, hat nicht zuletzt damit zu tun, welchen Eindruck sie anstreben und vermeintlich nicht einzulösen vermögen. Es wird ein Anspruch und ein Bewertungsstandard der andern angenommen, an welchem sich die Person misst (Rapee & Heimberg, 1997). Leary und Kowalski (z. B. 1995) haben hierbei die Bedeutung der individuellen Selbstdarstellung betont. In ihrem Ansatz, dem ›self-presentation model of social phobia‹ (Selbstpräsentationsmodell sozialer Phobie), weisen sie darauf hin, dass einen bestimmten Eindruck machen zu wollen nicht einfach gleichbedeutend damit ist, einen so genannt günstigen, positiven, sozial übereinstimmend als erwünscht bezeichneten Eindruck hinterlassen zu wollen. Der gewünschte Eindruck ist nicht einfach zusammensetzbar aus den Charakteristiken so genannten selbstsicheren Verhaltens.

Individuelle Erwünschtheit

Zwar ergeben sich große Überschneidungen zwischen verschiedenen Personen in der Art und Qualität erhofften Auftretens und der Grundthemen der ersehnten Wirkung auf andere. Doch es ist entscheidend, immer individuell herauszuarbeiten, welchen Eindruck genau sozialängstliche Menschen machen wollen – und was sie an ihren Fähigkeiten zweifeln lässt, genau das tun zu können.

Die Frage nach dem individuell erwünschten und angestrebten Eindruck könnte auch ein weiteres Puzzleteil zur Erklärung sein, weshalb es immer wieder zu einer Diskrepanz kommt zwischen subjektiver Einschätzung ›sozialphobischer‹ Präsentationen und der Außensicht derselben Auftritte. Personen, die aus einer Außensicht betrachtet vermeintlich sozial sehr selbstbewusst und sicher auftreten, können die Zweifel an ihrer empfundenen Unsicherheit häufig dennoch nicht aufgeben. Auch ein durchaus positives Feedback von anderen kann die Eigeneinschätzung nicht verändern. Dies mag u. a. auch damit zusammenhängen, dass es den Betreffenden vielleicht im Moment persönlich wichtig gewesen wäre, einen spezifisch anderen Eindruck zu hinterlassen, beispielsweise statt so genannt selbstbewusst und durchsetzungsfähig vielleicht eher sanft und verständnisvoll zu wirken. Weiter kommt erschwerend hinzu, dass der gesuchte Eindruck nicht eigentlich an Kriterien festzumachen ist, sondern sich ableitet aus den (vermuteten) Effekten auf andere (»Sie haben mich nicht alle gemocht«), oder dass die Kriterien umgedeutet werden (»Es wurde zwar applaudiert, aber nur aus Höflichkeit, nicht weil ich es gut gemacht habe«).

Kriterien für die Selbstdarstellung

Der Anspruch, den für sich stimmigen Eindruck, den mit sich vereinbarten ›richtigen‹ Auftritt, konkret einzulösen, scheitert umso eher, je weiter sich die angestrebte Selbstdarstellung von gängigen Normen entfernt. Eine solche problematische Abweichung von üblichen Normen findet sich etwa in einem Anspruch, einen öffentlichen Auftritt ohne jegliche Nervosität ablegen zu müssen. Bei einem solchen Anspruch an das eigene Verhalten kann dann ein ›normales‹ aktiviertes Herzschlagen, das die Bereitschaft des Organismus zur Leistung (z. B. bei einem Vortrag) anzeigt, schon per se zu einem der Kriterien für Misserfolg umgedeutet werden.

Sozialphobische Personen überschätzen auch immer wieder, wie kritisch und negativ andere ihr Auftreten und ihre Leistung bewerten (Rapee & Lim, 1992; Stopa & Clark, 1993). Sie können ihre Selbstdarstellung aber selbst dann für ungenügend halten, wenn sie ausschließlich positive Rückmeldungen bekommen und diese auch nicht anzweifeln. Dies ist dann der Fall, wenn sie sich über die Wir-

kung auf andere nach idiosynkratischen Kriterien eigener Stimmigkeit richten. Ganz bestimmte Gedanken und Gefühle werden mit ›genügend gut‹ assoziiert, z. B. ein spezifisches, unbeschreibliches Gefühl von nie erlebtem Wohlsein soll für ›souveränes Auftreten‹ stehen. Werden solche Vorstellungen als Kriterium für das Gelingen der Selbstdarstellung herangezogen, wird die Realitätsüberprüfung schwierig. Das bedeutet dann auch, dass solche ›Stimmigkeiten‹ ziemlich unantastbar sind, man kann sie kaum an so genannten rationalen oder objektivierbaren Merkmalen von Erfolg oder Misserfolg, von Beliebtheit usw. ablesen.
Erschwerend kommt hinzu, dass soziale Situationen gekennzeichnet sind durch viele Freiheitsgrade der möglichen Gestaltungen dessen, was richtig und stimmig ist. Auch wenn die Kriterien und die Beurteilung aus der Außensicht zugelassen würden: Es gibt keine eindeutigen Merkmale dafür, wie ›richtig‹ man sich verhalten hat. Statt hundertprozentiger Gewissheit muss ein empfundener Konsens zur Sicherheit genügen.

2.2 Risiko und Verhaltensspielraum

Was die Kriterien für ›ganz richtiges Verhalten‹ in sozialen Situationen sind, ist nicht eindeutig bis ins Letzte operationalisierbar. Zwar gibt es Kriterien dafür, was stimmig und richtig ist, die einigermaßen valide festgehalten werden können: Man kann nachprüfen, inwiefern gezeigtes Verhalten in Übereinkunft steht mit Regeln der jeweiligen Subkultur. Man kann auch festhalten, wie sehr ein Verhalten den Erwartungen der Situationen entspricht und wie sehr es in den zeitlichen Verlauf passt. Weiter kann man Verhaltensweisen zerlegen und ziemlich übereinstimmend bestimmen, welche nonverbalen, verbalen und inhaltlichen Merkmale ›günstig‹ oder ›weniger günstig‹ im sozialen Kontakt sind (vgl. Kapitel A 1 ›Soziale Unsicherheit und soziale Kompetenz‹). Dennoch: Der Anspruch, eine hundertprozentige Passung von subjektiv gewünschtem Vorhaben, Durchführung und Effekt zu erfüllen, ist per definitionem in sozialen Situationen nicht gegeben. In einem sozialen Kontext sind zusätzlich zum Selbst immer noch weitere Akteure tätig, die Unvorhersagbarkeit in die Situationen bringen können. Dies gilt bis zu einem gewissen Grad selbst für höchst rituell festgelegte Zeremonien. Soziale Akte sind immer auch Akte mit der immanenten Möglichkeit der Variation, des nicht Vorhergesehenen.

Soziale Skripts sind nicht kontrollierbar

Es handelt sich bei sozialen Situationen also immer um Skripts mit gewissen nicht vorhersehbaren, aber zu erwartenden Abweichungen. Wenn Stimmigkeit in allen möglichen Aspekten das Gütekriterium wird für eine gewünschte Selbstdarstellung, dann ist dieser Anspruch so nicht einzulösen. Soziales Verhalten beinhaltet immer ein gewisses Risiko, dass die Selbstdarstellung nicht so ist, wie Personen dies möchten, dass sich Menschen nicht beständig so gut fühlen, wie sie es vermeintlich tun sollten. Vor allem aber ist nur beschränkt, wenn überhaupt, direkte Kontrolle über die Gedanken und Gefühle der anderen Beteiligten möglich. Die anderen Akteure haben nicht nur eine Rolle in der gemeinsamen Szene, sondern sie haben auch ihre eigene Vorgeschichte und ihre eigenen Intentionen usw. (vgl. z. B. Argyle, 1972). Menschen mit einer sozialen Phobie interpretieren vieldeutige soziale Situationen eher in einer für sie schamvollen Weise, z. B. indem sie ein vorzeitiges Aufbrechen von Gästen als für sich negativ bewerten oder ein versiegendes Gespräch auf ihre ›langweilige‹ Person zurückführen (Clark & Stopa, 1994, in Clark, 1997).

Es gibt immer auch verschiedene Sichtweisen derselben Episode. Gerade Fragen danach, wie jemand angekommen ist, gewirkt hat, welchen Eindruck er gemacht hat usw., erreichen nie eine hundertprozentige Übereinstimmungsquote. Diese Ungewissheit nimmt zu, je weniger das erwartete soziale Skript genau vorgegeben ist. Viel der sozialphobischen Angst und Sorge, nicht den gewünschten oder erforderlichen Eindruck zu hinterlassen und dann Opfer negativer Einschätzung zu werden, hat mit überhöhten und unangemessenen Ansprüchen zu tun (vgl. z. B. Juster, Heimberg, Frost, Holt, Mattia & Faccenda, 1996; Bieling & Alden, 1997). Der eigene Verhaltensspielraum wird eingeschränkt durch die Angst, dass das Risiko für die eigenen Möglichkeiten und Fähigkeiten zu groß ist. Die Suche nach dem vermeintlich notwendigen perfekt verlaufenden Auftreten kreist letztendlich ständig um die Überzeugung, persönlich nicht zu genügen in den sozialen Situationen.

Perfektionismus

Der Anspruch, so genannt ›perfekt‹ zu sein, ist nie einlösbar. Es ist immer möglich im Nachhinein, je mehr Zeit auch darüber nachgedacht wird, eine Veränderung zum noch Besseren zu erkennen (im französischen Sprichwort »Le mieux est l'ennemi du bien« – das Bessere ist der Feind des Guten – ist die Problematik der Suche nach dem noch Besseren treffend gefasst). Typische Bewertungen in der perfektionistischen Rückschau sind Aufzählungen davon, was »alles noch hätte getan werden müssen«, »nicht hätte versäumt werden dürfen«, »worauf noch hätte stärker geachtet werden müssen« usw. Diese Vorwürfe greifen deshalb so unantastbar, weil sie sich nicht auf eine Ebene von getätigten oder unterlassenen Handlungen beziehen müssen. Sie können auch auf erlebte Qualitäten, auf die bereits diskutierten Stimmigkeiten und vor allem auf das eigene Gefühl rekurrieren. So treffen die Vorwürfe außerhalb einer ›logischen‹ Argumentation und bleiben unveränderbar (z. B. wenn das eigene Gefühl zu geringer Festigkeit in der Stimme weder in Eindrucksurteilen anderer noch in Dezibel zu messen ist).

Sozialphobische Menschen erleben die Diskrepanz, die sich zwangsläufig zwischen der Uneindeutigkeit sozialer Situationen und einem perfektionistischen Anspruch auf vollständige Kontrollierbarkeit des sozialen Skripts ergibt, als ständig neuerliche Beweise ihres Ungenügens. Sie versuchen deshalb auch oft, den für sie praktisch nicht zu schaffenden Parforceparcours einer sozialen Situation mit noch mehr Vorbereitung todesmutig zu überstehen. Sie zweifeln tragischerweise selten an den Ansprüchen, sondern in erster Linie an ihren Fähigkeiten, diese einzulösen. Allenfalls wird in einem resignativen Rückzug der Anreiz gewisser sozialen Situationen auf ein erträgliches Maß zu reduzieren versucht, um eigenes ›Versagen‹ einigermaßen selbstwert-erhaltend zu erklären. So werden etwa Situationen entwertet (»das ist nichts für mich, diese oberflächlichen Gesellschaften, auf denen sich nie ein echtes Gespräch entwickelt«) oder es wird nach ›vernünftigen‹ Gründen für eine Vermeidung gesucht (»die öffentlichen Verkehrsverbindungen sind wirklich zu schlecht und es würde zu spät werden, wenn ich auf diese Party ginge«).

Jede Situation kann somit zur Bestätigung eigenen Ungenügens werden. Dem wird mit noch mehr Perfektionismus (ein Oxy-

moron?) zu begegnen gesucht. Nicht die Ansprüche werden hinterfragt, sondern es wird darauf gesetzt, sie mit genügendem Einsatz und Leistung allenfalls zu erreichen. Perfektionismus erscheint demnach als die nahe liegende Strategie, um mehr Kontrolle über das Unwägbare zu erlangen. Perfektionismus steht als Gegenpol zu Reaktionen, die sich individuell, auf den Moment und die gegebenen Anforderungen, beziehen. Solche Reaktionen allerdings sind mit dem Risiko behaftet, individuell-persönlich in Erscheinung zu treten – und entsprechend bewertet zu werden.
Die Erfahrung von Individualität ist bei vielen sozialphobischen Menschen aus ihrer Lerngeschichte negativ verknüpft mit Anderssein, Ausgegrenztsein, nicht Genügen, nicht Dazugehören, nicht Akzeptiertwerden (siehe Kapitel B 3 ›Negative Erfahrungen‹). Der Versuch nun, sich in soziale Situationen einzuklinken via ›perfekte‹, unpersönliche Leistungen, ist daher nachvollziehbar: Wenn Individualität Anlass war zu Kritik, ist sie offenbar der falsche Weg. Deshalb versuchen sozialängstliche Menschen auch immer wieder, fast schon un-menschlich, nicht-individuell als fehlerlose ›Sozial-Roboter‹ aufzutreten, respektive sie scheitern immer wieder im Versuch, bei null Risiko einen den Situationen angemessenen, persönlichen Verhaltensspielraum beanspruchen zu können.

2.3 Peinlichkeit und Scham

Die Befürchtung, ein Bild von sich zu präsentieren, Verhalten oder Symptome zu zeigen, die unpassend sind, Anlass zu negativer Kritik geben, die beschämend sind, ist das Leitkriterium der Sozialphobie. Weshalb aber erwarten Menschen mit einer sozialen Phobie ein Gefühl der Scham, Beschämung, Erniedrigung, Demütigung, Peinlichkeit, wenn sie in einer sozialen oder Leistungssituation beurteilt werden könnten? Das Gemeinsame der typischen Befürchtungen und Phantasien ist die Angst, beziehungsweise Gewissheit, zu versagen, Schwäche zu zeigen, aus dem Rahmen fallen, eine spezifische selbstgewählte, anderen nicht kommunizierte Rolle nicht ausfüllen. Es wird eine Erfahrung vorweggenommen, befürchtet und auch als solche durchlebt und abschließend beurteilt als ›nicht dem Bild entsprechen‹. Für manche Menschen ist das damit verbundene Gefühl von nicht Dabeisein, nicht Dazugehören kaum zu ertragen und zu überwinden. Aufgrund dieses Gefühls wird nicht nur eine individuelle Handlung negativ beurteilt, sondern darüber hinaus wird ein nicht Dazugehören im Moment zu einem Ausschluss für immer ausgeweitet.

Nicht Dazugehören

Die ganze Person wird in Frage gestellt, erfährt sich als ausgeschlossen aus den Beziehungen, es gibt auch praktisch keine Möglichkeiten einer Wiedergutmachung. Die Scham formuliert diese Generalisierung von einer Handlung auf die ganze Person auf eine ganz spezifische Art und Weise. Sie ist illustriert am Bild von ›aus dem Rahmen fallen‹, ›Deplatziertsein‹. Der Psychoanalytiker Peter Joraschky schreibt dazu: »Während das Gewissen sagt: ›Du verhältst dich ungehobelt, hast Strafe verdient‹, sagt die Scham: ›Du bist ein ungehobelter Mensch, du gehörst nicht mehr zu uns‹« (1998, S. 105). Die Scham wird als Zeichen gewertet für Statusverlust, Gesichtsverlust und Versagen.

Sichtbare Zeichen der Scham

Wenn die Scham jemandem z. B. das Blut ins Gesicht treibt, dann hat sich der Schamzirkel geschlossen: Die körperlichen Reaktionen greifen das Gefühl von Exponiertsein, Hervorstechen, unangenehm Auffallen auf und setzen es so ausdrucksstark um, dass die Person dann möglicherweise wirklich auffällt, sich von den andern abhebt und unterscheidet. Die Befürchtungen werden sichtbar und können, in diesem Beispiel, an den roten Wangen abgelesen werden. So wurde die Person nicht nur gefühlsmäßig vor aller Welt gedemütigt, nein, es wird auch noch für die sichtbar, die vielleicht zufälligerweise gerade nicht hingeschaut haben. Zudem geht die Zeit nicht leicht darüber weg, sondern die schnell aktivierten vegetativen Veränderungen klingen nur langsam und qualvoll wieder ab. Kein Wunder, dass die Person dann die Augen senkt und sich am liebsten verstecken oder ›im Boden versinken‹ möchte. Wer nicht sieht, kann auch nicht gesehen werden, so kindlich reguliert sich das Wechselspiel von sich zeigen und gesehen werden, wenn man nicht gesehen werden soll. Der Schamzirkel geht aus von einer primären Verlegenheit, einer Rolle nicht entsprochen zu haben, und sekundär schämen sich die Menschen über die spür- und sichtbaren Symptome der von ihnen verursachten Peinlichkeit.

Erwartete Peinlichkeit

Menschen mit sozialer Angst reagieren mit Scham auf die Diskrepanz zwischen ihrem Anspruch und ihrem sozialen Auftreten. Sie erleben dies als negative Bewertung und Zurückweisung ihrer ganzen Person. Sozialphobisch werden Peinlichkeiten nur selten in ihrer Qualität der Überraschung, der unvorhergesehenen, zufällig-situativen Widrigkeit erlebt (zu Begriffsauffächerungen und Unterschieden von Beschämung, Verlegenheit und Peinlichkeit, ›embarassment‹, siehe Amering & Griengl, 1998). Typisch für die Sozialphobie ist, dass Peinlichkeiten erwartet werden. Aber auch unerwartet sich ergebende Peinlichkeiten werden als Ausdruck eigenen Versagens umgedeutet, auch wenn das absurd erscheinen mag. Auch nicht-sozialängstliche Personen erleben in Situationen der Peinlichkeit ähnlich negative Gefühle von fehl am Platz sein, kommen sich schamvoll blöd vor, würden am liebsten im Boden versinken usw. Kennzeichnende Beispiele sind etwa eine zu schnell geöffnete Tür und so jemanden unvorbereitet überraschen; jemanden nicht erkennen oder einen Namen verwechseln; jemand auf etwas ansprechen, was der Partner nicht wissen darf usw. Im Unterschied zu sozialphobischen Menschen schätzen sie jedoch die Kontrollierbarkeit und Wichtigkeit des Anlasses und die persönlichen und sozialen Konsequenzen anders, weniger negativ, ein[1]. Ein ›souveräner‹, im Vergleich zu einem schamvollen, Umgang mit peinlichen Situationen besteht zum einen in Entschuldigungen, die der Situation angemessen und auch zu erwarten sind. Zum andern zeigt ein Lachen, der Humor, dass die Person darüber reflektiert, wie sie gerade auf die anderen wirkt. Dieses Wissen darum, wie die eigene Person wirkt, wie sie von andern wahrgenommen wird, ist in der Peinlichkeit stimmiger und dem Anlass angemessener. In der sozialphobischen Anspannung und Nervosität hingegen wird die eigene Wirkung in aller Regel Richtung Lächerlichkeit und Beschämung der ganzen Person überhöht.

1 Diverse Sendungen mit der ›Versteckten Kamera‹ oder archivierte Missgeschicke bei öffentlichen Auftritten könnten ein interessantes Forschungsmaterial ergeben, um über die Grenzen zwischen Peinlichkeit und Scham weiter nachzudenken.

3. Angstbestätigende Erfahrungen in den Situationen

Viele Menschen mit einer sozialen Phobie begeben sich immer wieder in die angstbesetzten Situationen, sie konfrontieren sich immer wieder mit ihrem persönlichen ›Drachen‹ und schaffen so eigentlich die besten Voraussetzungen für eine Realitätsüberprüfung ihrer Annahmen und Befürchtungen. Dennoch führt die Auseinandersetzung mit der Realität häufig nicht zu einer Angstreduktion, die Erfahrungen führen nicht notwendigerweise zu einer Revision der angstvollen Annahmen und Schlussfolgerungen – ganz im Gegenteil: die Konfrontation zeigt angstbestätigende und gar -intensivierende Effekte.

Wie ist es zu erklären, dass die Erfahrungen in den gefürchteten sozialen Situationen immer wieder als erneute Beweise der Gefährlichkeit sozialer Situationen wahrgenommen und erlebt werden? Welche Prozesse führen dazu, dass sich das Gefahrenpotenzial für die Betroffenen nicht ändert, sondern dass die Erfahrungen vielmehr die Befürchtungen bestätigen und sie weiterhin größte Angst erleben? Was geschieht in einer sozialphobischen Angstsituation, sodass keine positiveren Erfahrungen möglich sind?

Ein kognitives Modell der Aktualgenese

David Clark und Adrian Wells haben in ihrem kognitiven Modell der Aktualgenese der Sozialphobie (z. B. Clark & Wells, 1995 ›A cognitive model of social phobia‹; Clark, 1997; Wells, 1997) den prototypischen Ablauf der Gedanken, Gefühle und Verhaltensweisen von Menschen mit Sozialphobie in einer gefürchteten sozialen Situation wie folgt skizziert:

- Personen bewerten frühere, leidvolle Erfahrungen, real oder vorgestellt, auf dem Hintergrund ihrer persönlichen Lerngeschichte und aufgrund ihrer bestimmten Disposition. Diese Bewertung führt zu einer Reihe von Annahmen über sich selbst und die soziale Welt.
- Der gemeinsame Nenner dieser Annahmen ist die Gefährlichkeit sozialer Situationen für die eigene Person. Charakteristisch für die soziale Angst sind dabei zwei Einschätzungen: Zum ei-

nen die Annahme, sich in einer sozialen Situation unangemessen, unmöglich, unakzeptierbar und unerwünscht zu verhalten; zum andern die Annahme, dass solches Verhalten katastrophale Folgen nach sich zieht, indem Wertschätzung und Status verloren gehen und die eigene Person schamvolle Rückweisung durch die andern erfährt.

- Aufgrund dieser Überzeugung lösen soziale Situationen – bei generalisierten Störungsbildern tut dies praktisch jede soziale Situation, bei situationsbezogenen Sozialphobien sind es diejenigen aus der gefürchteten Klasse wie z. B. ›sprechen vor Publikum‹ – automatisch und reflexhaft das ›Angstprogramm‹ (›anxiety program‹) aus. Das Angstprogramm setzt sich aus Aktivierungen und Veränderungen auf verschiedenen Ebenen zusammen und umfasst gedankliche, körperliche, emotionale und verhaltensmäßige Symptome. Angst an sich ist eine entwicklungsgeschichtlich gewachsene und auch sinnvolle Reaktion auf reale Gefahren. In der Situation wahrgenommener oder angenommener Gefahr bei der Sozialphobie ist sie jedoch in ihrer Intensität unangemessen.
- Als Reaktion auf die angenommene, eingeschätzte Gefahr wird vorgängig und/oder parallel zum Angsterleben ein Set von Handlungsmaßnahmen mobilisiert, um mit dieser Gefahr umgehen zu können, das so genannte Sicherheitsverhalten (›safety behaviour‹).
- Die heftigen Angstreaktionen, die auf Flucht oder Kampf vorbereiten, sind nicht nur der Situation nicht angemessen, sondern sie werden selbst auch zu einer weiteren Quelle von Angst. Bestandteile des Angstprogramms wie z. B. der vegetative Parameter Erröten werden umgedeutet als passender Ausdruck und Beweis dafür, dass das Gefürchtete eingetreten ist. Peinlichkeit und Lächerlichkeit werden an Angstsymptomen abgelesen, das jagende Herz etwa ist der Beweis dafür, die Kontrolle verloren zu haben. Als weitere Erschwernis können zudem die Angstreaktionen in den gefürchteten Situationen direkt die körperlichen Symptome von Anspannung und Unsicherheit verstärken, z. B. wenn hastiges, nervöses Sprechen zu Hyperventilation führt, welche die Herzfrequenz ansteigen lässt und von Schwindelgefühlen begleitet ist (Teufelskreis der Angst).

- Die Reaktionsmuster und die dadurch bestätigten negativen Bewertungen (soziale Situationen sind ja offensichtlich gefährlich, wenn man mit Angst reagieren muss) beanspruchen dann in der Folge immer mehr Raum in der Situation. Die Aufmerksamkeit auf die Realität der sozialen Abläufe, die Frage, wie real die Gefahren sind, ist nur noch vermindert möglich, der Fokus der Aufmerksamkeit ist immer mehr auf das Erleben, d. h. auf Nervosität, Anspannung, Angst, gerichtet. Die Selbstaufmerksamkeit erschwert oder verhindert gar die Orientierung an der Realität.
- Der gedanklich-gefühlsmäßige Rückzug auf das eigene Angsterleben führt zu einer Veränderung im sozialen Auftreten. Es kommt zu einer auch von anderen bemerkbaren Abwendung vom sozialen Geschehen: Sozialphobische Menschen wirken oft gerade durch die Selbstaufmerksamkeit für andere abweisend, nicht so interessiert bei der Sache, nicht ganz herzlich-wertschätzend beim Anliegen anderer Personen. Der ›Blick nach innen‹ zieht den Blick nach außen ab, was von anderen auch leicht als mangelndes Interesse gedeutet werden kann. Von daher ist es nahe liegend, dass nachfolgende Reaktionen auf so abwesend oder verschlossen wirkende Interaktionspartner tatsächlich weniger freundlich ausfallen mögen. Dies wiederum bestätigt nur die schlimmsten Annahmen der sozialängstlichen Personen, woraufhin sie sich noch mehr ängstigen und zurückziehen usw.

Keine Korrektur trotz Konfrontation

In diesem Modell sind es hauptsächlich vier Prozesse, die eine Korrektur negativer Annahmen über die Situationen in den Situationen verhindern und die Angst aufrechterhalten (Clark & Wells, 1995):

- ausgeprägte Selbstaufmerksamkeit
- Sicherheitsverhalten oder ›inneres‹, d. h. internes/kognitives Vermeiden
- angstmoduliertes Auftreten und soziale Kompetenz
- sorgenvolle Vorbereitung und negative Bilanzierung

Diese Prozesse erklären, weshalb sozialphobische Personen *trotz* günstigen Verlaufs in einer gefürchteten Situation ihre negativen Annahmen über die Anforderungen der Situation und ihre Möglichkeiten nicht entkräften können. Die ersten drei Prozesse beziehen sich darauf, was Menschen mit sozialer Phobie in den gefürchteten sozialen Situationen tun oder lassen. Sie beziehen sich darauf, was ›on-line‹ in einer Angstsituation geschieht. Der vierte Prozess bezieht sich dagegen ›off-line‹ auf die Einordnung und Bewertung der gefürchteten Situationen. Problematisch ist dabei einerseits die Art der Vorbereitung auf eine Situation, andererseits die Einschätzungen und Schlussfolgerungen, die in der Rückschau gezogen werden.

3.1 Selbstaufmerksamkeit

Wenn sozialphobische Menschen in eine gefürchtete Situation kommen, richten sie ihre Aufmerksamkeit auf die eigene Wahrnehmung und Empfindung aus. Diese Fokussierung innerer Vorgänge ist nun zum einen deshalb problematisch, weil die wahrgenommenen Anzeichen von Angst und Anspannung als Indiz für Gefahr und Gefährdung genommen werden. Darüber hinaus haben diese Empfindungen bei sozialängstlichen Personen noch eine weitere wichtige und problematische Funktion: sie werden zum Maßstab für den bei andern erreichten Eindruck. Das Gefühl, von andern beobachtet zu werden, wird erschlossen aus den körperlichen und gefühlten Anzeichen von Unwohlsein, Peinlichkeit etc. Dieses Gefühl wird zu einer getreuen Spiegelung der Einschätzung anderer genommen. Nicht »ich habe gesehen, dass alle mich angeschaut haben« wird zum Beleg für ›Beobachtetwerden, im Zentrum stehen‹, sondern »ich habe die Blicke aller auf mir gespürt und so gewusst, dass ich jetzt im Mittelpunkt stehe« wird zum Maßstab für tatsächliche Vorgänge. Die Aufmerksamkeit richtet sich nach innen, und die eigenen körperlichen, emotionalen und gedanklichen Reaktionen werden zu Äquivalenten der Einschätzungen anderer erklärt.

Gefühlsdenken

Dieser Prozess hat verschiedene Namen, man spricht von Gefühlsdenken, von ›Erklären aufgrund von Folgen‹ (›ex-consequentia reasoning‹), von ›Prozessieren der gefühlten Empfindung‹ (›processing of felt sense‹) oder ›emotionaler Beweisführung‹. Im Gefühlsdenken werden Empfindungen gleichgesetzt mit Ereignissen. Sozialphobische Menschen unterscheiden nicht zwischen einem Gefühl von Demütigung und einer erfolgten Demütigung durch andere. Es gibt keinen Unterschied zwischen der erlebten Anspannung und einer für andere sichtbaren Ängstlichkeit. Sich hilflos und ohne Kontrolle fühlen ist gleichbedeutend mit einem tatsächlichen Kontrollverlust in Situationen. Gefühlte/empfundene Wirklichkeit wird mit gezeigter/wahrnehmbarer Realität gleichgesetzt.

Die Fokussierung der Aufmerksamkeit auf die eigene Wahrnehmung und Empfindung führt auch dazu, dass sozialphobische Personen die Zeichen ihrer Anspannung überdeutlich wahrnehmen (Johanssen & Öst, 1982). Sie überschätzen in aller Regel das Ausmaß und die Sichtbarkeit ihrer körperlichen Symptome, wie z. B. die Menge des Schweißes auf ihrer Stirn, den Bewegungsradius des Zitterns ihrer Hände oder die Tiefe der Röte ihrer Wangen.

Die Orientierung am eigenen negativen Gefühl ist doppelt problematisch: Nicht nur wird das eigene Gefühl der Reaktion anderer gleichgesetzt, sondern die Selbstaufmerksamkeit verhindert es, dass Personen sich dafür öffnen können, was tatsächlich an äußeren Reaktionsweisen abläuft. Die Selbstaufmerksamkeit lässt die äußere Realität in den Hintergrund treten. So wird die Umgebung nur undeutlich wahrgenommen, und ein interaktives Einklinken in eine Welt, die so deutlich von einem abgegrenzt erscheint, wird immer schwieriger. Es resultiert ein Gefühl, wie von den anderen abgeschlossen zu sein, wie sich in einer Glocke aufzuhalten.

In dieser Abkehr von der Realität der Situation könnte man vielleicht auch einen wesentlichen Unterschied zwischen Schüchternheit und Sozialphobie sehen. Auch schüchterne Personen machen sich häufig viele Sorgen im Vorfeld bestimmter sozialer Situationen; ihre Sorgen können durchaus auch in Intensität und in Inhalt den Sorgen und Befürchtungen sozialphobischer Personen ähnlich sein. Einmal in der Situation jedoch, können sich schüchterne Menschen noch so weit nach außen hin orientieren, um zu realisieren, was effektiv geschieht, was die andern tun, wie sie reagieren. Menschen mit sozialer Angst hingegen steht in den gefürchteten Situationen dieser Blick nach außen praktisch nicht mehr zur Verfügung. Sie prozessieren dann hauptsächlich eine dauernd sich bestätigende Empfindungsevidenz für die Gefahr der Situation und ihr Versagen. Erhöhte Selbstaufmerksamkeit verhindert eine angemessene, d. h. realitätsbezogene, Konfrontation mit der angstauslösenden Situation.

Angstschemata steuern die Wahrnehmung

Was hält diesen höchst problematischen Stil der Informationsverarbeitung aufrecht? Clark und Wells (1995) diskutieren zwei Gesichtspunkte. Zum einen führt die Mehrdeutigkeit sozialer Signale bei sozialphobischen Menschen häufig dazu, dauernd nach ›Beweisen‹ für den (schlechten) Eindruck zu suchen, den sie bei andern hinterlassen. Sie sammeln nur die ›Beweise‹, die belegen, dass sie eine gewünschte Selbstdarstellung wieder nicht erreichen konnten. Die Personen gehen mit negativen Erwartungen in die Situation, ihre problembezogenen Schemata steuern ihre Wahrnehmungen und ihre Schlussfolgerungen (Beck, Emery & Greenberg, 1985). Im Sinne einer ausgeprägten ›top-down‹-Verarbeitung wird diejenige ›Evidenz‹ fokussiert, die die Annahmen und die Angst bestätigt. Weil es schwierig sein kann, die Einschätzungen an äußeren Kriterien festzumachen, werden die inneren Zeichen besonders gewichtig. Es kann ja sein, dass gezeigte Freundlichkeit nicht wirklich einer echten positiven Bewertung durch die andern entspricht, man kann ja nie ganz sicher sein, ob Kritik vielleicht nur nicht geäußert wird oder ob Ablehnung nur aus Höflichkeit verdeckt wird. Daher kommt anderen, durch ihre Empfindungsrealität vermeintlich eindeutigeren Quellen wie dem Gefühl großes Gewicht zu.

Zum andern sind unglücklicherweise gerade jene Strategien, die die Unsicherheit wenn nicht ganz auflösen so zumindest reduzieren könnten, Verhaltensweisen, die sozialängstlichen Menschen nicht einfach zur Verfügung stehen. Längere Blickkontakte, genaueres Hinsehen, Nachfragen, was jemand gemeint hat, ganz allgemein in Interaktionen eintreten und sich öffnen, z. B. indem man etwas Persönliches ›preisgibt‹ usw., sind auch Verhaltensweisen, die vermeintlich das Risiko vergrößern, aufzufallen, die Kontrolle noch stärker verlieren und negativ bewertet zu werden. Selbstaufmerksamkeit trägt somit wesentlich dazu bei, ein problematisches Bild von sich selbst als sozialem Wesen in der Situation (weiter) zu konstruieren.

3.2 Sicherheitsverhalten

Personen mit einer sozialen Phobie benutzen eine ganze Reihe von Strategien, die so genannten Sicherheitsverhaltensweisen, um mit der Angst in Situationen umzugehen, die nicht vermieden werden können. Die Sicherheitsverhaltensweisen sollen helfen, die Angst zu reduzieren, und sie sollen dazu beitragen, das Risiko negativer Bewertung zu vermindern.

Als Sicherheitsverhalten werden vielfältige kognitive und Verhaltensstrategien eingesetzt. Dabei sind unterschiedliche Aspekte der Angst angezielt. So werden Sicherheitsverhaltensweisen eingesetzt, um gefürchtete Körpersymptome zu verstecken, beispielsweise indem dickes Make-up gegen Erröten aufgetragen wird, man die Jacke anbehält aus Angst vor Schwitzen oder mit der Hand den ›schiefen und komisch verzerrten‹ Mund verdeckt hält. Sicherheitsverhaltensweisen sollen auch verhindern, dass ein gefürchtetes Symptom auftreten kann: So wird etwa ein Weinglas nur halb gefüllt und ganz besonders fest umklammert, um ja nichts auszuschütten, dass niemand eigenes Zittern erkennen kann oder aus Sorge vor einem Ohnmachtsanfall in der Öffentlichkeit spannt man seine Muskeln ganz fest an usw. Weitere Beispiele beziehen sich auf die Art und Weise, wie sich die Personen präsentieren, wenn etwa eine Rede lückenlos auswendig vorgetragen wird, damit ja keine Pausen zu Kritik oder Fragen Anlass geben, oder wenn ein Hörsaal mit großen Schritten durchlaufen wird, damit die Zeit des Beobachtetwerdens möglichst kurz wird. Sicherheitsverhalten kann auch bereits in der Antizipation auf eine Situation zum Einsatz kommen. Beispiele hierfür wären übermäßige Vorbereitungen, aber auch problematische Versuche, die Anspannung zu reduzieren, etwa mithilfe von Alkohol. Auch vermeintlich selbstbewusste Nachvorneverteidigung kann als Sicherheitsverhalten dienen. Bei sozialängstlichen Personen mit sehr ausgeprägter Symptomatik kann das Sicherheitsverhalten ihre Alltagsgestaltung noch um einiges stärker verändern. Dies ist z. B. der Fall, wenn jemand gar nicht mehr einkaufen geht, sondern nur noch im Internet bzw. in Katalogen bestellt, oder wenn keine Telefonate geführt werden, sondern alles schriftlich erledigt wird.

Problematische und sinnvolle Strategien

Als Sicherheitsverhalten werden dabei zum Teil Strategien eingesetzt, die an sich nicht problematisch sein müssen. So sind Elemente der Planung des Vorgehens, der Vorbereitung und der Bewältigung von Anspannung in den Situationen an sich sinnvolle Strategien. Im Einzelfall müssen die Strategien, die zur Bewältigung der Situation eingesetzt werden, immer auf ihre Funktion und ihre Effekte hin geprüft werden. So ist der Anspruch »ich muss in jedem Moment meine Anspannung kontrollieren können, sonst passiert etwas ganz Schlimmes« überhöht und unangemessen und liegt weit weg von einem Versuch, die eigene Nervosität mit Entspannung zu mildern. Und wird eine Rede so geplant und vorbereitet, dass der Sprecher nur noch auf das bis ins letzte Wort ausgefeilte Manuskript schauen kann und sich nicht getraut, einen Blick in die Runde zu werfen, dann ist eine an sich sinnvolle Strategie – Vorbereitung – zu einem Sicherheitsverhalten geworden.

Sicherheitsverhalten ist in zweifacher Weise problematisch (Salkovskis, 1991; Wells, Clark, Salkovskis, Ludgate, Hackmann & Gelder, 1995). Zum einen deshalb, weil es die Annahmen über die Gefährlichkeit der Situationen aufrechterhält. Ein momentaner ›Erfolg‹ geringerer Anspannung, die Erfahrung, dass die befürchtete soziale Katastrophe nicht eingetreten ist, erklärt sich ja durch diese (Vorsichts-)Maßnahmen. Sicherheitsverhalten ist eine Form der ›inneren‹ Vermeidung, des Rückzuges aus der Realität der Situation. Die Fokussierung auf das Sicherheitsverhalten bewirkt auch eine Abwendung von der äußeren, gegebenen Realität und eine Einschränkung auf das eigene Erleben und Verhalten. So trägt Sicherheitsverhalten dazu bei, dass Anspannung und Nervosität sich längerfristig nicht vermindern.

Zusätzlich und tragischerweise können gewisse ›sichere‹ Verhaltensweisen Befürchtungen eher Realität werden lassen: ein fest umklammertes Glas lässt die vor Nervosität feuchte Hand noch stärker spüren und bricht gar auch leichter; eine hastig und leise gesprochene Rede führt wahrscheinlicher zu Hyperventilation und Schwindel; zudem reduziert leises Sprechen die Aufmerksamkeit der Zuhörer, die dann auch negativer, gelangweilt reagieren usw. So wird die Angst zweifach angekurbelt, einmal durch die Empfindungen und zum Zweiten durch die aufgrund der Sicherheitsverhaltensweisen herbeigeführten Effekte. Somit verhindert der Einsatz vermeintlich Sicherheit vermittelnder Verhaltensweisen eine effektive Revision der Annahmen, die das Angstprogramm initial steuern.

3.3 Zeichen der Angst und soziale Kompetenz

Charakteristischerweise treten bei praktisch allen Angststörungen die gefürchteten Ereignisse nicht in der Form auf, wie PatientInnen sie ersorgen. So sind auch die Annahmen von sozialphobischen Personen über Ausmaß und Färbung der Bewertung durch andere in aller Regel stark überzeichnet. Allerdings sind einige der Befürchtungen, wie Angst und Anspannung auf das gezeigte Verhalten wirken, durchaus angemessen: Erröten oder Erbleichen, leise, unsichere Stimme, Schwitzen, zitternde Hände können als Angstsymptome einen Gesamteindruck mitprägen, der sehr wohl in Richtung geringer sozialer Kompetenz und niedrigem sozial erwünschtem Selbstbewusstsein geht. Aber es sind nicht nur die z. T. auch äußerlich sichtbaren Zeichen von Anspannung, die das Auftreten in einem bestimmten, eher unsicheren Licht erscheinen lassen. Es ist vor allem die Art nicht-kommunikativer Glocke, die sozialphobische PatientInnen oft über sich gestülpt zu haben scheinen, die eher auch einen gefürchteten negativen Eindruck hervorbringen kann. Die Absorption durch das selbstaufmerksame innere Überwachen dessen, was die Gefühle, das Empfinden, der Körper gerade zur Situation sagen, die Fokussierung auf angstbestätigende Evidenz, führt häufig dazu, dass sozialphobische Personen sich tatsächlich nicht so verhalten, wie das die anderen erwarten oder wie es die Situation erfordert.

Selbstaufmerksamkeit und soziale Kompetenz

Sozialphobische Personen zeigen in den Angstsituationen nur wenige der Merkmale, die für entspannte und als positiv eingestufte Interaktionen typisch sind. Dazu gehören etwa angemessener Blickkontakt, verständliche Stimmstärke, Mitteilung auch persönlicher Inhalte, ein Wechsel von sich öffnen und eingehen auf den andern. Es handelt sich dabei nicht notwendig um mangelnd gelernte

Fertigkeit der sozialen Kompetenz. Ein der Situation angepasstes sozial kompetentes Verhalten wird vor allem verunmöglicht durch die Fokussierung der Aufmerksamkeit auf innere Prozesse, auf die Körpersignale, die Befürchtungen und Bewertungen.
So erfahren sozialphobische Personen als Reaktion auf ihr Auftreten auch immer wieder wenig freundliche, wenig positive Reaktionen. Andere fühlen sich immer wieder wenig eingeladen, in Kontakt zu treten, wiederholt das Gespräch zu initiieren usw. Die Selbstaufmerksamkeit kann sehr abweisend wirken, uninteressiert am andern, schroff auch, ›arrogant‹ gar. Daher kann dann insgesamt eine Interaktion mit einem sozialphobischen Menschen eine eher negative, un-persönliche Qualität annehmen. Die Wahrnehmung solch wenig herzlich-freundlicher Reaktionen zählt mit zur angstbestätigenden Evidenz. Das Verhalten des Gegenübers belegt genau die Befürchtung, dass einen die andern nicht mögen, ausschließen aus gleichwertigem Austausch, zurückweisen, nicht schätzen und negativ beurteilen.

3.4 Sorgenvolle Vorbereitung und negative Bilanzierung

Aufgrund der sorgenvoll-ängstlichen Erwartung negativer sozialer Bewertung gehen sozialphobische Personen in aller Regel bereits sehr ängstlich-angespannt und auf sich konzentriert in die gefürchteten Situationen hinein. Sie antizipieren Beschämung und Angst und gelangen so in einen Zustand angespannter Erwartungsangst. Erscheint Vermeidung nicht möglich, nehmen deshalb sozialängstliche Personen die gefürchteten Situationen bereits in einem angstfokussierten Modus der Informationsverarbeitung in Angriff. Die ›Vorhersage‹ der erwarteten sozialen Katastrophe führt dazu, dass sie auf sich selbst konzentriert, auf ihre Empfindungen und Gefühle und mit Sicherheitsverhaltensweisen ausgestattet, in die Situationen gehen (Wells & Clark, 1997). So können sie eigentlich schon von Anfang an die Realität der Situation, das Verhalten und die Reaktionen der Mitbeteiligten gar nicht richtig wahrnehmen, beziehungsweise nehmen nur die Elemente wahr, die zu ihren problematischen Angstschemata passen.

Sorgenvolle Vorwegnahme und daraus entstehende Erwartungsangst finden sich bei vielen Ängsten in verschiedenem Ausmaß. Was die Sozialphobie jedoch vielleicht deutlicher von anderen Ängsten zu unterscheiden vermag, ist der Tenor der Rückschau. Eine gefürchtete Situation, die überstanden wurde oder aus der irgendein Entweichen möglich war, wird nachträglich auf eine für die soziale Angst typische Art und Weise beurteilt.
Worauf sollen sich die Schlussfolgerungen über eigenes Verhalten und Auftreten beziehen? »Wie habe ich mich verhalten?« und »Was haben andere getan, gesagt und gedacht?« sind Fragen, die ganz allgemein bei sozialen Interaktionen schlecht eindeutig zu beantworten sind. Besonders erschwert wird eine realitätsangemessene Rückschau deshalb, weil die sozialen Situationen vieldeutig sind. Darüber hinaus gibt es für alle verbalen und anderen Äußerungen von Menschen einen gewissen Interpretationsspielraum. Es fällt deshalb nicht schwer, sich vorzustellen, dass die Rückschau eines sozialphobischen Menschen mit demselben kritischen Auge erfolgt, das im Vorfeld die eigene Unfähigkeit so in den Vordergrund gestellt hat. Die Bilanzierung setzt genauso perfektionistische und uneinlösbare Maßstäbe an wie die selbstformulierten Ansprüche. So wird auch der Blick zurück zu einer qualvollen Beweisführung eigenen Versagens – selbst bei sozialen Interaktionen, die, von einer Außenperspektive betrachtet, erfolgreich absolviert wurden.

›Post mortem‹

Es ist dann vielleicht nicht einmal mehr die Situation allein, die Angst erzeugt hat und die mehr oder weniger ›kompetent‹ bewältigt wurde, sondern das Versagen misst sich an den Ansprüchen an das eigene Erleben, an der wiederholten Erfahrung einer Diskrepanz zwischen Anspruch und Vermögen. Dieses peinigende ›Post mortem‹ (Clark & Wells, 1995), die negative Bilanzierung nach der Situation kann ad infinitum fortgesetzt werden, je nach perfektionistischem Standard: Da war doch noch ein kleines Herzpochen, das die Zurückweisung dokumentiert; die kleine Denkpause im 40-minütigen Vortrag zeigt deutlich das eigene Versagen; die etwas fahrige Handbewegung an bestimmter Stelle wird schamvoll erinnert. Alle diese Indizien für vermeintlich klar sichtbares und für alle deutliches Versagen vermögen selbst eine erfolgreich gemeisterte

Situation umzudrehen in eine weitere Episode in der langen Kette der sozialen Misserfolge. Aus der negativen Rückschau resultiert Scham, welche die sozialphobischen Menschen noch weiter begleitet, wenn die ängstliche Anspannung aus der Situation bereits geschwunden ist.

4. Erwartete und erlebte Angst

Sozialphobische Angstsymptomatik wird nicht nur in den Situationen ausgelöst, die in irgendeiner Form die Befürchtungen ganz spezifisch hervorrufen, sondern sie kann immer irgendwie mehr oder weniger aktiviert bleiben. Es sind vielfältige Reizkonstellationen, die mit Angst verbunden sind (siehe Kapitel C 1 ›Vermeidung und Flucht‹). Fast in jeder Lebensgestaltung lösen sich verschiedene soziale Situationen ab, die irgendwo einen Bezug zu den gefürchteten Situationen aufweisen, und fast in jeder Lebensgestaltung sind soziale Situationen, sie antizipieren, erleben und sich rückblickend vergegenwärtigen, wichtige und wiederkehrende Bestandteile.
Die sozialphobische Angst bildet eine Art Lebenshintergrund, der über die Aktivierung des Angstprogramms in den einzelnen Episoden sozialer Angsterfahrung hinaus andauert. Der Zustand zeichnet sich durch eine ständige Anspannung, eine Erhöhung der Grundspannung, eine gewisse Nervosität aus. Diese Grundbefindlichkeit wird von sozialängstlichen Personen als Sensibilität bei sich wahrgenommen und/oder von andern als Verletzlichkeit oder leichte Kränkbarkeit konstatiert. Auch Gereiztheit und anhaltende Bedrücktheit sind mögliche Anzeichen dieser überdauernden Abweichung von ›neutralem‹ Wohlbefinden.
Im Vorfeld konkreter sozialer Situationen oder in der angstvollen Antizipation potenzieller sozialer Situationen steigen Anspannung und Besorgtheit. Die Aufmerksamkeit ist immer mehr auf potenziell ›bedrohliche‹ Konstellationen und Kontexte gerichtet. In den angstauslösenden Situationen selbst werden dann die Außenwelt und die eigene Person nur noch angstspezifisch gefiltert wahrgenommen.

Beck (1981; 1985) sieht in der Erwartung, in der sorgenvollen Antizipation von Gefahren in sozialen Situationen, den Hauptfaktor zur Aufrechterhaltung der sozialen Angst. Er postuliert für Menschen mit einer sozialen Angststörung einen allgemeinen Zustand der Verletzbarkeit. Diese Vulnerabilität ergibt sich dadurch, dass sie sich ständig mit Gefahren und Risiken, möglichem Schaden und Verletzungen und unangenehmen Ereignissen in der Zukunft befassen. In diesem sorgenvollen Modus von Anspannung wird zudem die Wahrnehmung eingeschränkt auf die Hinweisreize, die am besten zu den negativen Erwartungen passen. Zustandsabhängig wird die Außenwelt selektiv nach Gefahrenhinweisen abgesucht. So erhält die Sorge durch die verzerrte Überbetonung von Gefahrensignalen immer mehr Gewicht und Realität, die sozialphobischen Personen erfahren v. a. auch körperlich immer stärker die Gefahr und ihre eigene Gefährdung. Die Anspannung wird also irgendwie auch selbst-erzeugt, ist dann da, drückt Gefahr aus: quod erat demonstrandum.
Dazu passt die negative Bewertung der eigenen Darbietungen und Leistungen. Aufgrund der perfektionistischen Maßstäbe werden Angst und Demütigung zur Quintessenz eigentlich aller durchlebten Erfahrungen. Die negativen Bilanzierungen zementieren so immer wieder aufs Neue und auf ein weiteres das Bild vom persönlichen Versagen als soziales Wesen.
Die Stimmigkeit der Annahmen kann somit durch Erfahrungen nicht positiv korrigiert werden. Für den sozialphobischen Anspruch ist die Richtigkeit der Annahmen nur ablesbar aus den Zeichen und Symptomen der Angst selbst, die immer stärker beachtet werden. Je mehr diese problematischen Hinweisreize für subjektiv richtiges Verhalten die Aufmerksamkeit und Energie beanspruchen, desto stärker entfernt sich das gezeigte Verhalten auch objektiv von einem angebrachten sozialen Verhalten.
Weshalb sozialphobische Menschen die eigenen Fähigkeiten und Möglichkeiten als zu gering einstufen, um sich angemessen selbstsicher und selbstbehauptend in sozialen Situationen zu bewegen, diese Frage schlägt den Bogen zu der Frage nach möglichen Versatzstücken der individuellen Entwicklungsverläufe (siehe Teil B ›Wie entwickelt sich eine soziale Phobie?‹). Die Annahmen über die Gefährlichkeit sozialer Situation und die Erwartung negativer sozialer Bewertung haben eine individuell-biographische Geschichte.

Welche Selbstdarstellung gewünscht wird, wie viel Risiko möglich erscheint, welche Bedeutung Scham und Beschämung haben, sind verankert in Lebensgeschichte und Persönlichkeit.

Ist dann einmal aufgrund der Annahmen über die Situation und die Person das Angstprogramm aktiviert, dann wirken in den aktualgenetischen Abläufen überindividuell vergleichbar die Prozesse der Aufrechterhaltung. Selbstaufmerksamkeit, Sicherheitsverhalten, Deutung der Zeichen von Angst und angstmoduliertes Verhalten erschweren in jedem Fall eine angstwiderlegende, angstrevidierende Erfahrung in den Situationen.

Zusammenwirken der aufrechterhaltenden Faktoren

Im nachfolgenden Schema (siehe Abbildung 1) sind die verschiedenen aufrechterhaltenden Faktoren einer sozialen Phobie in ihrem Zusammenspiel festgehalten: Bereits im Vorfeld bestimmen Sorge und Angst die Vorbereitung und die Erwartungen. Vielfältige soziale Situationen aktivieren Befürchtungen, die auf verschiedenen problematischen Überzeugungen und Annahmen beruhen. Weil Gefahr und Gefährdung angenommen werden, befinden sich die sozialphobischen Personen in einem problemgeleiteten Modus der Informationsverarbeitung. Sie fokussieren in der Situation deshalb die Evidenz, die ihre Annahmen und die Angst bestätigt. Dies wird dadurch begünstigt, weil soziale Signale mehrdeutig interpretierbar sind. Der Orientierung am eigenen negativen Gefühl kommt so eine wichtige Rolle zu. Dieser Prozess der Selbstaufmerksamkeit ist maßgeblich daran beteiligt, dass die sozialphobischen Personen ein Bild von sich in der Situation entwickeln, das problematisch und unzutreffend ist, jedoch mit ihren Erwartungen negativer Bewertung durch andere in Einklang steht.

Die befürchtete und wahrgenommene Gefahr löst das Angstprogramm aus und mobilisiert das Sicherheitsverhalten. Sicherheitsverhaltensweisen sind deshalb problematische Strategien, weil sie die Realitätsprüfung davon verhindern, was geschehen wäre ohne diese Maßnahmen. Zusätzlich können sie die Angst verstärken und die Reaktionen der andern verändern, da sie beispielsweise einen echten Austausch im Gespräch erschweren. Die Angst und ihre Symptome wiederum verstärken die Selbstaufmerksamkeit und werden als fortlaufende Bestätigung für die Annahmen gewertet. Worauf die Spirale der Angst sich weiter dreht …

Eine negative Bilanzierung im ›Post mortem‹ führt in der Rückschau auf die Erfahrung zu einer weiteren Bestätigung der angstbezogenen Annahmen. So kann jede Konfrontation in einer Angstsituation die Angst weiter am Leben halten und die Erwartungsangst noch steigern.

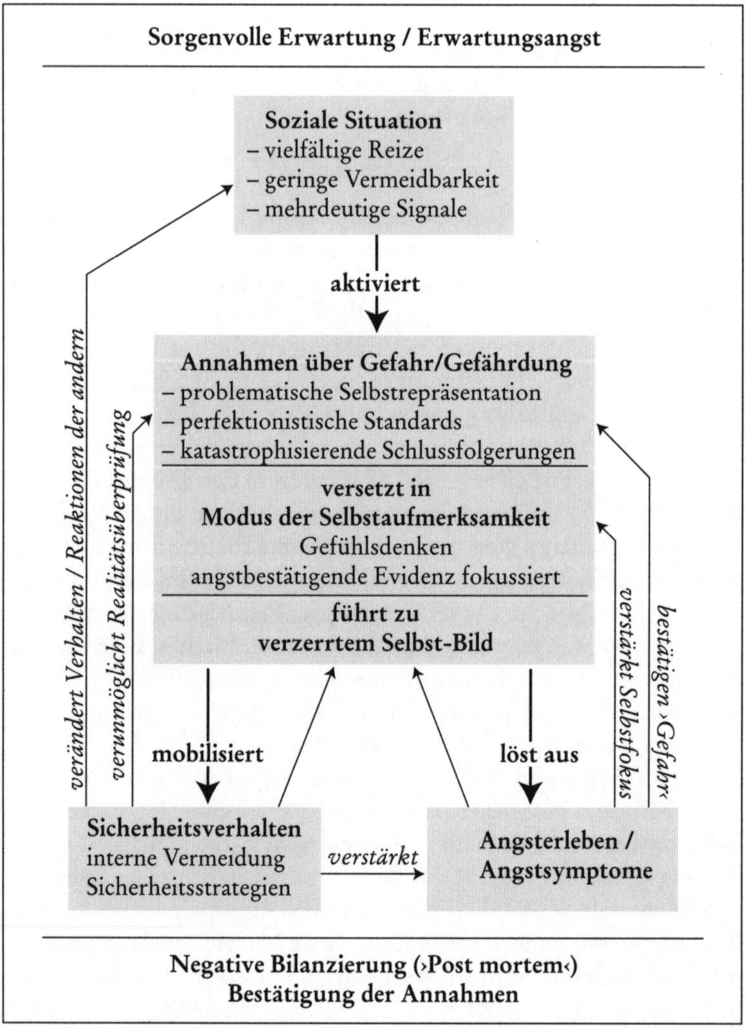

Abb. 1: Aufrechterhaltende Faktoren der sozialen Phobie

Therapeutische Ansatzpunkte

Aus den aufgezeigten Faktoren, die eine soziale Phobie entstehen lassen und aufrechterhalten, ergeben sich verschiedene Ansatzpunkte für die psychotherapeutische Behandlung. Dem Thema psychotherapeutischer Behandlungsmethoden widmen sich ausführlich die Teile D ›Übliche Behandlungsansätze‹ und F ›Ein integratives kognitiv-verhaltenstherapeutisches Behandlungsmanual‹. Gemeinsames Ziel aller Behandlungsansätze ist es, sozialphobischen Personen veränderte Erfahrungen in gefürchteten sozialen Situationen zu ermöglichen. Problematische Annahmen über das eigene Verhalten und die Reaktion anderer sollen revidiert werden können. Sozialängstliche Personen sollen mit größerer Sicherheit in die Situationen gehen können, mit mehr Zuversicht in ihr eigenes Auftreten. In den Situationen selbst soll eine Auseinandersetzung mit der äußeren Realität ihnen ermöglichen, neue, die Angst entkräftende Erfahrungen zu machen. Dabei stellt sich, pointierter noch als bei anderen Angststörungen, das Problem, interne Vermeidung in den Situationen aufzuheben, angstbestätigende Prozesse der Selbstaufmerksamkeit und Strategien von Sicherheitsverhalten aufzulösen. Zudem sind Kriterien für ›erfolgreiches‹ angstentkräftendes Erleben und Verhalten in sozialen Situationen nicht ganz einfach zu definieren. Wie sich ›Wertschätzung‹, ›Anerkennung‹, ›nicht Versagen‹ bestimmt, ist schwieriger zu überprüfen als etwa eine nicht eingetretene körperliche Katastrophe bei einer anderen Phobie.

Zusammenfassend tragen verschiedene Faktoren dazu bei, dass eine soziale Phobie aufrechterhalten bleibt. Die aufrechterhaltenden Prozesse lassen sich dabei in zwei hauptsächliche Gruppen aufteilen: negative Erwartungen und Annahmen auf der einen Seite, angstbestätigende Erfahrungen in den Angstsituationen selbst auf der andern Seite.
Die Annahmen über die Gefährlichkeit der sozialen Situationen und die Erwartung negativer sozialer Bewertung und Scham beziehen sich auf verschiedene Aspekte:

- problematische Selbstrepräsentationen
- perfektionistische Standards
- katastrophisierende Schlussfolgerungen.

Diese Annahmen sind aus der Lebensgeschichte und Erfahrung gewachsen. Sie führen auch dazu, dass gefürchtete Situationen immer wieder vermieden werden. Dies wird jedoch dadurch erschwert, dass vielfältige Reizkonstellationen bei sozialen Ängsten angstauslösend sind. Ist eine Vermeidung nicht möglich, kommt es trotz Konfrontation dennoch nicht unbedingt zu einer Revision der angstvollen Annahmen. Dies hat mit verschiedenen Prozessen zu tun, die bei einer sozialen Phobie in den Angstsituationen ablaufen. Die Prozesse beziehen sich darauf, wie sozialphobische Personen an die Angstsituation herangehen, wie sie sich darin orientieren, wie sie sich verhalten, und nicht zuletzt, wie sie in der Rückschau die Erfahrung bewerten. Die Prozesse im Einzelnen sind:

- sorgenvolle Erwartung im Vorfeld
- Selbstaufmerksamkeit und Abkehr von der äußeren Realität in der Situation
- Sicherheitsverhalten, um die Situation überhaupt bewältigen zu können
- problematische Orientierung an den Angstsymptomen, die sozial kompetente Verhaltensweisen negativ beeinflussen
- negative Bilanzierung in der Rückschau auf die Erfahrung.

Die erwartete Angst und die Annahmen über die Gefährlichkeit der Situation führen dazu, dass die Wahrnehmung und die Interpretation der Geschehnisse auf die Aspekte fokussiert, die die Angst bestätigen. Eine soziale Phobie bleibt daher vor allem auch deshalb aufrechterhalten, weil die Personen in den Situationen nur einen problematischen Ausschnitt der gegebenen Realität überhaupt wahrnehmen können und weil sie darüber hinaus mit verschiedenen Strategien eine Art ›innerer‹ Vermeidung erreichen. Deshalb stellt es eine besondere Herausforderung für die Behandlungsansätze dar, sozialphobischen Personen veränderte, realitätsangemessene Erfahrungen in den gefürchteten sozialen Situationen zu ermöglichen.

D) Übliche Behandlungsansätze der sozialen Phobie und ihre Vor- und Nachteile

Die soziale Phobie präsentiert sich als eine psychische Störung, bei deren Entwicklung und Aufrechterhaltung vielfältige Faktoren beteiligt sind. Die verschiedenen ätiologischen und aktualgenetischen Konzepte bilden den Hintergrund für die psychologisch/psychotherapeutische Behandlung der Sozialphobie. Es gibt verschiedene störungsspezifische Ansätze, die üblicherweise bei der Behandlung der sozialen Phobie angewandt werden. Die einzelnen Verfahren und Komponenten von Behandlungsmethoden fokussieren dabei auf bestimmte Aspekte der sozialen Angst und setzen jeweils an einem oder mehreren aufrechterhaltenden Faktoren der Störung an. Die psychologisch/psychotherapeutischen Behandlungsmethoden der Sozialphobie lassen sich grob in folgende Gruppen aufteilen:

Verfahren zum Aufbau sozialer Kompetenz

Diese Verfahren orientieren sich primär an den sozialen Defiziten von Personen mit sozialer Angst. Dabei wird offen gelassen, ob es grundsätzlich um das Erlernen von neuen Fertigkeiten geht oder ob durch die Verfahren das Ausführen von vorhandenen sozialen Kompetenzen ermöglicht wird.

Verfahren zur Angstbewältigung

Diese Methoden setzen beim Angsterleben vor und in sozialen Situationen an. Den sozialängstlichen Personen werden Strategien an die Hand gegeben werden, wie sie mit Angst und Anspannung im Vorfeld und in der Situation selbst besser umgehen können. Dabei kommt der physiologischen Entspannung eine große Bedeutung zu.

Expositionsverfahren / Formen der Reizkonfrontation

Bei diesen Verfahren steht die Konfrontation mit angstbesetzten Situationen im Vordergrund. Es wird darauf hingearbeitet, dass sozialphobische Personen angstbesetzte Situationen nicht vermeiden, sich ihnen in vivo aussetzen und dabei erleben können, dass nach gewisser Zeit eine Beruhigung der Anspannung eintritt und dass eine Gewöhnung an die Angst stattfindet.

Verfahren zur kognitiven Umstrukturierung

Diese Verfahren setzten primär beim Selbst von soziaängstlichen Personen an, bei ihren Annahmen und Bewertungen. Ziel ist es, die Einschätzungen eigener Möglichkeiten, individuelle Annahmen über Gefahren und ihre Bewältigung sowie die Wahrnehmung und Interpretation von sozialen Situationen zu verändern.
Im Folgenden wird auf diese Behandlungsansätze näher eingegangen. Dabei wird jeweils zunächst das zugrunde liegende Erklärungsmodell und sein Bezug zu ätiologischen und aufrechterhaltenden Faktoren der sozialen Phobie dargestellt. Um ein konkretes Bild der verschiedenen Ansätze entstehen zu lassen, wird die Vorgehensweise anhand einer prototypischen Methode etwas detaillierter besprochen. Eine Einschätzung der Wirksamkeit jeden Ansatzes und die Frage nach den Wirkmechanismen wird abschließend diskutiert. Der medikamentösen Behandlung der sozialen Angststörung ist ein weiteres Kapitel gewidmet, in welchem insbesondere auch die Frage der Vor- und Nachteile pharmakologischer und/oder psychologischer Behandlungsmethoden aufgeworfen wird.

1. Aufbau sozialer Kompetenz

Wenn man davon ausgeht, dass eine zentrale Annahme der SozialphobikerInnen darin besteht, dass sie ihr eigenes soziales Auftreten für ungenügend erachten und deshalb befürchten, von anderen Leuten beschämt und gedemütigt zu werden, so liegt es nahe, bei der sozialen Unsicherheit anzusetzen. Schon in der frühen Verhaltenstherapie wurden verschiedene Konzepte und Methoden zur Veränderung sozialer Unsicherheit bzw. zur Erreichung von Selbstsicherheit und sozialer Kompetenz entwickelt (siehe Kapitel

A 1 ›Soziale Unsicherheit und soziale Kompetenz‹). Der Begriff der sozialen Kompetenz wurde zum Schlagwort für ein vermeintlich gefordertes adäquates Sozialverhalten, welches Personen befähigen soll, mit den ihnen zur Verfügung stehenden Fähigkeiten einen akzeptablen Kompromiss zwischen sozialer Anpassung und individuellen Bedürfnissen zu finden und zu verwirklichen.
Verfahren zum Aufbau sozialer Kompetenz gehen von einer Hypothese sozialer Defizite aus: Ängste in sozialen Situationen resultieren daraus, dass Personen nicht über ausreichende soziale Kompetenzen verfügen. Die Verfahren basieren auf der Annahme, dass sozialängstliche PatientInnen soziale Fertigkeiten ungenügend gelernt beziehungsweise ungenügend geübt haben. Es liegt daher nahe, zur Behandlung sozialer Unsicherheiten und Ängste bei solchen Lern- oder Übungsdefiziten anzusetzen. Innerhalb der Verhaltenstherapie wurden verschiedene Trainings der sozialen Kompetenz entwickelt, in denen gewisse Basisfertigkeiten im sozialen, interaktiven und kommunikativen Umgang mit Mitmenschen trainiert und eingeübt werden.

1.1 Training sozialer Kompetenzen: zugrunde liegendes Erklärungsmodell

Es gibt verschiedene Auffassungen, wie soziale Kompetenz definiert und erreicht werden kann. Hinsch und Pfingsten (1998) geben eine breite Definition sozial kompetenten Verhaltens vor. Soziale Kompetenz wird von den beiden Autoren definiert als »Verfügbarkeit und Anwendung von kognitiven, emotionalen und motorischen Verhaltensweisen, die in bestimmten Situationen zu einem günstigen Verhältnis von positiven und negativen Konsequenzen für den Handelnden führen« (a.a.O., S. 13). Manche Personen mit sozialer Phobie verhalten sich in sozialen Situationen eher vermeidend-unsicher, andere dagegen eher aufdringlich-aggressiv. Um soziale Kompetenzprobleme genauer zu analysieren, braucht es Vorstellungen darüber, wie unsicheres, aggressives oder eben kompetentes Verhalten in sozialen Situationen zustande kommt. Welche äußeren und inneren Prozesse laufen beim Verhalten in sozialen Situationen ab? Welche kognitiven, emotionalen und motorischen

Handlungskomponenten müssen bei den PatientInnen verändert werden, damit sie positivere soziale Kontakte erleben und mit Problemen im sozialen Umgang besser fertig werden?
Diese Konzeption geht weiter als andere ›Social Skills Trainings‹ (z. B. das Assertiveness-Training-Programm von Ullrich de Muynck & Ullrich, 1976). In solchen Trainings konzentriert man sich auf die Beseitigung motorischer Verhaltensdefizite und den Aufbau von selbstsicherem Verhalten. Problematisch ist dabei, dass die Defizithypothese im Vordergrund steht. Als alleiniges Erklärungsprinzip erscheint dies unzureichend, weil viele Menschen von ihren motorischen Fertigkeiten her durchaus zu kompetentem Verhalten in der Lage sind, wenn die Bedingungen dafür geeignet sind.

Prozessmodell

Hinsch und Pfingsten entwickeln ein Prozessmodell als Orientierungshilfe, das den komplexen Ablauf und die Generierung sozialen Verhaltens in einfacher Form nachbilden soll (1998, siehe Abbildung 2).
Der Ablauf beginnt mit einer gegebenen sozialen Situation, in der Ziele und Bedürfnisse einer Person mit bestimmten Umweltgegebenheiten zusammentreffen [z. B. Ich sitze in einem Restaurant, möchte gerne etwas zu essen bestellen, aber die Bedienung kommt nicht.]. Die Situation wird von der betroffenen Person wahrgenommen sowie kognitiv und emotional weiterverarbeitet [z. B. Stehe ich auf und verlasse das Lokal? Rufe ich laut nach dem Kellner? Warte ich geduldig, bis endlich jemand meine Bestellung entgegennimmt? Beginne ich mich zu ärgern über die Vernachlässigung? Oder bin ich bedrückt und verstimmt, weil mir niemand zu Hilfe eilt?]. Die Verarbeitungsvorgänge führen zu beobachtbarem (motorischem) Verhalten, das oft in Form umfassender Verhaltensmuster organisiert ist [z. B. Ich gestalte einen schnellen, unauffälligen Abgang, indem ich gleichzeitig Handtasche und Schirm ergreife, den Mantel über den Arm werfe und ohne anzustoßen durch die Tische hindurch zum Ausgang eile. Oder ich rufe laut nach dem Kellner und winke gleichzeitig mit der Hand, damit ich ja nicht übersehen werden kann.]. Auf das offen gezeigte Verhalten der Person treten Konsequenzen ein [z. B. ruft der Kellner gehässig quer durch den Raum »Da hat es wohl jemand eilig«. Oder der Kellner kommt,

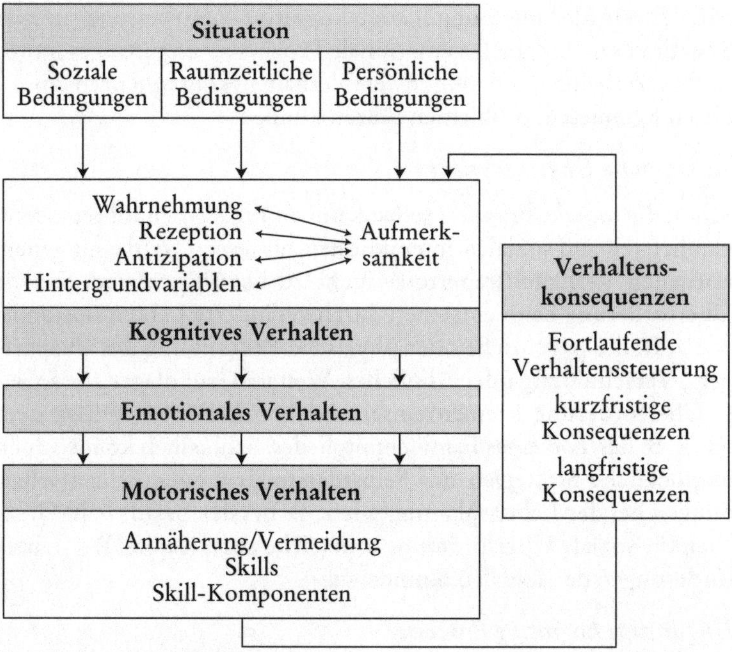

Abb. 2: Prozessmodell sozial kompetenten/inkompetenten Verhaltens (Hinsch & Pfingsten, 1998, S. 16)

entschuldigt sich und nimmt meine Bestellung entgegen.]. Zusammen mit den eintretenden Konsequenzen auf das offen gezeigte Verhalten der Person wird der Ablauf zu einer Lernerfahrung integriert, die das zukünftige Verhalten in ähnlichen Situationen beeinflussen wird [Im ›sozial kompetenten Fall‹ macht die Person z. B. die Erfahrung, dass sie ihrem Bedürfnis Ausdruck geben kann und zu ihrem Recht kommt; im ›sozial inkompetenten Fall‹ erlebt die Person ihr Verhalten beschämend und peinlich und wird in einer zukünftig ähnlichen Situation mit Befangenheit reagieren.].

Bei der Frage nach den Bedingungen sozial inkompetenten Verhaltens nehmen Hinsch und Pfingsten (1998) einen eklektischen Standpunkt ein und postulieren, »dass *sozial inkompetentes Verhalten durch ungünstige Prozessverläufe auf jeder Ebene der Verhaltensgenerierung entstehen kann*« (S. 18, Hervorhebung durch die Verfasser). Im Folgenden soll kurz skizziert werden, inwiefern nach dem oben dargestellten Prozessmodell die Faktoren ›situationale Überforderung‹, ›ungünstige kognitive Verarbeitung sozialer Situationen‹, ›ungünstige emotionale Prozesse‹, ›ungünstiges motorisches Verhalten‹ und ›ungünstige Verhaltenskonsequenzen‹ zu sozialen Kompetenzproblemen führen können.

Situationale Überforderung

Schon die *soziale Situation* selbst kann zu Problemen führen, wenn nämlich jemand sozialen Interaktionen ausgesetzt ist, die mit einem normalen Verhaltensrepertoire nicht zu bewältigen sind. Soziale Überforderung kann entstehen durch veränderte Lebensumstände, wie z. B. die psychische oder physische Erkrankung des Ehepartners, Verschuldung oder Ähnliches. Weitere Grundlagen für soziale Überforderung können einschneidende Lebensereignisse sein, wie z. B. der Tod eines Familienmitgliedes. Schließlich können auch unglückliche Strategien der Selbstdarstellung oder Fehlentscheidungen bei der Lebensplanung wie z. B. bei der Berufswahl Ursachen für soziale Überforderung sein (siehe auch Kapitel B 3 ›Überforderungen der sozialen Kompetenz‹).

Ungünstige kognitive Prozesse

Was die *kognitive Verarbeitung* von Situationen angeht, tendieren viele unsichere Personen dazu, Situationen verzerrt wahrzunehmen, falsch zu interpretieren oder ungenügend zu antizipieren. Wahrnehmungsfehler erschweren oder verunmöglichen oft ein zielführendes Sozialverhalten. So nehmen sozialängstliche Personen ihre Interaktionspartner häufig als besonders unfreundlich und abweisend wahr oder übersehen wichtige positive Signale, weil sie ihre Aufmerksamkeit ganz auf die bedrohlichen Aspekte des Geschehens oder die eigenen Körperempfindungen konzentrieren. Durch *Fehlinterpretationen*, etwa wenn dem Gegenüber schädigende Absichten zugeschrieben werden, bahnen sich inkompetent-aggressive oder unsichere Reaktionen an. Manche Personen weisen in ihrer Personenwahrnehmung dermaßen grobe Verzerrungen auf, dass sie neutrale oder gar gut gemeinte Handlungen anderer als feindselig ansehen. Solche Zuschreibungen sind besonders fatal, wenn sie – sobald sie einmal zustande gekommen sind – nicht mehr rückgängig gemacht werden können. Die betreffende Person sieht sich dann geradezu zwangsläufig zu ›Gegen‹-Aggressionen veranlasst.

Sozial unsichere Personen nehmen ihre Rechte häufig nicht in Anspruch, weil sie davon überzeugt sind, dass dies von ihren Mitmenschen als unbescheiden, unanständig und egoistisch angesehen werden würde. Tatsächlich kann auch sozial kompetentes Auftreten gelegentlich zu solchen Effekten führen. Sozial unsichere Personen neigen aber in ihrer Phantasie zur Übertreibung und Katastrophisierung negativer Folgen und überschätzen deren Auftretenswahrscheinlichkeit massiv.

Ungünstige emotionale Reaktionen

Bei den *emotionalen Prozessen* spielen vor allem Angstreaktionen eine zentrale Rolle. Frühere traumatische Erfahrungen wurden lange Zeit unter dem Einfluss von Wolpe (1958, 1969) als entscheidende Ursache für sozial unsicheres Verhalten angesehen. Diese Annahme hat sich als einziges Erklärungsprinzip zwar nicht bestätigt, aber manche Personen sind in bestimmten sozialen Situationen schon von Anbeginn so aufgeregt und ängstlich, dass sie sich nicht mehr effektiv verhalten können. Meistens kommt es dabei zu einem zirkulären Wechselspiel: »Selbstverbalisationen, in denen die Gefährlichkeit der Situation, die eigene Unfähigkeit zur Bewältigung oder die phantasierten negativen Folgen thematisiert werden, provozieren Angstgefühle, die dann wiederum als Beweis dafür angesehen werden, wie berechtigt die Befürchtungen sind« (Pfingsten, 1994, S. 120). Das bedeutet, dass hier problematische situative Selbstverbalisationen als zentral angesehen werden für die Aufrechterhaltung der sozialen Schwierigkeiten. Sozialängstliche Personen sind demnach schon in einem erhöhten Erregungszustand, wenn sie mit einer konkreten Situation konfrontiert werden. Die Anspannung und die daraus folgenden Gefühle führen zu Fehlinterpretationen, z. B. einseitige Wahrnehmung bestimmter Signale. Auf diese Weise kommt es zu einer weiteren Steigerung der Aufregung und zu einem eigentlichen Teufelskreis der Angst. Die Erfahrung spielt sich so nach den Regeln einer ›self-fulfilling prophecy‹ ab, indem genau das eintritt, was man befürchtet hat.

Ungünstiges motorisches Verhalten

Beim beobachtbaren *motorischen Verhalten* zeigen Untersuchungen, dass unsichere Personen in sozialen Durchsetzungssituationen leise und wenig akzentuiert sprechen, kurze Antworten geben und

große Latenzzeiten aufweisen. Sie geben schnell nach oder verzichten darauf, von ihrem Gegenüber die Änderung störender Verhaltensweisen zu verlangen. Sie haben auch Mühe, den Blickkontakt zu halten, angemessen häufig zu lächeln, flüssig zu sprechen und für ihre Reaktionen das richtige Timing zu finden. Oder sie verhalten sich aggressiv in dem Sinn, dass sie mit Drohgebärden und Beleidigungen andere ›überfahren‹, nicht zu Wort kommen lassen und anschreien. Solche Auffälligkeiten im Sozialverhalten können durch mangelnde Übung zustande kommen, durch ungünstige Vorbilder oder durch eingeschränkte soziale Lebensbedingungen (z. B. langjähriger Gefängnisaufenthalt).
Hinsch und Pfingsten (1998) differenzieren das motorische Verhalten in sicheres, unsicheres und aggressives Verhalten (Tabelle 1). Dabei geht es um die Differenzierung sozial sicheren/unsicheren Verhaltens aufgrund verschiedener beobachtbarer Merkmale.

Merkmal	Sicher	Unsicher	Aggressiv
Stimme	laut, klar, deutlich	leise, zaghaft	brüllend, schreiend
Formulierung	eindeutig	unklar, vage	drohend, beleidigend
Inhalt	präzise Begründung, Ausdrücken eigener Bedürfnisse, Benutzung von »ich«, Gefühle werden direkt ausgedrückt	überflüssige Erklärungen, Verleugnung eigener Bedürfnisse, Benutzung von »man«, Gefühle werden indirekt ausgedrückt	keine Erklärung und Begründung, Drohungen, Beleidigungen, Kompromisslosigkeit, Rechte anderer werden ignoriert
Gestik, Mimik	unterstreichend, lebhaft, entspannte Körperhaltung, Blickkontakt	kaum vorhanden oder verkrampft, kein Blickkontakt	unkontrolliert, drohend, wild gestikulierend, kein Blickkontakt oder ›Anstarren‹

Tab. 1: Kriterien für sicheres, unsicheres und aggressives Verhalten (Hinsch & Pfingsten, 1998, S. 95)

Ungünstige Verhaltenskonsequenzen

Im Hinblick auf die *Konsequenzen* unsicheren Verhaltens muss festgehalten werden, dass diese für manche Personen durchaus positiv ausfallen können, indem man ihnen Sympathie oder Mitleid entgegenbringt. Diese kurzfristigen positiven Effekte sind für viele Personen in der konkreten Interaktionssituation so handlungsbestimmend, dass an die langfristigen Folgen mangelnder Durchsetzung gar nicht gedacht wird. Dies führt jedoch dazu, dass die eigentlichen Konflikte bestehen bleiben bzw. sich meistens noch steigern. Auch aggressives Verhalten kann kurzfristig eine beträchtliche Durchsetzungswirkung haben und demzufolge zur Einstellung führen, man müsse zur Lösung von Konflikten »einfach einmal richtig auf den Tisch hauen«. Doch auch aggressives Verhalten – so sinnvoll es in einzelnen Fällen sein kann – führt längerfristig zu negativen Folgen, wenn es die einzige Form sozialen Durchsetzungsverhaltens bleibt. Aggressives Verhalten provoziert Gefühle von Ablehnung, Ärger oder Rache von Seiten des Gegenübers, was von den betroffenen Personen oft verkannt wird.

Probleme in der sozialen Kompetenz wirken sich in charakteristischer und tragischer Weise selbstverstärkend aus. Vor allem unsichere Personen bewerten sich extrem selbstkritisch, was wie eine Selbstbestrafung wirkt und demzufolge die Neigung zu weiteren Durchsetzungsversuchen vermindert. Die selbstkritische Haltung und die Tendenz, sich selten durch Selbstlob oder Stolz zu belohnen, bewirkt eine starke Abhängigkeit von der Verstärkung durch andere. Weil erwachsene Menschen im sozialen Alltag jedoch nicht ständig von anderen gelobt werden, sind unsichere Personen leicht von ihren Zielen abzubringen und schnell entmutigt.

Schließlich schreiben viele sozialängstliche Menschen selbst eindeutige Erfolge nicht sich selbst als Ergebnis eigener Fähigkeiten und Anstrengungen zu, sondern als Zufallstreffer, die nur aufgrund glücklicher Umstände oder wegen besonderer Rücksichtnahme von anderen erzielt werden konnten (z. B. »Die Prüfer waren mir wohlgesinnt«), etwa nach dem Motto »das hätte ja jeder gekonnt«. Für Misserfolge machen sie dagegen sehr schnell ihre eigene Unfähigkeit verantwortlich. Dieser destruktive Attributionsstil hat zur Folge, dass soziale Situationen immer häufiger vermieden werden und dass sich das Selbstbild negativ verändert. Es ist anzunehmen, dass sich deshalb aus Kompetenzproblemen bei manchen Personen eine umfassende depressive Symptomatik entwickelt.

1.2 Das ›Gruppentraining sozialer Kompetenzen (GSK)‹

Als prototypische Methode zum Training sozialer Kompetenzen soll hier das Verfahren von Hinsch und Pfingsten (1998) etwas detaillierter beschrieben werden. Die Autoren haben ein Training sozialer Kompetenzen entwickelt, das in der Gruppe durchgeführt wird. Die von ihnen vorgegebene Definition sozial kompetenten Verhaltens als akzeptabler Kompromiss zwischen sozialer Anpassung und individuellen Bedürfnissen (siehe oben) stellt einen formalen Rahmen für die Bestimmung des Zielverhaltens dar, das mit dem Kompetenztraining erreicht werden sollte.

Die Grundlage für das Gruppentraining sozialer Kompetenzen GSK bildet das in Abbildung 2 dargestellte Prozessmodell sozial kompetenten bzw. inkompetenten Verhaltens. Für die therapeutische Praxis wird das Prozessmodell vereinfacht. Zunächst wird der Ablauf einer selbstunsicheren und einer selbstsicheren Verhaltenssequenz dargestellt:

- Im Falle eines selbstunsicheren Verhaltens ruft eine Situation negative Selbstverbalisationen hervor.
- Diese lösen Gefühle von Angst und Unsicherheit aus und führen zu
- Vermeidung oder Flucht, was dazu beiträgt, dass die negative Sicht bestehen bleibt.

Das Kompetenztraining zielt darauf ab, dass Situationen anders (positiver) wahrgenommen und bewertet werden können. Positive Selbstverbalisationen lösen ein Gefühl von Zuversicht aus, was die Betroffenen dazu ermuntert, die Situation anzupacken.

Das Erklärungsmodell soll vor allem zwei Funktionen erfüllen: Zum einen wird den PatientInnen ein Schema zur Verfügung gestellt, mit dem sie ihre eigene Problematik einordnen und ein Stück weit erklären können. Das Modell zeigt ihnen auch die Wirkungsweise der wichtigsten Determinanten sozial kompetenten bzw. inkompetenten Verhaltens und schafft gleichzeitig ein Begriffsinstrumentarium, eine gemeinsame Sprache, die für die TrainingsteilnehmerInnen verbindlich ist. Zum anderen werden mit der frühen Einführung des Erklärungsmodells gleichzeitig Informationen über Ziele, Aufbau und Struktur des Gruppentrainings vermittelt.

Bedeutung persönlicher Ziele

Die inhaltliche Konkretisierung dessen, was unter sozialer Kompetenz verstanden werden soll, wird durch die allgemeine Definition nicht vorgenommen. Sie hängt von den persönlichen Zielen der PatientInnen ab, welche wiederum in direktem Bezug zu den wünschenswerten Konsequenzen des gezeigten Interaktionsverhaltens stehen. »Die Bewertung von Ereignissen als positive bzw. negative Konsequenz hängt im konkreten Fall von den *Zielen* ab, die ein Individuum mit der Ausführung eines bestimmten Verhaltens verbindet« (Hinsch & Weigelt, 1998, S. 58). Demzufolge könnte man jene Verhaltensweisen als kompetent bezeichnen, mit denen die Person in optimaler Weise ihre eigenen Ziele erreicht.

Drei Typen sozialer Situationen

Für die Konzeption des Gruppentrainings sozialer Kompetenzen nehmen die Autoren eine Unterteilung nach den Anforderungen von Situationen vor. Je nach Situationstyp sind verschiedene soziale Kompetenzen erforderlich. Es wird zwischen folgenden drei Situationstypen unterschieden: Recht durchsetzen, Beziehungen, um Sympathie werben.

Recht durchsetzen

Manche Situationen können so charakterisiert werden, dass es vorrangig darum geht, Forderungen zu stellen, die durch gesellschaftliche Normen und Konventionen legitimiert sind. Ein Beispiel dafür wäre das Reklamieren nach dem Kauf einer fehlerhaften Ware. Hier befindet sich die reklamierende Person auch juristisch gesehen im Recht, denn sie hat Anspruch auf einwandfreie Ware. Soziale Kompetenz bedeutet in dieser Situation, sein Recht durchzusetzen. Es spielt dabei in der Regel kaum eine Rolle, ob der andere aufgrund dieses Verhaltens in seinen Gefühlen verletzt ist oder ob er den Beanstander mehr oder weniger sympathisch findet. In traditionellen Selbstsicherheitstrainings (z. B. das Assertiveness-Trai-

ning-Programm von Ullrich de Muynck & Ullrich, 1976) wird dieser Art von rechtlichen Situationen, in welchen das Training von Skills zur Durchsetzung eigenen Rechts besonders wichtig sind, ebenfalls großes Gewicht beigemessen.
Die Übungsinstruktionen für die drei Typen sozialer Situationen enthalten Anweisungen für die Vorbereitung auf die Situation, für das Verhalten in der Situation und für die Bewertung nach der Situation.
Übungsinstruktion für Situationen des Typus Recht durchsetzen (vgl. Hinsch & Pfingsten, 1998, S. 100):

Vor der Situation:
Geben Sie sich selber *positive Instruktionen* (z. B. »Ich werde es schaffen«, »das ist mein gutes Recht« …).

In der Situation:
- Reden Sie *laut und deutlich*;
- Schauen Sie Ihrem Partner in die Augen *(Blickkontakt)*;
- Nehmen Sie eine *entspannte* Körperhaltung ein;
- Äußern Sie Ihre Forderungen, Wünsche und Gefühle in der *»Ichform«*;
- Sagen Sie zuerst, *was* Sie wollen, dann *warum*;
- *Entschuldigen* Sie sich *nicht*, wenn Sie berechtigte Forderungen stellen.

Ziel ist nicht, den anderen fertig zu machen, sondern nur Ihr Recht in Anspruch zu nehmen! Deshalb:
- Werden Sie nicht aggressiv, sondern bleiben Sie *ruhig* und bestimmt im Auftreten. Das bringt Sie weiter.
- Werten Sie Ihren Partner nicht durch *polemische* und *globale* Wertungen ab (»Sie stehen natürlich auf Seiten der Geschäftsleitung …«).
- Äußern Sie ruhig auch einmal *Verständnis* für die Position des anderen.

Nach der Situation:
Verstärken Sie sich für Ihre Fortschritte. Anerkennen Sie Ihre eigenen Bemühungen und beachten Sie *jeden kleinen Fortschritt*, den Sie erzielen. Jeder Lernprozess benötigt Zeit und Übung!
Man kann nur schnell und gründlich lernen, wenn man seine

Aufmerksamkeit auf *positive Fortschritte* richtet, das heißt stolz und zufrieden zu sein, wenn man ein kleines Stück weitergekommen ist.
Vergleichen Sie sich *nicht* mit dem *Ideal*, das Ihnen vielleicht vor Augen steht, sondern beachten Sie den *relativen* Fortschritt!
Vermeiden Sie *Selbstkritik*, Selbsthass und Ungeduld mit sich selbst! Mit Schuldgefühlen und Selbstbestrafungen wurde noch nie viel erreicht, aber sehr oft mancher positive Ansatz zur Selbstentfaltung unterdrückt, da er unmenschlichen Leistungsanforderungen nicht genügte.

Beziehungen

Andere Situationen zeichnen sich dadurch aus, dass die Frage der rechtlichen Legitimation irrelevant ist. Es geht um Beziehungen, meist um Beziehungen zum Lebenspartner und zu Freunden. In solchen Beziehungen kann es zwar auch oft um das Stellen von Forderungen gehen; als übergeordnetes Ziel gilt für solche Situationen aber in aller Regel, dass die Beziehung aufrechterhalten oder gar verbessert werden soll. Wenn man dieses Ziel bei den an der Interaktion beteiligten Personen voraussetzt, können Forderungen nur über einen Konsens zwischen den Beteiligten erfüllt werden. Um eine solche Einigung zu erzielen, erscheint das Beharren auf einem vermeintlichen Recht eher ungünstig. Vielmehr empfiehlt sich in solchen Situationen, die eigenen Gefühle und Bedürfnisse in den Mittelpunkt der Argumentation zu stellen. Soziale Kompetenz in Situationen vom Typ ›Beziehungen‹ zeigt sich vor allem darin, wie gut es der beteiligten Person einerseits gelingt, ihre eigenen Gefühle und Bedürfnisse auszusprechen, und wie viel Verständnis sie andererseits für die Gefühle und Bedürfnisse des Partners zeigen kann.

Übungsinstruktion für Situationen des Typus Beziehungen (Hinsch & Pfingsten, 1998, S. 109):

Vor der Situation:

- Machen Sie sich bewusst, was *Ihr Gefühl* ist (Ärger, Freude etc.).
- Überlegen Sie, welches *konkrete Ereignis* dieses Gefühl ausgelöst hat.
- Geben Sie sich *positive Selbstinstruktionen*, etwa: »Ich habe ein Recht auf meine Gefühle.«

In der Situation:

- Bleiben Sie ganz bei *Ihren* Gefühlen und kommen Sie gegebenenfalls immer wieder auf Ihre Gefühle zurück. *Ihre Gefühle gehören Ihnen* und können von niemandem bestritten werden.
- Sprechen Sie Ihre Gefühle *direkt* an. Sagen Sie: »Ich bin jetzt ...« oder »ich ... mich jetzt«.
- Haben Sie Ihr Gefühl zum Ausdruck gebracht, erläutern Sie den *Anlass*. Vermeiden Sie dabei alle Verallgemeinerungen (Sagen Sie statt »Du hast schon wieder ...« oder »Du bist immer ...«: »Du hast heute ...«), beschreiben Sie also nur *das konkrete Ereignis* und bedenken Sie, dass Sie nur Ihre eigene Sichtweise beschreiben können.
- Versuchen Sie, die *Gefühle des anderen zu verstehen*. Hören Sie ihm wirklich zu. Fragen Sie nach, wenn Sie etwas nicht verstehen. Sie geben sich keine Blöße, wenn Sie Verständnis für den anderen aufbringen (Sie haben ein Recht auf *Ihre* Gefühle, der andere hat aber auch ein Recht auf *seine* Gefühle).
- Wenn Ihr Partner *einlenkt*, bringen Sie Ihre Freude darüber zum Ausdruck. Es ist *kein* Zeichen von Selbstsicherheit, ein Einlenken des anderen als Schwäche zu deuten und für einen Angriff zu nutzen.
- Äußern Sie ruhig auch Ihre *Wünsche und Bedürfnisse*, wie Ihr Partner sich in *Zukunft* in einer bestimmten Situation verhalten soll. Teilen Sie mit: »Ich würde mir wünschen (mich freuen), dass (wenn) ...« (Achtung: Sie haben ein Recht, Ihre Wünsche zu äußern, aber kein Recht auf die Erfüllung dieser Wünsche).

- Zeigen Sie auch *positive Gefühle* wie Freude, Zufriedenheit usw., wenn Sie sie empfinden.

Nach der Situation:

- Verstärken Sie sich für jede einzelne Gefühlsäußerung, die Sie gemacht haben. Der Erfolg besteht nicht darin, dass Ihr Partner alle Forderungen erfüllt, sondern darin, dass Sie Ihre *Gefühle und Wünsche zum Ausdruck* gebracht haben.
- Bedenken Sie, dass Partner sehr häufig sehr unterschiedliche Gefühle haben. Das Ziel eines Gesprächs kann *nicht* sein, *sich auf ein Gefühl zu einigen*. Sie können sich aber darüber verständigen, wie Sie mit diesen unterschiedlichen Gefühlen umgehen wollen.

Um Sympathie werben

Der dritte Typ von Situationen besteht aus zwei hauptsächlichen Ausformungen: Zum einen sind es Situationen, in denen eigene Forderungen nur dadurch erfüllt werden können, dass der andere auf sein Recht verzichtet. Ein typisches Beispiel dafür ist, wenn Sie versuchen, fünf Minuten nach Ladenschluss in einem Kiosk eine Zeitung zu kaufen; oder wenn Sie versuchen, trotz abgelaufener Einreichungsfrist sich doch noch für einen Kurs anzumelden. In der zweiten Art von Situationen besteht das Ziel darin, zu dem anderen innerhalb nützlicher Frist eine möglichst gute Beziehung herzustellen. Ein typisches Beispiel dafür ist die Kontaktaufnahme zu anderen Personen (z. B. Sie sitzen im Zug und beginnen mit Ihrem Nachbarn ein Gespräch).
Die Gemeinsamkeiten beider Situationstypen bestehen darin, dass man erreichen möchte, dass einen der Interaktionspartner möglichst sympathisch findet. Je besser es jemandem gelingt, beim anderen das Bild eines netten, sympathischen Menschen entstehen zu lassen, umso eher wird er mit seinen konkreten Anliegen zum Erfolg kommen. Als mögliche Strategien zum Werben um Sympathie empfiehlt sich, dass man den anderen verstärkt, indem man sein Interesse bekundet, Komplimente macht usw. Im Gegensatz zu den beiden anderen Situationstypen ›Recht durchsetzen‹ und ›Beziehungen‹, bei denen es möglich und sinnvoll erscheint, eine relativ fest umrissene und durchgängige Strategie zu verfolgen, steht hier

das flexible Reagieren auf das Verhalten des Gegenübers und auf die situativen Gegebenheiten im Vordergrund.

Übungsinstruktion für Situationen des Typus um Sympathie werben (Hinsch & Pfingsten, 1998, S. 114):

Vor der Situation:
Geben Sie sich selbst *positive Instruktionen:* »Ich habe das Recht darauf, jemand anderen anzusprechen«, oder: »Es ist mein gutes Recht, einen Versuch zu machen ...«

In der Situation:
Die wichtigste Technik, um einen Sympathiegewinn zu erzielen, ist die *allgemeine Verstärkung* des anderen (interessiert zuhören, nachfragen, »Komplimente« machen, freundlich anlächeln, evtl. auch: eigene Fehler und Schwächen zugeben).
Hat man ein spezielles Ziel, kann man dann zur *gezielten Verstärkung* übergehen, d. h. jede Äußerung des anderen verstärken, der einen Schritt in Richtung der eigenen Position bedeutet.

Darüber hinaus gibt es für *Kontaktaufnahmesituationen* noch einige Taktiken, die sich als hilfreich erweisen:

- Nehmen Sie *Blickkontakt* auf. Lächeln Sie!
- Konzentrieren Sie sich ganz auf die *konkrete Situation*. Achten Sie auf Dinge und Personen, die Sie hören und sehen. Die konkrete Situation liefert oft Themen für einen Gesprächsbeginn.
- Suchen Sie gezielt nach *persönlichen Äußerungen* Ihres Partners. Verstärken Sie diese Äußerungen und fragen Sie nach! Auf diese Weise können Sie den Kontakt zunehmend persönlicher gestalten. Der Anfang wird fast immer eher oberflächlich sein.
- Erzählen Sie auch etwas *von sich*. Nur wenn Sie dem anderen Informationen über sich selbst liefern, geben Sie ihm auch Gelegenheit, Sie selbst und die Situation angemessen einschätzen zu können.
- Sollte der andere keinerlei Interesse an einem Gespräch zeigen, dann denken Sie daran, dass das sein gutes Recht ist und absolut nichts mit dem Wert oder der Attraktivität Ihrer Person zu tun haben muss!

Nach der Situation:
Verstärken Sie sich für jeden Versuch und für jeden Fortschritt, auch wenn er noch so klein ist! Denken Sie daran: Um Sympathie werben ist keine Garantie, sie auch zu gewinnen!

Drei Trainingselemente

Das Gruppentraining sozialer Kompetenzen beinhaltet Trainingselemente auf der kognitiven Ebene, der emotionalen Ebene und der motorischen Ebene. Auf der kognitiven Ebene geht es vornehmlich um die Differenzierung der Wahrnehmung und Interpretation sozialer Situation. Hierzu ist das Erklärungsmodell selbst an erster Stelle zu nennen, dann die Unterscheidung nach Situationstypen, die Differenzierung von aggressivem, selbstunsicherem und selbstsicherem Verhalten sowie die Unterscheidung von Kognitionen und Gefühlen. Auf der emotionalen Ebene ist das Entspannungstraining zu nennen (darauf wird im Kapitel D 3 ›Angstbewältigung‹ näher eingegangen). Schließlich beanspruchen die Trainingselemente auf der motorischen Ebene – rein zeitlich betrachtet – den größten Teil des Trainings. Verhaltensfertigkeiten werden in Rollenspielen geübt, wobei es dabei weniger um das Erlernen eng umschriebener Skills für spezifische Situationen, sondern mehr um den Erwerb umfassender Bewältigungsstrategien geht. Deshalb werden von den TrainingsleiterInnen vorformulierte Rollenspielsituationen verwendet. Bei zu spezifischen Problemsituationen der PatientInnen bestünde die Gefahr, dass sich die Aufmerksamkeit zu sehr auf ganz konkrete Lösungsmöglichkeiten richtet und dadurch das Erlernen genereller Strategien eher behindert wird. Es geht nicht in erster Linie darum, nur eine Lösung für das Anbringen einer ganz bestimmten Forderung zu erarbeiten, sondern darum, allgemein zu lernen, Forderungen zu stellen. Wichtig ist jedoch schon, dass die Situationen in Bezug stehen zu den individuellen Problemen der PatientInnen.

1.3 Einschätzung von Verfahren zum Aufbau sozialer Kompetenzen zur Behandlung sozialer Phobien

Verfahren zum Aufbau sozialer Kompetenz setzen beim sozial unsicheren Verhalten an. Sie fokussieren auf eine Veränderung im gezeigten Sozialverhalten der TrainingsteilnehmerInnen und arbeiten direkt an den verbalen und nonverbalen Fertigkeiten der PatientInnen. Andere Determinanten sozial unsicheren Verhaltens, wie beispielsweise die erlebte Angst in sozialen Situationen oder problematische Annahmen und Bewertungen, sind zwar in den Erklärungsmodellen z. T. mitenthalten, spielen jedoch bei der Behandlung eine untergeordnete Rolle.

Die Verfahren gehen hauptsächlich von einer Hypothese sozialer Defizite aus. Dabei wird nicht immer klar unterschieden, ob mangelhafte soziale Kompetenzen auf fehlende Fähigkeiten oder ungenügende Übung zurückzuführen sind. Dass sich eine Person in sozialen Situationen sozial ungeschickt verhält, kann einerseits bedeuten, dass ihr die verbalen und nonverbalen Kompetenzen für ein erfolgreiches soziales Verhalten fehlen. Andererseits jedoch kann sozial ungeschicktes und unsicheres Verhalten in sozialen Situationen auf andere Gründe wie Angst, Anspannung und Befürchtungen zurückgehen. Sozialängstliche PatientInnen wissen in vielen Fällen ›eigentlich‹, was sozial kompetentes Verhalten bedeutet, können dies jedoch nicht nutzen, weil ihre Ängste sie behindern.

Deshalb wurde in den letzten Jahren vorgeschlagen, Personen mit sozialen Ängsten, solche mit problematischen Kognitionen und solche mit Verhaltensdefiziten möglichst klar voneinander abzugrenzen (vgl. z. B. Wlazlo, 1995). In der Praxis erweist sich eine solche Unterscheidung jedoch oft als schwierig und manchmal als wenig sinnvoll. Zwar kann man bei den meisten PatientInnen feststellen, dass gewisse Faktoren eine ausschlaggebende Rolle für ihre soziale Unsicherheit und Angst spielen, wobei es dann aber zu typischen Wechselwirkungen mit anderen Prozessabläufen kommt. PatientInnen, die aufgrund mangelnder sozialer Fertigkeiten immer wieder erfahren, dass sie in sozialen Situationen scheitern, erleben, wie sich ihre Ängste verstärken, was dazu führt, dass sie entsprechende Situationen mehr und mehr meiden, was die Verhaltensunsicherheit wiederum vergrößert. PatientInnen, die soziale Situationen aufgrund ihrer Annahmen und Befürchtungen vermeiden, werden so auch immer ungeübter und unsicherer, wie sie sich zu verhalten hätten, was ihre Vermeidungstendenzen weiter verstärkt. Soziales Kompetenztraining hat sich in verschiedenen Studien als wirksamer Behandlungsansatz bei sozialen Angststörungen erwiesen, erscheint jedoch anderen Behandlungsmethoden nicht überlegen (Heimberg & Juster, 1995; Taylor, 1996). Die unklare Wirksamkeit (Schneier, 1999) kann auch damit zusammenhängen, dass soziale Situationen und sozial ›kompetentes‹ Verhalten so komplex und vielfältig sind, dass es häufig schwierig oder gar unmöglich ist, ›richtiges Verhalten‹ über wenige normative Verhaltensmuster zu definieren. Zudem wies ein Teil der PatientInnen Mängel der sozialen Kompetenz auf, andere vielmehr Mängel der sozialen Performanz. Die Frage, ob möglicherweise Personen mit primär sozialen Defiziten besonders von einem sozialen Kompetenztraining profitieren würden, ist nicht klar beantwortet (Trower, Yardley, Bryant & Shaw, 1978; Wlazlo, Schroeder-Hartwig, Hand, Kaiser & Münchau, 1990). Das Einüben sozialer Fertigkeiten kann wiederum auch für PatientInnen hilfreich sein, die kein Defizit der sozialen Kompetenz aufweisen.

Unklare Wirkfaktoren

Wie kann die therapeutische Wirkung sozialer Kompetenz-Trainings erklärt werden? In welcher Weise können diese Verfahren zur Behandlung der sozialen Phobie nützlich sein? Unter dem Aspekt sozialer Defizite würden in diesen Trainings den PatientInnen notwendige Bausteine geliefert, wie sie soziale Interaktionen mitgestalten könnten. Unter dem Aspekt sozialer Vermeidung würden in einem solchen Training vorhandene, aber wenig geläufige soziale Fertigkeiten so weit eingeübt, bis sie fast ›von selbst‹ und weniger angestrengt zur Verfügung stehen. PatientInnen könnten somit andere Erfahrungen machen, weil sie sich sicherer in den sozialen Situationen bewegen. Zudem erfordern gut geübte Verhaltensweisen weniger Aufmerksamkeit, und der Blick wird freier für das, was sich in den Situationen wirklich abspielt. Verfahren zum Aufbau sozialer Kompetenz bieten sich daher auch als ein mögliches Vorgehen an, die sozialängstliche, problematische Fokussierung auf die eigene Wahrnehmung, das eigene Angstgefühl und die angstbestätigende Evidenz abzuschwächen (siehe Kapitel C 3

›Selbstaufmerksamkeit‹). Die einzelnen Fertigkeiten können dazu beitragen, dass die Aufmerksamkeit von der internalen, beeinträchtigenden Erfahrung weggelenkt wird und dadurch zu einer kognitiven Umbewertung führen.
Darüber hinaus stellen Übungen der sozialen Kompetenz wiederholte Konfrontationen mit angstbesetzten Situationen dar (siehe Kapitel D 3 ›Exposition/Reizkonfrontation‹). Das Training gewisser Basisfertigkeiten im sozialen, interaktiven, kommunikativen Umgang kann es unsicheren und befangenen Personen erleichtern, sich überhaupt auf ein Übungsparkett zu begeben. Sozial kompetente Verhaltensweisen zu trainieren stellt somit ein zwar nicht hinreichendes, aber doch hilfreiches Element der Behandlung sozialer Phobien dar.

2. Angstbewältigung

Als weitere Behandlungsmethode von sozialen Ängsten sind verschiedene Formen der Angstbewältigung zu nennen. Hier steht die aktive Bewältigung der Angst im Vordergrund. Ein aktives Verändern des Angsterlebens und -empfindens verändert nicht nur die Gefühlsseite und die emotionale Interpretation einer Situation, sondern ermöglicht auch einen größeren Spielraum eigenen Verhaltens, v. a. in Richtung eines weniger befangenen und somit sichereren Auftretens. Die grundlegende Behandlungsstrategie einer bewältigungsorientierten Therapie besteht darin, den PatientInnen kognitive, verhaltensmäßige und interpersonelle Fähigkeiten zu vermitteln und die Möglichkeit zu schaffen, das Erlernte zunächst im Rahmen der Therapie und dann in den Alltagssituationen anzuwenden. Angstbewältigung steht für einen Vielkomponenten-Ansatz, in dem sowohl physiologischer Beruhigung, kognitiven Aspekten und auch Verhaltensanweisungen Platz eingeräumt ist. Es geht darum, den PatientInnen verschiedene Bewältigungsstrategien zu vermitteln, die sie in problematischen Situationen anwenden können. Das hauptsächliche Ziel eines Angstbewältigungverfahrens besteht also darin, sozialängstliche PatientInnen zu besseren Problemlösern zu machen, die sich in angsterzeugenden Situationen in der Lage fühlen, diese aktiv und eigenständig zu bewältigen.

2.1 Entspannung und Angstbewältigung

Die Fähigkeit zur Entspannung stellt ein wichtiges Element zur Angstbewältigung dar. Man kann nur entweder unruhig oder entspannt sein, aber nicht beides gleichzeitig. Wenn man sich in angstauslösenden Situationen früh genug entspannt, lassen sich Stressreaktionen abschwächen oder verhindern. Wenn die körperliche Entspannung ›auf Kommando‹ hervorgerufen werden kann, ist es möglich, in bestimmten Situationen weniger nervös, aufgeregt oder ängstlich zu reagieren. Dazu ist es allerdings erforderlich, dass PatientInnen den Zustand der tiefen Entspannung aktiv herbeiführen können. Tiefe Muskelentspannung ist eine Fertigkeit, die man mit Hilfe eines regelmäßigen Trainings erreichen kann. Die körperliche Entspannung ist ein wichtiges Werkzeug der Angstbewältigung.

Beim Angstbewältigungstraining (Fliegel et al., 1994) steht nicht eine inhaltlich definierte angstauslösende Situation, sondern die Angstreaktion der PatientInnen im Mittelpunkt der Aufmerksamkeit. Das Training umfasst zwei Schritte:

1. Mit Hilfe der Vorstellung angstauslösender Situationen sollen (leichte) Angstreaktionen provoziert und wahrgenommen werden.
2. Aufkommende Ängste sollen durch gezielte Entspannung aktiv bewältigt, d. h. reduziert und kontrolliert werden.

Es ist dabei notwendig, dass die PatientInnen möglichst frühzeitig aufkommende Angst registrieren. Ein wichtiges Hilfsmittel zur Sensibilisierung auf vorhandene Ängste ist die genaue Beobachtung der körperlichen Anspannung und Erregung. Das Training zur Progressiven Muskelentspannung (Jacobson, 1938; Bernstein & Borkovec, 1975) als eine mögliche Entspannungstechnik dient einerseits dazu, auf körperliche Erregung aufmerksam zu werden, und andererseits, körperliche Entspannung herbeizuführen.

Progressive Muskelentspannung

Die Progressive Muskelentspannung wurde in den 30er Jahren von Edmund Jacobson entwickelt. Die Entspannungstechnik basiert auf der Erkenntnis, dass muskuläre Spannungen mit den vegetativen und zentralnervösen Prozessen, die für die Steuerung der Stressreaktion zuständig sind, verknüpft sind. Wird die muskuläre Spannung abgebaut, bewirkt dies eine umfassende Entspannungsreaktion (siehe z. B. Vaitl, 1993). Bei der Progressiven Muskelentspannung werden jeweils einzelne Muskelgruppen aktiv angespannt und danach tief entspannt. Auf diese Weise lernen PatientInnen, Anspannung und Entspannung gezielt voneinander zu unterscheiden (Diskriminationslernen). Durch diesen Zyklus von Anspannung und Entspannung, der nacheinander fortschreitend (progressiv) auf alle Muskelgruppen angewendet wird, entsteht Entspannung zunächst auf der muskulären und dann auf allen Ebenen.

Die Progressive Muskelentspannung kann im Sitzen oder im Liegen durchgeführt werden. Personen lernen, die Entspannung herbeizuführen, indem sie zunächst die Spannungsgrade ihrer Muskelgruppen beobachten. Dazu vergleichen sie den angespannten und den entspannten Zustand jeweils einer einzelnen Muskelgruppe. Sie werden angewiesen, sowohl während der Anspannung wie auch bei der Lockerung der Muskelgruppen genau auf ihre Empfindungen zu achten. So lernen sie, immer feinere Unterschiede wahrzunehmen, und können die einzelne Muskelgruppe von Mal zu Mal tiefer entspannen. Bei der Anspannung gilt es darauf zu achten, dass sie keine Schmerzen oder Verkrampfungen verursacht. Erfahrungsgemäß können Hände, Arme und Gesicht stärker angespannt werden als Rücken, Oberschenkel, Unterschenkel und Füße, da in diesen Körperregionen leicht Muskelkrämpfe auftreten können. Beim Training zur Progressiven Muskelentspannung werden nacheinander alle wichtigen Muskelgruppen des Körpers zunächst angespannt und dann entspannt.

Als Einstieg in die aktive Entspannung ist die Muskulatur besonders für sehr aktive Menschen der günstigste Ansatzpunkt. Es ist einfach, die Muskeln willkürlich anzuspannen und wiederum zu entspannen. Der Hauptvorteil dieser Entspannungsmethode liegt darin, dass sie nahezu überall ohne Hilfsmittel und größere Vorbereitung angewandt werden kann. Sie ist damit leicht verfügbar zu einer aktiven Selbststeuerung.

Schritte des Angstbewältigungstrainings

Im Folgenden sollen die einzelnen Schritte eines Angstbewältigungstrainings kurz erläutert werden:
Zunächst lernt der Patient die Progressive Muskelentspannung. Er wird dabei gleichzeitig für die Wahrnehmung von Muskelspannungen als Anzeichen aufkommender Angst und Erregung sensibilisiert.
In den nächsten Therapiesitzungen wird mit dem Patienten zusammen trainiert, wie er mit Hilfe von Entspannung aufkommende Ängste bewältigen kann. Die Therapeutin gibt dem Patienten in der Vorstellung angstauslösende Situationen vor (Exposition in sensu) und fordert ihn auf, sich bei aufkommender Angst aktiv zu entspannen. Der Patient wird angeleitet, wie er seine Angst selbstständig unter Kontrolle bringen kann, indem er bei dem ersten Anzeichen von Erregung Entspannung einsetzt. Erste Anzeichen von aufkommender Angst und Erregung haben demzufolge die Funktion einer Signalangst, d. h., sie sollen dem Patienten signalisieren, nun die ihm zur Verfügung stehenden Angstbewältigungsstrategien einzusetzen.
Nach erfolgreicher Angstbewältigung in der Vorstellung soll der Patient das gelernte Vorgehen in der Alltagsrealität anwenden und die Ergebnisse aufzeichnen. In den Therapiesitzungen werden die Erfolge und Misserfolge besprochen und gegebenenfalls das Vorgehen korrigiert.
Es handelt sich beim Angstbewältigungstraining um ein ›Coping-Verfahren‹, bei welchem der Patient darin instruiert wird,

- »dass er seiner Angst nicht hilflos gegenüberstehen muss, sondern dass es möglich ist, die Angst zu kontrollieren;
- dass Entspannung ein wirksames Mittel ist, um die Angst zu kontrollieren und zu reduzieren, und dass er Entspannung lernen werde;
- dass der Klient selbst diese Kontrolle ausüben wird und der Therapeut ihm dabei nur helfen werde;
- dass der Klient schrittweise eine immer effektivere Kontrolle über seine Ängste und Beunruhigungen erlangen werde« (Fliegel et al., 1994, S. 179).

2.2 Kognitive Strategien zur Angstbewältigung

Bei der Angstbewältigung ist nicht nur der Umgang mit körperlicher Erregung eine wichtige Strategie, sondern auch hilfreiche Kognitionen spielen eine bedeutsame Rolle. Meichenbaum hat sich intensiv mit der verhaltenssteuernden Wirkung von selbstgeäußerten Instruktionen beschäftigt (Meichenbaum, 1977). Er geht davon aus, dass ›interne Selbstgespräche‹ eine verhaltenssteuernde Wirkung haben und maßgeblich dazu beitragen, wie angespannt oder ängstlich jemand an eine bestimmte Aufgabe herangeht und diese bewältigt. Er hat erfolgreich versucht, impulsiven Kindern konzentriertes Arbeitsverhalten durch systematisches Üben von Selbstinstruktionen beizubringen.

Selbstverbalisationen und Verhaltenssteuerung

Später hat er den Anwendungsbereich seines ›Selbstinstruktionstrainings‹ auf andere psychische Störungen ausgeweitet, und zwar insbesondere auf unangemessene Ängste. Grundlage war dabei die Hypothese, dass nicht nur Verhalten, sondern auch Emotionen durch Selbstverbalisationen hervorgerufen und beeinflusst werden können. In seiner ersten Untersuchung zu diesem Themenkreis behandelte Meichenbaum Studierende mit Sprechangst, denen deutlich gemacht wurde, dass ihre Sprechangst das Resultat ungünstiger Selbstverbalisationen ist, etwa Äußerungen wie »Das schaffe ich nicht!«, »Die anderen merken, dass meine Stimme zittert!« In der Weiterführung dieses Ansatzes entwickelte Meichenbaum (1985) das ›Stressimpfungstraining‹.

Stressimpfungstraining

Mit dem Stressimpfungstraining soll die Kompetenz des Individuums gefördert werden, belastende Situationen bewältigen zu können. PatientInnen lernen eine kognitive Bewältigungsstrategie, die sie in angstauslösenden Situationen anwenden können. Problemsituationen sollen schnell erkannt und mit Hilfe kognitiver und motorischer Bewältigungsmaßnahmen gemeistert werden. Das Stressimpfungstraining lässt sich in drei aufeinander folgende Phasen unterteilen: In der Phase des Unterrichts werden PatientInnen über das Wesen von Stress- und Angstreaktionen aufgeklärt, und es wird ihnen gezeigt, welche Bewältigungsmöglichkeiten sie für solche Situationen zur Verfügung haben. In der Übungsphase lernen sie, sich auf der kognitiven und der Verhaltensebene mit ihren Problemen auseinander zu setzen. Dazu werden verschiedene Verhaltensweisen zur Bewältigung der Angstreaktionen in Problemsituationen eingeübt. Schließlich gibt die Anwendungsphase die Gelegenheit, neue Fertigkeiten zur Bewältigung in verschiedenen Stresssituationen einzusetzen. Im Folgenden werden diese drei Phasen etwas detaillierter dargestellt.

Unterrichtsphase

Zu Beginn des Trainings werden die Informationen für eine umfassende Problemanalyse erhoben. Dabei wird besonders darauf geachtet, was der Patient in kritischen Situationen zu sich selber sagt, welche Gedanken und Bilder ihm durch den Kopf gehen. Nach der Erstellung der Problemanalyse erklärt die Therapeutin dem Patienten seine Angst anhand eines Modells der emotionalen Erregung (Schachter & Singer, 1962): Das Angsterlebnis des Patienten ist demnach durch zwei wesentliche Elemente gekennzeichnet, nämlich erstens durch eine erhöhte physiologische Erregung (z. B. feuchte Hände, Körperanspannung, erhöhte Herzfrequenz) und zweitens durch eine Anzahl angstproduzierender Gedanken und Vorstellungen, mit denen die Situation als bedrohlich interpretiert wird. Die Therapeutin erläutert dann dem Patienten, dass die körperliche Erregung durch die Gedanken und internen ›Selbstgespräche‹ noch weiter gesteigert wird. Die therapeutische Behandlung würde aus folgenden zwei Schritten bestehen: Erstens könnte der Patient lernen, seinen physiologischen Erregungszustand zu kontrollieren, indem er lernt, sich körperlich zu entspannen. Zweitens könnte er die angststeigernden Selbstverbalisationen durch positivere Bewältigungsgedanken ersetzen.

Die Unterrichtsphase schließt mit einer Diskussion darüber ab, inwieweit dieses Emotionsmodell dem Patienten plausibel erscheint und ob er dazu bereit ist, seine Angstproblematik unter diesen neuen Aspekten zu sehen. Schließlich wird der Patient darauf vorbereitet, dass während der anschließenden Übungen Angst auftreten könne, ja sogar auftreten sollte, um die gelernten Bewältigungsstrategien umsetzen zu können. So kann der Patient frühzeitig lernen, dass auftretende Ängste nicht nach dem Alles-oder-Nichts-Prinzip ablaufen, sondern dass solche Ängste ein Hinweisreiz sind und dem Patienten signalisieren sollen, jetzt seine Strategien zur Angstbewältigung einzusetzen.

Übungsphase

In der zweiten Phase des Stressimpfungstrainings werden mit dem Patienten zusammen verschiedene Methoden zur Bewältigung von Stress und körperlicher Erregung eingeübt, die sich sowohl auf das Handeln wie auch auf die gedankliche Auseinandersetzung mit angstauslösenden Situationen beziehen. Zur Kontrolle der physiologischen Erregung wird der Patient angeleitet, sich körperlich entspannen zu lernen. Dies geschieht meistens in Form eines Trainings zur Progressiven Muskelentspannung nach Jacobson (siehe oben ›Entspannung und Angstbewältigung‹). Der Patient wird dann ermutigt, konstruktive Selbstinstruktionen zu formulieren. Er soll eine umfangreiche Liste von stressinkompatiblen Selbstaussagen entwerfen und sich mit ihnen vertraut machen. Dabei wird darauf geachtet, dass der Patient die für ihn individuell günstigen Selbstanweisungen aussucht. Grundsätzlich sind jene Selbstinstruktionen hilfreich, die den Patienten dazu ermutigen, sich auf eine problematische Situation einzulassen bzw. darin zu verweilen. Nicht hilfreich sind Selbstaussagen, welche die Vermeidung von oder die Flucht aus Angstsituationen fördern.
Meichenbaum teilt den Prozess der kognitiven Bewältigung in vier Abschnitte ein: 1) Vorbereitung auf ein angstauslösendes Ereignis, 2) Konfrontation mit dem angstauslösenden Ereignis, 3) Umgang mit überwältigenden Angstgefühlen und 4) positive Bilanzierung. Für jeden Abschnitt werden spezifische problemadäquate Selbstinstruktionen formuliert.
In der Vorbereitung hält der Patient fest, was er tun muss, und überprüft seine Möglichkeiten. Bei einer Vortragsangst z. B. würden hilfreiche Selbstinstruktionen darauf abzielen, die Vorbereitung Schritt für Schritt zu steuern. Folgende Selbstinstruktionen könnten dabei hilfreich sein: »Bereite dich auf den Vortrag seriös vor!«, »Überlege dir, was du jetzt für deinen Vortrag tun kannst!«, »Mach dir keine Sorgen zum Voraus!«
In der Situation selbst vergegenwärtigt sich der Patient, was er im Moment tun kann, um nicht von der Angst überwältigt zu werden. Satzbeispiele wären etwa: »Bleibe ruhig und entspanne dich!«, »Du

kannst mit deiner Nervosität umgehen«, »Konzentriere dich darauf, was du sagen willst!«
Für den Umgang mit überwältigenden Angstgefühlen sind Selbstinstruktionen hilfreich, die ein Ansteigen der Angstspirale und eine drohende Panik verhindern. Beispiele hierfür sind: »Mach eine kurze Pause und atme ruhig durch!«, »Lass dich nicht aus deinem Konzept bringen!«, »Was ist der nächste Satz, den du sagen willst?«
In der vierten Phase geht es schließlich darum, die aktive Auseinandersetzung mit der angstauslösenden Situation positiv zu konnotieren. Instruktionsbeispiele dafür sind: »Du hast es geschafft!«, »Du darfst stolz auf dich sein!«, »Weiter so!«
Bevor der Patient diese neuen Bewältigungsstrategien in seiner realen Lebenssituation anwendet, soll er sie in der Therapie ausprobieren. Die Therapeutin gibt ihm in der Vorstellung angstauslösende Situationen vor, und der Patient setzt – sobald er ein Ansteigen der Erregung oder der Angst wahrnimmt – die ihm zur Verfügung stehenden Coping-Strategien zur Angstbewältigung ein.

Anwendungsphase

Nachdem es dem Patienten auf der Vorstellungsebene erfolgreich gelungen ist, aufkommende Ängste zu bewältigen, soll er die gelernten Bewältigungsstrategien in seiner Alltagsrealität ausprobieren und anwenden. Er soll dazu nicht bloß die ursprünglich angstauslösenden Situationen, sondern auch andere belastende Situationen aufsuchen, um die gelernten Strategien als allgemeine Problemlösungsstrategie zu benutzen.
Das Stressimpfungstraining ist eine komplexe Behandlungsmethode, mit der verschiedene Ziele erreicht werden sollen. Es soll die Einschätzung des Patienten von angsterregenden Situationen und von seiner Fähigkeit, mit diesen fertig zu werden, modifiziert werden. Der Patient kann neue Fertigkeiten erlernen, um mit angstauslösenden Situationen besser umgehen zu können. Der Patient hat die Gelegenheit, die neuen Stressbewältigungsstrategien in seiner Alltagsrealität einzusetzen.
Ziel des Stressimpfungstrainings ist es, »das Gefühl der ›erlernten Hilflosigkeit‹ in das des ›erlernten Einfallsreichtums‹ umzusetzen« (Meichenbaum, 1979, S. 164). PatientInnen sollen somit befähigt werden, alle angstauslösenden Situationen zu bewältigen.

2.3 Einschätzung der Angstbewältigung zur Behandlung sozialer Phobien

Bei den Verfahren zur Angstbewältigung geht es um das Erlernen eines besseren Umgangs mit aufkommenden Ängsten (Coping-Strategien). Ziel ist nicht primär das Erreichen von Angstfreiheit, sondern stattdessen wird die aktive Bewältigung von aufkommenden Ängsten in den Mittelpunkt der Behandlung gestellt.

Mit Hilfe der gelernten und auf der Vorstellungsebene im sicheren therapeutischen Rahmen geübten Bewältigungsstrategien kann der drohende Kontrollverlust durch die angstauslösenden Situationen aktiv angegangen werden. Die zur Verfügung stehenden Strategien der Angstbewältigung sind vergleichbar mit einem gut assortierten Werkzeugkasten, in welchem Werkzeuge für alle möglichen Schwierigkeiten und Anwendungen enthalten und jederzeit verfügbar sind. Sie geben eine Antwort auf die Frage: »Was kann ich tun, wenn ich Angst erlebe?«

Entspannungstechniken und Selbstinstruktionen geben Patienten Mittel an die Hand, wie sie mit ihrem Angsterleben und ihren Angstsymptomen direkt in den Situationen umgehen können. Entspannung und hilfreiche Selbstverbalisationen unterbrechen den Teufelskreis von ständig wachsender Angst und Anspannung. Deshalb erscheint Angstbewältigung bei sozialphobischen PatientInnen vor allem dann ein sinnvoller Behandlungsansatz zu sein, wenn die Angst vor physiologischen Reaktionen (z. B. Erröten, Zittern etc.) eine besonders wichtige Rolle spielt oder wenn aufgrund der Erregung eine verminderte Leistung befürchtet wird (z. B. Sprechangst, Prüfungsangst). Unter Umständen kann sich jedoch als problematisch erweisen, dass Methoden der Angstbewältigung direkt darauf abzielen, Angst bzw. einen Angstanstieg zu verhindern. Sie kommen damit den Anliegen von PatientInnen entgegen, die aus ihrer Angst heraus möglichst keine bzw. wenig Angst erleben wollen – und damit zugleich nur wenig ausgeprägte, vermeintlich auffällige Symptome. Es besteht die Gefahr, dass PatientInnen aus Angstbewältigungsmethoden den Schluss ziehen, dass es sinnvoll sei, sich mit noch verfeinerten Methoden gegen die letztlich begründeten und nicht aushaltbaren Ängste zu stemmen. Sowohl Entspannung wie auch situativ eingesetzte Bewältigungskognitio-

nen werden vor diesem Hintergrund zu Sicherheitsverhaltensweisen, die die Angst aufrechterhalten (siehe C 3 ›Sicherheitsverhalten‹).
Strategien der Angstbewältigung haben sich dann als brauchbare Behandlungsmethoden bei sozialen Ängsten erwiesen, wenn den PatientInnen damit ein Instrument zum besseren Coping in den Situationen zur Verfügung gestellt werden kann. Das gilt sowohl für Entspannung (Goldfried & Trier, 1975; Öst, Jerrelman & Johanssen, 1981; Öst, 1987) als auch für kombinierte Bewältigungsstrategien, wobei wahrscheinlich der kognitiven Komponente, den Selbstverbalisationen, eine besondere Wichtigkeit zukommt (Butler, Cullington, Munby, Amies & Gelder, 1984). Allerdings bleibt die Frage offen, ob diese Werkzeuge nicht dadurch vor allem hilfreich sind, weil sie es PatientInnen ermöglichen, sich mit mehr Zuversicht mit angstauslösenden Situationen zu konfrontieren.

3. Exposition/Reizkonfrontation

Ein weiterer Ansatz zur Behandlung sozialer Phobien besteht in den so genannten Expositionsverfahren bzw. Formen der Reizkonfrontation. Exposition bedeutet, sich freiwillig dem auszusetzen, was Angst auslöst. Bekannt geworden ist diese verhaltenstherapeutische Behandlungsmethode vor allem wegen der beeindruckenden Erfolge bei der Behandlung von PatientInnen mit Panikattacken oder Zwangsstörungen. Durch die länger andauernde Konfrontation mit angstbesetzten und bisher nach Möglichkeit vermiedenen Situationen (z. B. Lift fahren, Kaufhäuser betreten, öffentliche Verkehrsmittel benutzen etc.) soll erreicht werden, dass sich diese Ängste abbauen. Die Exposition beinhaltet auf jeden Fall, dass das bisherige Vermeidungsverhalten aufgegeben wird und angstauslösende Situationen aktiv angegangen werden. Die Gefühle der Angst und die damit verbundenen physiologischen Reaktionen sollen durch die Konfrontation aktiviert werden mit dem Ziel ihrer Veränderung, d. h. der Reduktion und Beseitigung der Ängste. Die angstreduzierende Wirkung der Exposition wird hauptsächlich auf eine psychologische Habituation (Gewöhnung an physiologische

Reaktionen) und auf die Veränderung kognitiver Prozesse (Lockerung von assoziativen Verbindungen zwischen Angstreizen und Angstreaktionen sowie das Erleben von korrektiven Erfahrungen) während der Konfrontation zurückgeführt (z. B. Bartling, Fiegenbaum & Krause, 1980). Wenn AngstpatientInnen am eigenen Leib erfahren können, dass ihre Ängste zurückgehen, wenn sie sich angstauslösenden Situationen stellen und nicht daraus fliehen, verschwinden diese situationsgebundenen Ängste in den allermeisten Fällen wieder.

Formen und Methoden der Reizkonfrontation

Die Exposition bzw. Reizkonfrontation kann in der Realität (in vivo) oder in der Phantasie (in sensu) stattfinden. Sie kann gestuft (graduiert) auf der Grundlage einer ansteigenden Angsthierarchie oder massiert (flooding) mit ganz schwierigen Situationen beginnend durchgeführt werden. In welcher Weise solche Expositionen durchgeführt werden, hängt primär von der jeweiligen Bereitschaft der PatientInnen und von der Sichtweise der TherapeutInnen ab. Zur Erreichung einer möglichst großen Wirksamkeit sollte die Exposition wiederholt und länger andauernd durchgeführt werden. Expositionen sollen grundsätzlich so lange dauern, bis sich beim Patienten eine Angstreduktion einstellt. Zur Sicherung der erzielten Fortschritte sollten die am höchsten angstbesetzten Situationen im Rahmen der Behandlung bewältigt worden sein. Außerhalb der Therapiesitzungen sollen sich PatientInnen selbstständig im Sinne von Übungen angstauslösenden Situationen aussetzen. Je größer die emotionale, kognitive und motorische Beteiligung der PatientInnen an den Übungen ist, desto mehr Wirkung wird dadurch erzielt. Es hat sich gezeigt, dass Expositionen in vivo dem Vorgehen in sensu überlegen sind (Grawe, Donati & Bernauer, 1994).

3.1 Expositionsverfahren bei sozialen Angststörungen

Exposition in vivo wird auch bei sozialen Angststörungen angewandt. Die Exposition setzt bei der Angst in sozialen Situationen an mit dem primären Ziel, diese Angst abzubauen und somit neue Erfahrungen zu ermöglichen. Im Bereich der sozialen Ängste bedeutet Exposition die Konfrontation mit anderen Menschen und deren (möglicherweise negativen) Reaktionen auf eigenes Verhalten und eigene Leistungen.

Methodische Schwierigkeiten und ihre Lösung

Beim Versuch, das therapeutische Verfahren der Exposition bei PatientInnen mit sozialen Ängsten und Defiziten anzuwenden, ergeben sich gewisse methodische Schwierigkeiten. Sie sind in der Art der Störung (Probleme in der sozialen Interaktion) begründet und damit in den Unterschieden zwischen sozialer Phobie und anderen Angststörungen. Es sind verschiedene Schwierigkeiten, die sich bei der Exposition/Reizkonfrontation bei sozialen Phobien ergeben (Butler, 1985; Butler & Wells, 1995; Wlazlo, 1995):

1. Soziale Situationen sind häufig nicht voraussagbar und zudem von einer Vielfalt unkontrollierbarer Variablen beeinflusst. Bei den meisten sozialphobischen PatientInnen besteht eine große Variationsbreite von angstbesetzten Situationen. Zudem empfinden verschiedene Personen verschiedene Aspekte sozialen Verhaltens in unterschiedlichen Situationen als schwierig. Auch bei eng umschriebenen Symptomen wie Rede-, Schreib- oder Zitterangst zeigt sich die Problematik in verschiedenen sozialen Kontexten (siehe Kapitel C 1 ›Vermeidung und Flucht‹). Es ist deshalb schwierig, soziale Situationen/Interaktionen in eindeutig definierbare, wiederholbare Einheiten aufzuteilen.
   Eine praktikable Lösung dieser Schwierigkeiten besteht darin, dass für die unterschiedlichen Situationen ein gemeinsamer Nenner gesucht wird. Das heißt, statt der äußeren Aspekte der Situation sind interne Bewertungen der PatientInnen ausschlaggebend (z. B. könnte der gemeinsame Nenner von »auf Partys, in Lokale und Veranstaltungen zu gehen« für die betreffende Person in der Angst bestehen, mit fremden Menschen Gespräche anzufangen oder beobachtet zu werden).
   Soziale Situationen sind auch kaum in aufeinander aufbauende Einheiten zu unterteilen. Anstelle einer hierarchischen Anordnung nach Schwierigkeitsgrad wird darauf abgezielt, sich verschiedenen ähnlichen Situationen zu stellen.
2. Soziale Situationen sind meist von kurzer Dauer, und diese kann nicht beliebig variiert werden (Begrüßungen, Gespräche anfan-

gen etc.). Dadurch kann das Ziel einer Habituation (Gewöhnung) innerhalb der angstauslösenden Situation nicht erreicht werden, was vor allem für PatientInnen mit einer starken physiologischen Angstkomponente (Erröten, Zittern) eine notwendige Voraussetzung für die Angstreduktion darstellt. Allerdings ist bei den meisten PatientInnen bereits durch kurze soziale Erfahrungen eine Angstreduktion möglich, wenn dabei eine Überprüfung der befürchteten sozialen Konsequenzen stattfinden kann.
Als Lösung für diese Schwierigkeit bietet sich auch ein sehr gehäuftes Aufsuchen von sozialen Situationen kurz hintereinander an. Damit wird eine ›quasi‹ verlängerte soziale Situation dargestellt, bei der sich die Angst mit zunehmender Dauer reduzieren kann.

3. Auch wenn sozialphobische Personen relativ wenige soziale Situationen vermeiden (sie gehen ihrer Arbeit nach, benutzen öffentliche Verkehrsmittel etc.), führt diese Art der Konfrontation nicht notwendigerweise zu einer Symptomreduktion. Ein möglicher Grund dafür liegt darin, dass sie nicht voll an der Situation beteiligt sind und diese intern vermeiden (siehe Kapitel C 3 ›Angstbestätigende Erfahrungen in den Situationen‹).
Es gibt nun verschiedene Möglichkeiten, eine volle Beteiligung der PatientInnen herzustellen. So können beispielsweise von den PatientInnen meistens sehr global beschriebene Situationen in ihre wesentlichen Bestandteile zerlegt werden. So kann z. B. Kontakt zum anderen Geschlecht aufnehmen gegliedert werden in einerseits nonverbale Aspekte wie Blickkontakt, Mimik usw. und verbale Aussagen wie Themen, Komplimente, Zustimmung usw. andererseits. Durch die Fokussierung auf solche Elemente sozialen Verhaltens und deren Einübung kann die volle Aufmerksamkeit der PatientInnen auf die jeweilige Situation gelenkt werden. Die interne kognitive Vermeidung kann auch unterbunden werden, indem man die PatientInnen auffordert, ihre Gedanken und Gefühle in der Situation zu schildern und diese auf ihren Realitätsgehalt hin zu hinterfragen.

4. Die Befürchtungen über negative Konsequenzen und die Erwartungsangst tragen, ähnlich wie bei anderen Angststörungen, zur Aufrechterhaltung der Symptomatik bei. Eine ›reine‹ Expo-

sition führt nicht immer zu einer Reduktion der Angst auf kognitiver Ebene. Es kann hierzu hilfreich sein, die Befürchtungen der PatientInnen und ihre situationsspezifischen Interpretationen der realen Konsequenzen direkt während der Exposition in Frage zu stellen. Kognitive Methoden wie der ›sokratische Dialog‹, das Modifizieren von ›automatischen Gedanken‹, die Förderung von internalen Attributionen für Erfolge etc. können/sollen daher eingesetzt werden, um begleitende problematische Kognitionen nachhaltig zu verändern (siehe Kapitel D4 ›Kognitive Umstrukturierung‹ und F3 ›Expositionsverfahren‹).

5. Während die Befürchtungen bei einer Agoraphobie sich auf das eigene körperliche/seelische Wohlbefinden konzentrieren, beziehen sich die Befürchtungen bei sozialen Phobien in erster Linie auf die offenen und verdeckten Reaktionen anderer Menschen, und eine Angstreduktion kann demzufolge nur durch eine Überprüfung des Verhaltens anderer Menschen erreicht werden. Es ist jedoch schwierig, zuverlässige und eindeutige Kriterien für die Beurteilung der Reaktionen anderer aufzustellen. Ein möglicher Weg zur Überprüfung der Reaktionen anderer Menschen besteht darin, sich auf ihr beobachtbares Verhalten zu konzentrieren. Treten die befürchteten Reaktionen nicht auf (z. B. auslachen, aggressiv antworten etc.), kann dies ein erster Schritt in Richtung einer Umdefinition der Situation sein und in der Folge zur Angstreduktion beitragen.
   Ein zweiter möglicher Weg besteht darin, die angenommenen Gedanken der anderen durch eine direkte Befragung zu überprüfen, indem der Patient beispielsweise fragt, was die betreffende Person von ihm und/oder seinem Verhalten hält.
   Um die Reaktionen anderer Menschen realistisch einzuschätzen, benötigen PatientInnen die Fähigkeit zur sozialen Wahrnehmung und Diskrimination. Ohne die Kenntnis von sozialen Signalen (nonverbalen und verbalen) und deren Bedeutungen ist angemessenes Verhalten nicht möglich. Dies bedeutet, dass Expositionen nur sinnvoll sind, wenn PatientInnen bereits gelernt haben, die Reaktionen anderer Menschen adäquat einzuschätzen, und somit in der Lage sind, die eigenen Befürchtungen einer Realitätsprüfung zu unterziehen und angemessenes Verhalten zu entwickeln.

6. Das soziale Verhalten der PatientInnen hat einen direkten Einfluss darauf, wie die anderen sie bewerten. Problematisches Verhalten – ob aus Angst oder infolge sozialer Defizite – kann im Sinne einer sich selbst erfüllenden Prophezeiung schnell zum Eintreten der erwarteten Befürchtungen führen, womit das Problemverhalten Ursache und Folge zugleich ist. Um möglichst positive Konsequenzen des Verhaltens zu gewährleisten, können Patienten vor der Exposition in ihren sozialen Fertigkeiten trainiert werden (siehe Kapitel D 1 ›Aufbau sozialer Kompetenz‹). Ein wichtiger Bestandteil der Trainings sozialer Fertigkeiten besteht in der Instruktion, aus der bisherigen passiven Rolle des Beobachteten und Reagierenden in die aktive Rolle des Handelnden und Beobachtenden zu gehen. PatientInnen übernehmen so in den Angstsituationen vermehrt die Initiative (z. B. ein Gespräch anfangen, Fragen stellen etc.).

3.2 Ein Therapiekonzept der Reizkonfrontation/ In-vivo-Exposition

Im Folgenden soll Reizkonfrontation bei sozialer Angst anhand der 1995 von Wlazlo veröffentlichen ›Anleitung zur Durchführung einer Exposition in vivo‹ etwas ausführlicher dargestellt werden. Das Therapiekonzept von Wlazlo (1995) will als übergeordnetes Ziel generalisierte Coping-Strategien für den Umgang mit sozialen Schwierigkeiten vermitteln. Es handelt sich dabei um eine intensive Kurztherapie, die nach einer ausgiebigen Problemanalyse und der Vermittlung des Therapiekonzeptes vier Übungssitzungen in vivo umfasst, und zwar einmal pro Woche im Gruppensetting 6- bis 8-stündige, im Einzelsetting 3-stündige Sitzungen inklusive Vor- und Nachbesprechung. Nach diesem Übungsteil folgt das Abschlussgespräch.
Auf der Basis einer individuellen Verhaltensanalyse werden PatientInnen im Rahmen der anfangs von der Therapeutin begleiteten Übungen motiviert, sich mit angstbesetzten, realen Situationen zu konfrontieren (Exposition in vivo). Auf diese Weise werden die eingeschliffenen problematischen Verhaltensmuster der PatientInnen aktiviert. Dabei sollen die PatientInnen lernen, »wie sie mit

ihren Ängsten umgehen können, indem sie das bisherige Vermeidungsverhalten (motorische Ebene) aufgeben und ihre handlungsbestimmenden Befürchtungen (kognitive Ebene) anhand der Realität überprüfen« (Wlazlo, 1995, S. 39). Grundsätzlich werden die PatientInnen angehalten, so lange in der jeweiligen Situation zu verbleiben oder sich auf bestimmte Art zu verhalten, bis sie eine Angst- oder Unsicherheitsreduktion (emotionale Ebene) erleben oder bis eine Reduktion ihrer (befürchteten und angstauslösenden) körperlichen Beschwerden (physiologische Ebene) eintritt. In der Vorbereitungsphase dieser intensiven Kurztherapie werden den PatientInnen eine einfache und verständliche Erklärung ihrer Ängste und ein Konzept zu einem neuen Umgang damit vermittelt. Dabei sollen ganz bewusst Risiken eingegangen und dabei folgende ›Regeln‹ beachtet werden:

- Angstauslösende Situationen sollen nicht vermieden werden. Auch eine Flucht aus einer angstauslösenden Situation soll möglichst nicht erfolgen, da dadurch die Angst erneut aufgebaut würde.
- Aufkommende Angst soll zugelassen und nicht durch ›sich zusammenreißen‹ forciert unterdrückt werden.
- Die Reduktion der Angst soll durch Konfrontation sowie Verbleiben und/oder Lernen von neuem Verhalten in angstbesetzten Situationen erfolgen.
- Die PatientInnen sollen eine aktive Rolle übernehmen, in der sie die Umwelt beeinflussen und die Auswirkungen ihres Verhaltens überprüfen können.
- Es wird nicht nach Ursachen der Probleme gesucht, nach dem ›woher‹, sondern danach, ›was‹ und ›wie‹ die aktuelle Lebenssituation verändert werden könnte.
- Die Übungen werden von den PatientInnen eigenverantwortlich und zunehmend selbstständig durchgeführt.

Der Übungsteil ist in mehrere miteinander verbundene Bereiche unterteilt, wobei die einzelnen Elemente typische Standardsituationen umfassen, die jedoch auch viel Freiraum für die individuelle Ausgestaltung lassen. Im Einzelnen werden die folgenden Bereiche bearbeitet: Wahrnehmungs-/Diskriminationsübungen, Übungen des nonverbalen Verhaltens, Umgang mit angstbesetzten Situationen, Mittelpunktsübungen und Training sozialer Fertigkeiten.

Wahrnehmungs-/Diskriminationsübungen

Da eine adäquate soziale Wahrnehmung die Voraussetzung für die richtige Einschätzung der Reaktionen der anderen und somit der Realitätsprüfung ist, wird dem Training dieser Fertigkeiten im Rahmen der Übungen ein großer Stellenwert beigemessen. Die Patienten sollen sich zunächst auf das äußere Erscheinungsbild einer Person (Kleidung, Frisur etc.) und dann auf die persönlichen Merkmale (Haltung, Bewegung, Gesicht etc.) konzentrieren. Es geht darum, einzelne Menschen mit wertfreien Beschreibungen zu charakterisieren. Dabei wird die Aufmerksamkeit von eigenen Überzeugungen, die die Wahrnehmung steuern, nach außen gerichtet. Damit wird auch der Fokus von der Selbstaufmerksamkeit weg auf die äußere Realität gelegt. Explizite Beobachtung und Beschreibung anderer Menschen hindert daran, im eigenen ›inneren Film‹ zu bleiben. Wertende Aussagen werden von der Therapeutin direkt in Frage gestellt. In einem nächsten Schritt sollen die PatientInnen ihre subjektive Einschätzung und Bewertung anderer Menschen vornehmen und dabei explizit erläutern, aufgrund welcher Merkmale sie zu einer bestimmten Bewertung gekommen sind. So kann verdeutlicht werden, dass die vom Patienten gezogenen Schlussfolgerungen rein subjektiv sind und auf früheren generalisierten Erfahrungen beruhen, die jedoch über neue soziale Erfahrungen modifiziert werden können.

Übungen des nonverbalen Verhaltens

Bei diesen Übungen sollen die PatientInnen lernen, die eigenen Gedanken und Empfindungen als auch die Reaktionen der Umwelt auf minimale Veränderungen ihres eigenen Verhaltens wahrzunehmen. Es geht einerseits darum, mehr Sicherheit bei der Entschlüsselung sozialer Signale zu erreichen, andererseits auch Erfahrungen zu sammeln, was bewusst vorgenommene Veränderungen des Verhaltens bewirken können. Es bietet sich an, diese Übungen als Experimente zu definieren, in denen PatientInnen z. B. direkten Blickkontakt mit dem Gegenüber aufnehmen, ihre Körperhaltung oder ihren Gang verändern, die soziale Distanz oder die eigene Mimik verändern, ohne dabei direkten Kontakt mit anderen herzustellen.

Umgang mit angstbesetzten Situationen

Viele sozialphobische PatientInnen verfügen über ein ausreichendes Verhaltensrepertoire im Umgang mit anderen Menschen. Ihre Angst wird demzufolge hauptsächlich über ihr Vermeidungsverhalten aufrechterhalten. »Die Ängste vor potentiellen negativen Reaktionen führen zu einer Abhängigkeit vom vermeintlichen Urteil der anderen, wodurch ein eigeninitiiertes, selbstverantwortliches und auf Veränderung der Umwelt orientiertes Verhalten nicht möglich ist. Somit ist es für die Therapie sehr wesentlich, daß die Patienten angeleitet werden, aus ihrer passiven Rolle des antizipierend Reagierenden in *die aktive Rolle des Agierenden und Beobachters* zu kommen, um einerseits die Auswirkungen ihres selbstinitiierten Verhaltens zu beobachten und andererseits zu lernen, sich unabhängiger von der vermeintlichen Bewertung durch andere verhalten zu können« (Wlazlo, 1995, S. 41, Hervorhebung durch den Verfasser). Zur Revidierung von Befürchtungen auf der Grundlage einer Realitätsprüfung ist es wichtig, dass möglichst viele (wenn auch kurze) aufeinander folgende positive Erfahrungen gemacht werden.

Mittelpunktsübungen

Die meisten sozialphobischen PatientInnen haben sehr enge Normen, wie sie sich in einem sozialen Umfeld verhalten sollten, und schon kleinste Abweichungen von ihren persönlichen – und erst recht Abweichungen von als allgemein ›anerkannt‹ geltenden – Normen rufen Ängste hervor. Darum versuchen sie jede Form von Aufmerksamkeit zu vermeiden, um nicht von anderen beobachtet und bewertet zu werden. Wenn sich nun PatientInnen mehr oder weniger stark in den Mittelpunkt begeben, wird die erwartete Angst provoziert, und die Befürchtungen können anhand der Reaktionen der anderen überprüft werden. So werden PatientInnen bei diesem Übungstyp z. B. aufgefordert, sich in öffentlichen Verkehrsmitteln gegenseitig etwas zuzurufen und dabei unbedingt die Reaktionen der anderen wahrzunehmen. Oder sie sollen auf einem gut frequentierten öffentlichen Platz ein Buch oder eine Zeitung laut lesen und dabei die Reaktionen der Passanten beobachten. »Das Ziel dieser an sich harmlos erscheinenden Übungen liegt darin, dass die Patienten trotz ihrer Befürchtungen, negativ aufzufallen und negative Reaktionen zu provozieren, die realen Reaktionen

feststellen sollen, die meistens in Nichtbeachtung, einem Lächeln oder kurzer Hinwendung bestehen« (Wlazlo, 1995, S. 83 f.).
Weitere Übungen zielen darauf ab, andere anzusprechen (z. B. Uhrzeit, Weg erfragen), längere Kontakte herzustellen (z. B. sich in einem Geschäft über ein Videogerät genauer erkundigen), sich zu ›blamieren‹ (z. B. eine ›dumme‹ Frage stellen), Forderungen zu stellen (z. B. als Kunde wegen eines fehlerhaften Artikels reklamieren), in der Öffentlichkeit (Lokale und Restaurants) ›auffallen‹ (z. B. ein Glas umkippen lassen) und soziale Kontakte intensivieren (z. B. Gespräche, die über Smalltalk hinausgehen, initiieren und aufrechterhalten). Das heißt, die Palette verschiedener Typen sozialer Situationen auszutesten und darin zu üben.

Habituation oder kognitive Umstrukturierung?

Solche Expositionsübungen können sich über mehrere Stunden erstrecken. Damit kommt auch ein ›Erschöpfungszustand‹ zum Tragen; das hohe Aktivierungsniveau, das soziale Ängste initial mit sich bringen, kann in seinem Rahmen nicht gehalten werden. Sowohl externe wie auch interne Realitätsprüfung stellen wesentliche Faktoren für die Reduktion der Ängste dar. Externe Realitätsprüfung meint die Konzentration auf das Verhalten anderer Menschen (z. B. »andere tun nichts, was negativ und bedrohlich wäre«), interne Realitätsprüfung die Konfrontation mit den möglichen negativen Urteilen und ihrer Akzeptanz (z. B. »man kann mit negativen Urteilen der anderen existieren«). Im Sinne einer Entwicklung wird angestrebt, sich trotz ablehnender Reaktionen anderer eigeninitiativ zu verhalten. Bei den Expositionsübungen werden die PatientInnen angeleitet, Risiken einzugehen, um trotz ihrer Befürchtungen und Symptome die vorher definierten Ziele zu erreichen. Dabei wird das Auftreten von Angstgefühlen als wichtiges Signal interpretiert, auf das die PatientInnen statt mit Vermeidung zu reagieren das neue Bewältigungsverhalten einsetzen können (siehe Kapitel D 2 ›Angstbewältigung‹). Auch paradoxe Interventionen können zum Zuge kommen, indem die auftretenden Angstsymptome im Sinne einer Symptomverschreibung verstärkt werden (siehe auch Kapitel F 3 ›Durchführung von Verhaltensexperimenten‹): z. B. bewusst zittern, während eine Tasse gehalten wird, um den Teufelskreis von Erwartungsangst, körperlicher Symptomatik und Fixierung auf diese – mit der Folge einer weiteren Anspannung und Zunahme der Symptomatik – zu durchbrechen.

Übungen zu sozialen Fertigkeiten

Ein Teil der Übungen besteht bei Patientinnen mit großen sozialen Defiziten auch in der Vermittlung von nonverbalen und verbalen sozialen Fertigkeiten. Hierzu werden die PatientInnen vor Ort unterrichtet über die Bedeutung der nonverbalen Verhaltenselemente (Blickkontakt, Mimik, soziale Distanz, Körperhaltung, Stimmqualität etc.). Im Anschluss an die Informationen experimentieren die PatientInnen mit den einzelnen Verhaltensweisen und erleben so deren Auswirkungen. Das Training ist so strukturiert, dass danach einfache Interaktionen mit Fremden folgen (z. B. jemanden nach dem Weg fragen) und schließlich komplexere Situationen geübt werden sollen (z. B. persönlichen Kontakt herstellen). Die Vermittlung der sozialen Fertigkeiten erfolgt mit Hilfe von gezielten Instruktionen oder aufgrund einer Modellvorgabe durch die Therapeutin, bei der vorher genau besprochen wird, auf welche Aspekte des Verhaltens sich die PatientInnen konzentrieren sollen (siehe dazu ausführlicher Kapitel D1 ›Aufbau sozialer Kompetenz‹).

Angeleitetes und selbstständiges Üben

Im Rahmen der Exposition in vivo werden die PatientInnen dazu aufgefordert, die vorher mit der Therapeutin abgesprochenen Übungen unter Einhaltung der obigen Regeln durchzuführen. Dabei werden sie besonders am Anfang von der Therapeutin eng begleitet, die sie immer wieder auffordert, ihre Empfindungen, körperlichen Beschwerden und Gedanken zu verbalisieren. Gleichzeitig werden die PatientInnen ständig instruiert, die äußere Umgebung und das Verhalten der anderen Menschen zu beobachten. Den PatientInnen wird somit deutlich, »daß ihre Ängste durch ihre generalisierenden Phantasien über andere ausgelöst werden und daß eine Überprüfung des beobachtbaren Verhaltens der anderen bei gleichzeitigem aktiven Handeln (und Verbleiben in der Situation) zu einer Angstreduktion führt« (Wlazlo, 1995, S. 109). Am Ende jeder Sitzung werden konkrete Übungen abgesprochen, welche die PatientInnen in der Zwischenzeit selbstständig ausführen sollen. Hierzu empfiehlt es sich, dass die Inhalte und Ziele der Übungen möglichst klar festgelegt werden und dass sie im Kompetenzbereich der PatientInnen liegen.

Abschlusssitzung

In der Abschlusssitzung werden mit den PatientInnen die wichtigsten und spezifischen Veränderungen hervorgehoben. Es wird im Einzelfall abgesprochen, welche weiteren Ziele mittel- und langfristig verfolgt werden können. Die PatientInnen werden aufgefordert, die Übungen aus der Therapie und die in der Zwischenzeit aufgenommenen Aktivitäten konsequent fortzusetzen. Auch auf die Möglichkeit von Rückfällen bzw. Verschlechterungen wird eingegangen, wobei solche als Hinweise betrachtet werden können, das in der Therapie Erlernte konsequent umzusetzen. Schließlich werden weitere Nachuntersuchungstermine mit den PatientInnen zusammen vereinbart.
Im vorgestellten Konzept zur Reizkonfrontation nach Wlazlo (1995) wird der Habituation der Angst in den gefürchteten Situationen eine zentrale Bedeutung beigemessen. Weniger betont wird die Bedeutung kognitiver Variablen, die bei den therapeutischen Veränderungen ebenfalls eine bedeutsame Rolle spielen. Auf eine andere Wirkweise von Exposition/Reizkonfrontation wird in Teil F ausführlich eingegangen.

3.3 Einschätzung von Exposition/Reizkonfrontation zur Behandlung sozialer Phobien

Konfrontation mit den angstauslösenden Gegebenheiten ist das verhaltenstherapeutische Vorgehen par excellence, wie Befürchtungen einer Realitätsprüfung unterzogen werden können. Sich den gefürchteten Situationen zu exponieren, führt unter gewissen Voraussetzungen zu Angstreduktion, wenn die Anspannung einen Verlauf annimmt, der den Befürchtungen und den Extrapolationen aufgrund von Vermeidung/Flucht widerspricht (Habituation). Konfrontation ermöglicht es aber auch, den Annahmen über vorgestellte, befürchtete Abläufe die ›wirklichen‹ Erfahrungen entgegenzuhalten (Revision von Befürchtungen). Bei sozialen Phobien sind die für einen Angstabbau zentralen Merkmale ›Wiederholung‹

und ›zeitliche Ausdehnung‹ der Situationen allgemein nur schwer herzustellen. Zusätzlich können komplexere soziale Situationen wegen ihrer Unvorhersehbarkeit – es spielen nicht 100% kontrollierbare Interaktionspartner mit – kaum identisch immer wieder aufgesucht werden. Reizkonfrontation bei der Sozialphobie stellt somit besondere Anforderungen an die Gestaltung der Situationen, weil soziale Situationen als solche nur selten ›graduierbar‹, ›langanhaltend‹ und ›wiederholbar‹ sind.
Über diese methodischen Probleme der Gestaltung der Reizkonfrontation hinaus sind es jedoch vor allem zwei Faktoren, die es bei der sozialen Phobie erschweren, dass Exposition die Befürchtungen und die Angst auf einfache Weise zum Verschwinden bringt: Zum einen ist es schwierig (schwieriger als bei anderen Ängsten), eindeutig und zuverlässig Kriterien festzulegen, welche Merkmale und Reaktionen anderer angstentkräftend wirken könnten. Zum andern verhindern problematische Strategien in den Situationen selbst neue, der Realität und nicht der Angst entsprechende, Wahrnehmungen und Informationsverarbeitung.
Exposition ist eine wirksame Methode zur Behandlung sozialer Phobien und hat sich in vielen Untersuchungen bewährt (Heimberg & Juster, 1995; Taylor, 1996; Schneier, 1999). Im Gegensatz zu anderen Angststörungen jedoch sind die Effekte ›reiner‹ Exposition nicht so deutlich und nachhaltig. Deshalb wurde Exposition bei der sozialen Angststörung schon ziemlich früh explizit mit kognitiven Behandlungselementen kombiniert (z. B. Mattick & Peters, 1988; Mattick, Peters & Clarke, 1989). Dabei ist ein wesentlicher Punkt, dass die kognitive Vermeidung in den angstbesetzten Situationen unterbrochen werden kann (Butler, 1985).
In einer Metaanalyse kognitiv-verhaltenstherapeutischer Behandlung der sozialen Phobie (Taylor, 1996) zeigte sich Exposition zwar einer Wartebedingung überlegen, unterschied sich aber in der Effektstärke weder von der Behandlung mit sozialen Kompetenztrainings, kognitiver Umstrukturierung noch einem Placebo. Offen ist die Frage, ob ein Einbezug kognitiver Elemente eine Exposition wirksamer und nachhaltiger werden lässt. Während in der erwähnten Metaanalyse Exposition mit integrierter kognitiver Therapie die größte Effektstärke aufwies, ohne sich allerdings klar von Exposition alleine abzuheben, kam eine weitere Metaanalyse zum Ergebnis,

dass die kognitiven Anteile keinen wesentlichen Einfluss auf die Wirksamkeit hätten (Feske & Chambless, 1995).
Dass kognitive Faktoren in jedem Fall wichtig sind, lässt sich jedoch auch aufgrund der Annahmen über die aufrechterhaltenden Mechanismen der sozialen Phobie ableiten. Selbst eine erfolgreiche, d. h. weniger ängstlich-nervös durchlebte soziale Situation verändert nicht notwendig die Bilanzierung der Erfahrung. Fehlt eine kognitive Umstrukturierung bezüglich problematischer Schlussfolgerungen, dann würde sich die Qual sozialphobischer PatientInnen nur zynisch lösen: Zwar haben sie in den Situationen weniger angstbestätigende Evidenz erlebt, leiden aber später umso mehr an ihrem Ungenügen und ihrer Scham über die schlechte Performanz (und ihre vermeintlich guten Gefühle dabei).
Die Veränderung der kognitiven Kernvariable der sozialen Phobie, der Angst vor negativer Bewertung durch andere, ist Ziel der verschiedenen Behandlungsansätze. Dies kann sowohl durch Verfahren wie Exposition und Reizkonfrontation, die angstrevidierende Erfahrungen ermöglichen, angegangen werden als auch durch kognitive Verfahren, die direkt an diesen Befürchtungen ansetzen.

4. Kognitive Umstrukturierung

Annahmen über die Gefährlichkeit sozialer Situationen sind einer der Faktoren, die die soziale Phobie aufrechterhalten (siehe Kapitel C 2). Soziale Situationen werden hauptsächlich deshalb als bedrohlich eingestuft, weil Betroffene einerseits typische Überzeugungen haben, wie sie sich in solchen Situationen verhalten müssten, und weil sie andererseits tiefe Zweifel daran haben, ob sie ihren eigenen Ansprüchen genügen können bzw. davon überzeugt sind, dass sie es nicht schaffen, einen günstigen Eindruck zu hinterlassen. Die Sorge um die negative Bewertung durch andere spielt vor, während und nach angstauslösenden Situationen eine wichtige Rolle. Im

2 Irrational meint hier im Sinne Ellis (z. B. 1997) nicht ›unvernünftig‹ oder einer ›rationalen Analyse nicht zugänglich‹, sondern vielmehr in der pragmatischen amerikanischen Bedeutung des Wortes irrational eher ›unangemessen‹ bzw. ›nicht zielführend‹.

Vorfeld einer sozialen Situation wirkt sie hauptsächlich als Sorge, in der Situation zu versagen, was häufig dazu führt, dass die angstauslösende Situation vermieden wird. In der Situation intensivieren die Befürchtungen Anspannung und Nervosität, sie filtern die Wahrnehmung und lösen das ›Angstprogramm‹ aus. Schließlich ist die Sorge um negative Bewertungen auch maßgeblich beteiligt, wenn gemachte soziale Erfahrungen bilanziert und als vermeintliche Misserfolge bewertet werden, welche die Angsterfahrung bestätigen (siehe Kapitel C 3 ›Angstbestätigende Erfahrungen in den Situationen‹).

Die Furcht vor negativer Beachtung und Bewertung durch andere entsteht aus einer bestimmten Art und Weise, wie Absichten, Meinungen, Motive anderer von sozialängstlichen Menschen erschlossen werden. Der Weg von der Wahrnehmung zur Interpretation verläuft offensichtlich auf eine angsterzeugende und -bestätigende Art und Weise, bei der die Kognitionen eine entscheidende Rolle spielen.

Deshalb kommt der Bearbeitung verzerrter Wahrnehmung und Gedanken bei der Behandlung der Sozialphobie große Bedeutung zu (Beck & Emery, 1981). Butler geht so weit, ein kognitives Therapieelement als unabdingbaren Verfahrensbaustein zu deklarieren: »social phobia might be resistant to treatment ... which does not include a cognitive element« (1985, S. 655).

Sozialphobische Überzeugungen und Annahmen sind gekennzeichnet durch irrationale Grundüberzeugungen[2], übertriebene Erwartungen an das eigene Verhalten und problematische Interpretationen und Schlussfolgerungen. Butler und Wells (1995, S. 321) illustrieren anhand eines Patienten mit Angst vor beruflichen Präsentationen die Inhalte typischer sozialphobischer Annahmen:

Grundüberzeugungen:
Ich bin verletzlich, unwert, komisch, hässlich, anders, nicht liebenswert, ich kann mich nicht ändern, ich bin dumm, langweilig, ungenügend und unakzeptabel.

Befürchtungen:
- Ich werde lächerlich aussehen.
- Die andern werden denken, ich sei blöd.

- Ich werde nicht die richtigen Worte finden.
- Die mögen mich nicht.
- Alle schauen mich an.
- Ich gehöre einfach nicht dazu.
- Ich verliere den Faden.
- Ich langweile die andern.
- Ich kann meine Hände nicht kontrollieren.
- Das ist einfach schrecklich.
- Die andern sehen, wie unglaublich nervös ich bin.
- Ich kann einfach nichts beitragen, ich habe nichts zu sagen.

Annahmen und Schlussfolgerungen:

- Die andern werden mich ablehnen, wenn ich nicht völlig ruhig und gefasst erscheine.
- Ich muss geistreich und interessant sein, sonst mögen mich die anderen nicht.
- Wenn ich mich nicht normal verhalte, werden mich alle anstarren.
- Ich kann nur glücklich werden, wenn alle mich mögen.
- Wenn was schief läuft, ist es meine Schuld.
- Niemand, den ich mag, würde so jemanden wie mich mögen.
- Wenn ich alleine bin, dann ist ja klar, dass ich unglücklich bin.
- Um akzeptiert zu werden, muss ich alle Dinge richtig machen.
- Wenn mich jemand kennen lernen will, dann wird er es mich schon wissen lassen.

Verfahren der kognitiven Umstrukturierung setzen an solchen problematischen Überzeugungen, Befürchtungen, Annahmen und Schlussfolgerungen an. Unter der Bezeichnung ›kognitive Umstrukturierung‹ werden verschiedene therapeutische Ansätze zusammengefasst, so etwa die rational-emotive Therapie von Ellis (1962/1977; 1997), die kognitive Therapie von Beck (1976) und das Selbstverbalisationstraining von Meichenbaum (1977).

Veränderung problematischer Kognitionen

Allgemein verfolgt die kognitive Umstrukturierung das Ziel, problematische Kognitionen und Überzeugungen der PatientInnen zu

hinterfragen und zu verändern, um zu erreichen, dass PatientInnen sich in sozialen Situationen weniger unter Druck setzen und dementsprechend besser handeln können.
Die therapeutische Strategie zur Bearbeitung und Veränderung problematischer Kognitionen beinhaltet verschiedene Aspekte:

1. *Das Entdecken problematischer Annahmen:* Problematisch sind Befürchtungen und Einschätzungen, die von sozialängstlichen PatientInnen wie Tatsachen behandelt werden und die Angst in sozialen Situationen auslösen und aufrechterhalten.
2. *Die Identifikation von ›Denkfehlern‹ und kognitiven Verzerrungen* (Beck, 1999): Dazu gehören Gedankenlesen und Gefühlsdenken (Annahmen darüber, was andere denken), Dinge persönlich nehmen (Ereignissen wird eine persönliche Bedeutung und/oder Absicht zugeschrieben), Katastrophisierung (der schlimmstmögliche Ausgang wird als der wahrscheinlichste angenommen und darüber gebrütet) und selektive Informationsaufnahme (nur angstbestätigende Informationen werden zur Kenntnis genommen).
3. *Die Disputation dieser Kognitionen:* Problematische Gedanken, Annahmen und Einstellungen werden hinterfragt (z. B. »Wie hoch ist die Wahrscheinlichkeit für diese furchtbaren Konsequenzen?«, »Gibt es alternative Sichtweisen für diese Situation?«, »Wie würde ein außenstehender Beobachter die Situation sehen?« usw).
4. *Das Erarbeiten von realitätsangemesseneren (rationalen) Bewertungen:* Irrationale Annahmen und problematische Grundüberzeugungen werden durch situationsadäquatere Annahmen und Einstellungen ersetzt (z. B. »Ich muss nicht immer perfekt sein, ich darf mir auch Schwächen erlauben«, »Ich kann damit leben, dass mich nicht alle Leute mögen« usw.).

4.1 Rational-emotive Verhaltenstherapie (REVT)

Als prototypisches Verfahren zur Kognitiven Umstrukturierung wird hier die Rational-emotive Verhaltenstherapie (REVT) von Albert Ellis (1962/1977; 1997), dem Begründer der modernen kognitiven Therapie, exemplarisch dargestellt.

»Menschen werden nicht durch die Dinge an sich beunruhigt, sondern durch die Ansichten, die sie von ihnen haben.« Diese Aussage des griechischen Philosophen Epiktet spiegelt die Kernannahme der Rational-emotiven Therapie wider, die postuliert, dass Emotionen nicht direkt durch externe, auslösende Ereignisse hervorgerufen werden, sondern durch Bewertungen, Gedanken oder Einstellungen bezüglich dieser Ereignisse. Diese Auffassung steht in einem gewissen Gegensatz zur ›Psycho-Logik‹ des Alltags, nach der bestimmte Ereignisse oft als einzige, unmittelbare und auslösende Ursachen für emotionale bzw. verhaltensmäßige Beeinträchtigungen angesehen werden. »Wenn beispielsweise jemand bei einer Prüfung durchgefallen ist, so kann er ggf. als unmittelbare Konsequenz daraus erleben, wie er depressiv wird, sich für einen totalen Versager hält, befürchtet, nie wieder eine Prüfung zu machen, untätig und gelähmt zu Hause herumsitzt und sich sogar mit Selbstmordgedanken trägt. Wenn man diese Person fragt, warum sie sich so verhält und so depressiv fühlt, wird sie höchstwahrscheinlich antworten ›weil ich durch die Prüfung gefallen bin‹. Rein logisch betrachtet ist diese Erklärung aber falsch – wäre sie nämlich richtig, so müßten alle Menschen in derselben Weise reagieren, wenn sie bei einer Prüfung durchfallen. Tatsächlich aber werden die meisten ein solches Ereignis nur als mehr oder weniger unangenehm erleben; es ist sogar denkbar, daß jemand erleichtert reagiert und sich sagt ›besser durchgefallen als eine schlechte Note im Zeugnis – so kann ich die Prüfung wiederholen und habe die Chance, eine gute Note zu bekommen‹. Es zeigt sich also, dass Depression, Suizidgedanken usw. keinesfalls die einzigen möglichen Konsequenzen auf das Ereignis ›Durchfallen‹ sind. Vielmehr sind es die Bewertungen, die das Ereignis mit der Konsequenz verbinden« (Kriz, 1994, S. 162 f.).
Ellis hat als erster eine solche kognitive Sichtweise für den Bereich der Psychotherapie nutzbar gemacht. Dabei macht er die Kognitionen zum Dreh- und Angelpunkt für die Entwicklung und Aufrechterhaltung psychischer Störungen. In der Rational-emotiven Verhaltenstherapie (REVT) werden dysfunktionale kognitive Prozesse, die in Form von ›irrationalen‹ Bewertungen, Gedanken oder Einstellungen die Wahrnehmung, das Verhalten und insbesondere die Gefühle beeinflussen, als primärer Ansatzpunkt für die Behandlung psychischer Störungen gewählt (Ellis, 1962/1977; 1997). Anhand des so genannten ABC-Modells (Ellis, 1979) werden Situationen

aufgeschlüsselt in das auslösende Ereignis (›activating event‹), Bewertungen bzw. Überzeugungen (›belief system‹) und Konsequenzen (›consequences‹).

Das ›ABC‹ der Rational-emotiven Therapie

A (activating event): Ein aktivierendes, auslösendes Ereignis, das von einer Person wahrgenommen wird: z. B. ein Mann hat ein wichtiges Vorstellungsgespräch.
B (belief system): Die Bewertungen, Einstellungen, Gedanken und Überzeugungen, die mit dem auslösenden Ereignis einhergehen. Diese können ›rational‹, d. h. angemessen, realistisch, zielführend, empirisch haltbar, sein, oder sie können ›irrational‹, d. h. unangemessen, unrealistisch, unlogisch, nicht zielführend bzw. unempirisch, sein. Bei unserem Beispiel könnte eine realistische Bewertung sein: »Es wäre schade, wenn ich beim Vorstellungsgespräch abgelehnt würde.« Eine irrationale Einstellung könnte dagegen so aussehen: »Es wäre katastrophal, wenn ich beim Vorstellungsgespräch abgelehnt würde.« Diese Bewertungsmuster laufen oft unbewusst und automatisiert ab, sodass sich eine Person nicht bewusst ist, dass sie ein bestimmtes Ereignis bewertet oder dass sie bestimmte Überzeugungen besitzt.
C (consequences): Die Konsequenzen bzw. Folgen, d. h. die emotionalen Folgen, welche die erlebten Gefühle samt den physiologischen Begleiterscheinungen und die verhaltensmäßigen Folgen umfassen. Als Folge einer rationalen Bewertung erlebt die Person entsprechend eine rationale Konsequenz. Wenn der Mann z. B. denkt, »es wäre schade, wenn ich beim Einstellungsgespräch abgelehnt würde«. ist er vor dem Vorstellungsgespräch nachdenklich, vielleicht auch leicht aufgeregt und plant in bestimmter Weise, wie er bestehen kann; wenn es misslingt, er also abgelehnt wird, fühlt er sich enttäuscht, traurig und etwas frustriert. Denkt er hingegen, »es wäre katastrophal, wenn ich beim Vorstellungsgespräch abgelehnt würde«, ist er vor dem Vorstellungsgespräch entsetzlich aufgeregt, hat vielleicht eine schlaflose Nacht oder leidet unter vegetativen Symptomen. Im Falle einer Ablehnung neigt er zu Selbstverachtung, Demütigung und Beschämung. Man sieht an diesem Beispiel sehr deutlich, dass sich eine irrationale Bewertung und die daraus resultierenden Konsequenzen ungünstig auf das Verhalten auswirken können und damit den Zielen der Person letztlich nicht dienen.

Die große Aufregung, Angst oder Unsicherheit sowie die schlechte Verfassung (z. B. durch eine schlaflose Nacht) sind Folgen der irrationalen Bewertungsmuster, die sich ungünstig auf die Performanz beim Einstellungsgespräch auswirken und dadurch die Wahrscheinlichkeit einer Ablehnung tatsächlich erhöhen. Die Ablehnung selbst wird aber ziemlich sicher als Bestätigung der negativen irrationalen Denkmuster wahrgenommen, die sich wiederum ungünstig auf Emotionen und Verhalten auswirken, sodass der ganze Ablauf Ähnlichkeiten mit einer sich selbst erfüllenden Prophezeiung aufweist.

Ellis (1970) ist der Überzeugung, dass den jeweils konkreten, situationsbezogenen Bewertungen allgemeinere irrationale Ideen und Leitsätze zugrunde liegen, und nennt zwölf Grundkategorien von solchen Ideen, die er bei seinen PatientInnen gefunden hat:

- Die Meinung, es sei für jeden Erwachsenen absolut notwendig, von praktisch jeder anderen Person in seinem Umfeld geliebt oder anerkannt zu werden.
- Die Meinung, dass man sich nur dann als wertvoll empfinden dürfe, wenn man in jeder Hinsicht kompetent, tüchtig und leistungsfähig ist.
- Die Idee, dass bestimmte Menschen böse und schlecht seien und für ihre Schlechtigkeit zu rügen und zu bestrafen sind.
- Die Vorstellung, dass es schrecklich und katastrophal ist, wenn die Dinge nicht so sind, wie man sie gerne haben möchte.
- Die Vorstellung, dass menschliches Leiden äußere Ursachen habe und dass der Mensch wenig Einfluss auf seinen Kummer und seine psychischen Probleme nehmen könne.
- Die Überzeugung, dass man sich über tatsächliche oder eingebildete Gefahren große Sorgen machen und sich ständig mit der Möglichkeit ihres Eintretens befassen müsse.
- Die Meinung, es sei leichter, bestimmten Schwierigkeiten auszuweichen, als sich ihnen zu stellen.
- Die Vorstellung, dass man sich auf andere unbedingt verlassen können sollte und dass man einen Stärkeren braucht, auf den man sich stützen kann.
- Die Vorstellung, dass die eigene Vergangenheit entscheidenden Einfluss auf unser gegenwärtiges Verhalten hat und dass etwas, das sich früher einmal auf unser Leben auswirkte, dies auch weiterhin tun müsse.

- Die Neigung, sich über Probleme und Verhaltensschwierigkeiten anderer aufzuregen.
- Die Vorstellung, dass es für jedes menschliche Problem eine absolut richtige, perfekte Lösung gibt und dass es eine Katastrophe sei, wenn diese Lösung nicht gefunden wird.
- Die Vorstellung, dass es unmöglich ist, mit Wahrscheinlichkeiten oder Unsicherheiten zu leben, und dass man eine sichere und perfekte Kontrolle über die Dinge haben muss.

Alle diese Grundannahmen führen dazu, dass Schwierigkeiten, denen die Person begegnet, von ihr eher als geradezu unerträgliche Katastrophen erlebt werden. Aufgrund des Gefühls, überwältigt zu werden, unternimmt die Person dann nur noch eingeschränkte Bewältigungsbemühungen.

Veränderungsprozess

Im therapeutischen Prozess der REVT geht es darum, den Glauben des Patienten an seine problematischen Vorstellungen in Frage zu stellen und seine dysfunktionalen Einstellungen zu verändern. Dazu hinterfragt die Therapeutin die irrationalen ›beliefs‹ des Patienten – seien sie nun allgemeiner oder spezieller Natur – und versucht, mit ihm rationalere Ansichten plausibel zu entwickeln.
Der Patient wird zunächst mit den theoretischen Grundzügen der REVT anhand von Beispielen vertraut gemacht. Er soll also entdecken lernen, dass er in Situationen, in denen er Angst, Scham, Peinlichkeit usw. empfindet, bestimmte Gedanken oder Einstellungen hat, welche diese Gefühle verursachen. Diese Gedanken sind den problematischen Gefühlen ›vorgeschaltet‹ und laufen häufig automatisiert und unbewusst ab. Deshalb müssen sie oft erst aufgespürt und identifiziert werden. Im Rahmen dieses Prozesses lernt der Patient, zwischen Gedanken und Gefühlen zu differenzieren und die einzelnen Gefühle und ihre Qualitäten deutlicher zu erleben und zu benennen.
D (disputing, debating): Im Rahmen einer Disputation werden nun die irrationalen Gedanken des Patienten ›attackiert‹ bzw. in einem ›sokratischen Dialog‹ in Frage gestellt. So kann sich der Mann in unserem Beispiel fragen: »Warum ist es katastrophal, wenn ich beim anstehenden Vorstellungsgespräch abgelehnt werde? Wie kann mich eigentlich solche Ablehnung vernichten? Wieso könnte

ich es nicht ertragen, diese eine Stelle nicht zu bekommen? Wieso soll ich ein Versager sein, wenn ich abgelehnt werde? Warum müsste ich bei diesem wichtigen Gespräch unbedingt Erfolg haben?«
Wenn im Rahmen des therapeutischen Prozesses solche irrationalen Überzeugungen beständig und konzentriert in Frage gestellt werden, wird der Patient früher oder später einsehen, dass sie meist nicht verifizierbar, nicht empirisch begründet und demzufolge nicht haltbar sind. So wird er zunehmend in der Lage sein, sie abzulehnen und zu verändern.
cE (cognitive effect): Ganz nach dem Motto »steter Tropfen höhlt den Stein« soll das konsequente Infragestellen der irrationalen Überzeugungen zu Veränderungen in der Einstellung führen. So wird der Mann, wenn er sich fragt: »Warum ist es katastrophal, wenn ich bei dem anstehenden Vorstellungsgespräch abgelehnt werde?«, zu folgender Antwort kommen: »Das ist es gar nicht; es wird nur lästig sein.« Wenn er sich fragt: »Wie kann mich solche Ablehnung vernichten?«, wird er antworten: »Das wird nicht geschehen, es wird mich bloß frustrieren.« Wenn er fragt: »Wo ist der Beweis, dass ich ein Versager wäre, wenn ich abgelehnt würde?«, wird er antworten: »Es gibt keinen! Ich werde mich nur dann als Versager fühlen, wenn ich mich als solchen definiere und denke, dass ich einer bin.«
bE (behavioral effect): Aufgrund der kognitiven Umstrukturierung sind auch Verhaltensänderungen sehr wahrscheinlich. So wird beispielsweise unser Patient wesentlich weniger ängstlich vor dem Einstellungsgespräch sein. Er wird auch weniger mit Beschämung und Selbstverachtung reagieren, physiologisch weniger erregt sein und sich im Gespräch weniger defensiv verhalten. Sollte er tatsächlich scheitern, wird er deutlich weniger ›aufgeregt‹ und ›wie am Boden zerstört‹ reagieren.
Ellis (1979) betont insbesondere die emotionale Befreiung, welche durch die REVT erreicht wird. Indem die Therapeutin in der Regel einen direkten und konfrontativen Zugang zum Patienten und seinen Problemen wählt, bewegt sie ihn dazu, sich offen auszudrücken und seine wahren Gefühle zu zeigen, ungeachtet der Angst, die das zunächst bewirken kann. Auf diese Weise werden die Vermeidungsstrategien des Patienten offen gelegt und in Frage gestellt. Gleichzeitig zeigt ihm die Therapeutin, wie er ohne diese auskom-

men und wie er sich selbst akzeptieren kann, unabhängig von der Bewertung durch andere.

4.2 Einschätzung der kognitiven Umstrukturierung zur Behandlung sozialer Phobien

Da bei der Entstehung und Aufrechterhaltung sozialer Angst kognitive Faktoren eine zentrale Rolle spielen, liegt es nahe, diese Kognitionen als therapeutischen Ansatzpunkt zu wählen. Verfahren der kognitiven Umstrukturierung identifizieren, problematisieren und stellen angstfördernde und -aufrechterhaltende Kognitionen in Frage. Ziel ist es, dass PatientInnen mit sozialer Angst zu realistischeren Annahmen bezüglich der Möglichkeiten und Konsequenzen ihres Verhaltens gelangen und so weniger ängstlich und sorgenvoll neue Erfahrungen in den Situationen machen können.

Wahrscheinlichkeit und Sicherheit

Bei der sozialen Phobie stellt das Hinterfragen von Annahmen und Befürchtungen jedoch eine besondere Herausforderung dar. Im Unterschied zu anderen Angststörungen, wo das leibliche Heil mehr im Vordergrund steht, ist bei sozialphobischen PatientInnen nicht einfach zu überprüfen, ob die (befürchteten) Konsequenzen eingetreten sind oder nicht. Während der Befund »ich wurde/werde nicht ohnmächtig« z. B. klar festzustellen ist, ist es sehr viel schwieriger zu prüfen, ob Aussagen wie »ich habe einen positiven Eindruck hinterlassen«, »ich habe mich angemessen verhalten« etc. wirklich zutreffen. Bekanntlich fehlen da die ganz eindeutigen Operationalisierungen für die Reaktionen der anderen, vor allem dafür, was sie ›wirklich denken‹ usw. Das könnte auch bedeuten, dass es bei der sozialen Phobie besonders wichtig ist, nicht vorschnell zu wissen glauben, welche Reaktionen aus der sozialen Umwelt den PatientInnen entgegenkommt, sondern verstärkt auf die Frage eingehen, was das für sie bedeutet. Es ist schwieriger vorauszusagen, wie sich ›andere‹ verhalten werden, als man mit großer Bestimmtheit voraussagen kann, dass agoraphobische PatientInnen bei einer Reizkonfrontation körperlich unversehrt bleiben. Eine primär ›empirische‹ Disputation kann hier auf gewisse Grenzen

stoßen. Eher dürfte sich eine hedonische Disputation empfehlen, bei der es primär darum geht, inwieweit bestimmte Annahmen und damit ihre Bedeutung für den Patienten zielführend sind.
Eine Gefahr beim Infragestellen von Annahmen besteht darin, dass die Therapeutin zu sehr von ihren eigenen Bewertungen und Standards ausgeht. Für manche PatientInnen mit sozialer Angst dürfte es zudem extrem schwierig sein, wenn die Therapeutin ihre Annahmen und Interpretationen direkt in Frage stellt und ihnen zu verstehen gibt, dass diese womöglich falsch seien, weil damit zunächst einmal die schlimmsten Befürchtungen sozialphobischer PatientInnen bestätigt werden. Ob PatientInnen mit sozialer Angst dabei auch richtig erkennen können, dass die Therapeutin dies nicht tut, um sie bloßzustellen, sondern weil sie ihnen helfen möchte, ist in manchen Fällen zu bezweifeln. Um solche Selbstwertschädigungen zu verhindern, scheint gerade bei Personen mit sozialen Ängsten ein sensibles und eher entdeckendes als belehrendes Vorgehen nötig.
Man kann sich auch fragen, wie hilfreich kognitive Umstrukturierung bei PatientInnen ist, die ›eigentlich wissen‹, dass ihre Befürchtungen wenig ›fundiert‹ sind. Trotzdem erleben sie immer wieder in den Situationen, wie sie von Befangenheit und Angst in Beschlag genommen werden. Das Identifizieren und Infragestellen problematischer Annahmen und Überzeugungen allein genügt offenbar nicht, um Befürchtungen, die eine soziale Phobie mit aufrechterhalten, zu entkräften. Wichtig ist, dass die angemesseneren, problemadäquateren Kognitionen auch in den Angstsituationen zur Verfügung stehen können. Deshalb ist auch bei kognitiven Verfahren der Prüfstein, wie sehr sie dazu beitragen, dass PatientInnen mit mehr Zuversicht in angstbesetzte Situationen hineingehen, wie sehr es ihnen in den Situationen gelingt, nicht nur die angstbestätigende Evidenz wahrzunehmen, und wie sehr ihre Bilanzierungen in besserem Einklang mit der Realität stehen.
Die Studien zur Wirksamkeit verschiedener Behandlungsansätze zeigen zum einen, dass kognitive Therapie ebenso effektiv ist wie Exposition und das Training sozialer Kompetenz. Zum andern geben sie keine eindeutige Antwort auf die Frage, inwiefern kognitive Umstrukturierung die Effektivität von Exposition und Konfrontation mit den angstauslösenden Situationen erhöhen (Feske & Chambless, 1995; Taylor, 1996). Allerdings kritisieren z. B. Heim-

berg und Juster (1995) die Studien, in denen kognitive Verfahren keinen zusätzlichen Gewinn brachten, als unzureichend. Die kognitiven Verfahren seien zum einen nicht lege artis durchgeführt worden; zum anderen seien die Stichproben zu klein gewesen, um Unterschiede zeigen zu können. Sie sind der Ansicht, dass sich ein integratives kognitiv-verhaltenstherapeutisches Vorgehen längerfristig als Methode der Wahl für soziale Ängste erweisen wird.
Kognitive Umstrukturierung scheint ganz allgemein einen Prozess in Gang zu setzen, der auch nach der Behandlung weiterwirkt und zu einem Ausbau sowie der Stabilisierung von Behandlungserfolgen führt (Mattick et al., 1989). Die gefürchteten sozialen Situationen zeichnen sich durch Komplexität, Reizvielfalt und geringe Kontrollierbarkeit aus und präsentieren sich in verschiedener Form. Die sozialängstlichen Annahmen und Überzeugungen sind jedoch vergleichsweise ähnlich und fokussiert auf die negative Bewertung durch andere und die daraus resultierende Beschämung. Methoden der kognitiven Umstrukturierung haben den Vorteil, dass sie einen Transfer in unterschiedliche angstbesetzte Situationen besonders gut ermöglichen, weil es in diversen Kontexten um das Hinterfragen und Verändern problematischer Kognitionen geht.

5. Medikamentöse Behandlung

Die Pharmakotherapie der sozialen Angst ist ein Behandlungszugang, der einer ständig wachsenden und nicht unumstrittenen Realität entspricht (Cottle, 2000). Die Behandlung der Sozialphobie mit Psychopharmaka ist dabei noch nicht so erforscht wie die medikamentöse Behandlung anderer psychischer Störungen bzw. anderer Angsterkrankungen. Dies ist in Zusammenhang mit der Geschichte der Diagnostik der sozialen Phobie und den zunehmenden epidemiologischen Häufigkeiten zu sehen (siehe Kapitel A 2 ›Diagnostik der sozialen Phobie‹).
Die folgenden Ausführungen positionieren sich auf dem Hintergrund grundsätzlicher Überlegungen zur medikamentösen Behandlung aus psychologisch-psychotherapeutischer Sicht. Dabei

sind vor allem zwei Fragen wichtig: Welche psychologische Bedeutung hat eine wirksame medikamentöse Behandlung? Inwiefern lässt sich medikamentöse mit psychotherapeutischer Behandlung sinnvoll kombinieren?
Zunächst werden die Substanzen aufgeführt, die bei der Sozialphobie zur Anwendung gelangen, ihr Begründungszusammenhang kurz erläutert und ihre Effektivität zusammenfassend beurteilt. Daran anschließend steht der Vergleich der pharmakologischen mit psychologischer Behandlung. Dies leitet über zur Frage der Indikation von Pharmakotherapie und zu einer Einschätzung des medikamentösen Behandlungsansatzes bei der sozialen Phobie.

5.1 Substanzen und ihre Wirksamkeit

Die medikamentöse Behandlung der Sozialphobie entwickelte sich aus Ähnlichkeiten und Überschneidungen der Symptomatik mit anderen Störungsbildern. Wenn ein Medikament bei einem Störungsbild wirkt, das Ähnlichkeiten oder Überschneidungen der Symptomatik mit der sozialen Angst aufweist, dann ist anzunehmen, dass dieses Medikament auch bei der Sozialphobie sinnvoll eingesetzt werden kann. Für die Entwicklung der medikamentösen Behandlung der Sozialphobie waren dabei Ähnlichkeiten mit Merkmalen der atypischen Depression, Formen generalisierter Angst und Panik sowie mit ›Vortragsangst‹ (›performance anxiety‹) leitend (Schneier, 1999).
In der medikamentösen Behandlung der sozialen Phobie wurden/werden hauptsächlich folgende Substanzen eingesetzt:

- Monoaminooxidase-Hemmer (›herkömmliche‹, Monoamine Oxidase Inhibitors MAOI, wie Phenelzin; sowie reversible, Reversible Inhibitors of Monoaminooxidase RIMA, wie Moclobemid und Brofaromin)
- Selektive Serotonin-Wiederaufnahmehemmer (Selective Serotonin Reuptake Inhibitors SSRI, wie Fluvoxamin, Sertralin)
- Benzodiazepine (wie Alprazolam, Clonazepam)
- Beta-Rezeptorenblocker (wie Atenolol).

Hinzu kommen vereinzelte weitere Substanzen, wie z. B. Buspiron, ein Anxiolytikum, oder trizyklische Antidepressiva und Serotonin-

Antagonisten (Pollack & Gould, 1996; Antony, 1997; Schneier, 1999; Liebowitz, 2000).

Monoaminooxidase-Hemmer

Als erste Psychopharmaka wurden Monoaminooxidase-Hemmer bei der Behandlung der Sozialphobie untersucht. Monoaminooxydase-Hemmer hatten sich bei der Therapie atypischer Depression als effektiv erwiesen (Liebowitz & Heimberg, 1996). Atypische Depression teilt mit sozialer Phobie eine Überempfindlichkeit auf (vermutete) Zurückweisungen im interpersonellen Bereich. Die Wirksamkeit zur Behandlung der sozialen Phobie konnte auch in verschiedenen kontrollierten Studien erbracht werden: Der MAO-Hemmer Phenelzin zeigte sich als eine einem Placebo überlegene, wirksame pharmakologische Behandlung der Sozialphobie (Pollack & Gould, 1996; Antony, 1997; Baier & Buller, 1999; Schneier, 1999). Die Wirksamkeit zeigte sich dabei vor allem für die generalisierte Sozialphobie (Liebowitz, Schneier, Campeas, Hollander, Hatterer, Fyer, Gorman, Papp, Davies, Gully & Klein, 1992).
Ein mit der Behandlung mit MAO-Hemmern verbundener Nachteil besteht darin, dass sie die Einhaltung einer strikten Diät erforderlich macht, um möglichen nachteiligen Folgen für den Stoffwechsel vorzubeugen (z. B. hypertensive Krisen bis hin zum Schlaganfall). Weitere mögliche Nebenwirkungen umfassen Gewichtszunahme sowie Beeinträchtigung von Schlaf und Sexualität. Deshalb wurden in der Folge die reversiblen Monomaminooxidase-Hemmer, die keine solche Diät erfordern, in ihrer Wirksamkeit für die Sozialphobie untersucht. Die ursprüngliche Hoffnung, mit den reversiblen MAO-Hemmern (Moclobemid und Brofaromin) vergleichbare Effekte zu Phenelzin zu erreichen, mit allerdings einem deutlich günstigeren Nebenwirkungsmuster, erfüllte sich nicht überzeugend (Pollack & Gould, 1996; Nutt & Montgomery, 1996; Schneier, 1999; Kasper, 2000; Liebowitz, 2000). Im deutschsprachigen Raum wird Aurorix© (Moclobemid) gleichwohl als Medikation bei sozialen Ängsten propagiert.

Serotonin-Wiederaufnahmehemmer

Beobachtete Effekte der antidepressiven Behandlung mit Serotonin-Wiederaufnahmehemmern im Bereich sozialen Verhaltens und sozialer Sicherheit sind der Grund dafür, dass diese Antidepressiva auch Eingang fanden in die medikamentöse Behandlung der Sozialphobie. Die Medikation mit SSRIs ging bei depressiven PatientInnen nicht nur mit einer Stimmungsaufhellung einher, sondern es wurde auch immer wieder von größerer Kontaktfreude und verstärkter Geselligkeit nach Einnahme dieser Medikamente berichtet (Schneier, 1995; 1999). Die Nebenwirkungen der SSRIs sind vergleichsweise gering: Gewichtszunahme, Schlaf- bzw. sexuelle Beeinträchtigungen und Benommenheit. Die bisher vorliegenden kontrollierten Studien zur Wirksamkeit der SSRIs bestätigen die klinischen Befunde, dass auch diese antidepressive Medikation für die Behandlung der sozialen Phobie vielversprechend ist (Windhaber, 1998). Wenig Effekt hingegen zeigen andere, z. B. trizyklische, Antidepressiva; allerdings fehlen hierzu kontrollierte Untersuchungen (Schneier, 1995).

Benzodiazepine

Ausgangspunkt für die Behandlung mit Benzodiazepinen, mit Alprazolam und Clonazepam, ist die Wirksamkeit dieser Substanzen bei der Panikerkrankung und bei der generalisierten Angststörung (Pollack & Gould, 1996). Für die Effektivität der Benzodiazepine bei der Behandlung der sozialen Phobie gibt es noch wenig gesicherte Befunde (Potts & Davidson, 1995). Bei einer Pharmakotherapie mit Benzodiazepinen sind die Toleranzentwicklung und das Abhängigkeitspotenzial sowie die Entzugsgefahren genau abzuwägen. Die übrigen Nebenwirkungen (Müdigkeit bzw. Benommenheit) sind vergleichsweise gering. Weiter scheint die Rückfallgefahr ziemlich hoch, zumindest ist dies ein berichteter klinischer Eindruck (Sutherland & Davidson, 1995).

Betablocker

Die Behandlung mit Betablockern wurde übernommen aus der Behandlung der ›Performance-Angst‹ (Windhaber, 1998). Bereits in den 70er Jahren wurden Betablocker eingesetzt gegen Nervosität und Anspannung in verschiedenen Leistungssituationen vor Publikum, seien es Prüfungen, Musik- und andere Vorträge oder sportliche Leistungen, alles Situationen, bei welchen eine zu große vegetative Aktivierung eine adäquate Leistung gefährden könnte. Betablocker werden eingesetzt, um die mit sozialer Angst verbundenen vegetativen Symptome zu reduzieren. Weil die Betablocker körperliche Symptome reduzieren, die mit Erregung und Anspannung-Ängstlichkeit assoziiert sind – Herzjagen, Schwitzen, Zittern –, könnten sie hilfreich sein, um den Teufelskreis zu durchbrechen, der sich aufgrund der Rückkoppelung dieser Merkmale der Angst ergibt. Betablocker kommen sinnvollerweise nur als punktuelle ad-hoc-Vorbereitung auf eine Leistungssituation zum Einsatz, die mit hoher körperlicher Erregung und Ängstlichkeit einhergeht, etwa bei Angst vor Auftritten, Lampenfieber oder Sprechangst. Allerdings gibt es für diese alltägliche und auch klinische Praxis noch kaum gesicherte Evidenz (Sutherland & Davidson, 1995) bzw. ihre Sinnhaftigkeit wird kritisch beurteilt (Kasper, 2000). Wenig sinnvoll ist der Einsatz von Betablockern bei sozialphobischen Störungsbildern vom generalisierten Typus (Liebowitz & Heimberg, 1996; Schneier, 1999) oder bei ausgeprägter antizipatorischer Angst (Liebowitz, 2000).

Effekte im Vergleich

Eine prinzipielle Wirksamkeit der medikamentösen Behandlung der sozialen Phobie ist in verschiedenen Studien belegt (Potts & Davidson, 1995; Sutherland & Davidson, 1995; Schneier, 1995; Antony, 1997; Schneier, 1999). Es können demnach folgende Pharmaka »als Mittel der ersten Wahl bei der Pharmakotherapie der Sozialphobie empfohlen werden« (Windhaber, 1998, S. 142): Phenelzin (ein MAOI), Brofaromin und Moclobemid (zwei RIMas), die SSRIs Fluoxetin, Fluvoxamin, Paroxetin und Sertralin sowie das Benzodiazepin Clonazepam. Für Liebowitz und Marshall (1995) ist Phenelzin die Referenzmedikation. Schneier (1999) ordnet die Substanzen nach ihrer Effektgröße im Vergleich zu der Behandlung mit Placebo. Er setzt den MAO-Hemmer Phenelzin auf den ersten Platz vor dem Benzodiazepin Clonazepam, den Serotoninwiederaufnahme-Hemmern, dem reversiblen MAO-Hemmer Moclobemid und dem Betablocker Atenolol. In einer Kosten-Nutzen-Abwägung zwischen Nebenwirkungen und Effekt kommen Pollack und Gould (1996) hingegen zum Schluss, dass RIMAs die »first-line pharmacotherapy for social phobia« (S. 74) seien, eine Einschätzung, die Baier und Buller (1999) mit ihnen teilen. Weil die Nebenwirkungen der SSRIs vergleichsweise gering sind, sieht Kasper (2000) in ihnen die Medikation der Wahl.

Die Antidepressiva (MAOI und SSRI) und die Benzodiazepine sind pharmakologische Strategien, die bei der generalisierten Sozialphobie sinnvoll sind; Betablocker kommen bei dem nicht generalisierten Subtyp der Sozialphobie trotz unklarer Befundlage zur Anwendung. Diese pragmatische Aufteilung führt zu der (noch offenen) Frage nach einer weitergehenden Aufteilung sozialphobischer Problematik in Subtypen mit je spezifischer Symptomatik und entsprechend möglicherweise anderer psychopharmakologischer Indikation.

5.2 Der Vergleich kognitiv-verhaltenstherapeutischer mit pharmakologischer Behandlung

Die Frage, wie der Effekt pharmakologischer Behandlung der sozialen Phobie einzuschätzen ist, wenn man ihn mit der Wirksamkeit psychologisch-psychotherapeutischer Ansätze direkt vergleicht, wurde erst in wenigen Studien untersucht. Dabei erwies sich kognitiv-verhaltenstherapeutische Behandlung einer Medikation mit dem Betablocker Atenolol überlegen (Turner, Beidel & Jacob, 1994), war jedoch vergleichbar der Behandlung mit dem MAOI Phenelzin oder dem Benzodiazepin Alprazolam (Gelernter, Uhde, Cimbolic, Arnkoff, Vittone, Tancer & Bartko, 1991). Allerdings blieb hier offen, wie sehr die Angleichung darauf zurückzuführen ist, dass Instruktionen zur Konfrontation bei allen Behandlungen eingeschlossen waren. Daraus zu schließen, dass beide Ansätze gleich effektiv sind – oder nicht –, wäre ein vereinfachendes und voreiliges Fazit. Heimberg, Liebowitz, Hope, Schneier, Holt, Welkowitz, Juster, Campeas, Bruch, Cloitre, Fallon & Klein (1998) kommen in ihrer Vergleichsstudie zu differenzierteren Schlussfolgerungen. In der Studie wurden vier Behandlungen einander gegenübergestellt, kognitiv-verhaltenstherapeutische Gruppentherapie, Phenelzin, eine Placebomedikation und eine psychologische Placebobehandlung, unterstützende Gruppentherapie genannt. Nach 12 Behandlungswochen erwiesen sich die kognitiv-verhaltenstherapeutische Gruppentherapie und die pharmakologische Behandlung als jeweils gleich wirksam; beide waren deutlich wirksamer als Placebo und die unterstützende Therapie. Die Pharmako-

therapie zeigte jedoch schneller positive Effekte, die auch mehr Veränderungsmaße betrafen. Die kognitiv-verhaltenstherapeutische Behandlung spiegelte sich zwar weniger schnell in Veränderungen; diese hielten jedoch länger über die Behandlung hinaus an (Liebowitz & Heimberg, 1996).
Schnellere Wirkung der Pharmakotherapie, länger anhaltende (und wahrscheinlich besser vor Rückfällen schützende) Wirkung der Psychotherapie – Liebowitz und Heimberg (1996) fragen sich, ob man die Vorteile der beiden Ansätze gewinnbringend verbinden könnte (vgl. auch Kasper, 2000). Die Frage ist offen, was eine Kombination bringt, wie sie sich optimal gestalten müsste, aber auch, ob die Kombination der psychologischen oder pharmakologischen Behandlung in ihrer Wirksamkeit vergleichbar oder überlegen ist (Sachs & Katschnig, 1998). Nach Liebowitz (2000) ist bei einer kombinierten Behandlung auf eine gute Koordination zwischen behandelnder Ärztin und Psychotherapeut zu achten.

5.3 Zur Indikation der Pharmakotherapie

Es gibt also verschiedene Substanzen, die zur medikamentösen Behandlung der sozialen Phobie eingesetzt werden können und deren Wirksamkeit sich in offenen und placebo-kontrollierten Studien gezeigt hat. Über diese prinzipielle Wirksamkeit hinaus spielt bei der medikamentösen Behandlung der sozialen Phobie im klinischen Alltag eine Reihe von weiteren Faktoren – zusätzlich zur Frage der Compliance und persönlichen Haltung von PatientInnen gegenüber Medikation – eine wesentliche Rolle.
Die medikamentöse Behandlung der sozialen Phobie ist eine längerfristige Behandlung, z. B. im Vergleich zu den SSRI-Protokollen bei Depression. Das bedeutet, dass sich PatientInnen auf eine längere Zeitspanne von mehreren Monaten einstellen müssen, in der sie regelmäßig und zuverlässig ihre Medikation einnehmen. Studien zur Langzeitbehandlung zeigen eine kontinuierliche Verbesserung sozialphobischer Symptomatik, die etwa nach einem halben Jahr Werte im Normbereich erreicht (Baier & Buller, 1998). Ungünstig scheint das hohe Rückfallrisiko; so führte Absetzen der Behandlung mit Moclobemid nach längerer Behandlung zu einer Rückkehr

der Symptome, die bei erneuter Medikation wieder verschwanden (Versiani, Nardi, Mundim, Pinto, Saboya & Kovacs, 1996; Versiani, Amrein & Montgomery, 1997). Im Langzeitverlauf vermindern sich die Absetzphänomene allerdings in ihrer Deutlichkeit. Zur Behandlung der Sozialphobie eingesetzte Psychopharmaka haben zudem bestimmte Eigenschaften und Nebenwirkungen, die einer genauen Psychoedukation der PatientInnen bedürfen: dazu gehören die strikten Diätvorschriften bei den MAOIs, die langsame Dosissteigerung bei den SSRIs sowie die Absetzphänomene und das Abhängigkeitspotenzial bei den Benzodiazepinen (Windhaber, 1998). Zu berücksichtigen ist auch die bei sozialen Phobien häufige Komorbidität, die die Auswahl der geeigneten Medikation mitsteuern muss.

Prothese oder Krücke?

Was tragen Pharmaka dazu bei, dass PatientInnen gefürchtete soziale Situationen weniger vermeiden und in ihnen andere Erfahrungen machen können? Wie verändert sich durch die Medikation der Ablauf der aktualgenetischen Prozesse der Angstbestätigung in den Situationen? Ermöglichen es Medikamente sozialphobischen PatientInnen, dass sie weniger ängstlich, weniger empfindlich in Situationen gehen – so wäre, zustandsabhängig, der Speicher mit Befürchtungen und angsterzeugenden Annahmen weniger geöffnet. PatientInnen könnten somit ihren angstbestätigenden Modus der Suche nach Evidenz für ihre Befürchtungen leichter verlassen. Eine andere Wirkung könnte darin bestehen, dass durch Medikamente gedämpfte vegetative Signale die Sorge um ein negatives Selbstbild in der Situation weniger ankurbeln. Wenn Körpersignale weniger intensiv auftreten, ziehen sie auch die Aufmerksamkeit weniger stark auf sich. Die langen Behandlungszeiträume und die Rückfallphänomene sprechen dafür, dass Medikamente die sozialphobische Problematik der PatientInnen nicht ändern; sie können jedoch im konkreten Fall dazu beitragen, dass PatientInnen bisher genutzte explizite und interne Vermeidungsstrategien eher ablegen können (Schneier, 1999).

Problematik der Pharmakotherapie

Dass für die Sozialphobie ein multifaktorielles Entstehungsmodell gilt, muss nicht notwendig zum Schluss führen, dass deshalb eine multimodale Behandlung notwendig wird. Das würde einer Haltung entsprechen, die zwar bei der Entstehung der sozialen Angst die Rückkoppelung körperlicher Symptome und kognitiver Prozesse für wesentlich hält (Teufelskreis), bei der Therapie jedoch für die körperliche Ebene eine eigene Behandlung fordert (Schneier, 1999). Problematisch bei der Pharmakotherapie der sozialen Phobie scheint vor allem, dass Situationen weniger gefährlich erscheinen – sei es durch eine Unterbrechung der Rückmeldung von Körpersignalen, sei es durch eine andere Verarbeitung situativer Hinweisreize – und sich nicht die PatientInnen als besser befähigt erfahren, diese Situationen realistischer einzuschätzen und mit ihnen angstbewältigend umzugehen. Es leuchtet eine Parallele auf zu einer problematischen und die Angst aufrechterhaltenden Vermeidungsstrategie sozialphobischer PatientInnen: nicht sie werden fähig, die sozialen Situationen, so wie sie sind, mit weniger Angst bestehen zu können, sondern sie haben mit der Medikation ein weiteres Sicherheitsverhalten zum Umgang mit (unverminderter) Angst und Befürchtungen eingeführt. Liebowitz (2000) warnt zudem davor, dass die Abschwächung der Symptomatik durch Psychopharmaka die Motivation von PatientInnen für eine Arbeit an den Schwierigkeiten (z. B. durch Konfrontation) untergraben könnte. Er betont auch, dass die Psychopharmakotherapie sozialer Ängste nicht einfach sei; wenn PatientInnen sich für diesen Weg entscheiden, sollten sie unbedingt einen mit diesem Behandlungszugang gut vertrauten Arzt aufsuchen.

Nutzen der Pharmakotherapie

Sinnvoll kann die klinische Anwendung von Medikamenten zur Behandlung der sozialen Phobie begründet werden, wenn so der Spielraum für Übungen in Selbstvertrauen, Angstkonfrontation und Vermeidungsaufhebung für sozialängstliche Personen größer wird, die sehr zurückgezogen und ohne Übungsraum und -erfahrung leben. Ein weiteres Argument liegt in der einfachen Handhabung im Erstversorgungsbereich (Baier & Buller, 1998). Gerade dieses Argument müsste man jedoch auch kritisch hinterfragen: ist einer ›einfachen‹, u. U. geringen Symptomreduktion im Verlaufe einer längerfristigen Pharmakotherapie, unter der Anleitung von AllgemeinpraktikerInnen, der Vorzug zu geben vor einer ›weniger einfachen‹, aber lang anhaltenden psychotherapeutischen Behandlung, bei der PatientInnen lernen, dass sie sich selbst auch ohne pharmakologische Hilfsmittel zuversichtlich und selbstsicher in sozialen Situationen bewegen können?

Zusammenfassend sind es verschiedene störungsspezifische Methoden und Verfahren, die bei der psychotherapeutischen Behandlung der sozialen Phobie üblicherweise eingesetzt werden: Die Verfahren zum Aufbau sozialer Kompetenz sehen in der Überwindung sozialer Unsicherheit, ob aufgrund von Verhaltensdefiziten oder aufgrund mangelnder Übung, den wichtigen Angelpunkt für Veränderungen. Die Verfahren der Angstbewältigung fokussieren auf die aktive Bewältigung von Angsterleben und Angstsymptomen. Die Verfahren der Exposition/Reizkonfrontation sollen direkt eine Revision der Annahmen über Angstverlauf und der Reaktionen anderer durch die Konfrontation mit den gefürchteten Situationen ermöglichen. Die Verfahren der kognitiven Umstrukturierung nehmen die angsterzeugenden und -aufrechterhaltenden Annahmen und Befürchtungen zum primären therapeutischen Ansatzpunkt. Schließlich hat sich auch die medikamentöse Behandlung durch Psychopharmaka als Methode zur Behandlung der sozialen Phobie etabliert.
Zwar setzen alle psychologischen Verfahren jeweils an einem bestimmten Eckpunkt der Störung an; ihre Wirkung bezieht sich jedoch auch auf die anderen Aspekte der Sozialphobie. Alle Behandlungsansätze wollen einen Beitrag dazu leisten, dass PatientInnen mit weniger Anspannung und Sorge, mit mehr Zuversicht in sich und andere, sich mit gefürchteten Situationen konfrontieren und diese anders erleben und bewerten können. Es gibt dabei kaum Hinweise darauf, dass je nach vorherrschender Symptomatik ein Ansatz einem anderen überlegen ist.
Die verschiedenen störungsspezifischen Behandlungsverfahren haben sich in kontrollierten Studien als vergleichbar wirksam erwiesen, wobei der Kombination von Exposition mit kognitiver Therapie die höchste Effektivität zuzukommen scheint. Allerdings sind alle Verfahren vergleichbar unwirksam, wenn man sie nach ihren Langzeiteffekten und der Menge und dem Ausmaß positiver Veränderungen beurteilt. Die Zahl der sozialphobischen PatientInnen, die durch eine Behandlung eine auch kli-

nisch zufrieden stellende Veränderung ihrer Symptomatik erreicht, ist im Unterschied zu den Ergebnissen für andere psychische Störungen unbefriedigend. Dies mag einmal damit zusammenhängen, dass die soziale Phobie sich als komplexes Zusammenspiel kognitiver, emotionaler und verhaltensmäßiger Parameter präsentiert, die nicht alle zu gleichen Teilen von den einzelnen Verfahren günstig bearbeitet werden können. Zudem wird in den üblichen Behandlungsansätzen dem Umstand wenig Rechnung getragen, dass auch die therapeutische Situation für sozialphobische PatientInnen eine schwierige Situation ist, welche die Sorge um negative Bewertung durch andere und die damit einhergehenden Ängste und Befürchtungen aktiviert. Deshalb stellt die psychotherapeutische Behandlung sozialphobischer PatientInnen besondere Anforderungen an die Beziehungsgestaltung.

E) Therapeutische Beziehung bei PatientInnen mit sozialer Angst

Eine vertrauensvolle und tragfähige Therapiebeziehung stellt für jede erfolgreiche psychotherapeutische Arbeit eine wichtige Grundlage dar. In der therapeutischen Arbeit mit sozialphobischen PatientInnen ist die Realisierung einer vertrauensvollen und tragfähigen Therapiebeziehung nicht bloß eine unabdingbare Voraussetzung, sondern sie stellt auch eine besondere Herausforderung für PsychotherapeutInnen dar. Da die Therapiesituation selbst zu den gefürchteten sozialen Situationen sozialphobischer PatientInnen gehört, kann die Beziehungsaufnahme und -gestaltung zu diesen PatientInnen erschwert sein. Im Folgenden werden zunächst die interaktionellen Besonderheiten, die mit dieser Ausgangslage einhergehen, beschrieben. Aufgrund dieser möglichen Schwierigkeiten wird dann der Frage nachgegangen, worauf TherapeutInnen bei der Beziehungsgestaltung besonders achten und welche günstigen Voraussetzungen sie dafür mitbringen sollten. Es wird deutlich gemacht, dass die Anknüpfung an die bei den PatientInnen vorhandenen Ressourcen eine zentrale Voraussetzung darstellt, um eine komplementäre Beziehungsgestaltung (Grawe, 1998) verwirklichen, einen verbindlichen therapeutischen Kontrakt mit dem Patienten eingehen und solche Ressourcen für den Veränderungsprozess produktiv nutzen zu können. Schließlich wird anhand der jeweiligen Therapiephase, in der sich Patient und Therapeutin befinden, erläutert, welche beziehungsmäßigen ›Klippen‹ dabei gemeistert werden sollten.

1. Therapie als gefürchtete soziale Situation

Zentral bei Personen mit sozialen Phobien ist die Angst vor negativer Bewertung durch andere. Diese Angst spielt nicht nur in den alltäglichen sozialen Situationen eine Rolle, sondern auch in der Therapiesitzung selbst. Häufig haben sozialphobische PatientInnen jahrelang mit großem Aufwand zu verhindern versucht, dass irgendjemand ihre Schwierigkeiten bemerkt. In der Therapie wird nun von ihnen erwartet, dass sie offen darüber sprechen. Therapie bedeutet zudem ja nicht nur, sich jemandem zu zeigen und so schon (negative) Bewertung zu riskieren. In der Therapiesituation ist dieses Risiko noch um ein Vielfaches gesteigert, da es darum geht, dass eine Person sich gegenüber einer anderen Person mit einer Schwäche deklariert und präsentiert, was sie in ihrem alltäglichen Leben nach Möglichkeit zu vermeiden versucht. Für Menschen mit übertriebener sozialer Angst ist dies besonders schwierig: Vermeintliche Schwäche zu zeigen bedeutet für sie in der Regel, unadäquat, fehlerhaft und ungenügend zu sein, weil für sie ›schwach‹ diese negativen Konnotationen hat. Somit stellt die Therapiesituation selbst also genau so eine gefürchtete und nach Möglichkeit vermiedene Situation sozialer Interaktionen dar.

PatientInnen befürchten daher häufig, den vermeintlichen Erwartungen der TherapeutInnen nicht zu genügen (z. B. »Bestimmt langweile ich meine Therapeutin mit meinen Problemen«; »Ich möchte mich viel besser ausdrücken, als ich das kann«; »Wenigstens in der Therapie darf ich keinen roten Kopf bekommen«; »Die hat ihr Leben bestimmt sicher im Griff, ich komme mir hier furchtbar dumm vor«). Für die Therapiebeziehung ist es daher sehr bedeutsam, wie sich die Therapeutin einem Patienten mit solch problematischen Kognitionen zuwendet.

Grundsätzlich besteht also die erste Schwierigkeit, die TherapeutInnen bei der Behandlung sozialphobischer PatientInnen begegnet, darin, dass die Angst vor der therapeutischen Situation selbst den Einstieg in eine Behandlung erschweren oder gar verhindern kann. Für PatientInnen, die nicht im Einzelsetting, sondern in einer Gruppe behandelt werden, können solche Befürchtungen noch gesteigert sein. Zwar leuchtet vielen PatientInnen grundsätzlich ein, dass es Sinn macht, ihre sozialphobischen Ängste in einem Setting zu behandeln, in dem sie gewöhnlich auftreten. Die zu behandelnden Probleme werden so aktualisiert, wobei die Gruppe gleichzeitig eine wichtige Ressource für die Realitätsprüfung und auch für soziale Übungen zur Verhaltensänderung darstellt (siehe dazu ausführlicher Kapitel D 1 ›Aufbau sozialer Kompetenz‹). In einer Gruppe werden die PatientInnen jedoch mit der Anforderung konfrontiert, sich exakt dem auszusetzen, wovor sie sich am meisten fürchten: sich den Blicken und dem Urteil anderer auszuliefern, möglicherweise negativ beurteilt zu werden, sich der Lächerlichkeit preiszugeben, sich zu blamieren vor den anderen, sich ganz peinlich zu benehmen etc. Es ist von daher alles andere als selbstverständlich, dass sich sozialphobische PatientInnen auf das Angebot einer Gruppentherapie einlassen können. (Das Gruppensetting bietet zwar nahe liegende ›Vorteile‹; entgegen einer häufig geäußerten Einschätzung hat sich jedoch die Behandlung im Einzelsetting nicht als weniger wirksam erwiesen, vgl. z. B. Taylor, 1996.)

Ungeteiltes Leid

Ein weiterer Grund, weshalb selbst Personen mit stark ausgeprägter Sozialangst es nicht immer schaffen, eine psychotherapeutische Behandlung einzugehen, liegt darin, dass sie aufgrund verschiedener Formen des sozialängstlichen Rückzugs aus der Gesellschaft kaum wissen können, dass auch andere Personen unter ähnlichen Problemen leiden. Sie können sich oft kaum vorstellen, dass sie ihre zentrale Problematik mit vielen LeidensgenossInnen teilen, und in ihrer Zurückgezogenheit können sie nur erschwert die Möglichkeit, Hilfe zu suchen, überhaupt in Betracht ziehen.
Weiter führt eine Lebensgestaltung, die stark auf die Vermeidung sozialer ›Prüfungen‹ ausgerichtet ist, durch den immer stärkeren Rückzug mit dazu, dass nur noch selten mehr Angst effektiv erfahren wird. Durch ganz bestimmte Lebensführungen gelingt es den Betroffenen, ihre Ängstlichkeit großenteils aus ihrem Alltag draußen zu halten. Somit fehlt dann auch die unmittelbare Dringlichkeit gefühlten Leidens, und die Anspannung als Antrieb zur Therapie lässt nach. So wie Vermeidung der Herausforderung sozialer Situationen die Angst bis zu einem gewissen Maße inaktiviert hält, so sehr können auch andere ›Dämpfer-Strategien‹, wie Alkohol, Medikamente u. a., das unmittelbare Leidensgefühl betäuben. Eventu-

ell gelangen diese PatientInnen dann erst via die aus ihrer Problemlösung entstehenden neuen Probleme in eine Therapie.

Therapieanlass: ›sichtbare‹ und ›primäre‹ Symptome

Im Zusammenhang mit dem Therapieanlass stellt sich die Frage, was die PatientInnen mit sozialer Angst als ihr Problem präsentieren. PatientInnen suchen auch immer wieder eine Therapie nur auf, um ›sichtbare Symptome‹ zu behandeln. Diese Symptome beziehen sich auf die Furcht davor, dass die eigene Angst sichtbar wird und dass dies von anderen negativ wahrgenommen und bewertet wird. Diese ›sichtbaren Symptome‹ werden in der klinischen Praxis häufig zum Behandlungsanlass. PatientInnen wünschen so, plakativ gesagt, dass die Angstzeichen weggehen, weil sie diese als Angstauslöser erleben und nicht als Angstreaktionen. Paradebeispiele dafür sind Erröten, Zittern, Schwitzen, aber auch als ›uneinnehmend‹ erachtetes Verhalten, das zum Behandlungsanlass wird (»ich möchte mich einfach besser ausdrücken können, vielleicht sollte ich auch einen Redekurs besuchen«). Sozialphobische PatientInnen formulieren möglicherweise einen Auftrag, der eine andere Diagnose beinhalten könnte (wie z. B. Prüfungsangst, Erythrophobie oder Schreibkrampf). Ihr Modell zur Aufrechterhaltung der Störung ist dann u. U. einiges entfernt vom Modell der Therapeutin. So kann z. B. der Auftrag, das Erröten oder das Zittern zu reduzieren auch beinhalten und signalisieren, dass es keine anderen Probleme gibt. Die körperliche oder andere Angst-Symptomatik wird losgelöst von Bewertungsangst und Selbstrepräsentation dargestellt und wird so auch nicht primär bearbeitbar. Dies wirft dann die Frage auf, wie gut die Erklärungsmodelle von PatientInnen und TherapeutInnen miteinander in Einklang zu bringen sind (vgl. Kapitel F 1 ›Entwicklung einer individuumsspezifischen Fallkonzeption‹). Eventuell wären solche PatientInnen auch KandidatInnen für medikamentöse und/oder chirurgische Veränderung der Symptomatik, in denen keine Veränderung der Annahmen über die Gefahr, die den PatientInnen in den sozialen Situationen droht, intendiert werden.

Aktualisierung angstbestätigender Prozesse

Wenn die ›primären Symptome‹ zum Therapieanlass werden, steht die Furcht vor der Bewertung durch andere im Vordergrund. Diese führt zu einem Selbstbild, das die Betroffenen in ihrem Auftreten

als inadäquat zeichnet und ihre Leistungen als schwach und ungenügend erscheinen lässt. Zu den ›primären Symptomen‹ gehört nicht nur, dass diese Probleme als ›Mängel‹ und nicht als individuelle Merkmale wahrgenommen werden. Es besteht auch die Angst, dass dies von anderen bemerkt und durchwegs als nur negativ bewertet werden könnte.
Als ›primäre Symptome‹ können daher die problematischen Prozesse genannt werden, welche die soziale Angst aufrechterhalten (vgl. Kapitel C 3 ›Angstbestätigende Erfahrungen in den Situationen‹). In der therapeutischen Situation werden nun die sozialphobischen Bewertungsängste wieder aktualisiert, und gleichzeitig wird mit den typischen Strategien zur Situationsbewältigung die ›Katastrophe‹ zu verhindern versucht. Im Folgenden wird darauf eingegangen, welche Auswirkungen diese Strategien der PatientInnen auf die Therapiebeziehung haben können.
Wenn Patientinnen in der Therapie ihre Aufmerksamkeit hauptsächlich auf sich selbst richten, wirken sie oft wie unter einer Glocke. Dies kann dann so wirken, als wenn sie nicht zuhören, sich nicht interessieren usw. Sozialphobische Bewertungsangst zeigt sich in der Therapie immer wieder als Befangenheit und Selbstaufmerksamkeit: PatientInnen wirken gefangen in eigenen negativen Gefühlen und Empfindungen, sie erscheinen distanziert. In der Folge wird ihre Aufmerksamkeit durch selbstabwertende Gedanken oder Gefühle, die mit Peinlichkeit verbunden sind, beeinträchtigt. Daher können sie sich oft schlecht darauf konzentrieren, was direkt gesagt wird, bzw. können sich in der Therapie nicht mehr voll beteiligen.

Vermeidung

Nicht nur kognitive, interne Vermeidung, sondern auch andere Vermeidungsstrategien können in Bezug auf die Therapie ähnliche Gestalt annehmen wie in der sozialphobischen Problematik. Ein Beispiel hierfür wäre ein Patient, der sich nicht mehr meldet, nachdem er einen Termin nicht wahrgenommen hat. Vermeintliches Erklärenmüssen und Schuldigdastehen werden als schlimmer gewertet, als einfach aus der Therapie auszutreten. Es kommt zu einer Vermeidung ohne eine befürchtete Konfrontation.
Ähnliche Effekte wie die Selbstaufmerksamkeit hat das Sicherheitsverhalten. So nicken PatientInnen vielleicht häufig und sehr be-

müht, um auf keinen Fall dumm und verständnislos zu erscheinen. Andere lächeln möglicherweise die ganze Zeit und ohne speziellen Anlass, um auf jeden Fall freundlich zu wirken. PatientInnen können so die TherapeutInnen richtiggehend auflaufen lassen, weil sie in ihrem Selbst-Rückzug kaum mehr zu erreichen sind. Der Anspruch, verständnisvoll darauf zu reagieren und die PatientInnen gleichzeitig wieder in einen mehr nach außen gewandten Zustand zu bringen, führt zu einer Art Paradox: aktiv mitarbeiten vs. sozialphobischer Rückzug. Aktiv beizutragen in einer kleinen Gruppe oder gar in der Zweiersituation heißt ja irgendwo auch: sich exponieren, Angriffsfläche bieten, im Mittelpunkt stehen, im Rampenlicht sein usw.

Paradoxon in der Beziehungsgestaltung

Kognitiv-verhaltenstherapeutisches Vorgehen beinhaltet viele Fragen, die es den PatientInnen ermöglichen sollen, neue Perspektiven zu entwickeln. Diese Befragungsmethode kann manchmal ausreichend Angst erzeugen, um Selbstöffnung zu behindern anstatt sie zu erleichtern. Je weniger der Patient sagen kann, desto mehr Fragen stellt die Therapeutin und desto mehr liegt es der Therapeutin nah, statt des Patienten selbst zu sprechen.
Diese Form von direkter Interaktion, in der sozialphobische PatientInnen ständig im Mittelpunkt und quasi auf dem Prüfstand stehen, aktiviert die sozialphobischen Befürchtungen besonders und hält sie so in den Therapiestunden am Leben. Sozialphobische PatientInnen versuchen sich mit den Mitteln des Rückzugs oder der kognitiven Vermeidung aus dieser Anspannungssituation wegzubewegen. Man kann sich leicht vorstellen, dass ein ausgeprägter Rückzug zu noch direkterem und vermehrtem Nachfragen führt, was wiederum zu stärkerem Rückzug usw. führen kann. Oder anders herum, wenn man beim Nachfragen seitens der TherapeutInnen beginnt, kann dieses von den PatientInnen leicht als ›inquisitorisch‹ empfunden werden und zum Rückzug führen. Somit entsteht das Paradox oder der Konflikt zwischen den beiden Haltungen: aktiv sachbezogen auf TherapeutInnenseite, angstabwehrend sich zurückziehend auf PatientInnenseite. Diese beiden Prozesse oder Bewegungen können u. U. eskalieren.

Negatives Prozessieren von Interventionen

Bezogen auf ihr eigenes Auftreten sind sozialphobische PatientInnen Meister in der pauschalisierenden, negativen Schlussfolgerung. In der therapeutischen Situation erscheinen sie oft nicht nur abwesend in ihrer selbstaufmerksamen ›Glocke‹, sondern auch irgendwie verstrickt in abwertenden Gedanken. Der problematische Umgang mit vermeintlicher Kritik kann sich z. B. darin äußern, dass die PatientInnen auch sanfte Paraphrasierungen von Gesagtem durch die TherapeutInnen ständig berichtigen müssen, weil sie z. B. nicht hören: »Es hat Sie verletzt, dass ...«, sondern weil sie hören: »Sie sind ein Schwächling, dass es überhaupt zu einer Situation kommen konnte, wo man Sie verletzen konnte.«

Auch wenn es nur andeutungsweise danach aussehen könnte, als würde die Therapeutin den Patienten mit einem negativen Attribut behaften, kann dies leicht falsch verstanden werden: »Sie sind jemand, der sehr hartnäckig seine Ziele verfolgt« kann dann gerade werden zu »Sie sind eine sture Person«.

Negatives Prozessieren gemäß der eigenen Angst-Schemata kann sich auch darin äußern, dass PatientInnen versuchen, defensiv vermeintliche General-Entwertungen ihrer Person z. B. durch Widerständigkeit und Gegenbeweise für formulierte Zusammenhänge aufzuheben (»Bei mir ist das nicht so einfach«) und keine Rückkoppelungsschleife akzeptieren zwischen Erwartungen und Angst (die einfach so vom Himmel fällt).

Defensives Verhalten

Selbstunsicherheit und Bewertungsangst können sich auch in allen Formen defensiver Flucht-nach-vorne-Strategien zeigen. Dazu gehört z. B. pausenloses, vorwurfsvolles Sprechen, damit kein Platz für unkontrolliert-unerwartetes Nachfragen offen bleibt und damit deutlich signalisiert wird, wer hier allenfalls gar ›unethisch‹ den PatientInnen etwas zumutet. Weiter ist ein auf viele Fragen mechanisches, abblockendes »ich weiß nicht« auch ein Versuch, möglichst schnell aus der sozialen Situation ›Therapiestunde‹ rauszukommen bzw. möglichst zu vermeiden, sich mit der Realität der Situation auseinander zu setzen. Weiter kann sich das defensive Verhalten auch in nonverbalen Signalen zeigen, die nur allzu schnell als ›arrogant‹ bezeichnet werden können. Eine ärgerliche Gegenübertragung ist da eine Klippe auf TherapeutInnenseite.

Auch einen Ausgleich suchen zu der als beschämend empfundenen Asymmetrie der psychotherapeutischen Situation (Fachperson vs. sich minderwertig fühlende Person) und zu der einseitigen Selbstdarstellung in eigener Schwäche findet sich, z. B. wenn PatientInnen einfach nicht die Stunde beenden lassen können; das wäre eine Möglichkeit, wie Kontrolle wiederhergestellt wird. Oder wenn der Therapeutin signalisiert wird, dass sie wohl die Tragweite der eigenen Problematik nicht ganz verstehe, wenn sie auch Zuversicht formuliert, dass man etwas zu verändern versuchen könne.
Wenn PatientInnen sich, v. a. zu Beginn der Therapie, nicht verstanden fühlen, dann kann es sehr schwer werden, dieses Gefühl wieder aufzuheben. Es fehlt dann ja auch noch ein gemeinsames Verständnis über das ›ABC der Gefühle‹ (siehe Kapitel D 4 ›Kognitive Umstrukturierung‹ bzw. Teil F), d. h., es wurde noch nicht hinterfragt oder thematisiert, dass Gefühle zwar stimmen, aber vielleicht auf falschen Bewertungen und Schlussfolgerungen beruhen.

Soziale Standards des Psychotherapie-Settings

Nicht nur das Thema ›Ich‹ im Zentrum der Therapie und die Form von Aufforderungen und Fragen können für sozialphobische PatientInnen zu bedrohlich wirken, auch die individuellen Normen eines interaktiv ertragbaren Settings können zwischen TherapeutIn und PatientIn deutlich differieren: Dazu zählen Sitzdistanz (gerne werden die Stühle in einige Entfernung gerückt), Pausen und Antwortzeiten sowie Kommunikation auf den nonverbalen Kanälen. Blickverhalten ist hier wohl ein ganz heikler Parameter; aber auch der Gesichtsausdruck, der von der Therapeutin ›ernst-sachlich‹ gemeint ist, für den Patienten vielleicht ›verdächtig‹ schon wieder ›strafend-unzufrieden‹ wirkt. Auch die sozialen Regeln des Empfangs, z. B. die Situation des Wartezimmers, kann zum Problem werden, weil man dort von andern in eigener Schwäche als PatientIn gesehen werden kann. Deshalb kann vielleicht auch ›unverschämt‹ wirkendes Zuspätkommen dazu dienen, das Wartezimmer zu vermeiden.

Traumatische Erfahrungen

Gewisse sozialphobische PatientInnen haben in ihrer Vergangenheit dermaßen traumatische Beziehungserfahrungen gemacht, dass es ihnen auch als Erwachsene immer noch äußerst schwer fällt, zu

ihrem Gegenüber eine ›normale‹ Beziehung aufzunehmen. Man gewinnt dabei den Eindruck, dass sich die zentrale psychische Problematik solcher PatientInnen auch in ihrem Beziehungsverhalten im Sinne problematischer Beziehungsmuster widerspiegelt.
Wenn jemand z. B. von seinen Klassenkameraden immer wieder wegen Errötens gehänselt oder wenn er mehrmals vom Lehrer vor der ganzen Klasse bloßgestellt wurde, mag er mit der Zeit glauben, dies gehöre sich so und er habe nichts Besseres verdient.

Beziehungstests

Derart traumatisierte PatientInnen mögen später in eine Therapie kommen mit der unbewussten Strategie, herauszufinden, ob sie in ihren Befürchtungen richtig liegen, dass sie früher zu Recht von ihren Mitmenschen so schlecht behandelt wurden. Mit Hilfe so genannter Beziehungstests versuchen sie nun in der Therapiebeziehung zur Therapeutin die Richtigkeit ihrer Befürchtungen zu prüfen (Weiss, Sampson & The Mount Zion Psychotherapy Research Group, 1986). Dies kann nach Auffassung der ›San Francisco Research Group‹ folgendermaßen geschehen: Sobald sich der Patient in der Therapie einigermaßen sicher fühlt, werden auch die unterdrückten Wünsche und Ziele und die damit verbundenen Befürchtungen wieder aktiviert, und der Patient wird sich der Therapeutin gegenüber danach zu verhalten beginnen. Das dabei gezeigte Interaktionsverhalten erscheint in den Augen der Therapeutin nicht selten als ambivalent, weil es zwischen Annäherung (Wunsch aktiviert) und Vermeidung (Befürchtung aktiviert) oszilliert. Der Patient wird vorsichtig prüfen, ob auf sein (Test-)Verhalten hin die befürchteten negativen Konsequenzen eintreten oder nicht. Er wird – ermutigt durch das vorhandene Vertrauen – die Therapeutin (unbewusst) auf die Probe stellen, wie diese darauf reagiert. Treten dabei die erwarteten Befürchtungen ein, wird der Patient im aktiven Verfolgen seiner Wünsche und Ziele entmutigt und sich wieder resigniert zurückziehen. Bleiben dagegen die erwarteten Befürchtungen aus, wird der Patient noch stärker ermutigt, sich im Sinne seiner Wünsche und Ziele zu verhalten.
Die San Francisco Psychotherapy Research Group (1986) unterscheidet zwischen zwei verschiedenen Testkategorien, nämlich zwischen ›Übertragungstests‹ und ›Turning-Passive-Into-Active-Tests‹, was sich sinngemäß mit ›Opfer-Täter-Test‹ (Ambühl &

Doblies, 1991; Ambühl, 1992) oder ›Rollenumkehrtest‹ (Volkart, 1995) übersetzen lässt.

Übertragungstests

Als Form eines charakteristischen Übertragungstests bei sozialphobischen PatientInnen können Situationen angesehen werden, in denen z. B. ein Patient die Therapeutin zu ›provozieren‹ versucht, ihn zu beschämen und lächerlich zu machen. Wenn es der Patient wirklich erreicht, von der Therapeutin beschämt zu werden, wird sich seine ›pathogene Überzeugung‹ (Weiss et al., 1986) noch verstärken, dass er von anderen nichts Besseres zu erwarten habe. Darum ist es sehr wichtig, dass die Therapeutin auf ihre Gefühle der Gegenübertragung achtet und ihren Verhaltensimpulsen nicht nachgibt.
Allerdings ist es manchmal sehr schwierig, den graduellen Schwellensprung zu ermitteln, wo eine ›echte‹ Beschämung durch die TherapeutInnen anfängt und wo das, was die TherapeutInnen in ihrer professionellen Haltung tun (wie z. B. sich kompetent zeigen, ein Programm haben, ›besser wissen‹ als der Patient, wie es weitergehen soll, genau nachfragen, um zu verstehen, usw.), nicht bloß aufgrund der negativen Fokussierung und der kognitiven Generalisierung bei den sozialphobischen PatientInnen bereits als Beschämung ankommt.

Rollen-Umkehr-Tests

Im Falle der Rollen-Umkehr-Tests wird der sozialphobische Patient vom hilflos gefangenen ›Opfer‹ zum aktiven ›Täter‹, indem er die Therapeutin in ähnlicher Weise zu beschämen und lächerlich zu machen versucht, wie er selbst von relevanten Bezugspersonen in seiner Kindheit beschämt und lächerlich gemacht worden ist. Solch ein Patient mag z. B. versuchen, die Therapeutin in dieselbe hilflose Position zu bringen, in der er sich selbst über lange Zeit befunden hatte. Anhand der Reaktionen der Therapeutin möchte er herausfinden, wie diese modellhaft ein solches Problem zu lösen versucht. Es erscheint nahe liegend, dass das gezeigte Interaktionsverhalten eines solchen Patienten die ›gute‹ Therapiebeziehung massiv gefährden kann, weil die Interventionen der Therapeutin mit Entwertung und Hohn quittiert werden. Die Therapeutin kann solche Beziehungstests bestehen, wenn sie sich nicht entmutigen lässt, son-

dern darauf unerschüttert und weiterhin zuversichtlich reagiert. Diese Art von Beziehungstests wird vor allem von schwer traumatisierten PatientInnen gewählt, weil sie sich dabei in der aktiveren und sichereren Position befinden. Denn selbst wenn die TherapeutInnen die zu testenden Überzeugungen nicht entkräften können, ist aufgrund der veränderten Rollenverteilung für die PatientInnen das Risiko einer Retraumatisierung gering (Volkart, 1995).
Um auf solche Beziehungstests vorbereitet zu sein, ist es wichtig, dass TherapeutInnen möglichst früh ein entsprechendes Verständnis der wichtigsten Konflikte ihrer PatientInnen erarbeiten (Ambühl & Doblies, 1991; Ambühl, im Druck).

2. Ressourcenorientierte Beziehungsgestaltung

Immer wieder wird in neuerer Zeit betont, dass ein Therapieergebnis nur dann positiv ausfallen kann, wenn die Therapiebeziehung zu einer möglichst positiven Ressource für die PatientInnen wird. Dies kann dadurch erreicht werden, dass sich PatientInnen bei den TherapeutInnen in ihrer Eigenart angenommen und in ihren Anliegen aufgehoben und unterstützt fühlen. Sie sollen sich in der Therapie nach Möglichkeit als Personen erfahren, die eigene Fähigkeiten und Stärken in die Therapie einzubringen haben. Sie sollen das Gefühl bekommen, dass die TherapeutInnen auf ihrer Seite stehen, dass sie ihnen helfen, mehr so zu werden, wie sie es selbst gerne sein möchten (Grawe, Grawe-Gerber, Heiniger, Ambühl & Caspar, 1996). Auf diese Weise können bei den PatientInnen positive Besserungserwartungen induziert werden, was einen wichtigen ersten Schritt in Richtung Veränderung darstellt.
Die vorhandenen Ressourcen der PatientInnen stellen ihr positives Potenzial dar, das sie in den Veränderungsprozess einbringen können (Grawe, 1998; Willutzki, 2000a). Je besser es TherapeutInnen gelingt, eine Vielzahl dieser Ressourcen aufzuspüren und für den Veränderungsprozess zu mobilisieren, um so mehr werden sich die PatientInnen in ihren positiven Möglichkeiten, ihren eigenen Zielen

und Werten gespiegelt sehen und sich in ihrem Selbst aufgewertet fühlen.
Die therapeutische Beziehungsgestaltung unter der Ressourcenperspektive beinhaltet letzten Endes alles, was PsychotherapeutInnen tun können, um ihren PatientInnen den Einstieg in einen Veränderungsprozess zu ermöglichen, Hoffnungen zu induzieren, ihr Wohlbefinden zu verbessern, ihr Selbstwertgefühl zu erhöhen und ihre Potenziale und Möglichkeiten für den Veränderungsprozess nutzbar zu machen.

Ressourcenanalyse

Es ist daher wichtig, dass TherapeutInnen ein möglichst konkretes Bild über die Ressourcen der PatientInnen insgesamt entwickeln (d. h. ihrer Stärken, Fähigkeiten, wichtigen Beziehungsfähigkeiten, Interessen und Aufnahmebereitschaften). Prinzipiell kann man alles als Ressource verstehen, was von einem bestimmten Patienten in einer bestimmten Situation wertgeschätzt wird (Willutzki, 2000b). Mit dieser Betonung der bewertenden Perspektive sind TherapeutInnen gefordert, ihren Blick für die positive Seite auch von Problemen und ihnen problematisch erscheinenden Verhaltens- und Interaktionsweisen zu schärfen. Dies könnte sich z. B. darin ausdrücken, dass – möglicherweise als problematisch erlebte – Verhaltensweisen eines Patienten daraufhin hinterfragt werden, ob sie nicht (auch) Ressourcen darstellen und damit Möglichkeiten für eine günstigere Gestaltung der therapeutischen Arbeit bieten. Ressourcen können in die Therapie auf verschiedene Weisen eingehen und genutzt werden (siehe Grawe, 1998).

Prozessuale Nutzung der Ressourcen

Zunächst können Ressourcen prozessual genutzt werden. Dies bedeutet, dass die Therapeutin auf der Grundlage ihres Bildes von den Ressourcen des Patienten ihr therapeutisches Beziehungsangebot entsprechend gestaltet. Zum Beispiel kann die ›Autoritätshörigkeit‹ eines Patienten sich unter einer Ressourcenperspektive auch als große Aufnahmebereitschaft für Hinweise aus kompetentem Munde darstellen. Dies kann auf prozessualer Ebene dazu führen, dass dem Patienten z. B. auch einmal ein Fachbuch empfohlen wird, damit es ihm leichter fällt, sich von der generell negativen Sicht seiner Entwicklungsmöglichkeiten zu lösen, die ihm in einer früheren

Therapie vermittelt worden ist. In einem anderen Fall nutzt die Therapeutin die große Bedeutung, die Erklärungen und Verständnis einer Sache für den Patienten haben, dazu, mit ihm ein besonders detailliertes Erklärungsmodell seiner Schwierigkeiten und auch des günstigen Verhaltens zu erarbeiten.
Auch in der Sprache eines Patienten, seinen Bildern und der Art und Weise, Dinge darzustellen, finden sich Hinweise darauf, wie er mit der Welt umgeht, welche Handlungsmuster und damit (auch) Ressourcen er hat. Eine Orientierung an den Metaphern des Patienten kann so etwa dazu beitragen, dass die Therapeutin bei einem sehr technisch denkenden Menschen dessen Bilder aufgreift und ihm dadurch die Ausgestaltung seiner Veränderungsvorstellungen erleichtert.

Inhaltliche Nutzung der Ressourcen

Ressourcen des Patienten können im Therapiegespräch auch inhaltlich direkt als Stärken und durch die Person beeinflusste positive Entwicklungen thematisiert werden. So könnte etwa der große Bekanntenkreis eines Patienten direkt interpretiert werden als Fähigkeit, andere für sich zu gewinnen. Ein Feld, in dem sich die inhaltliche Thematisierung von Ressourcen fast schon aufdrängt, sind die Fortschritte, die der Patient im Laufe der Psychotherapie erzielt. Es lohnt sich sehr, mit dem Patienten ein detailliertes Gespräch über Fortschritte zu führen, bei dem die Ressourcen des Patienten direkt thematisiert werden und soweit als möglich auf sein Selbstbild bezogen werden. Zudem wird hierdurch ein Zugang zu den mit den Fortschritten verbundenen positiven Gefühlen möglich (Willutzki, 2000a).

Therapeutisches Arbeitsbündnis

Ein grundlegendes Ziel für den diagnostisch-therapeutischen Prozess besteht darin, eine therapeutische Allianz aufzubauen, die als »zweckgerichtetes, zeitlich begrenztes Arbeitsbündnis mit spezifischer Rollenverteilung« charakterisiert werden kann (Kanfer, Reinecker & Schmelzer, 1996). Die primäre Aufgabe der Beziehung ist die Kooperation zwischen TherapeutInnen und PatientInnen mit dem Ziel, durch eine enge Zusammenarbeit die Probleme des Patienten gemeinsam zu verändern. Laireiter (1995) hebt hervor, dass diese Art des Arbeitsbündnisses von der Arbeitsstruktur und der Rollenverteilung her gesehen eine Modifikation der dyadischen Beziehung hin zu einer triadischen impliziert. Für diese Art der therapeutischen Kooperation ist die Voraussetzung eine (kognitive) ›Externalisierung‹, in der die Probleme des Patienten quasi aus dem Patienten herausgenommen und zu einem Dritten im Bunde werden. Erst diese Externalisierung macht es möglich, dass Therapeutin und Patient bei der Veränderung der Probleme gemeinsam zusammenarbeiten können.

Therapeutisches Basisverhalten

Um dieses Ziel zu erreichen, soll die Therapeutin ein therapeutisches Basisverhalten realisieren, indem sie sich dem Patienten freundlich zuwendet, eine ruhige und sanktionsfreie Gesprächsatmosphäre schafft, warmherzig, echt und selbstkongruent in ihrem verbalen wie nonverbalen Verhalten auf den Patienten eingeht. Der Patient sollte sich dadurch von der Therapeutin wertgeschätzt fühlen und das Gefühl bekommen, dass diese auf seiner Seite steht. Er sollte sich in seinen Anliegen von der Therapeutin verstanden und unterstützt fühlen. Er soll das Gefühl bekommen, dass die Therapeutin und er die gleichen Ziele verfolgen, dass in der Therapie nicht über ihn verfügt wird, sondern dass er selbst Kontrolle, aber auch Mitverantwortung dafür hat, woran in der Therapie gearbeitet wird.

Komplementäre Beziehungsgestaltung

Ein wesentliches Merkmal von Beziehungen im Allgemeinen und der Therapiebeziehung im Besonderen besteht darin, dass Interaktionspartner gegenseitig versuchen, das Verhalten des Gegenübers so zu steuern, dass es mit den eigenen in der Situation vorherrschenden Zielen vereinbar ist (Argyle, 1972). Wenn man diese Sichtweise auf die Therapiebeziehung überträgt, so fällt es nach Grawe (1982) in den Verantwortungs- und Aufgabenbereich von TherapeutInnen, dafür zu sorgen, dass dieser interaktionelle Problemlösungsprozess zu einer funktionsfähigen Arbeitsbeziehung führt. Die TherapeutInnen sind gehalten, sich gezielt möglichst komplementär zu den wichtigsten interaktionellen Plänen der PatientInnen in Beziehung zu setzen (Grawe, 1980; Caspar, 1996). Die Therapiebeziehung wird dann zu einer optimalen Grundlage für einen fruchtbaren Veränderungsprozess, wenn sich die Therapeutin möglichst komplementär, d. h. erfüllend, bestätigend, zu den wichtigsten positiven Zielen des Patienten verhält.

Voraussetzungen auf TherapeutInnenseite

Über die Fähigkeit hinaus, zu PatientInnen vor allem in der Anfangsphase eine komplementäre Beziehungsgestaltung und ein kooperatives Arbeitsbündnis realisieren zu können, sollten TherapeutInnen zur Behandlung sozialphobischer PatientInnen noch ein paar weitere günstige Voraussetzungen mitbringen.
TherapeutInnen sollten sich ihrer eigenen sozialen Fähigkeiten kontinuierlich bewusst sein und diese auch nutzen. Sonst besteht die Gefahr, dass sie selbst in den ›kontaminierenden‹ Effekten des Problems gefangen bleiben. Sie sollten eine Sensibilität dafür entwickeln, wie soziale Ängste den Behandlungsprozess beeinflussen können, und sie sollten Wege entwickeln, wie sie diese Schwierigkeiten überwinden.
Neben der direkten Erfahrung ist Modelllernen ein ebenso potenter Lernmechanismus. TherapeutInnen sollten daher in der Lage sein, ihren PatientInnen ein gutes Modell zu sein. Das bedeutet auch, dass sie fähig sein sollten, selbst z.T. etwas ungewöhnliche soziale Verhaltensweisen zu zeigen.
TherapeutInnen müssen also über gewisse Basisfertigkeiten verfügen. Sie sollten sich in ihrem Verhalten so anpassen, dass es den PatientInnen leichter wird, schwierige Themen anzusprechen bzw. sich in schwierigen Situationen zu bewegen. Es ist gleichzeitig wichtig, dass sie nicht vor der Besprechung schwieriger Themen zurückschrecken. Vielmehr sollten sie die Gelegenheit dazu nutzen, den genauen Charakter der Gedanken und Gefühle herauszuarbeiten, da diese ›heißen‹ Kognitionen im Allgemeinen die zentralen Ängste des Patienten in sozialen Situationen widerspiegeln. Dazu kann auch hilfreich sein, auf eine Metaebene zu gehen. Die Therapeutin kann dem Patienten vermitteln, wie schwierig es für ihn sein dürfte, solche Themen offen anzusprechen. Zudem kann sie gerade anhand der Bearbeitung eines solchen Themas angstaufrechterhaltende Prozesse aufzeigen (wie z.B. ›inneres Wegtreten‹).
TherapeutInnen dürfen sich nicht dazu verleiten lassen, die Belastung und die Angst von sozial zum Teil sehr kompetenten PatientInnen zu unterschätzen. Die Diskrepanz zwischen der Innenperspektive und der Außenperspektive ist zum Teil so groß, dass aus

dem Blick gerät, für wie inkompetent und seltsam sich der Patient hält. Damit einher geht die Gefahr, PatientInnen zu überschätzen: Hohe intellektuelle und soziale Fähigkeiten verführen TherapeutInnen leicht dazu, sehr stark auf einsichtsorientierte Prozesse zu setzen; das Problem der PatientInnen ist aber gerade, dass es ihnen nicht gelingt, ihre intellektuellen Einsichten in ihr Erleben und Verhalten insgesamt zu integrieren. Die von den PatientInnen wahrgenommene Diskrepanz führt gelegentlich dazu, dass sie sich noch mehr Selbstvorwürfe machen: »Wie blöd muss man eigentlich sein, dass man so einfache Dinge nicht umsetzen kann?«

Darüber hinaus ist es bei sozialphobischen PatientInnen sehr wichtig,

- positive Bewertungen und Lob zu betonen, wobei hier wesentlich ist, dass die Therapeutin ein Gespür dafür entwickelt, wie viel Komplimente der Patient ›ertragen‹ kann und ab wann er sich ›betütelt‹ wie im Kindergarten vorkommt;
- die Tendenz zur Selbstabwertung in Frage zu stellen;
- dafür zu sorgen, dass sie in den Übungssituationen Erfolgserlebnisse haben, d. h., sie sollten gegebenenfalls eher unter- als überfordert werden;
- gerade zu Beginn der Therapie z. B. eine Wandtafel, ein Blatt Papier o. ä. Medium zu nutzen, auf das gemeinsam die Aufmerksamkeit gerichtet wird, um den direkten PatientIn-TherapeutIn-Kontakt zu entkrampfen (dies ist besonders dann sinnvoll, wenn Patienten der Blickkontakt sehr schwer fällt und unangenehm ist); diese nicht nur kognitive Externalisierung der Probleme als Dritte im Bunde schafft günstige Voraussetzungen für die therapeutische Kooperation im Sinne eines Arbeitsbündnisses (Laireiter, 1995);
- die Befürchtungen in Bezug auf die Therapeutin explizit zu machen und die Anwesenheit der Therapeutin gezielt als Übung zu definieren (als Gelegenheit, sich den gefürchteten Bewertungen der Therapeutin auszusetzen und diese zu überprüfen statt zu vermeiden);
- den Patienten (bei zu großer Angst vor Bewertung durch die Therapeutin) zunächst allein üben zu lassen und anschließend darüber zu sprechen;
- als Therapeutin ein bewältigungsorientiertes Modell mit offenem Ansprechen eigener Ängste und Schwierigkeiten anzubieten;

- zu verdeutlichen, inwieweit eine Befürchtung in der Therapeutin-Patient-Beziehung eine Übertragung früherer Beziehungserfahrungen darstellt, um eine Differenzierung der Situation zumindest so weit zu unterstützen, dass der Patient sich den Übungen stellt.

Ganz grundsätzlich soll die Psychotherapie durch eine experimentelle Haltung gekennzeichnet sein. Von PatientInnen wird eine gewisse Bereitschaft zum Risiko erwartet, wobei TherapeutInnen ihrerseits versuchen, PatientInnen darin zu ermutigen. Das setzt zugleich voraus, dass TherapeutInnen bereit sind, ihren PatientInnen Risiken ›zuzumuten‹ und zu akzeptieren, dass es im Sinne längerfristiger Verbesserungen notwendig sein kann, aktuell bestimmte Härten in Kauf zu nehmen. TherapeutInnen fällt dies manchmal schwer, da sie sich als sehr sorgend und schützend verstehen. TherapeutInnen sollten sich darüber klar werden, welche Annahmen sie möglicherweise bei der Umsetzung der therapeutischen Schritte behindern, und diese gegebenenfalls überprüfen bzw. in Frage stellen. Hierzu kann auch die Supervision genutzt werden.

Umgang mit schwierigen Therapiesituationen

Wenn TherapeutInnen wahrnehmen, dass PatientInnen wie innerlich wegtreten und gar nicht mehr richtig zuhören, sollten sie auf solche Punkte unbedingt achten. Es kann dann notwendig werden, wichtige Ideen zu wiederholen, häufige Zusammenfassungen zu nutzen und die PatientInnen dazu zu ermutigen, Feedback zu geben bzw. die Punkte niederzuschreiben, die sie behalten möchten.

Auch wenn PatientInnen den Blickkontakt zur Therapeutin vermeiden oder sich über häufiges Kopfnicken krampfhaft darum bemühen, auf keinen Fall ›dumm‹ zu erscheinen, gilt es, solche Sicherheits- und Vermeidungsmechanismen genau im Auge zu behalten und erst einmal zu versuchen, die Therapie zu einem möglichst angenehmen und bewertungsfreien Raum zu machen.

Bleibt das Vermeidungs- und Sicherheitsverhalten weiterhin bestehen, so bedeutet dies, dass PatientInnen wahrscheinlich auch die therapeutische Situation als eine erleben, in der sie unzulänglich sind und sich peinlich benehmen. Dadurch wird die Zusammenarbeit in der Therapie deutlich behindert: Der Patient ist dann die ganze Zeit damit beschäftigt, eine gewisse Fassade aufrechtzuerhalten, und kann sich nicht auf die Inhalte in der Therapie konzentrieren. TherapeutInnen neigen – verständlicherweise – dazu zu hoffen, dass solche problematischen Verhaltensweisen nach einiger Zeit von allein verschwinden, sodass sie diese nicht ansprechen müssen. Diese Hoffnung ist allerdings auch nicht unproblematisch: Denn wenn das Verhalten nicht verschwindet, wird es nach einiger Zeit nur umso schwieriger, es anzusprechen. Möglicherweise denkt ein Patient dann »warum denn jetzt?« bzw. erlebt dies als zusätzliche Strafe. Dieses Erleben als ›Strafe‹ kann auch damit zusammenhängen, dass TherapeutInnen häufig Probleme zu einem Zeitpunkt ansprechen, wo sie nicht weiterkommen. Deshalb sollten Hindernisse dann angesprochen werden, wenn sie auftreten, und nicht erst dann, wenn sich TherapeutInnen hilflos fühlen und nicht mehr weiterkommen.

TherapeutInnen tun gut daran, Sicherheitsverhaltensweisen, die in der Therapiesituation auftreten, verständnisvoll und zugleich sachlich anzusprechen. Im Weiteren sollten sie die PatientInnen unterstützen, solche Verhaltensweisen – zumindest in der therapeutischen Situation – zu reduzieren bzw. aufzugeben. Hierbei können TherapeutInnen deutlich machen, dass sie auch andere PatientInnen kennen, die zu solchen Mechanismen neigen, und dass Veränderungen in diesem Rahmen nicht leicht sind.

Wenn sich während der Therapie eine Beziehungsdynamik entwickelt hat, bei der die Therapeutin immer aktiver nachfragt und der Patient sich immer stärker zurückzieht, ist es sehr wichtig, dass die Therapeutin flexibel ist, andere Wege zur Informationssammlung zu nutzen. Wenn der Patient sehr wenig offenbart, kann es z. B. nützlich sein, eher Äußerungen in Aussageform oder als paraphrasierende Wiedergaben zu machen als Fragen zu stellen (»das muss für Sie schwierig gewesen sein«, »ich frage mich, ob Sie dachten, dass Sie wie ein Idiot dastehen«).

TherapeutInnen sollten auch darauf achten, ihre PatientInnen nicht zu unterfordern. Da Personen mit sozialen Ängsten die Reaktionen anderer tendenziell als negative Rückmeldungen interpretieren, sehen sie u. U. Hilfsangebote oder Unterstützungen ihrer TherapeutInnen – insbesondere wenn sie diese nicht benötigen – als Hinweise darauf, für wie schwach und unfähig sie gehalten werden. Durchaus gut gemeinte Unterstützung kann also leicht als zusätzliche Entwertung und Pathologisierung missverstanden werden. An die Möglichkeiten der Person angepasst sollten TherapeutInnen ihren

PatientInnen daher eher gezielt Aufgaben geben und die Anerkennung von Kompetenzen deutlich machen.

Einzelne PatientInnen haben aufgrund von Sozialisationsdefiziten oder ihrer jahrelangen Ungeübtheit in sozialen Situationen Eigenheiten oder Gewohnheiten entwickelt, die den Kontakt mit ihnen erschweren. Zu nennen wären hier z. B. ausgeprägte Körpergerüche.Von anderen Menschen werden solche Gerüche als unangenehm erlebt und können zur Ablehnung führen, was wiederum die Befürchtungen der Person bestätigt. Andere Eigenheiten, die zur Ablehnung durch die Umgebung führen können, sind z. B. die Verwendung von stark riechenden Parfüms, in der Nase bohren, Dreck unter den Fingernägeln wegkauen, zu seltener Kleiderwechsel bzw. ungepflegte Kleidung, störende Geräusche etc. Solche Beispiele machen deutlich, wie schmal manchmal die beziehungsmäßige therapeutische Gratwanderung zwischen gut gemeinter und negativ aufgefasster Rückmeldung sein kann. Einerseits sind TherapeutInnen gut beraten, wenn sie ihre PatientInnen erst dann auf solche Eigenheiten ansprechen, wenn eine vertrauensvolle Beziehung bereits vorhanden ist. Andererseits sollten sie sich an solche Eigenheiten aber auch nicht gewöhnen oder sie herunterspielen. Um PatientInnen zu ermöglichen, von anderen als angenehm erlebt zu werden, haben TherapeutInnen die Verantwortung, solche Themen direkt, sachlich und konstruktiv anzusprechen und zu bearbeiten.

Schließlich gibt es noch andere Quellen sozialen Unbehagens, die auch in der Therapie zur Geltung kommen können. Manche sozialphobische PatientInnen reagieren auf ein konventionelles Maß interpersoneller Nähe mit Angst und können besser mit der Situation umgehen, wenn ihnen mehr physischer Raum gegeben wird. Andere benötigen extra Zeit, um darüber nachdenken zu können, was sie sagen wollen; ihre Angst steigt an, wenn sie sich gehetzt fühlen. Wieder andere fühlen sich unbehaglich, wenn sie mit Schweigen konfrontiert werden, und fühlen sich wohler, wenn die Therapeutin Pausen überbrückt und die Interaktion am Laufen hält. Geübte TherapeutInnen können ihren Gebrauch nonverbaler Aspekte der Interaktion adaptieren (so wie Haltung, Gestik, Augenkontakt usw.), damit der Patient sich wohl fühlt. Allerdings gilt auch hier im Auge zu behalten, dass der Versuch, in der Therapie ausschließlich einen vollständig sicheren Raum zu schaffen, nicht sinnvoll ist, weil dadurch wichtige Möglichkeiten zur Aktualisierung der Ängste und zur Hinterfragung von Überzeugungen nicht genutzt werden können.

2.1 Stellenwert der Therapiebeziehung in verschiedenen Therapiephasen

Den verschiedenen Aspekten der Beziehungsgestaltung mit sozialphobischen PatientInnen kommt in den einzelnen Phasen eines Therapieablaufs ein unterschiedlicher Stellenwert zu. In Analogie zur Psychotherapie als Problemlösungsprozess (Kanfer et al., 1996; Hoffmann, 1996) werden folgende Therapiephasen voneinander abgegrenzt: 1) Phase der Annäherung an das Abenteuer ›Therapie‹, 2) Phase der Zielformulierung und Einigung auf Veränderungen, 3) Phase der Durchführung und konkreten Umsetzung und 4) Phase der Bewertung und Einbettung in den Alltag der Person. Im Folgenden werden die phasenspezifischen Erfordernisse an die Therapiebeziehung zu sozialphobischen PatientInnen kurz skizziert.

Phase der Annäherung an das Abenteuer ›Therapie‹

Der Erstkontakt des sozialängstlichen Patienten mit der Therapeutin ist ein wichtiger Meilenstein in seinem Leben. Trotz seiner Angst vor negativer Bewertung durch andere und trotz seiner Befürchtungen, den vermeintlichen Erwartungen anderer nicht zu genügen, hat er sich dazu überwunden, eine Therapeutin zu kontaktieren und seine Probleme darzulegen. Er nimmt somit in Kauf, dass er sich mit diesem Schritt bloßstellen könnte, dass er ausgelacht und gedemütigt werden könnte, wenn er seine problematischen Schwachstellen nicht weiter verheimlicht, sondern offen darüber spricht. Sicher fällt ihm dieser Schritt etwas leichter, weil er zu einer Fachperson geht, die sich in solchen Schwierigkeiten wohl auskennt. Aber dies bedeutet keineswegs, dass er nicht äußerst aufmerksam darauf achten wird, wie diese Person zu ihm in Beziehung tritt. Er hat sich auch noch nicht entschieden, ob er sich wirklich auf eine Psychotherapie einlassen will, sondern er hat sich dem Wagnis einer Therapie bloß angenähert.

Sozialphobische PatientInnen möchten in dieser Situation von ihren TherapeutInnen verstanden und ernst genommen werden. Sie erwarten von ihren TherapeutInnen auch eine Anzahl von allgemein menschlichen Eigenschaften, die auch in anderen sozialen Kontexten eine bedeutsame Rolle spielen, wie z. B. Aufmerksamkeit, Interesse, emotionale Wärme und Toleranz. Natürlich halten sie auch Ausschau nach Anzeichen fachlicher Kompetenz. Sie möchten ihre potenzielle Therapeutin möglichst schnell einschätzen können und werden misstrauisch, wenn sich diese hinter unpersönlichem Gehabe und Geheimnistuerei zu verbergen versucht. Sie sind verständlicherweise darauf aus, so früh wie möglich positive Effekte z. B. im Sinne einer emotionalen Entlastung oder einer Ermutigung durch das Gespräch mit der Therapeutin zu erfahren. Der Eindruck, dass ein erfolgversprechendes Geschehen in Gang kommt, wird verstärkt, wenn sie sich als PatientInnen angenommen fühlen und wenn am Ende klare Absprachen bezüglich der nächsten Kontakte getroffen werden. Durch die Übernahme erster, inhaltlich relevanter Aufgaben, wie z. B. die Anleitung zur gezielten Selbstbeobachtung, kann das Gefühl eines positiven Neubeginns noch verstärkt werden.
Die Anforderungen an die Beziehungsgestaltung der TherapeutInnen sind demzufolge beim Erstkontakt zu einem sozialphobischen Patienten recht komplex und vielfältig: Sie sollen den PatientInnen Empathie und Verständnis entgegenbringen; sie sollen sich als Fachleute erweisen und den PatientInnen kompetent vermitteln, dass sie sich bei der Problematik der sozialen Phobie gut auskennen; sie sollen die interaktionellen Schwierigkeiten, die sozialphobische PatientInnen in dieser Situation zeigen können, ohne Ablehnung und Zurückweisung zur Kenntnis nehmen; sie sollen sich so verhalten, dass ihre (potenziellen) PatientInnen ›Freude‹ an der Begegnung finden; sie sollen nicht nur auf die Probleme der PatientInnen eingehen, sondern auch auf ihre vielfältigen Ressourcen; und sie sollen den PatientInnen Mut machen und Zuversicht geben, dass diese Probleme erfolgreich angegangen werden können.

Phase der Zielformulierung und Einigung auf Veränderungen

Nachdem die therapeutischen Klippen des Erstkontaktes mit einem sozialphobischen Patienten erfolgreich gemeistert wurden, steht als Nächstes die Bildung einer therapeutischen Allianz an (Kanfer et al., 1996): Die Rollen von TherapeutIn und PatientIn werden strukturiert, und es wird eine Arbeitsorientierung aufgebaut, in der die Probleme des Patienten als Dritte im Bunde angesehen werden, die von Therapeutin und Patient gemeinsam angegangen werden können (Laireiter, 1995). Es werden nun auch die konkreten Veränderungswünsche und -anliegen mit dem Patienten besprochen. Im Sinne möglichst großer Transparenz werden die anzustrebenden Therapieziele offen mit dem Patienten diskutiert und festgehalten (Willutzki, 1999). Schließlich wird mit dem Patienten zusammen ein konkretes Erklärungsmodell zur Entwicklung und Aufrechterhaltung der sozialen Phobie (siehe Teil F) erarbeitet, aus welchem Schlussfolgerungen für die Art des therapeutischen Vorgehens gezogen werden, zu welchem der Patient seine ›informierte Zustimmung‹ (informed consent) gibt (Kottje-Birnbacher & Birnbacher, 1999).

Bei der Behandlung sozialphobischer PatientInnen ist das Festlegen und sich Einigen auf bestimmte Ziele und Vorgehensweisen nicht immer leicht. Wenn von PatientInnen die Beseitigung ›sekundärer Symptome‹ wie z. B. Erröten, Zittern, Schwitzen zum Therapieauftrag gemacht werden, weil sie wünschen, dass die sichtbaren physiologischen Merkmale der sozialen Angst zum Verschwinden gebracht werden, ist es oft schwierig, sich darauf zu verständigen, dass diesen Symptomen eine soziale Angst zugrunde liegt, die therapeutisch angegangen werden müsste. Hierzu bedarf es daher manchmals eines längeren Aushandlungsprozesses, der sich allerdings lohnt, weil sonst von unrealistischen Erwartungen ausgegangen würde.

Phase der Durchführung und konkreten Umsetzung

Nachdem das therapeutische Angebot konkretisiert wurde, stehen nun Veränderungsschritte an, die mit konkreten therapeutischen Interventionen realisiert werden sollen. Für sozialphobische PatientInnen sind solche Schritte oft sehr schwierig, weil sie mit einer massiven Problemaktualisierung einhergehen. Statt soziale Situationen nach Möglichkeit zu meiden oder daraus zu entfliehen, statt des ›Gebrauchs‹ von Sicherheitsverhalten und Selbstaufmerksamkeit wird nun von ihnen erwartet, dass sie sich den angstauslösenden Situationen stellen und dass sie ihre Einstellungen und Überzeugungen zu diesen Situationen in Frage stellen lassen.

Sozialphobische PatientInnen können sich auf solche Schritte nur einlassen, wenn ihr Vertrauen in die Menschlichkeit und fachliche Kompetenz ihrer TherapeutInnen bereits gefestigt ist. Ist diese Voraussetzung gegeben, so ist es für die Durchführung der Veränderungsschritte sehr hilfreich, wenn die TherapeutInnen ihnen Anerkennung zollen für den Mut, den sie dabei aufbringen, wenn sie selbstabwertende Kommentare in Frage stellen, wenn sie selbst ein adäquates Modell für die Bewältigung problematischer Situationen darstellen, wenn sie Erfolgserlebnisse bei den Übungen ermöglichen und wenn sie ihre PatientInnen zu weiteren ›sozialen Risiken‹ ermutigen. PatientInnen werden, wenn sie ihre Veränderungsschritte positiv bewerten können, zu weiteren Fortschritten vorangetrieben, ganz nach dem Motto, dass »nichts so erfolgreich ist wie der Erfolg« (Orlinsky & Howard, 1988).

Phase der Bewertung und Einbettung in den Alltag der Person

Durch eine strategisch gut geplante Heranführung an bestimmte Erfahrungen erlernt der Patient idealerweise erfolgreiche Bewältigungsstrategien. Damit wird sein Selbsthilfepotenzial in problematischen Situationen auf- und ausgebaut. Der Patient lernt, seine Lebensschwierigkeiten besser zu meistern und so allmählich problematische Verhaltensweisen abzulegen.

Da der Patient schon früh aktiv in die Therapie miteinbezogen wurde, etwa bei der gemeinsamen Formulierung der Ziele und bei der Erarbeitung von Störungs- und Therapiemodellen, steht die letzte Phase ganz im Zeichen der sukzessiven Zurücknahme des Therapeutinneneinflusses. Allerdings muss man hierzu festhalten, dass sozialphobische PatientInnen oft größte Mühe haben, ihre gemachten Fortschritte auch als solche anzuerkennen und zu würdigen. Diese negative Bilanzierung spielt nicht nur in der Therapie eine Rolle, sondern sie stellt auch eine der wichtigsten ›Klippen‹ für den gelungenen Transfer von der Therapie auf den Alltag dar. Nachdem die Therapeutin den Patienten eine Zeit lang mit der ihr zur Verfügung stehenden fachlichen und menschlichen Kompetenz auf seinem Weg begleitet hat, traut sie ihm nun zu, ohne weitere therapeutische Unterstützung neue, positive Erfahrungen in bisher gefürchteten Situationen zu machen.

Zusammenfassend stellt die Gestaltung einer guten Therapiebeziehung zu sozialphobischen PatientInnen für TherapeutInnen eine besondere Herausforderung dar. Denn die Therapiesituation selbst gehört für PatientInnen mit einer sozialen Phobie zunächst einmal zum Set gefürchteter sozialer Situationen, in denen die Angst vor eigenem Versagen und Beschämung durch andere aktualisiert wird. Sie werden daher in dieser potenziell ›gefährlichen‹ Situation ähnlich reagieren wie bei Angstsituationen in ihrem Alltagsleben (z. B. mit Sicherheitsverhalten, Selbstaufmerksamkeit, kognitiver Vermeidung, negativer Bilanzierung). Damit solche problematischen Verhaltensweisen nicht weiter zu der Angstbestätigung beitragen, sind TherapeutInnen besonders gefordert, mit sozialphobischen PatientInnen in einer Weise umzugehen, die es ihnen ermöglicht, Vertrauen zu fassen und sich auf einen für sie riskanten Veränderungsprozess einzulassen. Wichtige Aspekte in der Beziehungsgestaltung sind gezielte Ressourcenorientierung, komplementäre Beziehungsgestaltung und die Schaffung eines therapeutischen Kontraktes als Basis für die gemeinsame Bewältigung der sozialen Angst.

F) Ein integratives kognitiv-verhaltenstherapeutisches Behandlungsmanual der sozialen Phobie

Aufbauend auf der Analyse sozialer Ängste, ihrer Erscheinungsform und Verbreitung (siehe Teil A), ihrer Ätiologie (siehe Teil B) und Aufrechterhaltung (siehe Teil C) sowie den Überlegungen zur Beziehungsgestaltung (siehe Teil E) soll in diesem abschließenden Buchteil ein integratives Konzept zur Psychotherapie sozialer Ängste vorgestellt werden. Dieses Konzept ist erwachsen aus der Arbeit im Rahmen eines Forschungsprojektes, das an der Ruhr-Universität Bochum zwischen 1997 und 2000 von einer der AutorInnen dieses Buches geleitet wurde (gefördert von der Deutschen Forschungsgemeinschaft – DFG Wi 1106-6-1 bzw. 1106-6-2)[3]. Ziel dieses Teils ist es, Therapeutinnen und Therapeuten einen Leitfaden an die Hand zu geben, mit Hilfe dessen sie ihren PatientInnen mit sozialen Ängsten ein integratives kognitiv-verhaltenstherapeutisches Angebot auf dem aktuellen Stand der Forschung und Praxis machen können. Damit dieser Teil als Manual genutzt werden kann, werden die einzelnen Schritte anschaulich und konkret beschrieben. Im Folgenden soll zunächst rekapituliert werden, was hier unter einer kognitiv-verhaltenstherapeutischen Perspektive verstanden wird.

Die in diesem Buch eingenommene Perspektive auf soziale Ängste ist insgesamt von einer kognitiv-verhaltenstherapeutischen Haltung geprägt. Margraf (1996) schlägt vor, ganz grundsätzlich nicht von *der* Verhaltenstherapie zu sprechen, sondern die verschiedenen Ansätze als einer psychotherapeutischen Grundorientierung verbunden zu rekonstruieren. Eine solche Grundhaltung schlägt sich im hier vorgestellten integrativen Behandlungskonzept z. B. darin nieder, dass versucht wird, neben der Beschreibung des Problembe-

[3] In diesem Projekt haben wesentlich mitgearbeitet Ulrike Willutzki, Hilde Haas, Christoph Koban und Barbara Neumann. Neben ihrem Beitrag gehen in dieses Konzept die Erfahrungen ein, die die TherapeutInnen und SupervisorInnen im Laufe der dreijährigen Zusammenarbeit gemacht haben. Über die Ereignisse und damit auch den Erfolg der Arbeit wird an anderer Stelle berichtet (vgl. Willutzki, Haas, Koban & Schulte, 2004).

reichs ›soziale Ängste‹ ätiologische Modelle und Konzepte der Aufrechterhaltung zu entwickeln, die auf entwicklungspsychologische, kognitive und lerntheoretische Vorstellungen der psychologischen Forschung Bezug nehmen. Der psychotherapeutische Zugang ist dementsprechend auf das Problem der sozialen Schwierigkeiten ausgerichtet und sucht – unter Berücksichtigung neuerer Entwicklungen – soweit als möglich an den prädisponierenden, auslösenden und aufrechterhaltenden Bedingungen anzusetzen.

Was »ist« kognitive Verhaltenstherapie?

Ein kognitiv-verhaltenstherapeutischer Zugang ist durch die Nutzung sowohl kognitiver als auch im weitesten Sinne verhaltensorientierter Zugänge gekennzeichnet. Insbesondere in den Anfängen der kognitiven Verhaltenstherapie wurden die verschiedenen Perspektiven eher sequenziell genutzt. Im Rahmen des hier vorgestellten Ansatzes wird auf eine engere Verzahnung kognitiver und behavioraler Strategien abgezielt: Sowohl verbale als auch behaviorale Zugänge werden explizit kognitiv interpretiert, d. h., Orientierungspunkt für die Gestaltung der einzelnen Behandlungsschritte ist, dass durch sie Befürchtungen und ungünstige Überzeugungen von PatientInnen überprüft und in Frage gestellt werden. Verhaltensbezogene Strategien werden innerhalb eines integrierten kognitiven Zugangs damit als ›Miniexperimente‹ verstanden. Solche Experimente beinhalten die Konfrontation mit der gefürchteten Situation in enger Kombination mit anderen Methoden, die darauf abzielen, dysfunktionale Überzeugungen in Frage zu stellen. Die stringente Betonung einer kognitiv-verhaltenstherapeutischen Perspektive bei fokal verhaltensorientierten Methoden soll PatientInnen zugleich dabei unterstützen, eine ›experimentelle‹ Haltung zu entwickeln, innerhalb derer es grundsätzlich um die Überprüfung von Annahmen und Befürchtungen geht.[4] Eine solche Metastrategie – so die Grundannahme – erlaubt es der Person, generell und damit auch nach der Therapie Probleme in dieser Weise anzugehen.

[4] Experimentelle Haltung wird hierbei nicht im Sinne einer distanzierten, durch ›kalte‹ Kognitionen bestimmten Grundorientierung verstanden. So ist allein schon Interesse an einer bestimmten Fragestellung implizit eine Bewertung und hat damit eine emotionale Komponente. PatientInnen dürften bei diesen Experimenten leidenschaftlich und mit Selbstbezug beteiligt sein.

Neben dem Problem bilden die gemeinsamen Ziele von PatientInnen und TherapeutInnen den Rahmen der therapeutischen Arbeit. Vor diesem Hintergrund werden PatientInnen als an der Therapie aktiv Beteiligte verstanden, die sich neben einer Reflexion und Analyse der Probleme mit Unterstützung ihrer TherapeutInnen handelnd mit den Schwierigkeiten auseinander setzen. Zur Rolle von TherapeutInnen gehört es, einen möglichst transparenten, be- und hinterfragbaren Therapieprozess zu gestalten, der PatientInnen ein umfassendes Verständnis des Therapieprozesses erlaubt und dadurch ihre Selbsthilfemöglichkeiten stärkt und erweitert. Ein Weg dazu besteht in der gemeinsamen Entwicklung einer individuumspezifischen Fallkonzeption; ihre Relevanz und Strategien zur Erstellung werden im ersten Kapitel thematisiert. Die Entwicklung individueller Erklärungsmodelle ist der Fokus des nächsten Kapitels. Daran anschließend wird die therapeutische Bearbeitung der Hindernisse, die einer Veränderung sozialer Ängste im Weg stehen, ausführlich und praxisnah dargelegt. Die folgenden Abschnitte widmen sich weiteren kognitiv-verhaltenstherapeutischen Methoden zur Behandlung sozialer Ängste. Die Themen Rückfallprophylaxe und Therapieabschluss werden in einem weiteren Kapitel aufgegriffen. Den Schluss dieses Teils bilden Ausführungen zu Rahmenbedingungen des hier vorgestellten integrativen kognitiv-verhaltenstherapeutischen Behandlungskonzeptes der sozialen Phobie.

1. Entwicklung einer individuumspezifischen Fallkonzeption

In den Teilen B zur Entstehung und C zur Aufrechterhaltung sozialer Ängste wurde versucht, ein Bild der prototypischen Verläufe bei diesen Schwierigkeiten zu geben. Auch die Vorstellungen zu einzelnen therapeutischen Schritten, die im Folgenden vorgestellt werden, haben einen prototypischen Charakter. In der konkreten Arbeit ergibt sich hieraus die Notwendigkeit, für die einzelnen PatientInnen zu prüfen, an welchem Punkt die Modellvorstellungen jeweils ›passen‹, welche Faktoren für die Person in welcher Weise gegeben sind.[5] Die Prüfung und Passung zwischen prototypischem Veränderungswissen und individuumspezifischer Problematik wird im Rahmen der Entwicklung eines Fallkonzepts geleistet.

Das Fallkonzept stellt ein Mittel dar, die Probleme und Belastungen von PatientInnen im Rahmen eines bestimmten Modells zu verstehen und einzelne Methoden dementsprechend zu kombinieren und anzupassen. Es beschreibt und operationalisiert die aufrechterhaltenden Faktoren ebenso wie die zugrunde liegenden Mechanismen, die PatientInnen für ein bestimmtes Problem prädisponieren. Neben dem engeren Blick auf die Probleme erlaubt ein Fallkonzept auch ein Verständnis des Beitrages zugrunde liegender psychologischer Mechanismen, insbesondere der Annahmen und Überzeugungen über sich selbst, die anderen und die Welt. Im Weiteren wird zudem darauf geachtet, dass die Langzeitfolgen sozialer Ängste (wie z. B. geringes Selbstbewusstsein, geringes Selbstvertrauen, geringe Veränderungsmotivation, soziale Isolation, eine gewisse depressive Stimmung sowie andere generalisierte Angstformen) berücksichtigt werden. In Ergänzung zu diesen eher problembezogenen Aspekten spannen die Zielvorstellungen von PatientInnen den Handlungsraum der therapeutischen Arbeit auf. Schließlich beinhaltet das Fallkonzept Vorstellungen dazu, wie die therapeutische Beziehung gestaltet werden kann.

Fallkonzeptualisierung ist ein aktiver und kontinuierlicher Prozess der Entwicklung von Hypothesen, mittels derer TherapeutInnen sich einen Überblick über die Probleme und ihre Ursachen verschaffen. Diese Übersicht soll quasi eine rote Linie darstellen, anhand derer Themen, die im Leben des Patienten außerhalb der Therapie oder in der therapeutischen Beziehung auftauchen, interpretiert werden können.

Soweit als möglich sollte das Fallkonzept mit PatientInnen gemeinsam entwickelt werden, um diesen ebenfalls ein Verständnis der

5 Schon vorausgesetzt wird im Folgenden, dass bereits geklärt ist, ob sich die Schwierigkeiten der Person sinnhaft als soziale Ängste (z. B. im Rahmen psychiatrischer Diagnosesysteme wie des DSM-IV oder der ICD-10) beschreiben lassen und sich im Rahmen der Probleme der Person insgesamt und ihre Motivationslage eine therapeutische Schwerpunktsetzung in diesem Bereich empfiehlt. Vorausgesetzt wird weiterhin, dass sich die TherapeutInnen bereits entschieden haben, mit Hilfe welcher diagnostischen – störungsspezifischen wie auch störungsübergreifenden – Verfahren sie die sozialen Ängste differenzierter erfassen bzw. den Therapieverlauf und Therapieerfolg evaluieren wollen (zu Anregungen siehe hierzu Cox & Swinson; Heidenreich & Stangier, 2002).

Problematik und des therapeutischen Prozesses zu erlauben. Im kognitiv-verhaltenstherapeutischen Kontext wird diese gemeinsame Erarbeitung des Fallkonzeptes auch als ›Sozialisation‹ von PatientInnen verstanden. Sozialisation bedeutet, die Fallformulierung mit dem Patienten zu teilen, die Übereinstimmung zwischen der Fallformulierung und den Problemen des Patienten zu überprüfen, jegliche Zweifel des Patienten zu diskutieren und ihn gleichzeitig über Natur und Inhalt kognitiv-verhaltenstherapeutischer Therapie zu informieren. Ein gutes Fallkonzept erlaubt es dem Patienten, die folgenden Fragen zu beantworten: »Warum ich?«, »Warum jetzt?«, »Warum verschwindet das Problem nicht einfach?«, »Wie kann ich aus den Problemen herauskommen?« Es kann somit eine Art Kompass der gemeinsamen Arbeit für PatientInnen und TherapeutInnen darstellen.

Fallkonzeptionen sind vor allen Dingen dann notwendig, wenn eine Behandlung nicht erfolgreich ist bzw. die Verbesserungen schlecht greifbar sind. Gerade in solchen Momenten können TherapeutInnen die Schwierigkeiten im Prozess nicht überwinden, wenn sie nicht auf ein kohärentes Modell zurückgreifen können (Butler & Wells, 1995).

In den nächsten Abschnitten werden individuumspezifische Erklärungsmodelle vorgestellt, die als Grundlage eines Fallkonzepts bzgl. der aktuellen Schwierigkeiten, ihrer Entstehung sowie Modulation durch äußere Bedingungen dienen können. TherapeutInnen können – alternativ oder auch ergänzend – auf die Vorstellungen zurückgreifen, die im Rahmen der vorangegangenen Kapitel dargestellt wurden.

Symptomstress – oder: das Problem selbst wird zum Problem

Soziale Ängste stellen Schwierigkeiten dar, die PatientInnen vor anderen zu verbergen suchen: Andere sollen die Schwierigkeiten auf keinen Fall bemerken, und eigentlich darf es die Probleme gar nicht geben. Für eine ganze Reihe von PatientInnen ist schon das Nachdenken über die Schwierigkeiten Beweis ihrer grundsätzlichen Minderwertigkeit und Unfähigkeit. Indem sich die Person für eine Psychotherapie entscheidet, macht sie ihr Problem öffentlich und tut damit etwas, das im Rahmen der sozialen Ängste als Katastrophe gilt. Indem Psychotherapie PatientInnen an ihre Schwierigkeiten erinnert und sie ihnen vor Augen führt, kann die Beschäftigung mit dem Problem an sich sehr schmerzhaft sein. Ellis (z. B. 1997) bezeichnet den damit verbundenen Prozess als sekundäre Symptomatik oder Symptomstress: Das Symptom, hier die sozialen Ängste, wird selbst zum Anlass für weitere Selbstzweifel und Abwertungen; dadurch wird die psychische Belastung weiter erhöht. Gleichzeitig entwickelt sich bei vielen PatientInnen eine gewisse Ambivalenz gegenüber dem Thema: Am liebsten möchten sie gar nichts vom Problem wissen. So kann Symptomstress mit einer konzentrierten Beschäftigung mit dem Problem interferieren. PatientInnen werden z. B. immer wieder ungeduldig, dass sie sich weiterhin mit den Schwierigkeiten beschäftigen müssen; sie bagatellisieren die Schwierigkeiten möglicherweise oder überlegen, ob sie die Behandlung nicht lieber abbrechen sollten. Vor dem Hintergrund von Symptomstress kann somit eine konzentrierte und genaue Arbeit am Problem (auch) selbstwertschädlich sein.

Um herauszuarbeiten, ob ihre PatientInnen unter sekundären Symptomen leiden, können TherapeutInnen z. B. danach fragen, wie es ihnen geht, wenn sie an das Problem denken, bzw. was es für sie bedeutet, dass andere um die Schwierigkeiten wissen. Leidet die Person unter Symptomstress, so stellt sich für TherapeutInnen vor der weiteren Arbeit am Problem die Aufgabe, PatientInnen dabei zu unterstützen, ihre Schwierigkeiten in gewisser Hinsicht zu akzeptieren, um dadurch einen offenen und klaren Blick auf die Probleme zu erlauben. Voraussetzung dafür ist zunächst, dass sekundäre Probleme klar benannt und zum Thema gemacht werden. Ganz grundsätzlich geht eine Reduktion von Symptomstress damit einher, dass sich die Person das Problem verzeiht und nicht mehr ständig gegen sein Vorhandensein an sich – und damit letztlich sich selbst – ankämpft. TherapeutInnen können ihre PatientInnen hier z. B. unterstützen, indem sie deutlich herausstreichen, dass soziale Ängste ein weit verbreitetes Problem sind und es geradezu zur Symptomatik gehört, sich dafür zu schämen. Im weiteren Prozess lässt sich auch problematisieren, inwieweit die Ablehnung des Problems an sich günstig oder ungünstig für seine Bewältigung ist. Dabei lassen sich grundsätzlich alle Disputationsstrategien nutzen, die im Kapitel D 4 ›Kognitive Umstrukturierung‹ bzw. F 4 ›Die therapeutische Arbeit an ungünstigen Annahmen‹ angerissen sind. In vielen Fällen ist die Bearbeitung von Symptomstress langwierig und begleitet die Therapie. Da solche sekundären Symptome aber immer wieder Hindernisse für die therapeutische Arbeit aufbauen, empfiehlt es sich, sie nicht zu übergehen und möglichst bald in der Therapie zu thematisieren.

1.1 Entwicklung eines individuellen Erklärungsmodells

Als erster Schritt in der Therapie wird mit den PatientInnen ein für sie spezifisches Erklärungsmodell der aktuell bestehenden Probleme entwickelt. Die Entwicklung des Erklärungsmodells hat mehrere Funktionen: Zum einen soll es den TherapeutInnen einen zusammenfassenden – und im Verlauf immer wieder zu ergänzenden – Überblick über die Problematik in ihren einzelnen Teilkomponenten und deren Zusammenhängen geben. Zum Zweiten soll das Erklärungsmodell PatientInnen ermöglichen, die verschiedenen situativen Aspekte zu differenzieren, und zwar in einer Weise, die ihnen ein bestimmtes Beobachtungsraster auch für die aktuellen Situationen an die Hand gibt. Drittens soll das Modell eine gemeinsame Sprache zwischen PatientInnen und TherapeutInnen ermöglichen und viertens erlauben, Anknüpfungspunkte für die therapeutische Veränderung zu spezifizieren.
TherapeutInnen neigen manchmal dazu, sich auf die erste Funktion der Erarbeitung eines Erklärungsmodells – und damit ihre eigenen Informationsinteressen – zu konzentrieren. Hierbei spielt auch eine Rolle, dass sie ihr professionelles Know-how tendenziell unterschätzen und daher die Modelle für selbstverständlich und unmittelbar evident halten. Resultat ist gelegentlich eine recht kursorische Arbeit am Erklärungsmodell, bei der sich z. B. TherapeutInnen etwas aufschreiben, die schriftlichen Aufzeichnungen jedoch ihren PatientInnen nicht zugänglich machen. Die verschiedenen Funktionen dieses therapeutischen Schrittes legen jedoch nahe, sehr sorgfältig und für PatientInnen anschaulich vorzugehen (z. B. mit Hilfe einer Tafel oder eines Flipcharts). Das Erklärungsmodell hat in-

struktive Elemente, d. h., es werden bestimmte Inhalte vermittelt. Seine wesentlichen Funktionen kann es jedoch nur erfüllen, wenn PatientInnen es sich zu eigen machen, in ihre psychischen Strukturen integrieren. Nachfragen und auch Widerspruch von PatientInnen werden daher nicht als Störung des Prozesses, sondern vielmehr als willkommenes Zeichen einer Auseinandersetzung mit den in der Therapie vermittelten Inhalten gesehen. PatientInnen sollten eine Kopie ihres Modells schriftlich in die Hand bekommen und es in der Zeit zwischen den Sitzungen anhand konkreter Situationen auf seine Adäquatheit und Vollständigkeit prüfen; in der nächsten Sitzung ist es anhand der aktuellen Erfahrungen zu präzisieren bzw. zu ergänzen.

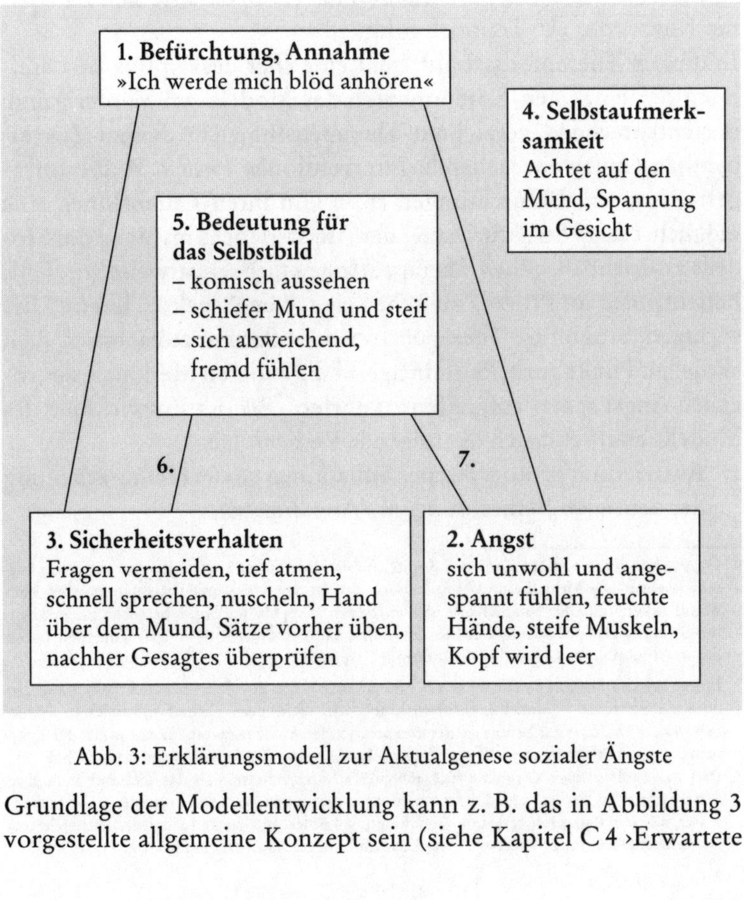

Abb. 3: Erklärungsmodell zur Aktualgenese sozialer Ängste

Grundlage der Modellentwicklung kann z. B. das in Abbildung 3 vorgestellte allgemeine Konzept sein (siehe Kapitel C 4 ›Erwartete und erlebte Angst‹; vgl. auch Clark, 1997; Stangier & Heidenreich, 1997; Wells, 1997)[6]. Die dort entwickelten Differenzierungen zwischen verschiedenen Aspekten des Problemverhaltens werden als Suchrichtungen bei der Analyse der Erfahrungen von PatientInnen verstanden. Als Resultat dieses gemeinsamen Arbeitsschrittes sollte schließlich ein Modell vorliegen, das, bezogen auf die individuellen Schwierigkeiten der Person, die wichtigsten Befürchtung(en) sowie eine möglichst komplette Liste der Sicherheitsverhaltensweisen umfasst. In diesem Modell werden die verschiedenen Aspekte der Angstsymptomatik (physiologisch, kognitiv-emotional und verhaltensmäßig) und Form bzw. Inhalt der Selbstaufmerksamkeit ebenso herausgearbeitet wie die (bildhaften) Vorstellungen, die die Person von sich selbst in der Situation hat (z. B. dass sie sich als ›kleines Kind‹ oder als ›Trampel‹ fühlt).

In diesem Therapieabschnitt steht eine eher deskriptive Beschreibung der einzelnen Komponenten des Modells im Vordergrund; dementsprechend verzichten TherapeutInnen in diesem Zusammenhang auf weitergehende Interventionen (wie z. B. die Infragestellung von Befürchtungen etc.). Um ihren PatientInnen eine möglichst klare Strukturierung des Angsterlebens im Sinne des Modells zu erlauben, gehen TherapeutInnen hier schrittweise vor. Falls PatientInnen im Prozess zwischen einzelnen Aspekten hin und her springen, bitten ihre TherapeutInnen sie darum, zunächst zu dem aktuellen Punkt zurückkommen und die anderen Merkmale der sozialen Angst später aufgreifen zu dürfen[7]. Bei der Entwicklung des Modells empfiehlt sich die folgende Reihenfolge:

1. Aktivierung prototypischer Situationen sowie Herausarbeitung der zentralen Befürchtung(en)/Annahme(n),

---

6 Gegenüber dem Fazit am Ende des Kapitels C ›Wie wird eine soziale Phobie aufrechterhalten?‹ stellt dieses Modell eine Vereinfachung dar. In der Arbeit mit PatientInnen sind Verständlichkeit und die Möglichkeit, die einzelnen Aspekte im Kopf behalten zu können, wesentlicher als ›Vollständigkeit‹. Im Einzelfall kann es sinnvoll sein, dass TherapeutInnen das in Abbildung 3 vorgestellte Grundmodell ergänzen.

7 Immer wieder kommt es vor, dass TherapeutInnen – um ihre PatientInnen nicht zu stören oder zu irritieren – einzelne Informationen, die nicht zum aktuell fokussierten Punkt gehören, festhalten und bereits an der entsprechenden Stelle notieren. Ginge es bei der Erarbeitung des Erklärungsmodells nur darum, dass sich die Therapeutin einen Überblick verschafft, so wäre dieses Vorgehen rücksichtsvoll und angemessen. Ist das Ziel aber auch, dass PatientInnen im Verlauf neue Differenzierungen und Konzepte kennen lernen, so ist es sinnvoller, die dem Patienten vertraute ›Geschichte‹ zu unterbrechen und ihm durchaus mehrfach zu verdeutlichen, unter welcher Perspektive das Angstgeschehen gerade ausgewertet wird.

2. Konkretisierung der Angstsymptome,
3. (vorläufige) Auflistung von Sicherheitsverhaltensweisen,
4. Konkretisierung von Form und Inhalt der Selbstaufmerksamkeit,
5. Herausarbeitung der Bedeutung der Situation für das angstbezogene Image oder Selbstbild (›Processing of self as a social object‹; vgl. z. B. Clark, 1997),
6. Verbindung zwischen Sicherheitsverhaltensweisen und der Bedeutung der Situation für das angstbezogene Image,
7. Verbindung zwischen anderen (Angst-)Symptomen und der Bedeutung der sozialen Situation für das angstbezogene Image.

Im Einzelnen können diese Schritte folgendermaßen gestaltet werden:

Zur Aktivierung einer prototypischen Situation und Herausarbeitung der zentralen Befürchtung

Im Allgemeinen wird es möglich sein, für diesen Therapieschritt auf Schilderungen von PatientInnen aufzubauen.
Um anhand der Schilderungen von PatientInnen eine prototypische Situation herausarbeiten zu können, kann es sinnvoll sein, mehrere Ereignisse anzureißen: Möglicherweise flüchtet die Person so schnell aus schwierigen Situationen bzw. vermeidet so ausgeprägt, dass sich die zentrale Befürchtung anhand einer aktuellen Situation nicht deutlich konkretisieren lässt. In der Regel kann die Situation im Gespräch aktiviert werden. In Einzelfällen kann die Vermeidung der entsprechenden Situationen so ausgeprägt sein, dass es notwendig wird, die Situation im Therapieraum nachzustellen und so einen Zugang zum Erleben der PatientInnen zu ermöglichen. Da die Zielrichtung dieses therapeutischen Schrittes in der Analyse liegt, sollte die Aktivierung der Situation die Befürchtungen zugänglich machen, PatientInnen aber nicht kognitiv-emotional zu stark in die Situation hineinversetzen. Die Vorstellung belastender Konstellationen so lebendig und anschaulich zu machen, dass die Person deutliche Angst erlebt, erhöht zwar prinzipiell die Zugänglichkeit der einzelnen Aspekte. Gleichzeitig behindert eine ausgeprägte Schemaaktivierung jedoch auch die Fähigkeit der Person zur Abstraktion, Reflexion und Informationsaufnahme (z. B. auch der Differenzierungen im Erklärungsmodell). TherapeutInnen sollten

generell darauf achten, dass die Therapie einen sicheren Ort für die PatientInnen darstellt, und hierauf in der Anfangsphase der Therapie ihre Aufmerksamkeit noch einmal speziell ausrichten (vgl. im Einzelnen E 2 ›Ressourcenorientierte Beziehungsgestaltung‹). Es geht also nicht um eine forcierte, sondern um eine gewisse Aktivierung schwieriger sozialer Situationen, die den PatientInnen zugleich Sicherheit und Interesse vermittelt.

Zur Herausarbeitung der Befürchtungen können z. B. die folgenden Fragen genutzt werden: »Was geht Ihnen in der Situation durch den Kopf?«, »Was könnte schlimmstenfalls passieren?«, »Kennen Sie das auch aus anderen Situationen bzw. ist das typisch für die Angstsituationen?«

Tendenziell sind die herausgearbeiteten Befürchtungen zumindest etwas allgemeiner als situative automatische Gedanken. Um diese abstraktere Ebene zu erreichen, empfiehlt es sich, die Implikationen automatischer Gedanken zu entwickeln. Insbesondere bei Gedanken, die quasi als Kommentar die Symptomatik noch einmal beschreiben (z. B. automatische Gedanken wie »gleich werde ich schwitzen«), fragen die TherapeutInnen nach. Hierbei kann entweder die Bedeutung, die andere Personen diesen Symptomen geben (»Was glauben Sie, denken andere dann über Sie?«), oder aber auch die Bewertung der Symptome durch die Person selbst relevant sein (»Was ist daran so schlimm für Sie?«, »Was heißt das für Sie?«). Häufig spielen hier Überschätzungen der Auffälligkeit eines Verhaltens oder vernichtende Selbstbeurteilungen eine Rolle.

Konkretisierung der Symptomatik

Zur Erarbeitung der physiologischen und kognitiven Symptomatik bieten sich Fragen an wie »Wenn Sie die Befürchtung haben bzw. das denken, was geht dann mit Ihrem Körper vor?«, »Wie fühlen Sie sich?«, »Welche Symptome beunruhigen Sie am meisten?«

Herausarbeitung von Sicherheitsverhaltensweisen

Das Sicherheitsverhalten lässt sich anhand der folgenden Fragen konkretisieren: »Wenn Sie die Befürchtung haben, was tun Sie, um die Katastrophe zu vermeiden?«, »Wenn Sie (das jeweilige Sicherheitsverhalten) nicht eingesetzt hätten, was glauben Sie wäre passiert?«, »Tun Sie irgendetwas, um Ihre Wirkung zu kontrollieren bzw. zu verbessern?«. Sicherheitsverhaltensweisen können äußerlich sichtbares (z. B. Blickkontakt vermeiden) und verdecktes Verhalten (z. B. Sätze üben, bevor sie gesagt werden) umfassen. Gerade verdeckte Strategien sind der Person oft so in Fleisch und Blut übergegangen, dass sie sie gar nicht mehr als spezielle Verhaltensweisen wahrnimmt. Deshalb lassen sich TherapeutInnen an diesem Punkt Zeit und fragen geduldig nach. Gelegentlich kann es schwierig sein, günstiges Bewältigungsverhalten und Sicherheitsverhaltensweisen voneinander abzugrenzen. Entscheidend für die Zuordnung ist die Funktion der jeweiligen Verhaltensweise: Während es z. B. für einen Patienten sinnvoll und für den Abbau seiner Ängste hilfreich sein kann, sich genau zu überlegen, welche Kleidung er trägt, um sich einem gefürchteten Geschäftsessen zu stellen und sich dabei auf die Situation zu konzentrieren, verhindert ein zweiter mit dem gleichen Verhalten, dass die anderen seine Unsicherheit und Unzulänglichkeit bemerken. Entscheidend ist also nicht das Verhalten an sich, sondern seine Funktion.

Erarbeitung des Inhalts der Selbstaufmerksamkeit

Hierbei geht es darum, genauer zu beschreiben, womit sich die Person im Rahmen eines internen Aufmerksamkeitsfokus beschäftigt. Fragen können z. B. sein: »Wann fangen Sie an, stärker auf sich selbst zu achten?«, »Worauf achten Sie im Einzelnen?«, »Womit beschäftigen Sie sich?« Der Schwerpunkt der Person kann mehr oder weniger eng sein (von einzelnen körperlichen Symptomen – wie z. B. einem Aufsteigen von Röte im Gesicht – bis zum Verhalten der Person insgesamt). Durch die Konkretisierung wird eine spätere Variation des Aufmerksamkeitsfokus vorbereitet.

Herausarbeitung des angstbezogenen Images

Das Image bzw. die bildhafte Vorstellung, die die Person von sich hat, kann durch Anregungen wie »Was haben Sie für ein Bild von sich in dieser Situation?«, »Was glauben Sie, wie Sie auf andere wirken bzw. wie Sie aussehen?« oder »Als was für ein Mensch erleben Sie sich dann?« entwickelt werden. Beim Gespräch über die Vorstellung der Person von sich ist es wichtig zu verdeutlichen, dass es um *das Gefühl* geht, *auf eine bestimmte Weise zu erscheinen*. TherapeutInnen sollten sorgfältig darauf achten, dass ihre Fragen und Äußerungen von den PatientInnen nicht als Bestätigung dieses Bildes missverstanden werden können. In diesem Zusammenhang

Herr K. – ein Patient mit sozialen Ängsten

Herr K., der Patient, anhand dessen Schwierigkeiten und Therapieverlauf die einzelnen therapeutischen Schritte im Folgenden veranschaulicht werden, suchte die Therapie wegen seiner ›Zitterängste‹ auf. Er ist bei Therapiebeginn 38 Jahre alt, verheiratet und hat 2 Söhne. Er arbeitet als Ingenieur bei einer großen Baufirma. Seit etwa fünf Jahren hatte er zunehmend Ängste entwickelt, bei ›offiziellen‹ Veranstaltungen aufzufallen, indem er möglicherweise unkontrolliert mit seinem Glas, seinem Besteck oder auch ›nur‹ den Händen zittern könnte. Er befürchtet, dass ihn alle ansehen würden, ihn für insgesamt inkompetent, lächerlich und unsicher halten würden. Seine Problematik wird als spezifische soziale Phobie im Sinne des DSM-IV (APA, 1994) diagnostiziert. In der ersten Therapiesitzung wird mit ihm zusammen das folgende Modell seiner aktuellen Schwierigkeiten entwickelt vgl. Abbildung:

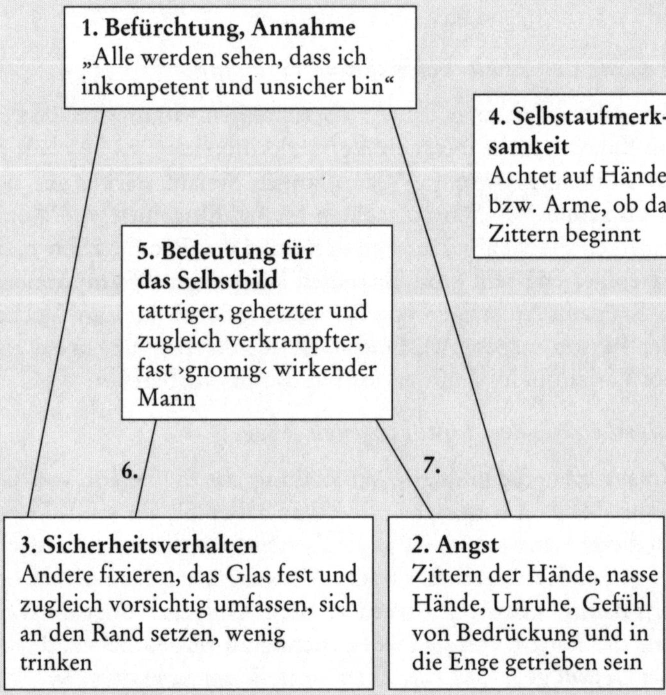

Abb. 4: Das Erklärungsmodell von Herrn K.

kann es sinnvoll sein, eine eher konjunktivische Sprache zu benutzen (z. B. »Sie fühlen sich, als ob Sie ein Bauerntrampel wären«).

Weitere Konkretisierung des angstbezogenen Images

Weitere Details des Images lassen sich durch die Fokussierung der Verbindung zwischen dem Sicherheitsverhalten und dem Image einerseits (»Wenn Sie durch [das jeweilige Sicherheitsverhalten] die Katastrophe zu verhindern suchen, was glauben Sie, wie Sie auf andere wirken?«) bzw. der Angstsymptomatik und dem Image andererseits (»Wenn Sie [die jeweilige Angstsymptomatik] erleben, was glauben Sie, wie Sie aussehen?«) klären.

Zum Abschluss der Entwicklung des Erklärungsmodells fragt die Therapeutin den Patienten noch einmal gezielt danach, ob das Modell seine Erfahrungen repräsentiert bzw. an welchen Punkten er möglicherweise Einwände oder Nachfragen hat. Zur weiteren Überprüfung der Angemessenheit des Erklärungsmodells wird mit dem Patienten vereinbart, dass er bis zur nächsten Sitzung Angstepisoden im Sinne der entwickelten Differenzierungen auswertet und sein persönliches Modell gegebenenfalls ergänzt.

1.2 Entwicklung eines Genesemodells

In der ersten Therapiephase sollte weiterhin mit PatientInnen ein *Genesemodell der Schwierigkeiten* erarbeitet werden (vgl. auch Margraf & Schneider, 1989). Ziel dieses therapeutischen Schrittes ist es, dass PatientInnen die Entwicklung ihrer Problematik verständlich wird; auch die TherapeutInnen sollten einen Eindruck vom Entwicklungshintergrund der Problematik gewinnen können. Ganz allgemein betrachtet können die Genesemodelle oder subjektiven Erklärungsmodelle von PatientInnen für ihre Schwierigkeiten zudem die gemeinsame therapeutische Arbeit erleichtern oder auch erschweren. Nach Fiegenbaum, Freitag und Frank (1992) sind für die therapeutische Arbeit günstige Erklärungsmodelle durch die folgenden Merkmale gekennzeichnet:

- Sie sind für PatientInnen plausibel, d. h. verständlich, logisch, und entsprechen ihren allgemeinen Vorstellungen und Vorerfahrungen.

- Sie sind kompatibel zu den Vorannahmen der PatientInnen, d. h., sie widersprechen diesen nicht im engeren Sinne, können sie jedoch weiterentwickeln, ergänzen und spezifizieren.
- Sie ermöglichen Veränderungen, d. h., sie sind nicht so statisch und/oder deterministisch, dass sich die soziale Phobie quasi zwangsläufig aus den Voraussetzungen entwickeln musste.
- Sie sind nicht im engeren Sinne falsifizierbar, d. h., sie sind so offen oder allgemein, dass sie nicht durch bisherige oder zukünftige Erfahrungen zu widerlegen sind.

Gerade die ersten beiden Kriterien veranschaulichen noch einmal, dass die Entwicklung eines Erklärungsmodells – auch wenn hierbei Informationen vermittelt werden – im Kern die kooperative Erarbeitung eines für den jeweiligen Patienten tragfähigen Konzepts darstellt und nicht primär einen Informationsvermittlungsprozess. Wie in den Abschnitten zur Ätiologie (Teil B) und Aufrechterhaltung (Teil C) herausgearbeitet wurde, ist die Entwicklung und Aufrechterhaltung sozialer Ängste multikausal zu interpretieren. Solche Modellvorstellungen dürften einerseits den komplexen Prozessen in diesem Zusammenhang am ehesten gerecht werden; andererseits gestatten sie es PatientInnen und TherapeutInnen auch am ehesten, zusammenzuarbeiten und innerhalb möglicherweise gegebener Grenzen die Veränderungsmöglichkeiten auszuschöpfen.
Neben der grundsätzlichen Sinnhaftigkeit der Entwicklung eines Genesemodells ist eine spezielle Indikation für seine Entwicklung dann gegeben, wenn PatientInnen äußern, dass sie nicht verstehen, weshalb sie die Schwierigkeiten haben. Im Rahmen dieses therapeutischen Schrittes werden von den TherapeutInnen einerseits mögliche Aspekte der Ätiologie und Aufrechterhaltung direkt angesprochen bzw. nachgefragt; andererseits wird der Prozess offen für die Konzepte der PatientInnen gestaltet. Mögliche Gesichtspunkte im Rahmen der Entwicklung des Genesemodells können sein:

- physiologische Reagibilität (insbesondere wenn z. B. Erröten oder Schwitzen eine Rolle spielt),
- Temperamentsaspekte im Sinne des Modells von Kagan (1999),
- Modelle für soziale Ängste,
- (familiale) Regeln (z. B. »man darf keine Fehler machen«),
- Erfahrungen während der Pubertät,

- traumatische soziale Erlebnisse,
- Veränderung der sozialen Umgebung mit unklaren sozialen Regeln (z. B. im Rahmen eines Umzugs),
- berufliche Anforderungen bzw. beruflicher Aufstieg über die Herkunftsfamilie hinaus.

Das Erklärungsmodell kann und muss also nicht im strikten Sinne erklären, wie die sozialen Ängste entstanden sind. Entwicklungsfaktoren für die sozialen Ängste sollten daher einerseits herausgehoben werden; sie sollten andererseits nicht im engeren Sinne deterministisch konzeptualisiert werden, sondern prinzipiell auch andere Verläufe gestatten. Um PatientInnen diese Perspektive zu erleichtern, können TherapeutInnen idealerweise anschauliche Beispiele einbringen, an denen der Veränderungsspielraum trotz eines gegebenen ätiologischen Faktors deutlich wird. Beispielhaft lässt sich das etwa an den Temperamentsfaktoren verdeutlichen: Wie eine Reihe von Längsschnittstudien nahe legt, kann eine kindliche Gehemmtheit bis ins Erwachsenenalter stabil bleiben, muss dies jedoch nicht (vermutlich insbesondere dann nicht, wenn andere Lernerfahrungen gemacht werden konnten; vgl. zusammenfassend Beidel & Turner, 1999).

Um die prinzipielle Veränderbarkeit der Schwierigkeiten für PatientInnen zusätzlich salient zu machen, können biographische Schwankungen der Problematik bereits in dieser Phase hervorgehoben und als interessant und prinzipiell nutzbar markiert werden.

Herr K. – Das Genesemodell seiner sozialen Ängste

Herr K. berichtet, dass er immer ein eher zurückhaltender, nicht aber schüchterner Mensch gewesen sei. Er komme aus einem eher kleinbürgerlichen Milieu, in dem Unauffälligkeit und Zurückhaltung als Tugenden galten. Das sei für ihn auch kein Problem gewesen. Er habe sich schon früh für technische Dinge interessiert und sei recht glücklich damit gewesen, allein oder auch mit einem Freund vor sich ›hinzuwurschteln‹.

Sein Beruf sei ihm leicht gefallen und er sei recht schnell aufgestiegen. Dabei habe er zunehmend den Eindruck gewonnen, dass seine Kollegen viel sicherer seien als er. Vor fünf Jahren sei er dann bei einer Feier seines Chefs eingeladen gewesen. Eigentlich sei er schon ziemlich erschöpft dort hingegangen, da die berufliche Belastung vorher sehr groß und er auch körperlich etwas angeschlagen gewesen sei.

Bei der Veranstaltung habe es sich um eine Gartenparty gehandelt, bei der man so herumstand. Geradezu ein Horror seien im Nachhinein diese kleinen Tellerchen für das Essen gewesen, an denen Halter für die Gläser festgesteckt wurden. Mehrfach habe ihn im Gedränge jemand angestoßen, sein Essen sei fast zu Boden gefallen und er habe den Teller krampfhaft festgehalten. Plötzlich habe er gesehen, wie sein Glas zu zittern begann. Er habe das Gefühl gehabt, das nicht mehr kontrollieren zu können. Er habe schnell hochgeschaut und gesehen, wie ein Kollege lächelnd auf seine Hand sah. Er habe so getan, als ob nichts sei, dann so schnell wie möglich die Toilette aufgesucht und keine Gläser oder Teller mehr in die Hand genommen.
Seither habe er ständig das Gefühl, seine Hände nicht mehr ganz kontrollieren zu können. Neben Essenssituation oder Konferenzen habe er sich auch schon einmal unwohl gefühlt, wenn er in Gegenwart anderer etwas schreiben sollte.
Bei seinen Ängsten spiele auch eine Rolle, dass er sich immer wieder vorstellen würde, welche beruflichen Konsequenzen daraus erwachsen könnten. Er arbeite in einem sehr konkurrenzorientierten Zusammenhang, den man seiner Ansicht als ›Haifischbecken‹ bezeichnen könne. Verschiedentlich habe er erlebt, wie Kollegen in schwachen Momenten lächerlich gemacht wurden, ja geradezu gemobbt wurden.

1.3 Entwicklung des Stressmodells

Neben der Entwicklung von Modellen zur Genese bzw. Aktualgenese empfiehlt sich auch die Erarbeitung eines ›Stressmodells‹, d. h. eines Modells, das Schwankungen der Problematik in Abhängigkeit von den Lebensumständen bzw. Belastungen der Person veranschaulichen kann (vgl. Abbildung 5). In diesem Zusammenhang können auch die Ergebnisse des Genesemodells einbezogen werden. Ein für PatientInnen plausibles und anschauliches Stressmodell hat die folgenden Funktionen:

- Bezüglich der multifaktoriellen Aufrechterhaltung sozialer Ängste können weitere Kontextfaktoren in den Blick geraten. Im Therapieverlauf können TherapeutInnen solche Faktoren gegebenenfalls thematisieren, ohne dass der Eindruck entsteht, dass willkürlich in das Leben von PatientInnen jenseits ihres Anliegens eingegriffen wird.

- Gleichzeitig können im Stressmodell auch aktuelle bzw. vergangene Schwankungen der Problematik im Therapieverlauf beschrieben und analysiert werden. Dies kann insbesondere dann wichtig werden, wenn PatientInnen den Eindruck haben, dass die Therapie nicht weitergeht bzw. sogar Rückfälle auftreten. Gegebenenfalls kann im Rahmen des Modells auch veranschaulicht werden, dass es für die Bearbeitung der Schwierigkeiten notwendig ist, zumindest vorübergehend den psychotherapeutischen Aktivitäten größere Priorität einzuräumen.
- Durch das dem Modell inhärente dimensionale Verständnis sozialer Ängste wird einem Alles-oder-Nichts-Denken entgegengewirkt.

Im Rahmen dieser Modellvorstellung wird Stress – in einem ganz allgemeinen Verständnis – als eine Rahmenbedingung verstanden, die die Schwelle für die Auslösung sozialer Ängste erniedrigen kann. Die Zusammenhänge können unter Einbeziehung der individuell relevanten Faktoren entsprechend der Darstellung in Abbildung 5 veranschaulicht werden (vgl. auch Margraf & Schneider 1990).

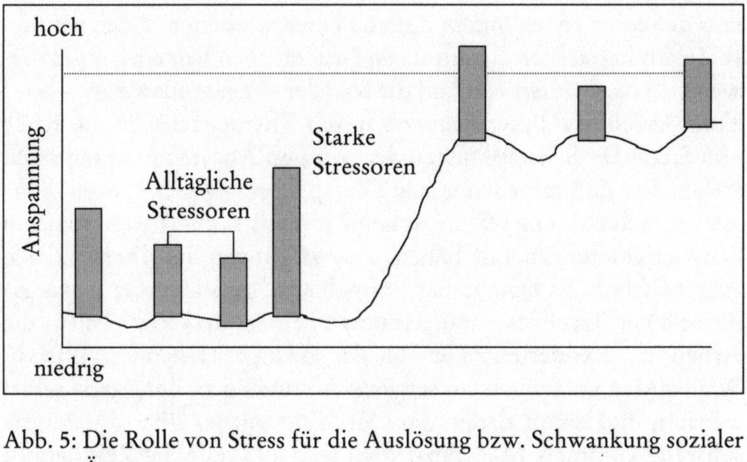

Abb. 5: Die Rolle von Stress für die Auslösung bzw. Schwankung sozialer Ängste

Zur Erarbeitung des Modells werden mit den PatientInnen Zeiten analysiert, in denen Schwankungen der Problematik aufgetreten sind. In vielen Fällen ist es sinnvoll, hierzu auch auf die Informationen aus dem Genesemodell zurückzugreifen.

TherapeutInnen gehen dazu folgendermaßen vor: Sie fragen ihre PatientInnen nach Zeiten, in denen die Ängste mehr oder weniger ausgeprägt waren (bzw. sprechen aufgrund der bisherigen Informationen solche Zeiten an, in denen das der Fall war). Für die Zeiten geringerer Belastung durch die sozialen Ängste arbeiten sie mit ihren PatientInnen heraus, inwieweit diese sich damals wohl gefühlt haben bzw. ein ruhigeres Leben gelebt haben. Für die Zeiten größerer Belastung gehen sie mit ihren PatientInnen gezielt auf die Suche nach zusätzlichen Belastungsfaktoren (wie z. B. hohe Arbeitsbelastung, gesundheitliche Probleme, Phasen der Orientierungslosigkeit etc.). Das jeweilige Stressniveau wird in die Graphik eingezeichnet; gleichzeitig werden exemplarisch für den jeweiligen Patienten prototypische soziale Situationen eingetragen, in denen die Person oft, aber nicht immer bzw. unterschiedlich starke Angst verspürt. PatientInnen charakterisieren solche Konstellationen häufig folgendermaßen: »Das sind so Situationen, die kann ich schaffen, wenn es mir gut geht«, »Als ich so viel zu tun hatte, habe ich noch nicht einmal die einfachsten Situationen geschafft.«
In einem weiteren Schritt wenden sich TherapeutInnen der jüngeren Vergangenheit bzw. der Gegenwart zu und versuchen dort belastende bzw. entspanntere Zeiten herauszuarbeiten. Auch für diese Zeiten betrachten sie mit ihren PatientInnen gemeinsam, inwieweit sich das Stressniveau auf die sozialen Ängste auswirkt.
Zum Abschluss dieser Sequenz fassen TherapeutInnen die Rolle von Stress für Schwankungen der sozialen Ängste zusammen und stellen den Zusammenhang zur Therapie her: »Wie Sie sehen, können manchmal Dinge, die scheinbar nichts mit Ihren sozialen Schwierigkeiten zu tun haben, Auswirkungen auf Ihre sozialen Ängste haben. Es kann daher sinnvoll sein, gerade in der Anfangsphase einer Psychotherapie darauf zu achten, dass Platz ist für die Arbeit an Veränderungen und Sie der sonstige Stress nicht auffrisst. Wir werden im Folgenden schwerpunktmäßig an der Angst selbst arbeiten und damit daran, dass Sie nicht wieder über die Angstschwelle kommen. Manchmal stellt sich im Laufe der Zeit heraus, dass es auch notwendig wird, Stressquellen herauszuarbeiten und sie zu reduzieren. Ob das für Sie zutrifft, wissen wir jetzt noch nicht, aber das sollten wir im Auge behalten.«

Herr K., Stress und die sozialen Ängste

Bei der Entwicklung des Stressmodells erinnert sich Herr K. sofort daran, dass er in der ersten Situation, in der sein Zittern auftrat, gesundheitlich angeschlagen und beruflich sehr belastet war. Zusätzlich fällt ihm noch ein, dass er gerade in der Zeit massiv gezweifelt habe, ob er in der Firma bleiben oder sich besser eine ruhigere, zugleich aber auch uninteressantere Arbeit suchen solle.

Als Zeiten weiterer deutlicher Intensivierung der Ängste nennt Herr K. die Zeit nach der Geburt seines zweiten Sohnes. Einerseits hatten seine Frau und er sich ein zweites Kind sehr gewünscht; die Schwangerschaft war aber schwierig gewesen und sein Sohn schließlich 4 Wochen zu früh geboren worden. Der Kleine hatte in den ersten Monaten massive Darmkoliken, die mit stundenlangem Schreien einhergingen. Neben der Müdigkeit seien auch Streitigkeiten mit seiner Frau in dieser Zeit sehr belastend für ihn gewesen. In dieser Zeit sei er manchmal schon zittrig in entsprechende Situationen reingegangen und habe das Gefühl gehabt, er müsse seine Hände regelrecht festhalten oder verstecken.

Sehr gut gehe es ihm dagegen immer wieder im Urlaub: Nach so etwa einer Woche sei er geradezu über sich selbst erstaunt, wie entspannt er auch in größerer Runde sein könne. Dieser Effekt halte sich auch nach seiner Rückkehr noch für eine gewisse Zeit. Günstig wirke sich auch aus, wenn er beruflich eher in einer Projektplanungsphase sei; das mache er sehr gern, und selbst wenn es viel Arbeit sei, fühle er sich in diesen Zeiten zufriedener und sei durch an sich problematische Situationen nicht so zu irritieren.

Aktuell wirke sich ungünstig aus, wenn seine Frau und er sich stritten. Sie sei manchmal unzufrieden mit der Rolle der Hausfrau und fühle sich durch ihn zu wenig unterstützt. Er könne sie zwar verstehen, sehe aber keine Möglichkeit, das zu verändern. Wenn dieser Konflikt so richtig aktuell sei, habe er das Gefühl, schwierige soziale Situationen überhaupt nicht zu schaffen. Auf der anderen Seite habe er festgestellt, dass seine Zitterproblematik weniger ausgeprägt sei, wenn er einen einigermaßen geregelten Tagesablauf habe, bei dem er Familie und Beruf besser vereinbaren könne. Auch wenn er sich mit seiner Frau gut verstehe und sie sich beide über die Kinder und das, was sie erreicht haben, freuen könnten, habe er weniger soziale Schwierigkeiten.

2. Hindernisse bei der Veränderung sozialer Ängste

Vermutlich verhindert eine Reihe von Mechanismen, dass Personen mit sozialen Ängsten Erfahrungen mit anderen Menschen, die durchaus positiv sind, als solche verbuchen und somit ihre Angst reduzieren bzw. verlieren können (vgl. v. a. Kapitel C3 ›Angstbestätigende Erfahrungen in den Situationen‹). Im Sinne kognitiver Theorieannahmen könnte man auch sagen, dass bei ihnen eine ausgeprägte ›top-down‹-Verarbeitung vorherrscht: Die problembezogenen Schemata bestimmen quasi ›von oben‹ die Erwartungen der Person an die Situation, ihre Wahrnehmungen und ihre längerfristigen Schlüsse aus den einzelnen Erfahrungen. Gegenüber neuen Erfahrungen, die sozialphobische Erwartungen in Frage stellen könnten, verhalten sich Personen mit sozialen Ängsten vermutlich weitgehend assimilativ (vgl. Beck & Emery, 1981; Willutzki, 1989).
Viele Situationen im Alltag stellen für Menschen mit sozialen Ängsten Konfrontationen mit ihrer Angst dar. Obwohl diese Situationen mehrheitlich nicht so schlimm verlaufen, wie es die Person befürchtet, reduzieren sich ihre Ängste nicht. Wie die eingeschränkte Wirksamkeit psychotherapeutischer Angebote bei sozialen Ängsten zeigt, gilt dies vermutlich sogar für Konfrontationen im therapeutischen Kontext: Trotz therapeutischer Unterstützung und gezielter Konfrontation mit gefürchteten Situationen, in denen wiederum nicht die katastrophisierten Ereignisse eintreten, bleibt die Angst weiterhin bestehen (vgl. D ›Übliche Behandlungsansätze der sozialen Phobie‹). Im Abschnitt zur Aufrechterhaltung wurden verschiedene Faktoren in den Angstsituationen bzw. vor oder nach ihnen herausgearbeitet, die die Veränderung der Angst behindern können:

- Eine ausgeprägte Selbstaufmerksamkeit, die einerseits dazu beiträgt, dass eigene Angstreaktionen bevorzugt verarbeitet werden, und andererseits die Wahrnehmung der konkreten Situation behindert;
- Sicherheitsverhaltensweisen der Person, durch die sie z. B. zu verhindern sucht, dass sie sich blamiert, dass ihre Unsicherheit auffällt;

- Die Orientierung an den eigenen negativen Reaktionen bei der Bewertung von Situationen;
- Antizipatorische oder Erwartungsangst vor bzw. negative Bilanzierungen (Post mortem) nach der Angstsituation.

All diese Faktoren können dazu führen, dass die Angst der PatientInnen stabil bleibt, sich trotz sogar positiver sozialer Situationen keine Veränderungen einstellen. Konzeptualisiert man diese Mechanismen als Hindernisse für den Angstabbau, so bedeutet dies implizit auch, dass insbesondere die situativ relevanten Faktoren abgebaut bzw. zumindest reduziert werden müssen, bevor der Patient systematisch und häufiger in soziale Situationen – allein oder auch mit Unterstützung seiner Therapeutin – hineingeht. In den nächsten Abschnitten soll auf diese Hindernisse einer Veränderung der sozialen Angst im Einzelnen eingegangen sowie Wege zu ihrer therapeutischen Bearbeitung dargestellt werden.

2.1 Selbstaufmerksamkeit

Um die befürchteten Katastrophen zu vermeiden bzw. sie zumindest früh genug zu bemerken, um notfalls fliehen zu können, achten PatientInnen während der Angstsituationen auf sich, ihren Körper und ihr Erleben. Aus ihrer Sicht ist dieser Mechanismus sehr verständlich; indem dadurch die Aufmerksamkeit für die Situation, die ihr inhärenten Aufgaben und auch die Rückmeldung aus der Situation eingeschränkt wird, trägt die Selbstaufmerksamkeit jedoch zur Aufrechterhaltung der Angst bei (siehe Kapitel C3). Es empfiehlt sich daher, recht früh in der Therapie auf diesen Prozess einzugehen und PatientInnen zu ersten Schritten in Richtung auf einen externen Aufmerksamkeitsfokus anzuregen.
Prinzipiell gehen TherapeutInnen hierbei so vor, dass sie diesen Aspekt zunächst wieder aufgreifen und ihre PatientInnen über dessen Problematik informieren. Als ersten Veränderungsschritt regen TherapeutInnen die Variation des Aufmerksamkeitsfokus an. Im Weiteren trainieren sie ihre PatientInnen gegebenenfalls entsprechend. Auf das Vorgehen wird im Folgenden näher eingegangen.
Im Rahmen der Entwicklung des individuumspezifischen Erklärungsmodells wurde bereits herausgearbeitet, worauf die Patien-

tInnen während der angstauslösenden Episode achten (z. B. darauf, ob sich befürchtete Angstreaktionen einstellen, etwa das Gesicht so heiß wird wie befürchtet). Der hierbei zu Tage tretende Fokus auf dem Selbst bzw. den eigenen Reaktionen wurde von den TherapeutInnen bereits als solcher markiert. Dieser Zwischenstand wird aufgegriffen, und die TherapeutInnen erläutern ihren PatientInnen die negativen Konsequenzen eines solchen Aufmerksamkeitsfokus:
»Wenn Sie in der Angstsituation sind, achten Sie darauf, ob sich schon Angstreaktionen einstellen und/oder Sie sich schon schlecht fühlen. Diese Konzentration auf sich selbst verhindert, dass Sie ein realistisches Bild der Situation bekommen. Sie achten quasi nur auf sich selbst und nehmen Ihre Umwelt gar nicht wahr. Um Ihre Angst zu überwinden, müssen Sie aber überprüfen, ob Ihre Ängste zutreffend sind oder nicht. Es ist daher wichtig, dass Sie in der Situation genau auf die anderen Menschen achten und mitbekommen, wie deren Reaktionen sind. Wenn Sie z. B. selbstaufmerksam sind und den Eindruck haben, dass Sie beobachtet werden, sollten Sie sich umsehen und schauen, ob dieser Eindruck stimmt. Wenn Sie Ihre Aufmerksamkeit so ausrichten, können Sie prüfen, was in der Situation geschieht, und feststellen, dass Ihre Ängste nicht gerechtfertigt sind.«
Für PatientInnen sind diese Aussagen nicht unbedingt einleuchtend bzw. zumindest abstrakt. Die TherapeutInnen nehmen sich daher Zeit für die Diskussion der grundsätzlichen Annahme, dass ein ausgeprägter Selbstfokus ungünstig ist.
Zusätzlich zu diesen Informationen kann es notwendig werden, PatientInnen gezielt in Hinblick auf eine Variation des Aufmerksamkeitsfokus zu trainieren. Ein solches Training kann sich auf die grundsätzliche Kontrolle der eigenen Aufmerksamkeitsrichtung außerhalb problematischer Situationen einerseits oder die Variation des Fokus in sozialen Situationen andererseits richten.
Um die grundsätzliche Kontrolle über den Aufmerksamkeitsfokus zu erhöhen, können TherapeutInnen PatientInnen in der Sitzung dazu anregen, sich im Wechsel auf sich selbst und auf ihre Umgebung zu konzentrieren. Dabei verbalisieren die PatientInnen ihre Eindrücke, und ihre TherapeutInnen geben u.U. zusätzliche unterstützende Hinweise (»Bitte beschreiben Sie noch genauer, was Sie spüren bzw. was Sie sehen«).

Bezüglich des Aufmerksamkeitsfokus in sozialen Situationen empfiehlt es sich, schrittweise schwierigere Konstellationen aufzusuchen. So können TherapeutInnen gemeinsam mit ihren PatientInnen Orte aufsuchen, an denen andere Personen beobachtet werden können. PatientInnen sollen in dieser Situation aktiv auf Umweltaspekte und vor allem andere Menschen achten und sie beschreiben (z. B. den Gesichtsausdruck anderer Personen, ihre Kleidung und ihr Verhalten). PatientInnen können dabei zunächst auf einzelne, ihnen entgegenkommende Personen achten. TherapeutInnen korrigieren gegebenenfalls Tendenzen, generalisierte Beschreibungen zu geben, indem sie die Person dazu auffordern, nur die äußerlich sichtbaren Merkmale der anderen wiederzugeben. Hierbei kann von der Kleidung über die Physiognomie der Person, insbesondere das Gesicht, und schließlich die Körperhaltung vorgegangen werden. Als weiteren Schritt bitten TherapeutInnen ihre PatientInnen um eine persönliche Einschätzung bzw. Bewertung der anderen, d. h. wie die entgegenkommenden Menschen auf die PatientInnen wirken (z. B. traurig, lustig, sympathisch etc.). Diese Eindrücke werden von der Person anschließend anhand der beobachteten Merkmale begründet. Hierbei können gemeinsam mit der Therapeutin gegebenenfalls typische Einschätzungsmuster herausgearbeitet werden.
In einem weiteren Schritt können auch andere Personen beobachtet werden, die in der Situation sind, die der Patient sehr fürchtet (z. B. Beobachtung von Einkaufenden, die allein sind). Schließlich können PatientInnen im Rahmen von Rollenspielen direkt dazu aufgefordert werden, ihre Aufmerksamkeit nach außen zu richten und das Geschehen zu beschreiben. Auch im Rahmen des Aufsuchens schwieriger Situationen erinnern TherapeutInnen ihre PatientInnen gegebenenfalls daran, die Aufmerksamkeit extern auszurichten.
Falls die erhöhte Selbstaufmerksamkeit bestehen bleibt, sind spezifische Ablenkungs- und Aufmerksamkeitsmodifikationsstrategien sinnvoll (siehe im Einzelnen Wells, 1997). Bei der Anwendung solcher Strategien ist immer darauf zu achten, dass sie nicht zu Sicherheitsverhaltensweisen der Person werden.
Ziel dieser Interventionen ist einerseits ein Wechsel von schneller und generalisierter Wahrnehmung zu langsamer, auf genauer Beobachtung beruhenden Urteilen über andere. Andererseits soll eine stärkere Konzentration auf die soziale Umwelt und damit einher-

gehend eine abnehmende Fokussierung der eigenen Person gefördert werden.

Die Bedeutung eines internen bzw. externen Aufmerksamkeitsfokus für die sozialen Ängste

Die Konsequenzen eines Wechsels von interner Selbstaufmerksamkeit zu einer eher nach außen gerichteten Aufmerksamkeit untersuchten Wells und Papageorgiou (1998). In einer Reihe von Einzelfallexperimenten mit insgesamt acht PatientInnen wurde mit zwei Bedingungen gearbeitet. Eine Hälfte der PatientInnen nahm zunächst an einer Expositionssitzung ohne spezifische Instruktion teil. Dieser folgte eine weitere Sitzung mit der Instruktion, die Aufmerksamkeit nach außen zu richten. Die Reihenfolge dieser Vorgaben wurde bei der anderen Hälfte der PatientInnen umgekehrt. Beide Bedingungen wurden von den PatientInnen als glaubwürdiger Behandlungsansatz eingeschätzt.
Im Vergleich zur Exposition ohne weitere Instruktion führten die Expositionssitzungen mit externem Aufmerksamkeitsfokus bei allen PatientInnen zu einer deutlich stärkeren Reduktion der Angst; gleichzeitig gingen die Befürchtungen in der letzteren Bedingung stärker zurück als in der ersteren. Insgesamt schätzten die PatientInnen die Sitzungen mit externem Aufmerksamkeitsfokus als deutlich effektiver ein.

2.2 Sicherheitsverhalten

Mit Sicherheitsverhaltensweisen sind solche Handlungen von PatientInnen gemeint, durch die diese versuchen, die befürchtete Katastrophe zu verhindern[8]. Aufgrund der zumeist jahrelangen Belastung durch die sozialen Ängste entwickeln die PatientInnen häufig subtile und ausdifferenzierte Handlungsstrategien: So bereiten sie sich etwa auf eine Rede minutiös vor – um bloß nicht zu stottern bzw. nachdenken zu müssen – oder schminken sich sorgfältig, damit das befürchtete Rotwerden überdeckt wird. Andere proben je-

8 Entsprechende Mechanismen finden sich nicht nur bei Personen mit sozialen Ängsten. So achten etwa viele agoraphobische PatientInnen darauf, immer Telefongroschen dabei zu haben, damit sie jederzeit Hilfe rufen können.

den Satz, den sie sagen könnten, lange bevor sie ihn äußern, oder halten sich beim Sprechen die Hand vor den Mund, damit man ihren ›komischen Mund‹ nicht sieht. All solche Verhaltensweisen sollen verhindern, dass sich die Person blamiert bzw. dass sie auffällt.

Sicherheitsverhaltensweisen behindern die Veränderung sozialer Ängste in verschiedener Hinsicht. Sie sind teilweise recht aufwändig und erfordern viel Aufmerksamkeit; dadurch erhöhen sie die Selbstaufmerksamkeit und behindern die Wahrnehmung der Situation. Verläuft eine soziale Situation trotzdem einigermaßen zufriedenstellend, so führt die Person das nicht darauf zurück, dass sie die entsprechenden Kompetenzen hat bzw. sich ›normal‹ und sozial angemessen verhalten hat. Vielmehr attribuiert sie das Gelingen auf die Sicherheitsverhaltensweisen, d. h. auf die Anstrengungen, die sie unternommen hat, um ihre ›eigentlichen‹ Schwierigkeiten nicht sichtbar werden zu lassen. Dass sie es nötig hat, so viele und anstrengende Sicherheitsverhaltensweisen in Anspruch zu nehmen, gilt ihr geradezu als Hinweis darauf, dass sie im Grunde doch seltsam, abweichend oder inkompetent ist – sonst hätte sie so etwas ja nicht nötig. Würde man sehen, wie sie wirklich ist, würde man sie doch ablehnen bzw. lächerlich finden.

Vor dem Hintergrund von Sicherheitsverhaltensweisen bestätigen sich somit die Ängste der Person eher. Ein weiteres Problem der Sicherheitsverhaltensweisen kann sein, dass sie das Verhalten der Person ›kontaminieren‹. Versucht etwa ein Patient dadurch, dass er eine besonders dicke Jacke anzieht und außerdem die Arme an den Oberkörper presst, zu verhindern, dass die anderen sein Schwitzen bemerken, so wirkt er durch sein verkrampftes Verhalten eher auffällig; zudem fördern seine Sicherungsmaßnahmen das Schwitzen und damit seine Symptomatik – was ihm wiederum Anlass zu weiteren Ängsten gibt.

Dass Personen in ihrer Not versuchen, alles zu tun, um die befürchteten sozialen Katastrophen zu vermeiden, ist verständlich; beeindruckend sind oft auch der Erfindungsreichtum und die Raffinesse, die PatientInnen in diesem Bereich entwickeln. Zusammenfassend lässt sich jedoch sagen, dass die über lange Jahre entwickelten Rettungsstrategien ein Problem sein können, da sie die Selbstaufmerksamkeit erhöhen, zu ungünstigen Attributionsprozessen führen, das Vertrauen in die eigenen Fähigkeiten weiter untergra-

ben und das soziale Verhalten der Person selbst kontaminieren. In gewisser Weise sorgen sie dafür, die sozial phobischen Schemata gegen positive soziale Erfahrungen ›abzudichten‹. Funktional gesehen entspricht Sicherheitsverhalten damit Vermeidungsverhalten.
Auch für TherapeutInnen ist es manchmal nicht leicht, sich in diesem Feld zu orientieren: Ob ein konkretes Verhalten eine ungünstige Sicherheitsverhaltensweise oder einen günstigen Bewältigungsversuch darstellt, ist dem Verhalten an sich nicht anzusehen. Vielmehr hängt es von seiner Funktion ab: Unterstützt es die Person dabei, sich mit der Angst bzw. beängstigenden Situationen zu konfrontieren, oder soll es davor schützen, dass die befürchtete Katastrophe eintritt?

Sicherheitsverhaltensweisen und die Aufrechterhaltung sozialer Ängste

Die Relevanz von Sicherheitsverhaltensweisen für die Aufrechterhaltung bzw. Veränderungsresistenz sozialer Ängste veranschaulicht eine Studie von Wells et al. (1995). Um die Bedeutung von Sicherheitsverhaltensweisen für die Aufrechterhaltung sozialer Ängste zu analysieren, wurden acht PatientInnen mit klinisch relevanten sozialen Ängsten jeweils zweimal mit für sie schwierigen sozialen Situationen für ca. 5 Minuten konfrontiert. Einer Hälfte der PatientInnen wurde vor der ersten Konfrontation die Bedeutung von Sicherheitsverhaltensweisen erklärt, und sie wurden aufgefordert, diese möglichst zu reduzieren (Reduktionsbedingung); vor der zweiten Konfrontation wurde nicht speziell auf die Sicherheitsverhaltensweisen hingewiesen (neutrale Bedingung). Die zweite Hälfte der PatientInnen wurde vor der ersten Situation nicht (neutrale Bedingung), wohl aber vor der zweiten Konfrontation auf die Relevanz von Sicherheitsverhaltensweisen (Reduktionsbedingung) aufmerksam gemacht.
Im Mittel berichteten alle PatientInnen nach den Konfrontationen eine Angstreduktion sowie eine Reduktion ihrer Befürchtungen. Die positiven Veränderungen waren jedoch in der Gruppe mit reduziertem Sicherheitsverhalten bereits bei der ersten Konfrontation deutlich ausgeprägter; zudem verstärkten sich bei zwei PatientInnen, die zuerst eine neutrale Instruktion bekamen, die Ängste in der ersten Situation, um dann in der zweiten Bedingung abzufallen.

PatientInnen erleben Sicherheitsverhaltensweisen als das Einzige, was sie derzeit noch rettet. Obwohl sie sehen, dass diese Verhaltensweisen zur Angst gehören bzw. durch diese motiviert sind, haben sie häufig die Vorstellung, dass sie diese Strategien zum Überleben brauchen, bis sie ihre soziale Angst los sind; sie glauben, auf sie erst dann verzichten zu können, wenn sie eines Tages angstfrei sind. Die Bereitschaft – bzw. aus Sicht der PatientInnen eher die Möglichkeit –, sich in soziale Situationen ohne Sicherheitsverhaltensweisen zu begeben, ist daher aus reiner Not auch in der Psychotherapie ohne weiteres nicht gegeben. Therapeutisch empfiehlt sich in diesem Zusammenhang ein rein einsichtsorientiertes Vorgehen – bei dem der Person die Problematik von Sicherheitsverhalten nur erklärt wird –, nicht, da es der Person keine konkreten Wege aufzeigt und ihr Dilemma, nicht das zu tun, was sie eigentlich sollte, noch vergrößert; den letzten Notanker kann und wird eine Person mit sozialen Ängsten ohne das konkrete Erleben, dass dieser Schritt sinnvoll ist, nicht über Bord werfen können. Zur Problematisierung von Sicherheitsverhaltensweisen und zur Ermutigung, diese subtilen Vermeidungsstrategien aufzugeben, ist vielmehr ein erfahrungsorientiertes Vorgehen sinnvoll, bei dem die Person die Sicherheitsverhaltensweisen auf ihre Vor- und Nachteile hin überprüft und diese erlebt.

Prinzipiell bedeutet erfahrungsorientiertes Vorgehen in Hinblick auf die Sicherheitsverhaltensweisen bei sozialen Ängsten, dass die PatientInnen zwei Rollenspiele durchführen: Ein Rollenspiel mit deutlichem bzw. intensiviertem Sicherheitsverhalten sowie im Anschluss eines mit reduziertem Sicherheitsverhalten. Parallel wird der Aufmerksamkeitsfokus der Person variiert. Im Rahmen dieser als Experiment konzipierten Übungen werden die Auswirkungen von Sicherheitsverhaltensweisen für das Angsterleben sowie die selbst wahrgenommene bzw. von außen eingeschätzte Performanz untersucht. Damit stellt diese Übung zugleich eine Realitätsprüfung der Befürchtungen im therapeutischen Kontext dar. Im Folgenden wird im Einzelnen darauf eingegangen, wie sich dieses Prinzip therapeutisch umsetzen lässt.

Basis für die Übung zum Sicherheitsverhalten ist eine Differenzierung entsprechender Verhaltensweisen im individuellen Störungsmodell; mit der Frage nach Mechanismen, mittels derer die Person versucht, die befürchtete Katastrophe zu vermeiden, werden individuelle Strategien herausgearbeitet (siehe oben F 1 ›Entwicklung einer individuumspezifischen Fallkonzeption‹). Dabei werden die Mechanismen an sich noch nicht problematisiert, sondern nur als ein Aspekt des Problemverhaltens differenziert und notiert. Diesen Voraussetzungen entsprechend wird die Übung zum Sicherheitsverhalten als Experiment eingeführt: Es geht darum, die Schutzmechanismen der Person in Hinblick auf ihren Nutzen zu betrachten, ihr Für und Wider zu erwägen. Im Sinne der Ermöglichung von Erfahrungen ist die therapeutische Haltung in diesem Therapieabschnitt von besonderer Geduld und Gründlichkeit geprägt. Gleichzeitig wird darauf geachtet, dass beide Rollenspiele in einer Sitzung stattfinden; in vielen Fällen wird das bedeuten, dass eine Doppelstunde eingeplant wird.

Nach Möglichkeit werden in-vivo-Situationen im Therapieraum – möglichst unter Hinzuziehung von ›KomplizInnen‹ der Therapeutin – gestaltet. Der gesamte Therapieabschnitt wird videographiert[9]. Hierbei wird mit den PatientInnen im Einzelnen abgeklärt, wie nah die Kamera stehen bzw. welchen Ausschnitt sie aufzeichnen muss, damit das von den PatientInnen als problematisch erlebte Verhalten genau erkennbar ist. Um spezielle Aspekte besser fassen zu können, kann es auch sinnvoll sein, in die Aufnahme Referenzobjekte zu integrieren (z. B. ein prägnant plaziertes rotes Buch, aufgrund dessen erkennbar wird, wie stark die Person in der Situation errötet[10]).

Ausgehend von den Schwierigkeiten des Patienten wird eine prototypische Problemsituation ausgewählt, die sich im therapeutischen Rahmen annäherungsweise simulieren lässt. Häufig dürfte es sich hierbei um kurze Episoden handeln, die die Person anspielt (wie z. B. eine kleine Rede halten, in Anwesenheit anderer Personen aus einem vollen Glas trinken etc.). Eine vollständige Übereinstimmung mit der Realsituation ist nicht erreichbar – und auch gar nicht notwendig; in diesem Therapieabschnitt geht es um die Variation

9 Dies ist besonders wichtig, da die ausgeprägte top-down-Verarbeitung bei sozialen Ängsten zu einer angstbestimmten Wahrnehmung und Verarbeitung problematischer Situationen führen kann. PatientInnen sind damit vertraut, dass andere Personen ihnen sagen, dass sie gar nicht so auffällig waren, wie sie befürchtet haben – und meistens nützt ihnen das wenig. Gerade deshalb sind Videodokumente ein wichtiges Hilfsmittel, um den PatientInnen eine Außenperspektive auf schwierige Situationen zu ermöglichen.

10 Ideal ist für diesen Zweck z. B. ein Set von Tafeln mit unterschiedlich dunklen Rottönen; PatientInnen können sich hieraus dann das Exemplar aussuchen, das dem vermuteten Rotton ihrer Haut am besten entspricht.

des Sicherheitsverhaltens und nicht um Verhaltensübungen. Bedenken von PatientInnen, dass die Situation nicht ›echt‹ ist, ist somit zuzustimmen; gegebenenfalls sollte erklärt werden, dass die Übung vor allem diagnostischen Zwecken dient und später ›reale‹ Situationen aufgesucht und eingeübt werden sollen.

Frage	Einschätzungsskala
Wie ausgeprägt wurden die Sicherheitsverhaltensweisen eingesetzt?	0–10; 0 = überhaupt nicht, 10 = vollständig
Wie hoch war Ihre Angst bzw. wie unwohl haben Sie sich gefühlt?	0–10; 0 = überhaupt keine Angst, 10 = panikartige Angst
Wie stark haben Sie Ihre Aufmerksamkeit auf sich selbst bzw. die äußere Situation gerichtet?	0–10; 0 = Aufmerksamkeit ganz nach außen gerichtet, 10 = Aufmerksamkeit ganz auf mich selbst gerichtet
Wie schlecht bzw. gut schätzen Sie Ihre soziale Performanz ein, d. h., wie schlecht bzw. gut glauben Sie gewirkt zu haben?	0–10; 0 = sehr gut auf die anderen gewirkt, 10 = sehr schlecht auf die anderen gewirkt

Tab. 2: Ratingskalen zur Einschätzung der Rollenspiele zum Sicherheitsverhalten

Für die Auswahl einer Rollenspielkonstellation sollte die Vorstellung einer schwierigen Situation angeregt werden; hiervon ausgehend wird gemeinsam mit der Patientin die befürchtete Katastrophe herausgearbeitet. Zur Spezifizierung der Sicherheitsverhaltensweisen wird zum einen auf die entsprechende Liste im individuellen Modell zurückgegriffen; zum anderen wird anhand des prototypischen Beispiels noch einmal geklärt, was die Person normalerweise alles tut, um die Katastrophe zu verhindern. Bei der Exploration lässt sich die Therapeutin Zeit und aktiviert die schwierige Konstellation z. B. mittels imaginativer Techniken: Die Situationen werden von PatientInnen in der Regel automatisch verarbeitet; daher erscheinen ihnen ihre Sicherheitsverhaltensweisen als quasi-natürlich und nicht weiter bemerkenswert. Zur Konkretisierung kann es nützlich sein, die Drehbuch-Metapher zu verwenden: Welche Regieanweisungen müsste die Person der Therapeutin geben, damit ihr Verhalten möglichst genau nachgespielt werden könnte? Die einzelnen Sicherheitsverhaltensweisen werden notiert und bilden die Grundlage für die Rollenspiele.

Im *ersten Rollenspiel* setzt die Person soweit als möglich ihre Sicherheitsverhaltensweisen ein. Die Therapeutin kann im Verlauf entsprechend nachfragen und direkt dazu ermuntern, einzelne Verhaltensweisen zu ergänzen bzw. zu intensivieren; parallel richtet die Person ihre Aufmerksamkeit auf sich selbst aus. Direkt im Anschluss schätzt die Person ihre Befindlichkeit bzw. ihr Verhalten z. B. auf den folgenden Skalen ein (vgl. Tabelle 2); die genaue Formulierung kann speziell auf den jeweiligen Patienten und seine Probleme abgestimmt werden.

Auch die MitspielerInnen im Rollenspiel schätzen die Person aus ihrer Sicht ein und machen Notizen zu ihrem Eindruck. Ein ausführliches Gespräch über das Rollenspiel erfolgt an dieser Stelle nicht; vielmehr wird nach kurzem Gespräch – bei dem auch der Mut der Person bei dieser Übung herausgestrichen wird – zum zweiten Rollenspiel übergeleitet[11].

Im Anschluss an das Rollenspiel mit Sicherheitsverhaltensweisen wird mit der Patientin ein *zweites Rollenspiel* zur gleichen Konstellation ohne bzw. mit reduziertem Sicherheitsverhalten sowie mit Verlagerung der Aufmerksamkeit nach außen abgesprochen. Den PatientInnen fällt es häufig nicht leicht, ihre Sicherheitsverhaltensweisen zu reduzieren bzw. ganz zu unterlassen. Es empfiehlt sich daher, mit der Person ›Trockenübungen‹ durchzuführen, bei denen die Verhaltenssequenzen mit Hilfe der Therapeutin angespielt bzw. geübt werden, bevor die KomplizInnen einbezogen werden. In diesem Zusammenhang wird von der Therapeutin gleichzeitig darauf geachtet, dass der Patient seine Aufmerksamkeit auf die Situation – und nicht auf sein eigenes Erleben – richtet; falls notwendig übt sie dies im Einzelnen bzw. gibt während der Durchführung entsprechende unterstützende Hinweise. Im Anschluss an die Durch-

11 Gleichwohl ist die Therapeutin unterstützend und verständnisvoll. Wenn die Person durch das erste Rollenspiel sehr belastet und sehr ängstlich ist, bemüht sich die Therapeutin darum, dies aufzufangen. Sie hat dabei jedoch auch im Auge, dass das zweite Rollenspiel die Möglichkeit geben kann, mit einer positiven Erfahrung aus der Sitzung zu gehen – und sie ihrem Patienten dies ermöglichen will.

führung schätzt der Patient das Rollenspiel wieder auf den oben genannten Skalen ein. Die MitspielerInnen geben dem Patienten direkt nach dem Rollenspiel ein spezifisches Feedback und beurteilen sein Verhalten auf den Ratingskalen.

Die Bedeutung von Rollenspielen für PatientInnen mit sozialen Ängsten

Für die meisten PatientInnen mit sozialen Ängsten stellen Rollenspiele eine sehr große Belastung dar: Sie fühlen sich in der Situation unter Beobachtung, was wiederum ihre Ängste vor Blamage und Versagen massiv aktiviert. Dass sie in dieser Situation die Tendenz haben, die Rollenspiele zu vermeiden bzw. ihren Sinn – vor allem antizipativ – zu hinterfragen, entspricht ihrem bisherigen Umgang mit belastenden Situationen und ist von daher verständlich. Gleichwohl lässt sich auf die Konfrontation mit belastenden Situationen in der Therapie in den meisten Fällen nicht verzichten. Das Rollenspiel bietet gegenüber ›draußen‹ einen geschützten Raum, in dem variiert, experimentiert und geübt werden kann. Damit ermöglicht es konkrete Bewältigungserfahrungen, und diese gehören zu den wichtigsten Wirkfaktoren in der Psychotherapie (vgl. z. B. Orlinsky, Ronnestad & Willutzki, 2004). Um PatientInnen entsprechende Schritte zu erleichtern, empfiehlt sich eine verständnisvolle, gleichwohl aber selbstverständliche Haltung von PsychotherapeutInnen gegenüber Rollenspielen. So können TherapeutInnen explizit zum Ausdruck bringen, dass sie wissen, dass dieser Schritt für die PatientInnen nicht leicht ist; im Anschluss an Rollenspiele kann und sollte die Therapeutin dem Patienten ihre Anerkennung deutlich machen, seinen Entschluss und die Wichtigkeit für die therapeutische Arbeit betonen. Eine ausführliche Abwägung des Für und Widers von Rollenspielen im Vorhinein empfiehlt sich in den meisten Fällen nicht: Bei den PatientInnen werden dadurch eher Erwartungsängste aktiviert und die Ambivalenz gegenüber Rollenspielen erhöht.

Im Anschluss erfolgt eine systematische Auswertung der beiden Rollenspiele. Hierzu wird zunächst anhand der Liste mit den Sicherheitsverhaltensweisen rekapituliert, welche einzelnen Strate-

gien die Person im ersten Rollenspiel hat nutzen können bzw. welche sie im zweiten reduziert bzw. unterlassen hat. Ist eine gewisse Reduktion der Sicherheitsverhaltensweisen nicht gelungen, sollte das zweite Rollenspiel nach entsprechender Vorbereitung bzw. Übung wiederholt werden. Dann werden die Einschätzungen der beiden Rollenspiele miteinander verglichen.
Beurteilt die Person das Rollenspiel mit reduziertem Sicherheitsverhalten günstiger – häufig wird zwar ein ähnlich hohes Angstniveau berichtet, die eigene Performanz jedoch günstiger beurteilt –, so werden die Unterschiede zwischen den Rollenspielen fokussiert. Hierbei sollten negative Aspekte von Sicherheitsverhaltensweisen (wie z. B. zusätzliche Anstrengung auf Seiten der Person, Fokussierung auf die eigene Person, mangelnde Konzentration auf das konkrete Geschehen, Kontamination des sozialen Verhaltens etc.) herausgearbeitet und gegebenenfalls durch Informationen der Therapeutin ergänzt werden.

Zur Veranschaulichung der Prozesse beim Sicherheitsverhalten

Zur Veranschaulichung des Mechanismus von Sicherheitsverhaltensweisen können auch kleine Geschichten oder Vignetten genutzt werden. Im Prinzip kommt bei Sicherheitsverhaltensweisen derselbe Mechanismus zum Tragen wie bei dem Mann, der die ganze Zeit in die Hände klatscht, um die Raubtiere zu verjagen. Dass keine Raubtiere da sind, gilt ihm als Beweis dafür, dass sein Klatschen ein Mittel ist, diese zu verjagen.
Weitere Geschichten zu diesem Thema erzählt z. B. Wells (1997):

- In Südamerika lebt ein Stamm, der glaubt, der Hüter der Welt zu sein. Damit die Welt sich weiter dreht und die Menschheit weiterleben kann, muss jedes Jahr eine bestimmte aufwändige Zeremonie durchgeführt werden. Die Mitglieder des Stammes befürchten, dass die Welt untergehen würde, wenn sie diese Zeremonie nicht ausführen. Wie kann der Stamm herausfinden, dass seine Überzeugung falsch ist?
- Einige Menschen glauben an Vampire und werden daher sehr ängstlich, wenn es Zeit wird, schlafen zu gehen. Zu ihrer Sicherheit tragen sie Knoblauchzehen um ihren Hals. Niemand

hat je einen Vampir gesehen, was dafür spricht, dass der Knoblauch funktioniert. Wie können diese Menschen herausfinden, dass es keine Vampire gibt?

Die Vignetten können mit den PatientInnen besprochen und die Implikationen für das Sicherheitsverhalten herausgearbeitet werden.

Schätzt die Person ihr Verhalten in beiden Rollenspielen in ähnlicher Weise ein, während die MitspielerInnen jedoch eine geringere Ängstlichkeit und/oder bessere Performanz im zweiten Rollenspiel wahrnahmen, wird diese Diskrepanz fokussiert und als interessantes Ergebnis der Rollenspiele festgehalten. Dieser Effekt ist häufig entweder darauf zurückzuführen, dass sich die Person bei der Beurteilung ihres Verhaltens an ihren eigenen negativen Gefühlen orientiert, oder aber, dass sie mit sich weit strenger ist als ihre soziale Umgebung. Diesen Mechanismen wird im therapeutischen Gespräch nachgegangen und die potenzielle Bedeutung der besseren Beurteilung durch die MitspielerInnen erarbeitet. Falls die Person dazu neigt, die Perspektive der anderen Beteiligten zu diskreditieren, kann dies zunächst deutlich gemacht und hinterfragt werden. Falls notwendig, kann auch angesprochen werden, inwieweit sich hierin ein weitreichenderes Interpretationsmuster ausdrückt. Die Therapeutin kann das Dilemma, das eine solche Struktur mit sich bringt, thematisieren: Aus der Angst heraus beurteilt die Person ihr Verhalten ohnehin negativ bzw. als nie genügend; wenn eine positivere Meinung anderer generell in Zweifel gezogen wird, gibt es prinzipiell keine Möglichkeit mehr, dass das Verhalten der Person angemessen ist.

Gelegentlich äußern PatientInnen, dass das zweite Rollenspiel aufgrund eines Übungseffektes leichter gewesen sei. Dies mag eine gewisse Rolle spielen; im Gespräch kann daran erarbeitet werden, dass Üben sinnvoll, Vermeidung dagegen nicht zielführend ist. Zugleich verweist dieser Eindruck auch darauf, dass die Person weiter prüfen muss, ob Sicherheitsverhaltensweisen für den Umgang mit sozialen Ängsten sinnvoll oder aber problematisch sind.

Zur weiteren Veranschaulichung der Problematik von Sicherheitsverhaltensweisen kann auch ein Rollenspiel sinnvoll sein, bei dem die Therapeutin bzw. ein Komplize Sicherheitsverhalten in der Interaktion mit dem Patienten zeigt. Hierdurch kann die Person die Erfahrung machen, dass Sicherheitsverhaltensweisen eines Interaktionspartners die Kommunikation sehr erschweren können.

Herr K. und die Sicherheitsverhaltensweisen

Herr K. hat im Rahmen der Erarbeitung des Modells bereits die folgenden Sicherheitsverhaltensweisen genannt: Das Glas nur halb füllen lassen, grundsätzlich keine Wein- oder Sektgläser bestellen, nach Möglichkeit nichts trinken. Im Rahmen der Vorbereitung der Rollenspiele zum Sicherheitsverhalten fällt dem Patienten ein Geschäftsessen vor etwa einem Monat ein. Seine Befürchtung in dieser Situation war: »Die anderen werden meine Unsicherheit merken und sich über mich lustig machen.« Nach imaginativer Aktivierung der Situation erinnert sich der Patient noch daran, dass er sich in der Situation an den Rand der Gruppe gesetzt hatte, damit ihn nicht alle ansehen. Weiterhin hatte er sich zum Glas heruntergebeugt und die zweite Hand mit etwas Abstand vom Glas gehalten, um ein Zittern der Hand schnell abfangen bzw. das Verschütten des Sprudels verhindern zu können. Gleichzeitig hielt er das Glas besonders vorsichtig: Einerseits fest, mit Spannung auf den Fingern, und andererseits vorsichtig, damit es nicht zerspringe. Damit er auch während des Trinkens nicht verschlossen wirkte, hatte er gleichzeitig seine SitznachbarInnen soweit irgend möglich angesehen.

Die Rollenspiele wurden mit Hilfe von jeweils zwei Komplizen durchgeführt, die sich mit an den Tisch setzten (Dauer jeweils ca. 5 Minuten). Die Gläser wurden normal voll gegossen. Wie abgesprochen setzte der Patient beim ersten Rollenspiel sein Sicherheitsverhalten ausgiebig ein: Er rückte an eine Tischecke, beugte sich zum Trinken nach vorne, fixierte dabei die anderen Gesprächsteilnehmer und hielt die zweite Hand seitlich neben dem Glas hoch. Seinen speziellen Glasgriff habe er in der Hand ebenfalls deutlich gespürt. Er schätzte seine Angst mit 7 (Skalen siehe Tabelle 2), seine Selbstaufmerksamkeit mit 8 und seine Performanz mit 8 ein; es sei ihm mit 8 recht gut gelungen, Sicherheitsverhaltensweisen zu zeigen. Seiner Ansicht nach habe seine Hand deutlich gezittert. Die beiden Mitspieler gaben die folgenden Ratings ab: Angst – 4, Performanz – 6.

Beim zweiten Rollenspiel setzte sich der Patient – auf Aufforderung der Therapeutin – näher an den Tisch heran, ließ die zweite Hand beim Trinken locker hängen, achtete weniger darauf, wie er das Glas hielt, und schaute es zwischendurch kurz an. Die Angst habe bei 5, die Aufmerksamkeit bei 5 und auch die Performanz bei 5 gelegen. Sicherheitsverhaltensweisen habe er zwar reduziert, sie hätten jedoch immer noch bei 4 gelegen. Die Trinkhand habe gezittert, allerdings weniger als beim ersten Mal. Die Mitspieler beurteilten den Patienten deutlich günstiger als im vorherigen Rollenspiel: Angst – 2, Performanz – 3. Zittern der Hände hatten sie bei beiden Rollenspielen nicht bemerkt. Im Gespräch über die Rollenspiele berichtete der Patient eine deutlich geringere Anspannung beim zweiten Rollenspiel; insbesondere entlastend sei für ihn gewesen, dass er bei der bewussten Wahrnehmung der anderen sehen konnte, dass diese nicht ständig auf seine Hände starrten. Außerdem habe er einen anderen Handgriff gehabt, sich dort nicht so verkrampft gefühlt. Es konnte mit dem Patienten gut erarbeitet werden, dass die von ihm als Hilfen entwickelten Strategien inzwischen eher zur Belastung geworden waren, insbesondere zu zusätzlicher Anspannung beitrugen. Trotzdem beschrieb der Patient ein gewisses mulmiges Gefühl bei der Vorstellung, auf diese Sicherheitsverhaltensweisen zu verzichten. Die Therapeutin brachte als zusätzliche Gesichtspunkte noch ein, dass diese Verhaltensweisen verhindern, dass sich der Patient so angenommen fühlen kann, wie er ist. Zum Ende der Sitzung wurde mit dem Patienten vereinbart, dass er in der nächsten Woche beim Mittagessen in der Kantine mit vertrauten KollegInnen ein Glas mit Stiel für seinen Sprudel wählen sollte, die zweite Hand nicht zum Trinken hinzunimmt und sich erlaubt, zwischendurch kurz auf sein Glas zu sehen.

Am Ende dieses Therapieschrittes wird mit den PatientInnen vereinbart, dass sie bis zur nächsten Sitzung im Alltag mit den Sicherheitsverhaltensweisen experimentieren[12]. Exemplarisch werden hierzu einzelne, nicht besonders schwierige Situationen durchdacht und überlegt, in welcher Weise die Person ihr Sicherheitsverhalten reduzieren könnte. Gegebenenfalls kann ein Protokollbogen vorbereitet werden, auf dem die PatientInnen kurz die entsprechende Situation, die Variation des Sicherheitsverhaltens und ihre Erfahrungen damit notieren.

12 Sicherheitsverhaltensweisen stellen häufig auch überkompensatorisches Verhalten dar, d. h., die Person bemüht sich z. B. durch besonders witzige Bemerkungen, interessant und umgänglich zu wirken. Wenn solche Verhaltensweisen lange bestehen, fehlen den PatientInnen zum Teil alternative Verhaltensweisen: Wie benimmt man sich denn eigentlich in einem Gespräch, ohne sich dauernd darum zu bemühen, möglichst interessant und anregend zu sein? In solchen Fällen kann es notwendig werden, mit der Person übend ein neues Repertoire ohne Sicherheitsverhaltensweisen zu erarbeiten.

2.3 Orientierung am eigenen negativen Gefühl

Ein weiterer Mechanismus, der die Veränderung sozial phobischer Schemata behindert, besteht darin, dass sich PatientInnen bei der Einschätzung sozialer Situationen häufig an ihren eigenen Gefühlen orientieren: Haben sie sich in der Situation schlecht gefühlt, so bedeutet dies auch, dass sie sich schlecht dargestellt, die anderen sie negativ bewertet haben (emotionale Beweisführung; vgl. Beck et al., 1985). Dieser Mechanismus kommt gerade auch dann zum Tragen, wenn PatientInnen sich mit etwas zeitlichem Abstand zu einer Situation wieder an diese erinnern: Obwohl sich die katastrophischen Befürchtungen in der Episode nicht bewahrheitet haben und die Person direkt danach auch gesagt hatte, dass es einigermaßen gut verlaufen ist, erinnert sie sich später daran, dass sie die Situation als anstrengend erlebt und sich nicht wohl gefühlt habe. Dieses *innere* Erleben wird zur Referenz dafür, wie die Situation einzuschätzen ist – dass andere BeobachterInnen dem Patienten vielleicht ein sogar sehr kompetentes Verhalten attestieren, zählt vor diesem Hintergrund nicht mehr. Es kommt quasi zu einem zirkulären Prozess, bei dem die eigenen negativen Affekte als Indikator über den Zustand der Welt interpretiert werden (vgl. auch die Stimmung-als-Informationsthese; Schwarz & Bohner, 1996; Willutzki, 2000). Dieser Prozess geht häufig mit ausgeprägter Selbstaufmerksamkeit – und damit zugleich eingeschränkter Wahrnehmung der äußeren Situation – einher; in gewisser Weise ist es daher kein Wunder, dass sich die PatientInnen am inneren Erleben orientieren. Auch Sicherheitsverhaltensweisen können in diesem Zusammenhang eine Rolle spielen. Die mit ihnen verbundene Anspannung und Mühe schränkt die Wahrnehmung der Person weiter ein und trägt gleichzeitig zu negativen Gefühlen bei. Die Verwobenheit der Orientierung am eigenen Gefühl mit diesen anderen Hindernissen einer Veränderung der sozialen Ängste lässt es geraten erscheinen, therapeutisch hier erst nach ersten Schritten in Hinblick auf die Selbstaufmerksamkeit und die Sicherheitsverhaltensweisen anzusetzen.

Das Prinzip dieses therapeutischen Schrittes ist es, die Diskrepanz zwischen innerem Erleben und äußerem Erscheinen zu veranschaulichen; hierzu wird systematisch mit Videoaufnahmen gearbeitet. Die Intervention hat zwei Funktionen: Zum einen soll die bisher benutzte Informationsgrundlage, insbesondere die Orientierung am eigenen Erleben in der Situation, in Frage gestellt werden und damit ein weiterer Realitätstest der Befürchtungen erfolgen. Zum anderen soll die Diskrepanz zwischen innerem Erleben und äußerer Erscheinung eine konkrete Entkatastrophisierung einer einzelnen Situation in der Therapie erlauben. In den meisten Fällen dürfte es sich empfehlen, diesen Interventionsabschnitt direkt an die Arbeit mit dem Sicherheitsverhalten anzuschließen.

Damit Personen angstschemainkongruente Informationen aus sozialen Situationen aufnehmen können, sollten die Aufmerksamkeit weniger nach innen gerichtet, die Sicherheitsverhaltensweisen reduziert und die Orientierung am eigenen negativen Gefühl in Frage gestellt sein. Idealerweise führen eine externe Aufmerksamkeit und reduzierte Sicherheitsverhaltensweisen sowohl zu einer Abschwächung der Symptomatik als auch gleichzeitig dazu, dass angstschemainkongruente Informationen stärker verarbeitet werden. Reduziert sich situativ nur die Symptomatik, so haben sich vermutlich neue Sicherheitsverhaltensweisen entwickelt.

Unter Umständen können die genannten Interventionsziele schon bei den Rollenspielen mit dem Sicherheitsverhalten erreicht werden. Die TherapeutInnen klären daher zunächst ab, ob eine Indikation für die Arbeit in Richtung auf eine emotionale Beweisführung besteht. Die Übung ist dann sinnvoll, wenn sich der Patient in der Sitzung nach der Intervention zum Sicherheitsverhalten negativer beurteilt, als er dies direkt nach dem Rollenspiel ohne Sicherheitsverhalten getan hat. Eine solche Verschlechterung deutet darauf hin, dass sich die Person bei der Einschätzung ihres Verhaltens sehr stark an eigenen negativen Gefühlen orientiert und Informationen, die auch beim Experimentieren mit dem Sicherheitsverhalten während der Woche verfügbar sind, nicht in ihre Schemata integriert. In einem solchen Fall ist die Diskreditierung der eigenen Informationsgrundlage sehr wichtig, weil die Patienten sonst auch aus weiteren Rollenspielen und Konfrontationsübungen mittelfristig keine neuen Informationen zur Überprüfung ihrer Befürchtungen ziehen.

Falls der Patient dagegen in der Sitzung nach der Übung zum Sicherheitsverhalten berichtet, dass er in der Zwischenzeit mit dem Sicherheitsverhalten experimentiert und positive Erfahrungen gemacht habe, ist die entsprechende Übung gegebenenfalls nicht indiziert. Unter dieser Bedingung ist es eher sinnvoll, die Erfahrungen seit der letzten Sitzung ausführlich zu besprechen und die PatientInnen zu einer weiteren Reduktion von Sicherheitsverhaltensweisen bzw. geringerer Selbstaufmerksamkeit zu ermuntern und entsprechende Situationen zu planen. Wegen der potenziell engen Verbindung zwischen der Selbstaufmerksamkeit und der Orientierung an interozeptiven Informationen können TherapeutInnen an diesem Punkt der Frage nachgehen, ob sich die Person bei der Bewertung ihres Verhaltens bisher möglicherweise hauptsächlich am eigenen Erleben orientiert hat. So wird es gegebenenfalls möglich, diesen Mechanismus anhand der Erfahrungen, die die Person bei der Veränderung des Aufmerksamkeitsfokus gemacht hat, herauszuarbeiten (und somit gelegentlich im weiteren Therapieverlauf darauf zurückkommen zu können).

Im Einzelnen kann folgendermaßen vorgegangen werden, um herauszuarbeiten, wie sich die Orientierung am eigenen Gefühl als Hindernis für die Veränderung sozialer Ängste auswirkt:

TherapeutInnen klären zunächst auf jeden Fall, wie die PatientInnen nach der letzten Sitzung ihre Performanz einschätzen. Wenn es hier zu einem ›Rückfall‹ in alte Einschätzungen kommt, halten sie dies erst einmal nur fest. Dann wird mit den PatientInnen ein neues Rollenspiel durchgeführt, das auf Video aufgezeichnet wird. Szenario ist eine derzeit für den Patienten mittelschwierige Konstellation (ohne zusätzliche Instruktion). Wieder wird vorher abgeklärt, ob die relevanten Verhaltensweisen auch wirklich auf dem Bild sind, ob Markierobjekte vorhanden sind etc. Das Rollenspiel sollte nicht zu lang sein (max. 5–8 Minuten), damit es in derselben Sitzung genau ausgewertet werden kann.

Die PatientInnen setzen – wiederum möglichst mit KomplizInnen der Therapeutin – die entsprechende Situation um. PatientInnen können sich dabei so verhalten, wie es für sie im Moment üblich ist, also ohne spezielle Variation des Sicherheitsverhaltens.

Vor dem Anschauen der Videoaufnahme wird kurz auf das Erleben und den Eindruck der PatientInnen eingegangen. Dann wird der ›mentale Film‹ der Person genau exploriert. Hierzu wird detailliert expliziert, wie sich die Person aus ihrer Sicht im Rollenspiel verhalten hat. Die Auffälligkeit negativer Verhaltensweisen wird im Einzelnen operationalisiert (idealerweise indem die PatientInnen vormachen, wie das Verhalten ausgesehen hat – »Wie stark zitterte der Becher?« –, die Therapeutin dies handelnd zurückmeldet, gegebenenfalls feinabstimmt und die Demonstration der PatientInnen noch einmal auf Video aufnimmt). Am Ende dieses Schrittes steht eine Liste der auffälligen und sichtbaren Verhaltensweisen. Vor der Betrachtung des Videos wird anhand von Ratingskalen eingeschätzt, wie deutlich das entsprechende Verhalten wohl aufgetreten ist und wie die Performanz insgesamt bewertet wird. Das zentrale Problem von PatientInnen mit sozialen Ängsten ist eine durch die Angstschemata gesteuerte Wahrnehmung sozialer Situationen sowie des eigenen Verhaltens: Der Angstprototyp wird durch kleine Hinweise auf der situativen, emotionalen, physiologischen oder motorischen Ebene aktiviert und bestimmt in der Folge Antizipation, Wahrnehmung und Verarbeitung von Situationen. Hiermit ist vor allem eine erhöhte Selbstaufmerksamkeit und direkt die Orientierung an der eigenen Befindlichkeit verbunden. Dieser Prozess ist auch bei der Betrachtung des Videos zu erwarten: Die Person sieht sich auf dem Bildschirm, bewertet sich negativ und ist danach nur noch in ihrem ›Film‹ als unsichere, unmögliche, komische Person. Konsequenterweise neigen PatientInnen dazu, günstige Informationen in Frage zu stellen und auf die Unzulänglichkeit der Videoaufnahme zurückzuführen (»wenn man das richtig sehen würde, dann würde man auch sehen, wie zittrig ich bin ...«). Auch wenn TherapeutInnen meinen, dass doch ›ein Blinder sehen müsste‹, dass die jeweiligen PatientInnen sozial kompetent und angenehm mit einer Situation umgehen, sollten sie sich hierauf nicht verlassen. Im Einzelnen bedeutet dies z. B., dass PatientInnen in der Therapiesitzung das Video nicht insgesamt anschauen und TherapeutInnen dann nach ihrem Eindruck fragen. Vielmehr halten TherapeutInnen das Video immer wieder an, explorieren den Eindruck ihrer PatientInnen und stellen Bezüge zum vorher konkretisierten ›mentalen Film‹ her. Vor dem Einschalten des Videos regen sie bei der Person eine etwas distanzierte BeobachterInnenperspektive an, um eine zu große Aktivierung des Angstschemas zu vermeiden: »Wie finden Sie, macht der Mann das da auf dem Bildschirm? Wie wirkt er auf Sie?« Die Unterstellung der TherapeutInnen ist, dass die sozialen Ängste die Person im Griff hat, d. h. dass die Person weiterhin

primär interne Informationen verarbeitet und aufgrund ihrer Angstschemata die ›Wahrhaftigkeit‹ bzw. Angemessenheit des Bildes in Frage stellen wird. Der Patient wird daher mehrfach und beharrlich an die BeobachterInnenperspektive erinnert und das Video nach kurzen Sequenzen gestoppt. Zusätzlich bittet die Therapeutin den Patienten, das Video dort anzuhalten, wo sich seines Erachtens nach das ungünstige Verhalten besonders deutlich zeigt.
Die einzelnen Videoabschnitte werden anhand der von den PatientInnen zuvor formulierten Aspekte und Dimensionen ausgewertet. Im Allgemeinen besteht ein markanter Kontrast zwischen dem ›mentalen Film‹ und der Wahrnehmung des Videos aus einer Außenperspektive. Diese Unterschiede werden bei der Auswertung fokussiert und auf ihre Bedeutung hin analysiert. Zum einen kann herausgearbeitet werden, dass das eigene negative Gefühl[13] für die Einschätzung sozialer Situationen keine valide Beurteilungsgrundlage darstellt. Zum zweiten lässt sich an diesen Videos häufig auch zeigen, dass die Sicherheitsverhaltensweisen der Person eher zu einer Verstärkung der Angst und einer Einschränkung der Performanz führen. Fazit dieses Behandlungsabschnittes für die PatientInnen könnte damit zum einen sein, dass negative Gefühle bei weitem nicht bedeuten, dass die Außenwirkung schlecht war; zum Zweiten kann noch einmal anschaulich werden, dass Sicherheitsverhaltensweisen sowohl negative Gefühle auslösen als auch die Performanz behindern.
Zum Abschluss dieses therapeutischen Schrittes wird das Verhalten im Rollenspiel von den PatientInnen erneut auf den Ratingskalen eingeschätzt. Den TherapeutInnen geben diese Einschätzungen noch einmal einen Hinweis darauf, ob es ihren PatientInnen gelungen ist, sich von der schemagesteuerten Verarbeitung zu lösen, und die angezielte Entkatastrophisierung erreicht wurde. Bei einem

[13] Gelegentlich verallgemeinern PatientInnen diese These dahingehend, dass sie sich überhaupt nicht mehr auf ihre Gefühle, auch nicht ihre positiven, verlassen können. Hierauf sollte geachtet werden, da sie sich unter diesen Umständen orientierungslos und verwirrt fühlen können. Gegebenenfalls können sie danach gefragt werden, ob sie im Rahmen ihrer sozialen Schwierigkeiten schon einmal erlebt haben, dass ein positives Gefühl – so es denn überhaupt aufgetreten ist – trügerisch war. In den meisten Fällen berichten PatientInnen, dass positive Gefühle eher zu selten auftreten, als dass sie irrtümlicherweise zu einer zu rosigen Sichtweise verleiten. Positive Gefühle und Bewertungen wären hiernach verlässlicher. Wenn diese Sichtweise für PatientInnen nicht zutreffend ist, kann die aktuelle Haltung als Hinweis darauf genutzt werden, dass eine systematischere Prüfung der Validität von Gefühlen insgesamt sinnvoll ist.

günstigen Verlauf bedeutet die Einschätzung für die PatientInnen noch einmal eine summarische Rückmeldung über den Prozess und damit die Relevanz, die die Orientierung am eigenen Gefühl für die Aufrechterhaltung bzw. Veränderung der sozialen Ängste hat.

Herr K. und die Orientierung am eigenen negativen Gefühl

Herr K. berichtete, dass es ihm seit der letzten Sitzung in einfachen Situationen gelungen sei, seine Sicherheitsverhaltensweisen zu reduzieren. Einmal habe er es sogar geschafft, aus einem Glas mit Stiel zu trinken und sich dabei mehr auf die Situation als auf sich selbst zu konzentrieren. Allerdings sei er sich nicht sicher, ob er nicht doch ziemlich gezittert habe, und daher habe er Bedenken, dieses Verhalten auf berufliche Situationen auszuweiten. Ihm sei auch noch einmal die Situation in der Therapie durch den Kopf gegangen: Besonders gut habe er sich ja bei beiden Rollenspielen nicht gefühlt, wahrscheinlich habe er doch gezittert (»Psychologen sind ja immer so nett«) und sich in der Situation sicher nicht besonders gut gemacht.
Auf Befragen schätzte er seine Angst ebenso wie seine Performanz im Rollenspiel mit reduziertem Sicherheitsverhalten im Nachhinein mit ›6‹ ein. Die Therapeutin akzentuierte den Unterschied zu der positiveren Einschätzung in der letzten Woche und nutzte dies als Überleitung dafür, dass in der heutigen Sitzung die Befürchtungen von Herrn K. in Hinblick auf seine soziale Erscheinung näher betrachtet und überprüft werden sollten. Nach einer kurzen Information über die Planung der Sitzung einigten sich Herr K. und die Therapeutin darauf, als aktuelle, mittelschwierige Situation für das Rollenspiel eine kleine Feier bei einem Geschäftsabschluss zu wählen.
Vor Beginn der Videoaufnahme wurde darauf geachtet, dass Herr K. sich gut zur Kamera positionierte und seine Hände auf der Aufnahme genau zu sehen sein würden. In der Situation stand der Patient mit drei KomplizInnen (als GeschäftspartnerInnen) herum, führte ein lockeres Gespräch und nahm zwischendurch zum Anstoßen immer wieder sein Glas in die Hand. Dabei nahm er immer wieder die zweite Hand dazu und schaute sein Gegenüber etwas fixierend an. Im Anschluss berichtete er, dass er gelegentlich den Impuls verspürt habe, den Raum zu verlassen – was er in der Realsituation auch manchmal unter einem Vorwand tue.
Nach dem Rollenspiel gab Herr K. die folgenden Einschätzungen ab: Sicherheitsverhalten – 5, Angst – 5, Aufmerksamkeit – 6, Performanz – 6. Anschließend wurde mit ihm zunächst herausgearbeitet, wie er glaubte, dass er gewirkt bzw. wie er sich im Rollenspiel verhalten habe. Herr K. beschrieb seinen inneren Film folgendermaßen: Er habe

sehr steif gewirkt, in abgehackten Sätzen gesprochen, seine Hand habe deutlich gezittert und er habe beim Trinken fast etwas verschüttet. Seine Gesprächsbeiträge seien zudem nicht besonders originell gewesen. In einem längeren Gespräch wurde genau operationalisiert, was unter diesen zuerst recht globalen Einschätzungen zu verstehen sei. So wurden z. B. abgehackte Sätze als Sätze mit Pausen von 5 Sekunden und fehlerhafter Grammatik konkretisiert. Das Zittern der Hände wurde mehrfach vorgemacht und rückgemeldet; von der Form, die der Patient im Gespräch gehabt zu haben glaubte, wurde eine zusätzliche Videoaufnahme gemacht. Die einzelnen Charakteristika der als auffällig erlebten Verhaltensweisen wurden genau notiert. Abschließend fragte die Therapeutin noch einmal explizit nach, ob es noch weitere auffällige Verhaltensweisen gegeben habe. Erst als Herr K. dies bestimmt verneinte, ging die Therapeutin weiter.
Vor Anschauen des Videos forderte die Therapeutin Herrn K. auf, sich das Video aus einer Beobachterposition anzuschauen. In diesem Zusammenhang blendete sie die erste Szene als Standbild ein und ließ sich vom Patienten »diese Person da auf dem Bild« beschreiben. Während des Videos hielt die Therapeutin das Video mehrfach an und fragte den Patienten, ob bzw. welche der befürchteten Auffälligkeiten in welchem Ausmaß im jeweiligen Abschnitt zu sehen waren. So wurde etwa für jeden Satz geprüft, ob die erwarteten Pausen vorkamen bzw. die Grammatik fehlerhaft war. Obwohl der Patient nicht erkennen konnte, dass seine Hände zitterten und sich auch die von ihm befürchteten längeren Pausen nicht einstellten, war er erkennbar kritisch mit sich. Die Therapeutin achtete daher genau darauf, immer wieder den Bezug zu den antizipierten Auffälligkeiten herzustellen und den Patienten an die Beobachterperspektive zu erinnern. An einigen Punkten äußerte sich Herr K. eher global negativ (»Das war doch nicht gut, unmöglich«). Die Therapeutin ging mit ihm die einzelnen befürchteten Verhaltensweisen durch, klärte noch einmal ab, was der Patient in der negativ beurteilten Sequenz zu sehen meinte, und spulte das Band entsprechend zurück. Am Ende der Videobetrachtung prüften Herr K. und die Therapeutin noch einmal summarisch, welche Verhaltensweisen vorgekommen waren; dabei wurde die Diskrepanz zwischen den Befürchtungen und dem sichtbaren Verhalten sehr deutlich. Herr K. zog für sich zunächst daraus den Schluss, dass er wohl doch nicht so zittrig sei. Außerdem war ihm aufgefallen, dass er bei der Betrachtung des Videos insbesondere die Sicherheitsverhaltensweisen selbst als ungünstig und inkompetent erlebt hatte.
Im weiteren Gespräch konnte die Falle der Orientierung am eigenen Gefühl mit dem Patienten erarbeitet werden: Herrn K. fiel eine ganze Reihe von Situationen ein, in denen er sich ganz furchtbar gefühlt hat-

te – dementsprechend auch gemeint hatte, dass er schrecklich gewirkt habe –, von anderen aber eine durchaus positive Rückmeldung bekommen hatte. Bisher hatte er in solchen Fällen eher sein eigenes negatives Gefühl als Beweis für sein unmögliches Verhalten gelten lassen. Von diesem Beispiel ausgehend erarbeiten Herr K. und die Therapeutin, woran sich der Patient an Stelle des negativen Gefühls orientieren könne: Mehr darauf achten, wie die anderen reagieren; weitere Videoaufnahmen betrachten; andere nach der Wirkung des Verhaltens fragen.
Zur weiteren Überprüfung des Zusammenhangs zwischen sozialer Angst, Selbstaufmerksamkeit und Sicherheitsverhalten gab die Therapeutin Herrn K. einen Protokollbogen (vgl. Tabelle 2) mit, auf dem er die drei Dimensionen jeden Tag bis zum nächsten Treffen einschätzte.

Nicht immer gelingt es PatientInnen so gut wie Herrn K., den Unterschied zwischen innerem Film und sichtbarem Verhalten wahrzunehmen und damit die Problematik der Orientierung am eigenen Erleben erkennen zu können. Im Rahmen dieses Therapieabschnitts können die folgenden Probleme auftreten:
Es gelingt möglicherweise nicht zu verhindern, dass sich die Person bei der Betrachtung des Videos an ihren Gefühlen orientiert. Als Folge nimmt sie nur verzerrt oder gar nicht wahr, was ›tatsächlich‹ auf dem Video zu sehen ist. Dementsprechend schätzt sie ihre Performanz sehr schlecht ein. In einem solchen Fall sind ergänzende Rollenspiele notwendig: Die Therapeutin exploriert hierzu eine weitere als schwierig eingeschätzte Situation. Sie spricht mit der Patientin vor Durchführung des Rollenspiels ab, dass diese nur das von ihr als besonders negativ und unsicher eingeschätzte Verhalten einsetzt; dabei lässt sich die Therapeutin das entsprechende Verhalten wieder zeigen und spiegelt es handelnd zurück. Für den therapeutischen Prozess ist es günstig, wenn die Person während des Rollenspiels Angst erlebt (vgl. Foa & Kozak, 1986). Es ist jedoch nicht unbedingt notwendig; entscheidend ist vielmehr, dass das als problematisch gesehene Verhalten im Rollenspiel eingesetzt wird.
Nach der Aufnahme des Rollenspiels wird der Ausschnitt im Sinne der oben beschriebenen Spezifizierung (wiederholte Induktion der BeobachterInnenperspektive, Vergleich mit den vorher explizierten Problemverhaltensweisen, Fokussierung der Diskrepanzen) ausgewertet. Kommt es auch hierbei zur Intrusion von negativen Gefühlen, so lässt sich die Therapeutin vom Patienten genau instru-

ieren, wie das von ihm als problematisch erlebte Verhalten im Einzelnen aussieht (z. B. wie groß die Pausen im Gespräch sind, wie stark er stottert, wie fahrig er ist). Auch diese Instruktionsphase wird wiederum aufgezeichnet. In einem weiteren Rollenspiel übernimmt die Therapeutin dann seine Rolle und spielt das Verhalten wie abgesprochen. Das Video mit der Therapeutin als Rollenspielender wird dann mit dem Video vom Rollenspiel des Patienten – wieder unter Induktion der Beobachtungsperspektive – verglichen. Ziel der Intensivierung der Rollenspiele ist es, die Diskrepanz zwischen innerem Erleben und äußerer Erscheinung zu veranschaulichen.

Zur Verdeutlichung der Differenz zwischen innerem Erleben und äußerer Wirkung kann es zusätzlich auch sinnvoll sein, die als problematisch erlebte Symptomatik so zu übertreiben, dass der Patient dies deutlich spürt. Bei der Betrachtung des Videos kann dann erkennbar werden, dass das Verhalten selbst bei einer solchen Übertreibung nicht so auffällig ist, wie es der Patient befürchtet.

Im weiteren Verlauf der Therapie ist es im Allgemeinen sinnvoll, immer wieder Videofeedback in der oben beschriebenen Form einzusetzen. Um die automatische Orientierung am eigenen Gefühl zu reduzieren, kann es sinnvoll sein, dass PatientInnen sich bei der Betrachtung des Videos für sie passende Selbstinstruktionen geben: »Auch wenn ich mich schlecht fühle, heißt das nicht, dass ich unmöglich aussehe« bzw. »ich wirke ruhig, auch wenn ich mich nicht so fühle« etc.

Dieser Therapieabschnitt schließt damit ab, dass TherapeutInnen ihren PatientInnen bis zur nächsten Sitzung die folgende Aufgabe geben: Sie sollen das Sicherheitsverhalten reduzieren und die Aufmerksamkeit nach außen richten. Gleichzeitig bemühen sie sich darum, die Reaktion der anderen wahrzunehmen, um dadurch validere Informationen zu erhalten.

Was ist das Ziel therapeutischer Handlungsregeln?

Gerade im Rahmen einer kognitiv-verhaltenstherapeutischen Tradition sind in den letzten Jahrzehnten störungsspezifische und/oder manualisierte Therapievorschläge ausgearbeitet worden (vgl. zum Überblick Fiedler, 1997). Ziel solcher konkreten Modelle ist es, das – oft im Rahmen von Forschungsprojekten – entwickelte Störungs- und Veränderungswissen zu explizieren und damit weithin zugänglich zu machen. Hiermit verbindet sich zugleich die Hoffnung, effektive und effiziente therapeutische Ideen für möglichst viele PatientInnen nutzbar zu machen. Gerade beginnenden PsychotherapeutInnen können diese Leitfäden Orientierung im komplexen Feld der Psychotherapie geben.

Ein häufiges Missverständnis bei der Nutzung entsprechend gefasster Therapievorschläge besteht darin, dass TherapeutInnen die oft sehr präzisen Handlungsanweisungen als technologische Schritte verstehen, deren Umsetzung die Probleme beseitigen soll. Aus dem Blick gerät dabei, dass die einzelnen Schritte dazu dienen, PatientInnen bestimmte therapeutische Veränderungen zu ermöglichen – und dass es letztlich ›nur‹ um diese Veränderungen geht. So zielt etwa der oben beschriebene therapeutische Abschnitt darauf ab, PatientInnen zu ermöglichen, die Problematik von Sicherheitsverhaltensweisen zu erkennen und den Mut zu fassen, diese zu reduzieren bzw. auf sie zu verzichten. Beschrieben wird möglichst konkret ein Weg zur Erreichung dieses Ziels, der im Wesentlichen von der Oxforder Arbeitsgruppe (z. B. Clark, 1997; Wells, 1997) ausgearbeitet wurde. Dieser Weg ist kein Kochrezept, und die möglichst genaue Umsetzung der einzelnen Schritte ist keine Garantie dafür, dass das Veränderungsziel erreicht wird. Nimmt man jedoch das Modell zur Ätiologie und Aufrechterhaltung (vgl. Teile B und C) ernst, das diesen therapeutischen Weg begründet, so geht es gerade darum, dass die Patientin den entsprechenden psychischen Schritt vollzieht. Ein solches heuristisches – und nicht technologisches – Verständnis von Psychotherapiemanualen bedeutet, dass PsychotherapeutInnen sich für den Fortgang der Therapie immer am Stand ihrer PatientInnen orientieren müssen. Wenn diese einen bestimmten Veränderungsschritt trotz der Nutzung eines vorgeschlagenen therapeutischen Weges nicht vollziehen, so müssen sich TherapeutInnen wohl oder übel weitere therapeutische Strategien ausdenken, ihr bisheriges Vorgehen überdenken und/oder mit Geduld daran arbeiten, ihren PatientInnen den Schritt zu ermöglichen. Ein Veränderungsziel nicht zu erreichen und trotzdem ›einfach‹ im Sinne des Manuals fortzufahren, ignoriert die Verschränkung der einzelnen postulierten Mechanismen der Aufrechterhaltung sozialer Ängste. TherapeutInnen sollten sich bewusst sein, dass sie mit ihrem Handeln gegebenenfalls eine Entscheidung gegen diese Modellvorstellungen treffen; im Sinne ihrer PatientInnen sollten sie sich gleichzeitig Gedanken darüber machen, welche Vorstellungen zur Veränderung sozialer Ängste sie stattdessen verfolgen wollen.

2.4 Antizipatorische Verarbeitung und negative Bilanzierung

Während es bisher um ungünstige Verarbeitungsprozesse während der sozialen Situation im engeren Sinn ging, stehen bei vielen PatientInnen auch bestimmte Mechanismen vor bzw. nach schwierigen Konstellationen einer positiven Veränderung im Wege. Im Vorhinein kommt hierbei eine antizipatorische katastrophische Verarbeitung zum Tragen; nach bewältigten Situationen spielen häufig negative Bilanzierungstendenzen (Post mortem; vgl. Wells, 1997) eine Rolle für die Aufrechterhaltung der sozialen Ängste. Auf diese angstaufrechterhaltenden Mechanismen wird im Folgenden eingegangen.

Antizipatorische Verarbeitung

In Erwartung sozialer Situationen grübeln Personen mit sozialen Ängsten über die Situation und wie sie wohl erscheinen mögen nach. Vor dem Hintergrund solcher negativ getönten Antizipationen planen und üben sie intern möglicherweise bereits das notwendige Verhalten (einschließlich ihrer Äußerungen). Häufig ist die antizipatorische Verarbeitung selbst somit eine Art Sicherheitsverhaltensweise, mit der die Person befürchtete Konsequenzen auszumachen und zu umgehen sucht. Bereits in der Antizipationsphase wird

damit zugleich das negative Selbstkonzept bzw. der Angstprototyp aktiviert und bestimmt in der Folge die Situationswahrnehmung und das Verhalten.
Um diese Verarbeitungsmechanismen in Frage zu stellen, unterstützen TherapeutInnen ihre PatientInnen dabei, die Vor- und Nachteile einer solchen Verarbeitung herauszuarbeiten. Hierbei kann für PatientInnen deutlich werden, dass antizipatorische Verarbeitung ungenau ist und den Verlauf der Ereignisse zumeist nicht zeigen kann. PatientInnen werden dazu ermuntert, diese Hypothese zu überprüfen; in der Folge können mit ihnen gemeinsam Selbstinstruktionen entwickelt werden, die die mangelnde Validität antizipatorischer Verarbeitung aufzeigen (z. B. »es nützt gar nichts, mir vorher Gedanken zu machen, es wird sowieso alles ganz anders«).
Negative, katastrophisierende Antizipationen sind im Allgemeinen sehr eingeschliffene Verarbeitungsmuster. Auch sie stellen scheinbar Notanker dar, zu denen sich die Person gezwungen sieht. Die Einsicht in den Mechanismus allein reicht für PatientInnen i. d. R. nicht aus, um sich davon zu befreien. Idealerweise gehen TherapeutInnen daher davon aus, dass eine geduldige und redundante Bearbeitung dieses Punktes notwendig ist.

Negative Bilanzierungen (Post mortem)

Auch im Anschluss an schwierige Situationen wirkt das Angstschema nach. PatientInnen mit sozialen Ängsten neigen dazu, nach sozialen Situationen über diese nachzugrübeln bzw. über ihnen zu brüten und hin und her zu überlegen, wie sie sich verhalten haben und ob das nicht letztlich doch seltsam und unvollkommen war. Diese Grübeleien beinhalten keine neuen Informationen; vielmehr macht sich in diesem Zusammenhang oft bemerkbar, dass die Person einen erhöhten Selbstfokus in der Situation hatte und daher viele Informationen in der Situation gar nicht mitbekommen hat. Zwangsläufig orientiert sie sich am eigenen negativen Gefühl, welches ihr dann wiederum Beweis dafür ist, dass sie sich in der Situation nicht angemessen verhalten hat.
Wie bei der antizipatorischen Verarbeitung versuchen TherapeutInnen ihre PatientInnen dabei zu unterstützen, die Vor- und Nachteile negativer Bilanzierungen aufzulisten. Hierbei kann deutlich werden, dass negative Bilanzierungen einerseits durch problematische Verarbeitungsmechanismen (von der antizipatorischen

negativen Verarbeitung über Selbstaufmerksamkeit und Sicherheitsverhaltensweisen) begünstigt werden. Andererseits tragen sie selbst zur Aufrechterhaltung der Ängste bei. Ihr scheinbarer Vorteil liegt darin, dass sich die Person nichts vormacht, ihr negative und auffällige Verhaltensweisen sicher nicht entgehen. Anhand der Erfahrungen und Erkenntnisse aus dem Videofeedback kann auch noch einmal erarbeitet werden, dass sich die Person im Rahmen ihrer negativen Bilanzierungen am eigenen negativen Gefühl orientiert und dieses wenig bis gar nichts mit ihrer äußeren Erscheinung zu tun hat. Mit den PatientInnen kann dann überlegt werden, wie die Person aus negativen Bilanzierungsschleifen aussteigen kann und welche Überlegungen in diesem Zusammenhang für sie besonders hilfreich sind (z. B. »Was du dir nachher ausdenkst, hat nichts mit der Situation zu tun. Erinnere dich daran, wie es dir direkt nach der Situation ging/was du auf dem Video gesehen hast«). Gegebenenfalls kann es auch sinnvoll sein, dass die Person ihre Protokollbögen zu Rollenspielen bzw. Verhaltensexperimenten hinzuzieht, um sich das Geschehen in der jeweiligen Situation noch einmal vor Augen zu führen.

3. Expositionsverfahren

Expositionen oder Konfrontationen mit schwierigen Situationen stellen einen sehr wichtigen Zugang in der Psychotherapie sozialer Ängste dar. Sie haben eindeutig positive Effekte bei der Behandlung sozialer Ängste gebracht: Aus nahezu jeder Studie, in der mit Exposition gearbeitet wurde, werden im Vergleich zu Kontrollgruppen bzw. zur Baseline im Mittel deutliche Abschwächungen der sozialen Ängste und verwandter Beeinträchtigungen berichtet (Vgl. z.B. Taylor, 1996). Dafür, dass verhaltensbezogene Methoden eine so wichtige Rolle bei der Veränderung sozialer Ängste spielen können, gibt es eine Reihe ganz grundsätzlicher Gründe:

- Expositionsverfahren setzen an einem sehr wichtigen Mechanismus der Aufrechterhaltung sozialer Ängste, nämlich der Vermeidung, an (vgl. Teil C ›Wie wird eine soziale Phobie aufrechterhalten?‹). Genauso wie die subtilen internen Vermeidungsstrategien in Form von Sicherheitsverhaltensweisen stellt die Vermeidung ein zentrales Hindernis dafür dar, dass soziale Ängste durch neue Erfahrungen verändert werden können.

- Lernen und Umlernen geschieht generell vor allem durch Erfahrung in relevanten Situationen sowie durch Modelllernen (siehe z. B. Bandura, 1997); konkrete Unterstützung in der Situation durch die TherapeutInnen trägt demnach ganz wesentlich dazu bei, dass sich PatientInnen von ihren Ängsten befreien können.
- Soziale Ängste treten im Alltag von PatientInnen auf; der Erfolg einer Psychotherapie bemisst sich danach, ob die Person in konkreten Situationen keine Angst mehr erlebt und sich selbst positiv bewertet.
- Letztlich entscheidet sich in der konkreten Situation, ob die Beseitigung von Hindernissen für die Verarbeitung sozialer Situationen – wie etwa eines internen Aufmerksamkeitsfokus oder der Orientierung am eigenen negativen Gefühl – gelingt.
- Für eine möglichst frühe Orientierung hin auf therapeutische Schritte in spezifischen Situationen spricht auch, dass sich soziale Situationen im Allgemeinen nicht vollständig vermeiden lassen; PatientInnen machen also parallel zur Therapie immer wieder Erfahrungen, die die bisherigen Schritte in Frage stellen oder auch bestätigen können. Zur Stabilisierung der bisherigen Arbeit und für die Motivation von PatientInnen ist es daher wichtig, möglichst bald konkrete Fortschritte zu erleben.

In vielen Studien, in denen Expositionsverfahren eingesetzt wurden, ist allerdings zwar eine Reduktion, nicht jedoch ein völliger Abbau der sozialen Ängste zu verzeichnen; im Vergleich etwa zu den Therapieergebnissen für die Expositionsbehandlung der Agoraphobie sind die Erfolge nicht befriedigend. Butler (1985) führt diese Probleme bei sozialen Ängsten u. a. auf die folgenden Ursachen zurück (vgl. Kapitel D3 ›Expositionsverfahren bei sozialen Angststörungen‹):

1. Konkrete soziale Situationen lassen sich nur schlecht so lange ausdehnen, dass die Personen einen Abfall der Angst erleben und damit im klassischen Sinne habituieren.

2. Es ist schwierig, graduierte und wiederholbare Aufgaben zu entwickeln, die es Menschen mit sozialen Ängsten erlauben, allmählich schwierigere Situationen aufzusuchen.
3. Soziale Situationen sind nicht so kontrollierbar wie etwa die Besteigung eines Turms bei Höhenängsten. Prinzipiell ist es möglich, dass PatientInnen nicht eindeutig positive Erfahrungen in sozialen Situationen machen.
4. Viele Menschen mit sozialen Ängsten begeben sich trotz hohem Angstpegel in soziale Situationen. Butler ging bereits 1985 davon aus, dass PatientInnen solche Situationen intern vermeiden, d. h. sich nicht auf die sozialen Situationen einlassen, indem sie z. B. sich intern zurückziehen oder dissoziieren (vgl. auch Kapitel C3 ›Angstbestätigende Erfahrungen in den Situationen‹ und F 2 ›Hindernisse bei der Veränderung sozialer Ängste‹).

Möglicherweise sichern Expositionsverfahren als alleinige Behandlung sozialer Ängste zudem nicht die Langzeiterhaltung der Effekte, wie die Verschlechterung in Katamnesen und die hohe Anzahl von Personen, die nach der Therapie wieder eine Behandlung aufsuchen, zu zeigen scheint (vgl. z. B. Heimberg & Juster, 1995). Für diese These spricht auch die Therapiestudie von Mattick und Peters (1988), in der versucht wurde, die Effekte kognitiver bzw. behavioraler Interventionen bei sozialen Ängsten zu differenzieren. Ihr Fazit lautet:

1. Expositionsübungen, bei denen ausdrücklich auf kognitive Veränderungsstrategien verzichtet wurde, waren in der Lage, das Verhalten zu beeinflussen; solche Expositionsübungen betrafen kognitive Variablen jedoch weniger als die Verhaltensebene. Zudem gingen die Fortschritte auf der Verhaltensebene mit der Zeit wieder verloren, was von den Autoren dahingehend interpretiert wird, dass kognitive Veränderung ein wichtiger Mediator des Therapieergebnisses sein kann.
2. Kognitive Umstrukturierung allein, bei der ausdrücklich auf Exposition verzichtet wurde (und sogar von ihr abgeraten wurde), beeinflusste kognitive Variablen in einer positiven Richtung. Veränderungen auf der Verhaltensebene traten kurzfristig nicht auf, entwickelten sich aber allmählich über die Zeit.
3. Die Kombination der beiden Vorgehensweisen (kognitive Umstrukturierung und Exposition bzw. eine kognitive Interpretati-

on der Exposition) führte zu einem deutlich besseren Therapieergebnis.

Diese Ergebnisse sprechen für die Ergänzung ›reiner‹ Expositionsverfahren durch kognitive Methoden. In ›frühen‹ kognitiv-verhaltenstherapeutischen Ansätzen wurden kognitive und verhaltensbezogene Zugänge getrennt voneinander realisiert. Mit z. B. Wells (1997) wird hier demgegenüber ein integrativer Ansatz vertreten, bei dem auch eher behaviorale Elemente kognitiv interpretiert, d. h. kognitive Aspekte wesentlich bei der Gestaltung der Exposition berücksichtigt werden.

Veränderungsprozess und therapeutische Ansatzpunkte

Ganz grundsätzlich muss bei der Betrachtung verschiedener Behandlungszugänge differenziert werden zwischen dem Ansatzpunkt der jeweiligen Intervention und dem therapeutischen Veränderungsprozess. Ansatzpunkte in der Psychotherapie können z. B. die Verhaltensseite, die kognitive oder die physiologische Reaktionsebene sein; hiervon abzugrenzen sind die durch die therapeutische Arbeit angestoßenen Veränderungsprozesse, d. h. welcher Aspekt der Problematik letztlich verändert wird bzw. welche Veränderungen für zentral gehalten werden (eine differenzierte Diskussion zum Thema in Bezug auf soziale Ängste findet sich bei Mattick, Page & Lampe, 1995).

Soziale Ängste haben viele unterschiedliche Komponenten: Sie sind gekennzeichnet durch bestimmte Verhaltensweisen, Gefühle, Kognitionen, physiologische Prozesse und Reaktionen. Die einzelnen Komponenten sind miteinander verwoben: Eine bestimmte Kognition (wie z. B. »ich bin dumm«) hängt eng mit entsprechenden Gefühlen von Angst und Scham sowie auch körperlichen Reaktionen (z. B. Erröten) und dem Versuch, das Gesicht zu verbergen, zusammen. Ziel therapeutischer Arbeit ist es, die Angst insgesamt zu reduzieren bzw. sie zu überwinden.

Von diesem Oberziel einer umfassenden Symptomreduktion lässt sich der jeweilige Ansatzpunkt eines therapeutischen Schrittes unterscheiden: Verhaltensorientierte Strategien im engeren Sinne setzen am Verhalten an, kognitive Zugänge dagegen an kognitiven Komponenten. Auch wenn sich einzelne Interventionen auf bestimmte Aspekte der Problematik konzentrieren, ist mit ihrer Nutzung die Hoffnung verbunden, dass sich auch andere Komponenten der Angst mit bzw. in Folge verändern. So sollte es auch aufgrund der Erfahrungen im Rahmen eines verhaltensorientierten Zugangs (wie etwa einer Exposition) zu einer Veränderung der Kognitionen kommen; Konsequenz eines kognitiven Ansatzpunktes (wie z. B. der Infragestellung perfektionistischer Ansprüche) sollten zugleich Veränderungen auf der Verhaltensebene sein. Dementsprechend zielen auch die im Folgenden beschriebenen therapeutischen Möglichkeiten auf die Reduktion der sozialen Ängste insgesamt ab, auch wenn sie eine Reaktionsebene fokussieren.

Betont man den kognitiven Aspekt im Rahmen von Expositionsverfahren, so stellen Konfrontationen mit konkreten Situationen eher Überprüfungen von Befürchtungen, in gewisser Weise ›Tests‹ oder ›Experimente‹ dar. Vermutet wird somit, dass Veränderungen der sozialphobischen Schemata nicht auf der Dauer, Häufigkeit oder Graduierung der Exposition beruhen, sondern darauf, dass die Befürchtungen der PatientInnen aktiviert (d.h., dass es zu einem erhöhten Glauben an katastrophische oder andere negative Bewertungen kommt) und im weiteren neue, angstinkompatible Informationen integriert werden.

Verhaltensexperimente – als solche lassen sich Konfrontationen unter dieser Perspektive verstehen – werden dementsprechend so konstruiert, dass die jeweiligen Erfahrungen relevant für die Befürchtungen der Person sind. In der Durchführung und Auswertung wird besonders darauf geachtet, dass günstige Erfahrungen von der Person auch als Entkräftung der katastrophischen Annahmen verbucht werden können.

Ganz grundsätzlich umfasst eine Exposition bei sozialen Ängsten die folgenden Schritte:

1. Die jeweiligen Befürchtungen der PatientInnen werden herausgearbeitet, und es wird gemeinsam entschieden, welche Annahmen in der Therapiesitzung bzw. bis zur nächsten Sitzung überprüft werden sollen.
2. PatientInnen und TherapeutInnen entwickeln gemeinsam, wie, wann und wo der Patient die Überprüfung durchführt. Dabei

achten TherapeutInnen darauf, dass das Experiment so geplant wird, dass die Erfolgswahrscheinlichkeit möglichst groß ist; weiterhin spielen sie mit ihren PatientInnen durch, was es für sie bedeutet, wenn das Experiment die Befürchtungen bestätigt bzw. wie sie damit umgehen können.

3. Die PatientInnen konfrontieren sich mit den ausgewählten Situationen, wobei graduiert von weniger angstauslösenden Situationen zur angstauslösendsten vorgegangen wird. Betrachtet man die Expositionsübungen insgesamt, so sollten am Ende der Skala Übungen stehen, die den Verhaltensspielraum der Person über ihr bisheriges Repertoire hinaus erweitern (vgl. z. B. Wells, 1997).
4. Die Expositionserfahrungen werden in Hinblick auf die vorher formulierten Ziele und Befürchtungen der Person sowie weitergehende Implikationen ausgewertet.

Alle Verhaltensexperimente finden auf Grundlage der bisherigen Therapieschritte statt. Das bedeutet, dass die Arbeit an der Problematisierung einer internalen Aufmerksamkeitsorientierung bzw. den Sicherheitsverhaltensweisen sowie die Infragestellung der Orientierung am eigenen negativen Gefühl etc. in die Gestaltung der Exposition eingehen. TherapeutInnen achten darauf, dass PatientInnen diese Hindernisse für die Veränderung der sozialen Ängste in den Verhaltensexperimenten reduzieren bzw. ganz wegfallen lassen. Gleichzeitig unterstützen sie ihre PatientInnen dabei, neue, günstigere Verarbeitungsformen immer wieder zu üben. Die Haltung der TherapeutInnen bei diesen Übungen ist eher fragend: Sie wissen nicht im Vorhinein, was bei den Experimenten herauskommt; ihre Aufgabe ist es, vornehmlich darauf zu achten, dass sich die Person nicht selbst Steine in den Weg legt.

3.1 Durchführung von Verhaltensexperimenten

In den nächsten Abschnitten wird detailliert darauf eingegangen, wie Verhaltensexperimente geplant, durchgeführt und ausgewertet werden können. Die zunächst anhand der ersten Übungen vorgestellten Schritte illustrieren das grundsätzliche Vorgehen. Im Anschluss wird die Planung passender Hausaufgaben sowie der Übergang zu selbst gesteuerten Verhaltensexperimenten diskutiert.

Auswahl zu bearbeitender Annahmen für Verhaltensexperimente

Ausgangspunkte für die Auswahl von Annahmen, die durch Verhaltensexperimente überprüft werden sollen, können z. B. das Erklärungsmodell oder die Erfahrungen aus bisherigen Rollenspielen sein. Bei der Formulierung der Befürchtungen ist wiederum darauf zu achten, dass sie sich nicht auf eine auffällige Symptomatik an sich beziehen (»ich befürchte, rot zu werden«), sondern darauf, was solche Symptome für die Person bedeuten (»ich befürchte, von anderen für inkompetent gehalten zu werden«). Die Entscheidung für eine zu bearbeitende Annahme fällt explizit; es kann durchaus günstig sein, wenn TherapeutInnen an diesem Punkt lieber einmal zu oft als einmal zu selten nachfragen, ob die Befürchtung eine wichtige Rolle im Rahmen der sozialen Ängste spielt. Die damit verbundene explizite Vereinbarung kann die Zielbindung der Person fördern und es ihr später dadurch etwas erleichtern, möglicherweise auftretenden Vermeidungstendenzen zu widerstehen. Im weiteren Verlauf können TherapeutInnen ihre PatientInnen bei der Verfolgung ihrer Ziele zudem dadurch unterstützen, dass sie noch einmal daran erinnern, wie wichtig der Person eine Veränderung in dem jeweiligen Bereich war.

Auswahl und Ausgestaltung des Verhaltensexperiments

Im Allgemeinen lässt sich eine Reihe von Situationen finden, in denen die Ängste der Person aktiviert werden können. Zumeist gibt es nicht die eine ideale Situation; wichtiger als ein längerer Auswahlprozess ist, dass die Person mit den Verhaltensexperimenten beginnt. TherapeutInnen unterstützen ihre PatientInnen an diesem Punkt, indem sie längere Abwägungsprozesse abzukürzen suchen und das jeweilige Experiment als ersten Schritt einer Reihe von Übungen markieren. Bei der Auswahl der ersten Situationen für die Verhaltensexperimente sollten die folgenden Kriterien berücksichtigt werden:

- Die Situation sollte für die Ziele, die die Person insgesamt mit der Therapie verfolgt, relevant sein. So bezieht sich etwa die verbreitetste soziale Angst darauf, eine Rede halten zu müssen. Obwohl viele Menschen hier Ängste entwickeln, ist die Situation für einige nicht relevant, da es in ihrem Leben kaum nötig ist, eine Rede vor mehreren Personen halten zu müssen. Eine Rede zu halten, würde somit vermutlich zuverlässig Ängste auslösen; die

Person würde aber nicht notwendigerweise erleben, dass sich ihr Alltagsleben durch eine solche Exposition verbessert. Entscheidend ist also nicht, dass maximale Ängste ausgelöst werden, sondern dass die Person ihr Verhalten in einer bestimmten Konstellation verändern will.

- PatientInnen und TherapeutInnen entwickeln gemeinsam, wie, wann und wo der Patient die Überprüfung durchführt. Wegen der großen interindividuellen Unterschiede hinsichtlich gefürchteter Situationen müssen für die Konstruktion von Verhaltensexperimenten die relevanten Situationsmerkmale genau eruiert werden. Gleichzeitig ist es nicht erforderlich, alle Details festzulegen. Vielmehr geht es darum, das relevante Setting (z. B. im Zug, im Wartezimmer, im Büro), die Rahmenbedingungen (Anzahl der Personen, die gemeinsame Frühstückspause im Büro, das Arbeitstreffen mit KollegInnen) sowie die Rollen der Beteiligten (fremde Personen, Geschlecht und Bekanntheitsgrad der anderen Person, der Chef etc.) zu spezifizieren. Gegebenenfalls müssen auch Techniken eingesetzt werden, die zu physiologischen Reaktionen führen, die wesentlich für die Befürchtung der Person sind (wie z. B. Schwitzen, Erröten etc.). Bei den ersten Verhaltensexperimenten sind möglicherweise nur zwei Rollen (Patient und Therapeutin) zu besetzen; im weiteren Verlauf sollten nach Möglichkeit noch weitere KomplizInnen hinzukommen.
- Im Sinne eines graduierten Vorgehens empfiehlt es sich, zu Beginn Konstellationen auszuwählen, für die auf einer subjektiven Angstskala von 0–100% mittlere Ängste (ca. 40–50) erwartet werden. Hierzu kann das Oberziel (z. B. bei einer Firmenfeier Suppe essen können und sich entspannt am Gespräch beteiligen) in Teilschritte zerlegt werden (aus einem halbvollen Glas in einer Kleingruppe trinken; beim Trinken in Gesellschaft mit der Hand zittern; etwas aus einem Glas verschütten etc.). Gerade am Anfang sollten im Zweifelsfall eher einfachere als schwierigere Situationen gewählt werden. TherapeutInnen achten darauf, dass die Erfolgswahrscheinlichkeit für ihre PatientInnen möglichst groß ist, und schlagen gegebenenfalls Modifikationen der Verhaltensexperimente vor.
- Bei den ersten Expositionen arbeiten PatientInnen und TherapeutInnen eher im Behandlungssetting und stellen dort relevan-

te Konstellationen her. In dieser kontrollierten Umgebung können die PatientInnen sowohl aktive wie auch passive Rollen einnehmen und ihr Verhalten verändern. Sie können dort z. B. auch den Verzicht auf Sicherheitsverhaltensweisen oder eine externe Aufmerksamkeitsausrichtung mit Unterstützung ihrer TherapeutInnen einüben. Zudem ist es in dieser eher kontrollierbaren Umgebung oft besser möglich, die Schwierigkeit der Verhaltensexperimente allmählich zu steigern. Die Dauer der Exposition kann vorher festgelegt bzw. im Verlauf angepasst werden, um den Nutzen für die PatientInnen zu erhöhen. Soweit möglich sollten Verhaltensexperimente auf Video aufgezeichnet und immer wieder entsprechend den Überlegungen zum Videofeedback ausgewertet werden.
- Die Situationen sollten leicht herzustellen sein, d. h. keinen größeren organisatorischen Aufwand erfordern.

Vor dem Hintergrund dieser Prinzipien planen PatientInnen und TherapeutInnen die konkreten Verhaltensexperimente genauer; hierbei können sie auch auf den Protokollbogen zur Planung und Auswertung von Verhaltensexperimenten zurückgreifen (vgl. Tabelle 3). Die Experimente können sich auch auf folgende Befürchtungen beziehen: »Wenn ich etwas sagen will, werde ich kein Wort herausbringen«, »Das Kapitel xy im Buch werde ich nicht verstehen«, »Wenn meine Hand zittert, werden alle über mich lachen« etc.

Die zu überprüfende Annahme und die Situation werden im Sinne der obigen Überlegungen spezifiziert. Die Patientin wird anschließend gebeten einzuschätzen, wie überzeugt sie davon ist, dass die Annahme zutrifft. Dann erarbeiten Patientin und Therapeut detailliert, woran die Person merken würde, dass ihre Befürchtung angemessen ist. Hierbei wird analog zur Entwicklung des mentalen Films (siehe Videofeedback in F 2 ›Sicherheitsverhalten‹) vorgegangen: Von außen sichtbare Zeichen der befürchteten Katastrophe werden genau notiert. Hat die Person etwa die Sorge, inkompetent zu wirken, so wird präzise operationalisiert, wie sich dies z. B. in der Sprechweise (stockende Sprache mit Pausen von zwei Sekunden in jedem zweiten Satz), der Satzform (fehlerhafte Grammatik in jedem dritten Satz) oder dem nonverbalen Verhalten (nur auf den Boden gucken können, das Gegenüber höchstens einmal je Minute

Annahme	Situation, in der die Annahme geprüft werden kann bzw. geprüft wurde	Wie sehr vorher davon überzeugt, dass die Annahme zutrifft? (0–100%)	Indikatoren dafür, dass die Annahme zutrifft	Was ist in der Situation passiert?	Was in der Situation spricht dafür, dass die Annahme zutrifft? Was in der Situation spricht dagegen? Wie sehr nach der Situation von der Annahme überzeugt? (0–100%)

Tab. 3: Protokollbogen für Verhaltensexperimente

ansehen) äußern könnte. Beziehen sich die Befürchtungen auf die Bewertungen anderer Personen, so wird genau erarbeitet, woran die PatientInnen die Gedanken ihrer InteraktionspartnerInnen erschließen können. Hierzu werden entweder spezifische Vorhersagen darüber gemacht, welches Verhalten Indikator für eine bestimmte Bewertung sein kann (z. B.»wenn Sie für Ihr Gegenüber langweilig sind, woran können Sie das sehen, woran kann man das merken«?), oder es werden bestimmte Prüffragen entwickelt, anhand derer Hinweise darauf gewonnen werden können, was andere Personen in der Situation wahrgenommen bzw. gedacht haben. Auch hier fragen TherapeutInnen explizit nach, ob die Person die erarbeiteten Kriterien als ausreichend gut und brauchbar einschätzt. Falls das verneint wird, entwickeln PatientInnen und TherapeutInnen gemeinsam weitere Möglichkeiten.

Soziale Situationen sind nicht vollständig kontrollierbar und nicht immer gehen Menschen freundlich miteinander um. Auch wenn Häufigkeit und Aversivität unangenehmer sozialer Interaktionen deutlich geringer ausgeprägt sind, als PatientInnen dies im Allgemeinen vermuten, können TherapeutInnen nicht davon ausgehen, dass sie nie auftreten. Sie fragen ihre PatientInnen vor Durchführung des Verhaltensexperiments deshalb danach, was es für sie bedeutet, falls sie im Experiment das befürchtete Verhalten tatsächlich zeigen bzw. die befürchteten Reaktionen der anderen eintreten. Solche Erfahrungen können einerseits die Befürchtungen bestätigen; in vielen Fällen dürften sie andererseits Kernannahmen aktivieren, die aus der sozialen Angst erwachsen (wie z. B. »ich bin dumm«). Bereits im Vorfeld erarbeiten TherapeutInnen mit ihren PatientInnen, wie diese gegebenenfalls mit solchen ungünstigen Entwicklungen umgehen können. Hierbei kann z. B. herausgearbeitet werden, dass nicht alle Personen immer freundlich sind, ein negativ verlaufender Kontakt aber nicht allgemeingültig ist. In Bezug auf Kernannahmen kann mit Hilfe kognitiver Methoden (vgl. Kapitel D4 ›Kognitive Umstrukturierung‹) erarbeitet werden, dass es z. B. andere Gründe als Dummheit dafür geben kann, dass man etwas stottert etc.[14].

[14] Nicht immer wird die Antizipation ungünstiger Verläufe (vollständig) davor schützen können, dass PatientInnen sie als Bestätigung der katastrophischen Annahmen verarbeiten. Neben einem gewissen Puffereffekt stellt ein solches Vorgehen aber auch ein Modell dafür dar, wie konstruktiv mit negativen Situationen umgegangen werden kann.

Bevor die PatientInnen schließlich in die ausgewählte Situation hineingehen, vereinbaren ihre TherapeutInnen mit ihnen, dass sie ihre Aufmerksamkeit nach außen richten sowie Sicherheitsverhalten so weit als möglich unterlassen.

Durchführung des Verhaltensexperiments

Die jeweilige Situation wird den Vorgaben entsprechend durchgespielt. Bei Rollenspielen in der Therapiesituation ermuntern TherapeutInnen ihre PatientInnen, sich kognitiv-emotional auf die Situation einzulassen, z. B. indem sie sich auf die realitätsbezogenen Aspekte der Situation konzentrieren. Hierzu gehört auch, dass PatientInnen in der Rolle verbleiben und das Rollenspiel nicht vorzeitig ab- oder unterbrechen (d. h. unter anderem, dass zwischendurch keine Fragen an die Therapeutin gestellt werden oder es zu Kommentaren über die Situation kommt). Das Ende des Rollenspiels wird vielmehr durch die Therapeutin markiert.
Während der Exposition (insbesondere wenn diese länger andauert) bittet die Therapeutin den Patienten um Einschätzungen seines Angstniveaus auf einer subjektiven Angstskala (z. B. eine Skala mit »0 = keine Angst« bis »100 = sehr starke Angst«). Hierdurch wird der Therapeutin ein besseres Verständnis für den Patienten ermöglicht. Gleichzeitig lässt sich der Verlauf der Angstgefühle nachzeichnen und gegebenenfalls angstförderliche bzw. angstreduzierende situative und kognitive Aspekte herausarbeiten.
Parallel achtet die Therapeutin auf Hindernisse für die Veränderung sozial phobischer Schemata. Falls notwendig spricht sie z. B. Sicherheitsverhalten an oder unterstützt einen externen Aufmerksamkeitsfokus. Zeigen sich in diesem Bereich Probleme, so übt die Therapeutin mit dem Patienten entsprechendes Alternativverhalten bzw. den Aufmerksamkeitswechsel ein.
Falls PatientInnen immer wieder dazu neigen, Rollenspiele zu unterbrechen oder sich von ihnen zu distanzieren, überlegen ihre TherapeutInnen mit ihnen, ob sich hierin möglicherweise Vermeidungstendenzen ausdrücken: Je unrealistischer die Situation von der Person erlebt wird, desto weniger aktiviert sie das Angstschema. Gemeinsam kann an diesem Punkt überlegt werden, wie es die Person schaffen kann, sich stärker auf die Situation und damit auch auf die Ängste einzulassen; gegebenenfalls kann hierbei auf die Modellvorstellungen zu Habituationsprozessen im Rahmen der Expositions-

behandlung von Ängsten eingegangen werden (vgl. z. B. Reinecker, 1993).

Auswertung der Verhaltensexperimente

Nach dem Verhaltensexperiment geht es erst einmal darum, sich zu diesem Schritt zu beglückwünschen: Nach möglicherweise jahrelanger offener und interner Vermeidung direkt auf eine gefürchtete Situation zugegangen zu sein, ist ein riesengroßer Schritt, der von PatientInnen und TherapeutInnen entsprechend gewürdigt werden sollte. Dies gilt unabhängig davon, was in dem jeweiligen Experiment erreicht wurde.

Im Anschluss wird zunächst betrachtet, was in der Situation geschehen ist und inwieweit das als problematisch betrachtete eigene Verhalten oder die negativen Reaktionen anderer aufgetreten sind. Hierzu wird die Liste der vorher notierten Verhaltensweisen im Einzelnen durchgegangen und eingeschätzt. Gegebenenfalls kann in diesem Rahmen auch Videofeedback in der spezifizierten Form (F 2 ›Orientierung am eigenen negativen Gefühl‹) genutzt werden. Hierbei können auch konkrete Rückmeldungen und Einschätzungen von KomplizInnen berücksichtigt werden. Auf Grundlage dieser Erfahrungen betrachtet der Patient, inwieweit das Experiment die Befürchtung bestätigt oder in Frage stellt, und schätzt ein, wie sehr er nach dem Verhaltensexperiment von der Annahme überzeugt ist.

Ausgeprägte sozialphobische Schemata sind veränderungsresistent; TherapeutInnen erwarten daher, dass PatientInnen günstige Verläufe abqualifizieren, sich selbst unterschätzen und post hoc neue Kriterien bzw. andere auffällige Verhaltensweisen einführen. Sie machen ihre PatientInnen auf entsprechende Widersprüche anhand der Notizen aufmerksam und suchen gemeinsam mit ihnen nach deren Bedeutung. Hierbei kann immer wieder auf die bereits erarbeiteten Hindernisse für die Veränderung sozial phobischer Schemata Bezug genommen werden. So kann sich etwa bei einem Verhaltensexperiment herausstellen, dass die Person zwar nur einen Bruchteil der von ihr antizipierten auffälligen Verhaltensweisen gezeigt hat, ihr aber aufgrund der Orientierung am eigenen negativen Gefühl die Situation gleichwohl eher als Bestätigung ihrer Befürchtungen gilt. Die Validität dieser emotionalen Beweisführung wird von Patientin und Therapeut an solchen Punkten geprüft und zu-

gleich die Konsequenzen für die Zukunft erarbeitet. Oft findet sich auch eine Art ›Gedankenlesen‹ bei Personen mit sozialen Ängsten: Sie sind der Überzeugung, dass sie – fast besser als ihr Gegenüber selbst – wissen, was andere denken (vgl. auch Wells, 1997; Hope, Heimberg, Juster & Turk, 2000). Nach Herausarbeitung des Mechanismus können TherapeutInnen das Für und Wider des Gedankenlesens (und hierbei insbesondere, wieweit es sozial-phobische Schemata gegen Veränderung immunisiert) herausarbeiten. Ohne die Vorstellungen ihrer PatientInnen zu diskreditieren, können TherapeutInnen gegebenenfalls auch eine von den PatientInnen abweichende positivere Wahrnehmung der Situation einbringen.
In die Bilanzierung der jeweiligen Verhaltensexperimente geht schließlich ein, was die Person aus ihnen für die Zukunft gelernt hat (z. B. »ich unterschätze mich immer, meistens bin ich besser als ich denke« oder auch »es kann mir in der Therapiesituation nichts Schlimmes passieren, ich kann mich voll darauf einlassen«). Als Vorbereitung auf die kognitive Arbeit an Überzeugungen können schließlich durch die Verhaltensexperimente aktualisierte grundlegende Annahmen der Person expliziert und als Gegenstand der weiteren Arbeit markiert werden (›Seeding‹; Kanfer et al., 1996).

Herr K., die Befragung der Umwelt und die Verhaltensexperimente

Die zentrale Befürchtung von Herrn K. bestand darin, dass man ihn – wegen des Zitterns seiner Hände – für unsicher und inkompetent halten würde. Von dieser Befürchtung war Herr K. zu 75% überzeugt. Im schlimmsten Fall würde das aus seiner Sicht mittelfristig dazu führen, dass er seinen Job verlieren bzw. im Betrieb abqualifiziert würde. Er sah es als sehr sinnvoll und wichtig an, diese Annahme zu überprüfen; er vermutete, dass seine Schwierigkeiten weitgehend verschwinden würden, wenn er diese Befürchtung nicht mehr hätte.
Nach den in den Abschnitten ›Durchführung von Verhaltensexperimenten‹ und ›Befragungen der Umwelt‹ vorgestellten therapeutischen Schritten wurde in der Therapie zunächst eine Befragung zum Thema »Zittern = Inkompetenz« durchgeführt. Hierzu wurde eine Reihe von Fragen entwickelt: »Manchmal zittern Menschen, wenn sie in Gegenwart anderer etwas essen oder trinken sollen. Haben Sie das schon mal bei jemandem gesehen? Woran könnte es Ihrer Meinung nach liegen, wenn jemand in einer solchen Situation zittert? Fallen Ihnen noch weitere Gründe ein? Wie finden Sie das, wenn jemand zittert? Wie bewerten Sie eine Person, deren Hände beim Essen oder Trinken zittern? Wie wahrscheinlich ist es, dass jemand unsicher ist, wenn er in einer solchen Situation zittert? Halten Sie jemanden, der zittert, für inkompetent? Wenn ja, wie sicher sind Sie sich da?« Herr K. nahm an, dass mindestens 90% der Befragten sagen würden, dass Zittern ein Indikator für Unsicherheit ist, und mindestens 80% es als Zeichen für Inkompetenz ansehen würden. Für besonders relevant hielt er in diesem Zusammenhang die Meinungen von Personen über 40, die »gepflegt und berufstätig aussehen«.
Mit Hilfe eines Kassettenrekorders wurden insgesamt 15 Personen zu diesen Themen befragt. Die ersten Interviews führte die Therapeutin durch; der Patient entschied sich nach acht Befragungen dazu, die restlichen Interviews selbst durchzuführen, um gegebenenfalls besser nachfragen zu können. Als Gründe für Zittern wurden vor allem Nervosität, Müdigkeit, Krankheit, Schwäche oder Medikamente angegeben. 12 Personen äußerten, mehrheitlich jedoch erst auf Nachfrage, dass jemand möglicherweise aus Unsicherheit leicht zittert. Keine/r der Befragten gab von sich aus an, dass jemand aus Inkompetenz zittert. Die Mehrheit der Interviewten äußerte, dass sie sich gar keine größeren Gedanken darüber macht, wenn jemand zittert; die übrigen sagten, dass ihre Gedanken eher in Richtung Sorge um die Person gehen würden. Auf die direkte Frage nach dem Zusammenhang von Zittern und Inkompetenz sagten alle, dass es wohl nicht so einfach sei. Es

würde wohl eher jemand nicht an sich glauben oder von anderen fertig gemacht werden und deshalb aus Nervosität zittern, als dass er inkompetent sei. Eine Person äußerte direkt, dass es wohl meist so sei, dass gerade die Leute, die inkompetent seien, nicht zittern würden. Vor allem die letzte Aussage war für Herrn K. sehr beeindruckend. Er schätzte die Wahrscheinlichkeit, dass man für inkompetent gehalten wird, wenn man zittert, nach der Befragung auf 30%. Er nahm sich die Tonbandkassette mit den Interviews mit nach Hause und hörte sie sich anschließend mehrfach an.

Trotzdem meinte Herr K., dass man wohl sehr auffällig sei, wenn man zittere, vor allem dann, wenn man etwas verschütte oder fallen lasse; man werde dann zumindest für seltsam gehalten. Aus diesem Themenbereich wurde zunächst die Befürchtung herausgearbeitet, dass alle gucken, wenn jemand zittert bzw. etwas fallen lässt. Auf dem Protokollbogen schätzte Herr K. die Wahrscheinlichkeit, dass diese Annahme zutrifft, mit 75% ein. Als Setting für die Überprüfung wurde zunächst eine Kaufhauscafeteria am späten Nachmittag ausgewählt. Ziel war es, in der Schlange stehend ein Glas Cola bzw. eine Tasse Kaffee zu nehmen und damit dann sehr deutlich – entsprechend vorheriger Übungen – zu zittern (möglichst bis hin zum Verschütten). Als Operationalisierung von Beachtung wurde Hingucken bzw. Fixieren oder Mustern des Patienten von Kopf bis Fuß herausgearbeitet. Indikatoren dafür, dass man jemanden seltsam findet, waren schlecht herauszuarbeiten. Hier nannte Herr K. eindeutiges Sich-Wegdrehen, Kopf schütteln bzw. miteinander Tuscheln (mit Seitenblicken auf die Person oder mit Fingerzeig). Im Gespräch wurde erarbeitet, dass diese Verhaltensweisen alle auch auf andere Ursachen zurückgehen können. Herr K. und seine Therapeutin erweiterten daher diese Operationalisierung dahingehend, dass mindestens die Hälfte der Anwesenden entsprechendes Verhalten zeigen müsse. Danach gefragt, wie es denn für ihn wäre, wenn jemand ihn tatsächlich negativ bewerten würde, dies womöglich sogar explizit äußern würde (»Jetzt passen Sie doch mal auf, Sie kleckern mich gleich noch voll«), äußerte Herr K. zunächst, dass das sehr schlimm für ihn sei. Nach Einnahme einer Außenposition und einem Kuchendiagramm zu den Gründen dafür, dass jemand unfreundlich ist (vgl. im Einzelnen F 4 ›Die therapeutische Arbeit an ungünstigen Annahmen‹), hielt Herr K. für sich fest, dass jemand auch einen schlechten Tag gehabt haben könne, wenn er so grantig sei; außerdem müsse man mehrere Situationen durchspielen, um entscheiden zu können, ob die Befürchtung endgültig zutreffe.

Die Situation selbst verlief so, dass weder andere Personen in der Schlange noch an den Tischen Herrn K. größere Aufmerksamkeit schenkten. Als er etwas von seinem Glas verschüttete, achtete zunächst

niemand darauf; als er den Boden abwischte, half ihm eine Person aus der Schlange dabei. Herr K. bemerkte, dass einzelne andere Besucher ihn teilweise kurz ansahen, auf seinen Blick hin dann aber entweder gleich wegsahen oder ihn freundlich anlächelten. Auf der Angstskala gab der Patient in der Situation bis zu 60 mit im Verlauf eher nachlassender Tendenz an.
In der Auswertung konnte Herr K. dementsprechend keine Indikatoren dafür berichten, dass andere ihn seltsam oder auffällig finden. Er hatte gewisse Zweifel, ob die Person, die ihm beim Aufwischen geholfen hatte, ihn nicht doch etwas komisch gefunden hatte; dies wurde als fraglicher Indikator für negative Bewertung notiert. Insgesamt war Herr K. nach der Situation zu 50% davon überzeugt, dass man nicht für komisch gehalten wird, wenn man zittert. Hinsichtlich des Verschüttens war er noch unsicher (65% Wahrscheinlichkeit einer negativen Bewertung).
Weitere Situationen, in denen Herr K. seine Annahmen überprüfte: Verschütten von Flüssigkeiten in der Cafeteria und in Restaurants; Zittern, später auch Umkippen eines Glases beim Mittagessen mit Kollegen; möglichst langsames Trinken mit Zittern, als Herr K. beim Mittagessen angesprochen wurde etc. Gegen Ende der Therapie experimentierte Herr K. mit auffälligen Verhaltensweisen in der Öffentlichkeit und am Arbeitsplatz; hierbei wurden Ideen von Wlazlo (1995) einbezogen (von ›unterschiedliche Socken tragen‹ über ›während eines Essens einen Stuhl umwerfen‹ bis hin zu ›bei einer Feier ausgelassen tanzen‹). Auf die für diese Gelegenheiten vorbereiteten Prüffragen an vertraute Kollegen (»Ich habe mir etwas Sorgen gemacht wegen des umgeworfenen Stuhls. War das schlimm?«) erhielt Herr K. fast ausschließlich seinen Befürchtungen widersprechende Antworten. Besonders überraschend war für ihn, dass sich die Leute teilweise am nächsten Tag gar nicht mehr an das Ereignis erinnern konnten.

Treten bei den Verhaltensexperimenten negative Reaktionen anderer Personen auf, analysieren PatientInnen und TherapeutInnen den Verlauf detailliert; hierbei wird darauf geachtet, inwieweit etwa Sicherheitsverhalten oder ein interner Aufmerksamkeitsfokus das Verhalten der Person kontaminiert haben könnte. Prinzipiell können bei der Auswertung negativer Verläufe alle kognitiven Methoden zur Einordnung der Erfahrungen genutzt werden (vgl. D 4 ›Kognitive Umstrukturierung‹; F 4 ›Die therapeutische Arbeit an ungünstigen Annahmen‹). So kann z. B. mit Hilfe eines ›Gründe-für-unfreundliches-Verhalten-Kuchens‹ versucht werden, internale Attributionsprozesse zu relativieren. Die Person kann auch gebeten werden einzuschätzen, wie eine gute Freundin ihr Verhalten und das Verhalten der anderen beurteilt hätte.

Woran können PatientInnen und TherapeutInnen im Prozess feststellen, ob sie auf dem richtigen Weg sind?

Ausgangspunkt der vorgestellten Überlegungen zur Psychotherapie sozialer Ängste ist, dass eine Veränderung der mit der Problematik verbundenen Schemata nicht ohne weiteres möglich ist bzw. davon ausgegangen werden muss, dass selbst günstig verlaufende soziale Situationen aufgrund gewisser Verarbeitungsspezifika nicht regelhaft die Befürchtungen von PatientInnen entkräften (siehe C3 ›Angstbestätigende Erfahrungen in den Situationen‹). Umso wichtiger wird es daher, dass TherapeutInnen im Prozess immer wieder überprüfen, ob sie auf dem richtigen Weg sind oder ob möglicherweise weitere Hindernisse bestehen, die aktuell eine Schemaveränderung unmöglich machen.

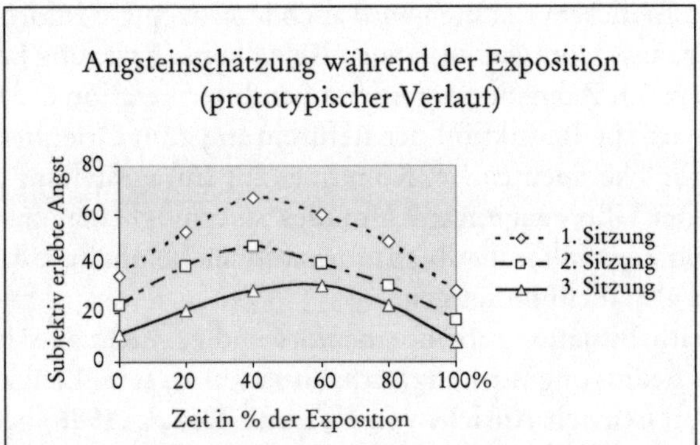

Abb. 6: Idealtypischer Angstverlauf während der Exposition

Foa und Kozak (1986) schlagen drei Kriterien zur Prozessevaluation der Exposition vor: Ein günstiger Prozessverlauf zeichnet sich hiernach dadurch aus, dass es zum einen zu einer Aktivierung des Angstschemas sowie zum Zweiten zu einem Abfall der Angstsymptomatik in der Sitzung kommt (so genannte ›in-session-habituation‹ oder Kurzzeithabituation[16], vgl. Abbildung 6).

[16] Habituation wird hier explizit in einer sehr offenen Bedeutung als Reaktionsabschwächung verstanden.

Ein dritter Hinweis darauf, dass PatientInnen vom therapeutischen Vorgehen profitieren besteht darin, dass sich die Angst in vergleichbaren Situationen von einer Sitzung zur nächsten reduziert, d. h., dass die Angst in der folgenden Sitzung bei gleicher situativer Konstellation bereits eingangs geringer ist (so genannte ›across-sessions-habituation‹ oder Langzeithabituation; vgl. Abbildung 6).

Eine Aktivierung des Angstschemas ist darauf zurückzuführen, dass die Situation angstrelevant ist, d. h. Merkmale des Angstschemas hat. Bei der Gestaltung der Expositionssituation müssen hierzu die individuumspezifischen angstauslösenden Merkmale berücksichtigt werden; in der Umsetzung können verschiedene Medien, auch Modellpersonen oder Videoaufnahmen, genutzt werden.

Die Kurzzeithabituation soll u. a. von der Intensität bzw. Pervasivität der Angst abhängen: Je ausgeprägter die Ängste sind, desto länger dauert es, bis es zu einer gewissen Habituation kommt. In diesem Rahmen wird auch interozeptive Information darüber, dass trotz der situativen Reize keine Erregung besteht, integriert. Im Rahmen einer kognitiven Interpretation der Exposition wird die Reduktion der Befürchtung zum Orientierungspunkt für TherapeutInnen: Kommt es zur Infragestellung angstbezogener Überzeugungen? Um dies zu ermöglichen, muss die Situation angstinkompatible Informationen beinhalten, darf das Schema also nicht bestätigen.

Kurzzeithabituation scheint eine notwendige, nicht aber hinreichende Bedingung für Langzeithabituation zu sein. Langzeithabituation ist nach Ansicht von Foa und Kozak (1986) gekennzeichnet durch Veränderung von Bedeutungsstrukturen, d. h. der Annahmen und Überzeugungen, wobei sich vor allem deren Valenz wandelt. Aufmerksamkeit auf die relevante Information – im Unterschied zur Selbstaufmerksamkeit – soll die Integration neuer Information verbessern, kognitive Vermeidung oder Ablenkung sie dagegen behindern[17]. Dies scheint vor allem für die Langzeithabituation zu gelten. Innerhalb einer Sitzung kann Ablenkung, kognitive Vermeidung oder auch Sicherheitsverhalten sogar zu einer schnelleren Angstreduktion führen; es ist da-

[17] Hiermit sind ähnliche Prozesse angesprochen wie im Modell von Clark (1997) bzw. Wells (1997).

her verständlich, dass PatientInnen zu solchen Strategien neigen. Fehlt einer der drei Indikatoren – Aktivierung, Kurzzeit- bzw. Langzeithabituation –, so sollten TherapeutInnen gemeinsam mit ihren PatientInnen analysieren, ob möglicherweise in der Konfrontationssituation Hindernisse für eine günstige Verarbeitung der Erfahrungen bestehen. Nach Foa und Kozak (1986) können ungünstige Verläufe z. B. auf folgende Probleme hinweisen:

1. Möglicherweise liegt kognitive Vermeidung vor, d. h., PatientInnen konzentrieren sich gerade nicht auf die angstrelevanten Details.
2. Wegen eines zu hohen Erregungsniveaus der Person kommt es nicht zur Kurzzeithabituation; günstig für die Aufnahme neuer Informationen soll eher ein mittleres Erregungsniveau sein[18].
3. Eine depressive Gestimmtheit kann Habituationsprozesse behindern. Dies ist vermutlich darauf zurückzuführen, dass der Unterschied zwischen phobischer Erwartung und aktueller Erfahrung auf der evaluativen Ebene nicht zum Tragen kommt.
4. Schließlich behindern überbewertete Überzeugungen und Vorstellungen nach Foa und Kozak (1986) insbesondere die Langzeithabituation: Bei Personen, die ihre Ängste für eigentlich doch realistisch halten, kann es zwar zu Veränderungen in der Sitzung, nicht aber zur Langzeithabituation kommen. Hier können zum Beispiel elaborierte Szenarien mit ausgeklügelten Langzeitkonsequenzen vorliegen (»eines Tages wird doch herauskommen, dass ich uninteressant bin«). Auch Denkfehler im Sinne Becks (z. B. Beck & Emery, 1981) können eine Rolle spielen.

Über diese generellen Annahmen hinaus lassen sich aus dem Modell von Clark (1997) bzw. Wells (1997) weitere Ursachen ungünstiger Verlaufsprozesse bei der Exposition ableiten: Orientieren sich PatientInnen am eigenen negativen Gefühl oder setzen sie Sicherheitsverhaltensweisen ein? Im Übergang von der Kurzzeit- zur Langzeithabituation können gerade auch negative Bilanzierungstendenzen zum Tragen kommen.

Obwohl es geradezu banal klingen mag, dass sich TherapeutInnen am Veränderungsprozess und seinen Zwischenergebnissen orientieren, zeigt die konkrete Praxis, dass sie sich manchmal da-

---

18 In Einzelfällen kann ein Entspannungstraining indiziert sein; dabei ist darauf zu achten, dass die Entspannung nicht zum Sicherheitsverhalten wird.

zu verleiten lassen, einfach ›mehr desselben‹ zu machen und ihren therapeutischen Ansatz ohne Analyse bzw. entsprechende Modifikationen des Vorgehens ›durchzuziehen‹. Eine gewisse Ausdauer und Geduld bei der Verfolgung eines bestimmten Weges ist als Gegenpol zu einem sprunghaften, auch durch kleinste Abweichungen vom ›Idealverlauf‹ irritierbaren Vorgehens zwar sinnvoll; im Prozess sollten TherapeutInnen jedoch auf die Verlaufsindikatoren achten und sie zur Verbesserung ihres Vorgehens nutzen. Besonders problematisch scheinen in diesem Zusammenhang Interpretationen, die rasch den Blick auf einen möglichen Störungsgewinn – der im Einzelfall eine Rolle spielen kann – ausrichten und dort den Grund für mangelnde Veränderungen vermuten.

Vereinbarungen von Verhaltensexperimenten zwischen den Therapiesitzungen

Im Anschluss an die Übungen in den Sitzungen überlegen PatientInnen und TherapeutInnen, welche Verhaltensexperimente die Person zwischen den Sitzungen durchführen kann. Zu Beginn der Expositionsphase greifen sie dabei Themen auf, die bereits in der Sitzung bearbeitet wurden. Grundlage der Arbeit kann wiederum der Protokollbogen für Verhaltensexperimente sein (Tabelle 3). Eingangs werden möglichst einfache, häufig auftretende Konstellationen ausgewählt, in denen sich die jeweiligen Befürchtungen aktivieren lassen. Das Vorgehen entspricht dabei den oben beschriebenen Schritten.

Die von der Person durchgeführten Verhaltensexperimente werden in der nächsten Therapiesitzung detailliert besprochen. Als problematisch erlebte oder unklare Situationen werden genau analysiert, und es wird versucht, Verhaltensexperimente zu entwickeln, die an kritischen Punkten klarere Antworten erlauben. Sind die Erfahrungen prinzipiell positiv, achten die TherapeutInnen darauf, ob der Befürchtung widersprechende Erfahrungen auch eine Bedeutung für das Selbstbild der Person haben könnten. Wenn eine Person z. B. die Befürchtung überprüft, dass sie nicht mehr gemocht wird, wenn sie eine abweichende Meinung äußert, so könnte diese Annahme möglicherweise durch besonderes Interesse der GesprächspartnerInnen in Frage gestellt worden sein. Gerade wenn hinter der

Befürchtung eine Kernannahme wie »ich bin nicht liebenswert« steht, exploriert die Therapeutin, ob die konkrete Situation auch der Kernannahme widerspricht. Hierzu fragt sie etwa: »Heißt das, es wirkte fast so, als ob die anderen sich für Sie als Person interessierten?«

Die Planung und Durchführung weiterer Verhaltensexperimente

Personen mit sozialen Ängsten neigen manchmal dazu, sich nach ersten positiven Erfahrungen zu überfordern; ihre TherapeutInnen steuern an diesem Punkt eher entgegen und unterstützen die Person dabei, mittelschwere Situationen auszuwählen. In dieser Phase sind Komplikationen geradezu zu erwarten; Fortschritte im Sinne eines linearen Verlaufs sind die Ausnahme. TherapeutInnen haben in diesem Zusammenhang eine fehlerfreundliche Haltung und verdeutlichen ihren PatientInnen, wie wichtig Schwierigkeiten im Verlauf sind, um bisher nicht berücksichtigte Aspekte zu erkennen und für sie Bewältigungsmöglichkeiten zu entwickeln. Gerade im Übergang zu selbst gesteuerten Expositionen zeigt sich zudem, ob die Person möglicherweise weiterhin Sicherheitsverhaltensweisen einsetzt, zu emotionaler Argumentation oder interner Aufmerksamkeit neigt. TherapeutInnen werten daher die selbst gesteuerten Verhaltensexperimente dahingehend sorgfältig aus und üben gegebenenfalls mit ihren PatientInnen.
Zumeist entwickeln PatientInnen nicht nur in einer Situation, sondern in verschiedenen Konstellationen Ängste (z. B. bei Reklamationen, informellen Gesprächen, einer Rede etc.). Es empfiehlt sich, bei der Exposition zunächst innerhalb eines Situationstyps schrittweise vorzugehen, um den Übungseffekt besser abzusichern. Erst nach einer gewissen Konsolidierung der Veränderungen bzgl. eines Situationstyps sollte zum nächsten Bereich übergegangen werden. Auch innerhalb der einzelnen Übungsbereiche sollte nach einer zunächst recht nahen Betreuung eine zunehmende Ausblendung der Therapeutin und damit steigende Eigenständigkeit des Patienten angestrebt werden. Hierbei werden die Übungen immer mehr in das private und berufliche Alltagsleben des Patienten integriert. Manche Experimente sind für die Person zunächst zu schwierig; in einem solchen Fall können TherapeutInnen erst einmal die Rolle der PatientInnen übernehmen, während die Person beobachtet. So kann der Therapeut z. B. an einem öffentlichen Platz etwas Unge-

wöhnliches oder Auffälliges tun; die PatientIn protokolliert die Reaktionen der anderen. Gegebenenfalls unterstützen TherapeutInnen ihre PatientInnen zu Beginn der Verhaltensexperimente durch kurze ›Prompts‹ (»Fragen Sie, wie es der Person hier gefällt«).

3.2 Befragungen der Umwelt

Im weitesten Sinne können auch Verhaltensexperimente als Befragungen der Umwelt verstanden werden – sei es, indem die InteraktionspartnerInnen direkt befragt werden, sei es, indem die Reaktionen der Umgebung genau beobachtet werden, sei es, indem genau überlegt wird, welche Verhaltensweisen der Umwelt für die Gedanken der Umwelt stehen können. Dieses Prinzip kann neben der Umsetzung in Verhaltensexperimente auch direkt genutzt werden, indem Personen zu einem bestimmten Verhalten und dessen Implikationen interviewt werden (z. B. in Form eines Gesprächs oder auch mit einem Fragebogen). Hierzu arbeiten PatientInnen und TherapeutInnen genau heraus, was gefragt werden muss, damit die Antworten die Annahmen der Person entkräften oder bestätigen können. So befürchtet etwa eine Person, dass ein leichtes Stottern von anderen als Zeichen von Inkompetenz oder massiver Unsicherheit gesehen wird. Bei einer Befragung anderer wäre neben »was heißt es Ihrer Ansicht nach, wenn jemand etwas ins Stottern kommt?« auch zu erfragen »wie bewerten Sie jemanden, der leicht stottert?«

Neben den einzelnen Inhalten legen PatientInnen und TherapeutInnen vorher genau fest, wer gefragt werden muss: welches Alter, welches Geschlecht, welcher Habitus bzw. welche soziale Schicht. Schließlich gibt der Patient vor der Befragung eine Schätzung darüber ab, wie viel Prozent der Befragten Stottern als Zeichen von Inkompetenz sehen, wie viele es wie bewerten etc.

Wenn für die Befragung ein kurzer Fragebogen erarbeitet werden soll, so kann mit der Person zunächst im Sinne eines Brainstormings erarbeitet werden, welche anderen Interpretationsmöglichkeiten es für leichtes Stottern außer den von ihr befürchteten gibt. Aus diesen und weiteren Ideen der TherapeutInnen kann ein kurzer Fragebogen konstruiert werden, der z. B. an einem Ort verteilt wird, an dem die Person dieses Verhalten befürchtet.

Pro und Contra individualisierter bzw. standardisierter Konfrontationssituationen

Die hier vorgestellte, explizit und systematisch auf kognitive Veränderungen abzielende Form der Exposition legt eine ausgeprägte Abstimmung des therapeutischen Vorgehens auf die jeweilige Person nahe: In enger Anpassung an die Annahmen und Überzeugungen der jeweiligen Patientin werden Szenarien ausgewählt und konstruiert, anhand derer eine Überprüfung der Überzeugungen der Person möglich werden soll. Um Verschiebungen der Beurteilungskriterien je nach Situation zu erschweren, werden die katastrophischen Erwartungen individuell und sehr spezifisch operationalisiert.

Dieses Vorgehen unterscheidet sich vom Ansatz her bzw. auch in der konkreten Umsetzung von der schrittweisen und (teil)-standardisierten Vorgehensweise, wie sie etwa von Hinsch und Pfingsten (1998) oder auch Wlazlo (1995) vorgeschlagen wurde. Die Gefahr eines weitgehend standardisierten Vorgehens liegt unseres Erachtens nach darin, dass es möglicherweise an den individuumspezifischen Problemen vorbeigeht, somit das Angstschema nicht aktiviert wird und die situativen Informationen dementsprechend keine relevante Rückmeldung darstellen. Durch den expliziten Rückbezug der Erfahrungen der Person in den Verhaltensexperimenten auf die sozial-phobischen Befürchtungen soll zudem die Wirkung der Interventionen zeitnah überprüft und abgesichert werden.

Für die Verhaltensexperimente können die als Programme aufgebauten Konzepte sehr gut ›ausgeschlachtet‹ werden: Hierin finden sich einerseits viele brauchbare Szenarien; andererseits sind dort getroffene Unterscheidungen (etwa zwischen Rechts-, Beziehungs- und Sympathiesituationstypen oder Ansprech-, Mittelpunkts- und Blamierübungen) für die Gestaltung des therapeutischen Vorgehens nutzbar. Zudem kann – je nach Setting und PatientInnen – auch ein Vorgehen mit (teil-)standardisierten Szenarien Vorteile haben: Vermeidungstendenzen, die sich in langwierigen Verhandlungen und Diskussionen niederschlagen, können bei einem vorgegebenen Ablauf weniger Raum einnehmen. Möglicherweise werden zudem Situationen durchgespielt, die vom Patienten zuvor nicht als Zielbereiche genannt wurden, deren Bewältigung ihm gleichwohl einen größeren und sinnvollen Verhaltensspielraum gibt. Unter Umständen kann ein standardisiertes Vorgehen auch weniger selbstwertschädigend für die Person sein, da einzelne Überzeugungen nicht erst als zu überprüfende identifiziert werden müssen.

4. Die therapeutische Arbeit an ungünstigen Annahmen

Kognitionen spielen eine ganz wesentliche Rolle bei der Entstehung und Aufrechterhaltung sozialer Ängste (vgl. Teile B und C). Auch die in den vorherigen Kapiteln bereits vorgestellten therapeutischen Möglichkeiten sollen dazu beitragen, dass sich die Bewertungen von PatientInnen – z. B. die Ängste davor, negativ bewertet zu werden oder etwas Peinliches zu tun – reduzieren. Im Folgenden soll auf solche therapeutische Schritte eingegangen werden, die ausdrücklich an der kognitiven Seite sozialer Ängste ansetzen. Hierbei kann bestenfalls ein Einblick in den Kosmos der Möglichkeiten kognitiver Therapie gegeben werden; gerade in den letzten Jahren ist eine Vielzahl sehr hilfreicher, sowohl störungsspezifisch wie auch störungsunspezifisch orientierter Veröffentlichungen zu kognitiven Therapiemethoden erschienen (z. B. Beck, 1995; Padesky & Goldberger, 1995; Ellis, 1997; Ellis & Dryden, 1997; Schelp, Gravemeier & Maluck, 1997; Staremann, 1999; Wells, 1997, 2000; Wilken; 1998, Hope et al., 2000). Diese neueren Konzepte zeichnen sich durch sehr sophistizierte und klinisch informierte Überlegungen aus[19]; ihren Reichtum können wir im Folgenden nur ausschnittweise ausbreiten.
Einleitend wird auf die Gesprächsführung im Rahmen kognitionsbezogener Arbeit eingegangen; dann werden grundsätzliche Elemente dieser Arbeit sowie unterschiedliche Ebenen von Kognitio-

[19] Die Grundidee kognitiver Methoden – »nicht die Dinge selbst beunruhigen die Menschen, sondern ihre Vorstellungen von den Dingen« – ist zwar ziemlich schlicht. Therapeutische Arbeit im Sinne dieses Grundprinzips ist jedoch recht vielschichtig, anspruchsvoll und verlangt von TherapeutInnen Flexibilität. Ausgiebiges Training in diesen Methoden ist daher unabdingbar.

nen unterschieden. Im Rahmen einer näheren Betrachtung der einzelnen therapeutischen Schritte werden verschiedene therapeutische Strategien exemplarisch vorgestellt.

4.1 Gesprächsführung

Kennzeichnend für die Arbeit an der kognitiven Seite sozialer Angst ist eine sokratische Gesprächsführung. Dies impliziert zunächst eine Haltung, die durch Respekt, Achtung und Empathie für die Person der PatientInnen geprägt ist. Weiterhin ist sokratische Gesprächsführung dadurch gekennzeichnet, dass PatientInnen zu möglichst selbstständigem Erkennen und Lernen angeleitet werden sollen. Der Patient lernt über sein eigenes Denken in bestimmten Situationen zu reflektieren; hierbei soll er selbst Widersprüche erkennen können und daraus seine Schlüsse ziehen. TherapeutInnen versuchen dabei, die Erfahrungen ihrer PatientInnen ›wirklich‹ zu verstehen. Dies bedeutet, dass sie den PatientInnen ihr echtes Interesse vermitteln und verdeutlichen, dass sie die Person bei der Bewältigung ihrer Schwierigkeiten unterstützen wollen. Generell impliziert dies auch, dass TherapeutInnen die Annahmen der Person nicht sofort ›attackieren‹, sondern diese erst einmal in Ruhe und mit Gelassenheit herausarbeiten und sich genau für die Implikationen der befürchteten Katastrophen interessieren. Im Sinne einer sokratischen Gesprächsführung werden PatientInnen nicht ›ausgefragt‹, sondern mit ihnen gemeinsam werden ungünstige Interpretationsmuster exploriert und alternative Sichtweisen entwickelt. Um eine solche kooperative Haltung zu erleichtern, empfiehlt es sich, im Gespräch mit den PatientInnen von ›wenig hilfreichen‹, ›unangemessenen‹, ›nicht zielführenden‹ oder ›ungünstigen‹ Kognitionen – und eher nicht von ›irrationalen‹ oder ›unrealistischen‹ Annahmen – zu sprechen.

Falls notwendig, geben TherapeutInnen ihren PatientInnen auch Informationen (z. B. zu physiologischen Prozessen oder zur Problematik perfektionistischer Ansprüche). Dies geschieht aber erst, nachdem genau herausgearbeitet wurde, um welche Fragestellung es geht und welche Missverständnisse oder Informationslücken beim Patienten bestehen.

Inwieweit wissen TherapeutInnen schon vor Beginn der Disputation, wo ihre PatientInnen ankommen sollen?

Wells (1997) unterscheidet in Hinblick auf die Gesprächshaltung der TherapeutInnen bei der kognitiven Arbeit zwischen ›geleitetem Entdecken‹ (bei dem TherapeutInnen zwar eine Vorstellung davon haben, was das Ergebnis der Übung sein soll, diese aber gemeinsam mit ihren PatientInnen entwickeln) und einem ›echten sokratischen Dialog‹ (bei dem TherapeutInnen nicht wissen, zu welchen Schlussfolgerungen ihre PatientInnen kommen). Während Padesky (1993; zitiert nach Wells, 1997) nur einen sokratischen Dialog, bei dem der Ausgang offen ist, für die Verwirklichung eines ernst gemeinten kollaborativen Empirizismus hält – und geleitetes Entdecken für eher problematisch –, sieht Wells gerade das geleitete Entdecken als ökonomische und letztlich zeitsparende Haltung. Er hält es jedoch für zentral, sich auch beim geleiteten Entdecken Zeit zu lassen, um die Schemata von PatientInnen ›zum Schwingen‹ zu bringen und dadurch eine Integration der neuen Perspektiven zu ermöglichen.

Das Medium, in dem sokratische Gesprächsführung geschieht, sind gezielte Fragen der Therapeutin. Diese Fragen sollen spezifisch (konkret), kurz und prägnant formuliert sein und unmittelbar an Äußerungen des Patienten ansetzen. Ganz allgemein empfiehlt es sich, eher offene Fragen zu verwenden, auf die man nicht einfach mit »ja« oder »nein« antworten kann. Solche Fragen werden häufig mit »was?«, »wie?«, »wann?« und »wo?« eingeleitet. Bei Warum-Fragen ist eine gewisse Vorsicht angebracht (obwohl sie auch offene Fragen sind), da PatientInnen oft den Eindruck haben, dass sie die Gründe für ein Verhalten oder einen Prozess nicht kennen. Eine Umformulierung im Sinne von »wie ist es gekommen, dass Sie doch nicht nachgefragt haben?« erleichtert es PatientInnen häufig, den Verlauf der Ereignisse zu beschreiben.
Wells (1997) unterscheidet in diesem Zusammenhang zwischen drei verschiedenen Fragetypen: allgemeine Fragen, Prüffragen und reflektierende Fragen. Allgemeine Fragen sind Fragen, die ein bestimmtes Thema eröffnen (z. B. »Wann haben Sie sich das letzte Mal ängstlich gefühlt?«, »Wie hat sich das angefühlt?«, »Was haben

Sie getan?«, »Was ist das Schlimmste, das passieren könnte?«, »Wie sind Sie mit der Situation umgegangen?«). Prüffragen sind Fragen, die an den Antworten für allgemeine Antworten anschließen, um weitergehende Informationen zu erheben oder zu überprüfen, ob die Antwort richtig verstanden wurde. Häufig geht es dabei um die Suche nach den schlimmsten Konsequenzen oder darum, was die Person erwartet, wenn sie die Situation nicht bewältigen kann oder wenn sie z. B. kein Sicherheitsverhalten zeigt (z. B. »Könnte da irgendetwas Schlimmes passieren?«, »Was ist so schlimm daran?«, »Was würde es für Sie heißen, wenn diese Katastrophe eintreffen würde?«, »Wie würden die anderen reagieren, wenn das passieren würde?«). Reflektierende Fragen sind solche Äußerungen von TherapeutInnen, bei denen sie einzelne Aspekte der Antworten von PatientInnen – häufig in Form erneuter Fragen – wiedergeben (»Heißt das, Sie meinen, dass Sie perfekt sein müssen?«, »Bedeutet das, dass Sie eigentlich nicht bereit sind, irgendeinen leichten Anflug von Erröten zu tolerieren?«).
Hinsichtlich der Grundstruktur der Argumentation lässt sich inhaltlich mit Ellis (z. B. 1997) zwischen einer hedonistischen und einer empirischen Disputationsform unterscheiden. Bei der hedonistischen Disputation geht es im Wesentlichen darum zu untersuchen, inwieweit bestimmte Annahmen der Person zielführend sind, d. h. Konsequenzen haben, die ihren allgemeinen Zielen entsprechen. Einerseits wird durch entsprechende Fragen die Motivation zur Bearbeitung von Annahmen gestärkt; andererseits können davon ausgehend zielführende Annahmen erarbeitet werden. Fragen in diesem Sinne können z. B. lauten »Nützt Ihnen diese Annahme?«, »Geht es Ihnen besser, wenn Sie Ihr Leben nach dieser Maxime ausrichten?«, »Eröffnet Ihnen das zusätzliche Möglichkeiten?« Bei der empirischen bzw. logischen Disputation geht es darum, Widersprüche zwischen dem Denken des Patienten und der Realität bzw. auch innerhalb seines Denkens aufzudecken. Hierzu können die folgenden Fragerichtungen eingeschlagen werden: »Wo sind die Beweise für diese Annahme?«, »Wie können Sie das wissen (dass eine Person so über Sie denkt)?«, »Wie wahrscheinlich ist das, was Sie annehmen?«, »Ist das wirklich ›immer‹ so?« Beide Fragerichtungen haben in der Psychotherapie sozialer Ängste ihren Platz; einzelne Beispiele finden sich in den folgenden Abschnitten.

4.2 Das Vorgehen bei der kognitiven therapeutischen Arbeit

Ganz allgemein lassen sich vier Schritte bei der Arbeit an der kognitiven Seite psychischer Probleme unterscheiden:

1. Vermittlung eines kognitiven Erklärungsmodells,
2. Diagnostik dysfunktionaler Kognitionen,
3. Disputation dysfunktionaler Kognitionen,
4. Entwicklung und Einübung funktionaler Kognitionen.

Auch wenn sich die einzelnen Schritte im Vorgehen nicht immer ganz eindeutig gegeneinander abgrenzen lassen, lassen sich jedoch Schwerpunkte der jeweiligen Arbeit identifizieren. Auf ihre Ausgestaltung wird im Folgenden eingegangen.

Vermittlung eines kognitiven Erklärungsmodells

Das hier vorgeschlagene therapeutische Vorgehen ist insgesamt von einer prononciert kognitiv-verhaltenstherapeutischen Grundhaltung getragen. Bereits im Rahmen der übrigen therapeutischen Schritte wird PatientInnen vermittelt, was für eine wichtige Rolle Kognitionen – und damit Interpretationen und Bewertungen – für die Aufrechterhaltung bzw. Veränderung sozialer Ängste haben (z. B. bereits bei der Entwicklung des Erklärungsmodells; vgl. F1). Auch im Rahmen der Protokollierung von Annahmen (z. B. bei der Durchführung von Verhaltensexperimenten) wurde mit PatientInnen bereits die Analyse von Gedanken eingeübt. Diese Schritte vorausgesetzt, sind PatientInnen also nicht naiv, sondern bereits sehr gut in die Grundannahmen eines kognitionsbezogenen therapeutischen Zugangs eingeführt. Gleichwohl kann es sehr sinnvoll sein, vor einer Arbeit, die im engeren Sinn an den Kognitionen der Person ansetzt, noch einmal das grundsätzliche Prinzip herauszuarbeiten und mit den PatientInnen kritisch zu hinterfragen. Hierzu kann z. B. der Protokollbogen für die Dokumentation von Verhaltensübungen herangezogen und hieran noch einmal detailliert nachgezeichnet werden, wie eine Situation durch eine bestimmte Kognition der Person eine gewisse – mehr oder weniger angstförderliche – Bedeutung bekommt. Beim Vorgehen achten TherapeutInnen darauf, langsam vorzugehen, immer nur kurz zu sprechen und dann erst ihren PatientInnen die Gelegenheit zu geben, den entsprechenden Schritt nachzuvollziehen bzw. auch in Frage zu stellen. Ausgehend von dem Grundprinzip, dass Ereignisse erst durch die Interpretation der Person ihre Bedeutung gewinnen, können PatientInnen und TherapeutInnen gemeinsam nach Beispielen aus der letzten Zeit suchen, in denen die Person gemerkt hat, dass eine andere Sicht der Dinge ihr auch andere Möglichkeiten eröffnet. Zur weiteren Veranschaulichung kann es auch günstig sein, ein prototypisches Ereignis (z. B. das Ende einer Partnerschaft, ein schöner Sommertag, eine Kündigung) zu betrachten und dabei zu explorieren, wie verschieden unterschiedliche Personen dieses Ereignis sehen können (zu weiteren Ideen vgl. Beck, 1995; Wilken, 1998).

Diagnostik dysfunktionaler Kognitionen

Im Verlauf der Angstreaktion lässt sich zwischen primären und sekundären Gedanken unterscheiden. Mit primären Gedanken sind solche Gedanken gemeint, die Teil der Angstreaktion selbst sind (z. B. »ich hatte Angst, dass mich gleich alle ansehen«, »gleich sehen sie, wie dumm ich bin«); sekundäre Gedanken sind dagegen solche Gedanken, die in gewisser Hinsicht Kommentare zu primären Gedanken darstellen, z. B. Bewältigungsgedanken (»besser ich sage nichts«) oder Gedanken wie »ich wollte nur noch weg«, »mir war das alles zu viel«. Primäre Gedanken stellen die Ansatzpunkte für die therapeutische Arbeit dar; sie können gegebenenfalls erarbeitet werden, indem z. B. danach gefragt wird, was denn passiert wäre, wenn die Person keine Bewältigungsstrategien eingesetzt hätte bzw. was schlimmstenfalls passiert wäre.

Im Rahmen primärer Gedanken lassen sich aus pragmatischen Gründen wiederum drei Ebenen von Kognitionen auf unterschiedlichem Abstraktionsniveau unterscheiden (vgl. z. B. Wells, 1997; Wilken, 1998):

- Spezifische situationsbezogene Bewertungen, die sich in negativen automatischen Gedanken niederschlagen (automatische Gedanken sensu Beck bzw. Selbstverbalisationen sensu Meichenbaum). Situative Selbstverbalisationen können z. B. lauten: »Gleich werden alle sehen, wie ich zittere«, »ich schaffe das nicht«, »gleich guckt bestimmt jemand«.
- Annahmen, die als konditionale Regeln oder Aussagen in Hinblick auf soziale Bewertungen ausgedrückt werden und das Verhalten bestimmen. Hier finden sich Aussagen wie »Wenn ich

Gefühle zeige oder Fehler mache, werden andere mich ablehnen«, »wenn andere mich wirklich kennen lernen, werden sie mich nicht mögen«, »wenn ich widerspreche, werden sie denken, dass ich dumm bin, bzw. mich ablehnen«. Verfolgt man die Implikationen dieser konditionalen Annahmen weiter, so lässt sich häufig die grundsätzliche Annahme »was die Leute über mich denken (bzw. genauer, was ich denke, dass sie über mich denken), muss die Wahrheit über mich sein« explorieren.
- Unkonditionale zugrunde liegende Überzeugungen, die sich enger auf das Selbstkonzept beziehen. Solche selbstbezogenen Aussagen können z. B. lauten: »ich bin seltsam«, »ich bin anders«, »ich bin nicht akzeptabel«, »ich bin dumm«, »ich bin unattraktiv« oder »ich bin unangemessen«.

Zur Diagnostik von Kognitionen gibt es viele verschiedene Zugänge. Im Rahmen der bereits dargestellten Überlegungen wurden bereits die Arbeit mit prototypischen Situationen, die Orientierung an der schlimmstmöglichen Katastrophe, Protokollbögen, Expositionsübungen und Rollenspiele bzw. Videoaufnahmen sowie die Manipulation von Sicherheitsverhaltensweisen und die Induktion gefürchteter Symptome dargestellt. All diese Zugänge lassen sich gezielt zur Erhebung von Gedanken nutzen, indem an den entsprechenden Stellen konkret nach den Gedanken der Person bzw. danach, was ihr in der Situation durch den Kopf ging, gefragt wird. Weitere Zugangsmöglichkeiten zur kognitiven Seite sozialer Ängste stellen auch Imaginationen und bildhafte Vorstellungen der Person sowie Stimmungsveränderungen in der Sitzung oder in Situationen dar.

Kognitionen auf einem höheren Abstraktionsniveau sind prinzipiell über konkretere Kognitionen zu erarbeiten. So lassen sich aus gemeinsamen Themen automatischer Gedanken Kernannahmen ableiten.

Um den Implikationen situativer Gedanken nachzugehen, fragen TherapeutInnen erst einmal danach, was der Person sonst noch durch den Kopf geht, wenn sie bestimmte automatische Gedanken hat. Durch Präzisierung bestimmter Aspekte der Antworten (»was bedeutet es für Sie, kompetent zu sein?«) können die Gedanken weiter konkretisiert werden. Die Bedeutung spezifischer Ängste muss genau herausgearbeitet werden, damit deutlich wird, worin die Gefahr für die PatientInnen im Einzelnen besteht (»was ist so schlimm daran, dass Sie zittern?«). Indikator dafür, dass zentrale Inhalte berührt sind, ist z. B. eine deutliche emotionale Beteiligung im Verlauf des Gesprächs. Anfänglich geäußerte negative Gedanken wie »ich werde zittern oder stottern« können eher nicht der Ansatzpunkt der kognitiven Arbeit sein, da sie eher eine Art Kommentar zum eigenen Verhalten sind (sekundäre Kognitionen) und teilweise auch zutreffen können. In der kognitiven Therapie geht es eher darum, die Wahrnehmung dessen, wie ein solches Verhalten wirkt und welche Bedeutung es für das Selbstbild hat, zu diagnostizieren und zu verändern.

Im Einzelfall kann es schwierig sein, Überzeugungen, die negativen situativen Bewertungen zugrunde liegen, herauszuarbeiten; dies gilt insbesondere dann, wenn das Problem schon lange besteht und die Grundhaltung der Person quasi zur zweiten Natur geworden ist. TherapeutInnen sind gerade in solchen Fällen zugleich geduldig und hartnäckig; z. B. über Distanzierungstechniken (»wenn ich eine Fliege an der Wand wäre, wie könnte ich mir denn erklären, warum die Person das tut?«) ermöglichen sie ihren PatientInnen eine weitere Explizierung der Annahmen.

Im Rahmen der Diagnostik von Annahmen bezüglich eines bestimmten Themenbereichs fällt vor dem vertieften Einstieg in die Arbeit auch eine explizite Entscheidung dafür, an einer bestimmten Kognition zu arbeiten. Therapeutinnen gehen nicht implizit oder intuitiv davon aus, dass eine herausgearbeitete Kognition auf jeden Fall verändert werden sollte. PatientInnen können ihre Annahme oder Grundüberzeugung durchaus als adäquat und sinnvoll erleben. Um sie zu motivieren, an einer bestimmten Annahme zu arbeiten, regen TherapeutInnen gegebenenfalls an, die jeweiligen Themen im Sinne der Kriterien der rational-emotiven Verhaltenstherapie für angemessene Kognitionen zu betrachten (vgl. z. B. Ellis, 1997). Im Einzelnen bedeutet dies z. B. zu überprüfen, ob die jeweilige Annahme den längerfristigen Zielen bzw. den Lebenszielen der PatientInnen dient. Mögliche Fragen hierzu sind: »Fanden Sie Ihr Gefühl bzw. Ihr Verhalten in der Situation angemessen oder unangemessen?«, »Hat Ihnen Ihr Gefühl bzw. Verhalten geholfen, die Situation erfolgreich zu meistern? Oder hat es Sie daran gehindert? Wenn ja: Woran hat Sie Ihr Gefühl bzw. Verhalten in der Situation gehindert?«, »Was waren die negativen Folgen Ihres Gefühls bzw. Verhaltens in der Situation?«, »Was können möglicherweise positive Folgen Ihres Gefühls bzw. Verhaltens in der Situation sein?«, »Was hat Ihre Angst (Trauer, Angst, Eifersucht) ausgerichtet?«, »Was würde es langfristig für Ihr Leben bedeuten, wenn Sie sich in ähnlichen Situationen weiterhin so fühlen bzw. verhalten?«, »Entspricht das den Zielen, die Sie insgesamt für die Therapie formuliert haben?«, »Glauben Sie, dass Sie das langfristig weiterbringt?« Mit Hilfe solcher Fragen kann der Patient seine Motivation klären und insbesondere Zielkonflikte zwischen kurzfristigen (z. B. Angstreduktion) und langfristigen Zielen thematisieren. In der Angst gefangen, können PatientInnen diesen Widerspruch zwischen kurz- und langfristigen Zielen häufig nicht sehen. TherapeutInnen haben daher die Aufgabe, diese Spannung erst einmal zu verdeutlichen und ihren PatientInnen damit auch eine Entscheidung zu ermöglichen, in welche Richtung sie gehen wollen. Falls notwendig, kann in diesem Zusammenhang auch ein Vierfelderschema aufgemacht werden, dessen einer Faktor durch die Unterscheidung zwischen kurzfristig und langfristig und der andere zwischen positiven und negativen Konsequenzen gebildet wird (siehe Tabelle).

	Positive Aspekte	Negative Aspekte
Kurzfristige Konsequenzen	Ich passe gut auf Ich mache weniger Fehler Ich stehe gut vor mir da	Es ist sehr anstrengend Ich lebe in Angst, doch einen Fehler gemacht zu haben Ich bin verkrampft
Langfristige Konsequenzen	Die anderen halten mich für einen sorgfältigen Menschen	Ich kann Erfolge nicht genießen, da ich schon wieder unter Druck stehe Ich werde nur geachtet, nicht geliebt Andere haben Angst

Tab. 4: Kurz- bzw. langfristige Konsequenzen der Grundannahme »Ich muss perfekt sein«

TherapeutInnen arbeiten an diesem Punkt sehr sorgfältig und überlassen ihren PatientInnen die Entscheidung darüber, woran sie für sich arbeiten wollen. Wird dieser Punkt übergangen, handelt die Therapeutin ohne Auftrag und muss daher damit rechnen, dass es im Verlauf der Therapie zu Missverständnissen bzw. unklarer Zielkoordination kommt (Kottje-Birnbacher & Birnbacher, 1999). Auch für PatientInnen ist es schwieriger, ihren Ausweichtendenzen zu widerstehen, wenn sie sich nicht explizit für die Arbeit an einem bestimmten Thema entschieden haben.

Der kognitive Veränderungsprozess

Kognitive Verfahren haben traditionell eine gewisse Nähe zu einsichtsorientierten Therapieverfahren wie der Psychoanalyse. Gerade bei der Gestaltung des therapeutischen Vorgehens wird davon ausgegangen, dass PatientInnen durch Aufklärung über und Wissen um die Bedeutung kognitiver Faktoren gewisse Möglichkeiten gewinnen, ihre Problematik zu verstehen, zu analysieren und zu verändern. Transparenz in diesem Sinne dient nicht nur der Unterstützung einer kooperativen Arbeitsbeziehung, sondern auch der Vergrößerung der Selbststeuerungsmöglichkeiten der Person.

Einsicht ist jedoch nur ein Schritt auf dem Weg zu Veränderung. Gerade nicht so erfahrene TherapeutInnen neigen manchmal dazu, von ihren PatientInnen implizit zu erwarten, dass diese nach der Erkenntnis ungünstiger kognitiver Muster zügig und konsistent Veränderungsschritte machen. Auch PatientInnen haben manchmal den Eindruck, dass sie nun, wo sie ›wissen‹ und einsehen, was sie Ungünstiges tun bzw. denken, direkt Veränderungen vollziehen müssen. Veränderung ist jedoch ein langer Weg, der viel Redundanz, Wiederholung und Erfahrung erfordert. Die Langwierigkeit und oft auch Mühseligkeit tragfähiger Veränderungen veranschaulichen Schelp et al. (1997; vgl. auch Ellis & Dryden, 1997) mit der Graphik auf Seite 278.

Wie die Abbildung 7 zeigt, muss davon ausgegangen werden, dass sich Kognitionen langsam verändern und in diesem Prozess eine hohe Redundanz erforderlich ist, um von einer kognitiven Einsicht zu automatisierten günstigeren Kognitionen zu kommen. Merkle (1991) sieht einen entscheidenden Übergang darin, dass es von einem Widerspruch zu einer Übereinstimmung zwischen ›Kopf‹ und ›Bauch‹ kommt. Auch bei einem günstigen Veränderungsprozess dürfte häufig davon auszugehen sein, dass die problematischen kognitiven Strukturen nicht vollständig verschwinden[20].

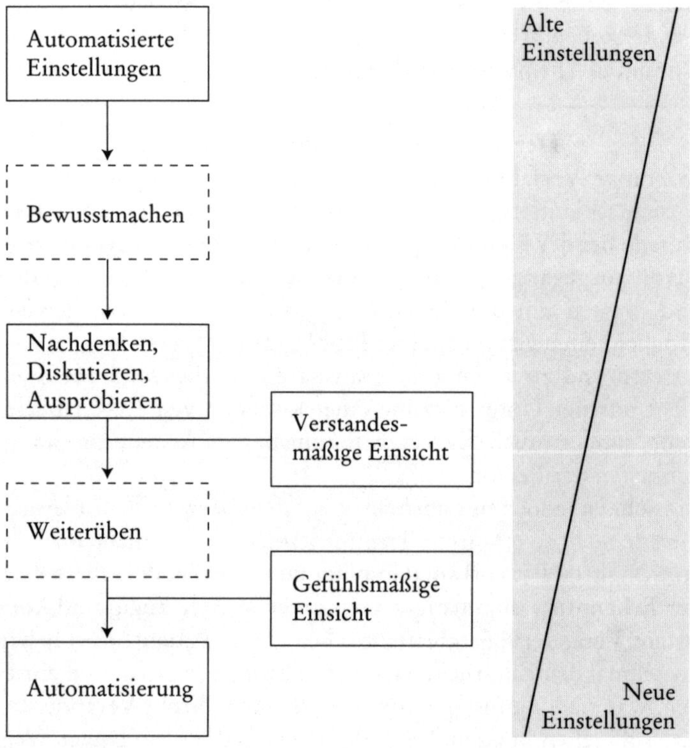

Abb. 7: Kognitiver Veränderungsprozess nach Schelp et al. (1997)

---

[20] An diesem Punkt scheint sich die Perspektive im deutschsprachigen Raum etwas von der angloamerikanischen Sicht zu unterscheiden: Während im englischsprachigen Bereich immer wieder die Rede davon ist, dass problematische Annahmen so lange bearbeitet werden müssen, bis die Person überhaupt nicht mehr von ihnen überzeugt ist (z. B. Wells, 1997), ist im deutschsprachigen Bereich eher die Rede davon, dass die Überzeugungen deutlich reduziert werden sollten.

Hat sich der Patient für die Bearbeitung bestimmter kognitiver Themen entschieden, so werden die Ziele für die Arbeit definiert. Hierzu kann z. B. exploriert werden, wie sich die Person in Zukunft in den kritischen Situationen fühlen bzw. verhalten möchte. In Hinblick auf dieses Ziel werden im Verlauf die Ergebnisse der Disputation betrachtet (»Wenn Sie sich stattdessen vor Augen führen würden, dass niemand perfekt ist, würde Ihnen das helfen, in der Situation entspannter zu sein?«).

Für die weitere Exploration werden in der Regel zunächst die bewusstseinsnahen Gedanken in konkreten Situationen (automatische Gedanken) erhoben; durch gezielte Explorationen erarbeiten PatientInnen und TherapeutInnen dann die dahinter liegenden, nicht unmittelbar bewussten Grundannahmen[21]. Fragen zur Exploration grundliegenderer Annahmen können sein: »Wie würden Sie das für sich bewerten?«, »Wie würden Sie in diesem Fall über sich denken?«, »Was würde das über Sie aussagen?«, »Was würden Sie in dem Moment von sich halten?«, »Welche Schlüsse ziehen Sie daraus?«, »Es wäre so schlimm, weil ...?«, »Heißt das, es darf nicht sein?«

Im Sinne von Überlegungen aus der REVT (z. B. Ellis, 1997; Ellis & Dryden, 1997) empfiehlt es sich, in diesem Zusammenhang auf ›Musturbationen‹, d. h. Formulierungen im Sinne eines ›sollen‹, ›müssen‹, ›nicht dürfen‹, »das tut man nicht«, zu achten. Absolutistische Aussagen dieser Art sind häufig therapierelevant, da sie den Toleranzbereich für eigenes und fremdes Verhalten massiv einschränken. Auch Formulierungen, die einen expliziten Selbstbezug andeuten (wie z. B. »ich bin ...«), können Indikatoren für Grundüberzeugungen sein. Explorierte Grundannahmen können dann mit Hilfe der verschiedensten verbalen und verhaltensbezogenen Strategien in Frage gestellt werden.

Als eine weitere Methode zur Herausarbeitung von Grundannahmen kann z. B. die so genannte Leitertechnik (vgl. Hinkle, 1970; Schmitt & Kurlemann, 1993) oder die Vertical-arrow-Technik (Wells, 1997) genutzt werden. Ausgehend von einer Befürchtung werden schrittweise deren Implikationen analysiert: »Wenn das passieren würde, was würde das für Sie heißen?«, »Wenn dem so

[21] Grundannahmen sollten erst in einem späteren Stadium der Therapie bearbeitet werden, quasi als »verbleibende Grundannahmen«, die sich durch die bisherigen Erfahrungen nicht modifizieren lassen.

wäre, was wäre so schlimm daran?« (siehe hierzu auch die einzelnen bereits genannten Fragen). Prinzipiell geht die Arbeit an einer solchen Befürchtungsleiter zunächst von den Verbindungen zwischen den einzelnen Stufen aus; diese werden mit den unterschiedlichsten kognitiven und verhaltensbezogenen Methoden geprüft (vgl. Tabelle 5).

Herr K. und seine Grundannahmen

Bereits bei den Verhaltensexperimenten hatte sich in der Therapie abgezeichnet, dass Herr K. im Grunde befürchtete, dass offenbar werden könnte, dass er eigentlich nicht in die soziale und berufliche Position gehöre, die er derzeit innehatte. Ausgehend von den situativen Befürchtungen wurde mit Hilfe der Leitertechnik den Implikationen seiner Annahmen nachgegangen. Leitfragen waren vor allem »was wäre schlimm daran?« bzw. »was würde das für Sie bzw. die anderen bedeuten?«

Um Gottes willen, bloß nicht zittern
↓
Die anderen werden das merken
↓
Sie werden merken, dass ich unsicher bin
↓
Sie werden mich für inkompetent halten
↓
Sie werden denken, dass ich hier nicht hingehöre
↓
Ich werde denken, dass ich hier nicht hingehöre
(wahrscheinlich haben sie Recht)

Tab. 5: Herr K. und seine Annahmen auf Grundlage der Leitertechnik

Wie die Tabelle 5 zeigt, stand am Ende der Katastrophenleiter von Herrn K., dass er sich eigentlich selbst endlich eingestehen müsse, dass er nicht an seinen derzeitigen beruflichen und gesellschaftlichen Platz gehöre. Eigentlich sei er doch »ein pisseliger Kleinbürger und kein Manager«. In der weiteren Exploration seiner Annahmen ließen sich folgende drei Kernaspekte herausarbeiten:

- <u>Annahme:</u> Wenn ich zittere, werden die Leute denken, dass ich hier nicht hingehöre (und das bedeutet, dass ich hier nicht hingehöre).

- Überzeugung: Eigentlich gehöre ich nicht auf diesen Stuhl.
- Regel: Ich darf keine Schwäche zeigen.

Diese zentralen Überzeugungen von Herrn K. wurden im weiteren Therapieverlauf mit Hilfe verbaler und verhaltensbezogener Strategien geprüft. Hierbei standen zunächst die Verbindungen zwischen einzelnen Stufen der Leiter im Vordergrund. Dabei ging es einerseits darum, ob andere Menschen wirklich merken, wenn Herr K. zittert. Diese konditionale Annahme konnte Herr K. aufgrund seiner bisherigen Erfahrungen (z. B. mit den Videoaufnahmen oder auch von ihm durchgeführten Verhaltensexperimenten) in Frage stellen. Die Ergebnisse der Tonbandbefragung lieferten Argumente dafür, dass andere nicht ohne weiteres denken, dass Zittern Unsicherheit bedeutet; aus diesen Erfahrungen ließ sich zudem ableiten, dass selbst dann, wenn Unsicherheit interpretiert wird, dies noch lange nicht bedeutet, dass die Person als inkompetent angesehen wird oder es gar ist.
Um die Validität der Regel »ich darf keine Schwäche zeigen« zu überprüfen, wurden von Herrn K. und der Therapeutin Verhaltensexperimente entwickelt. Hierzu erprobte Herr K. z. B., wie seine Sekretärin reagierte, wenn er etwas – absichtlich – nicht wusste; im weiteren Verlauf probierte er dies auch in einer kleinen, dann einer größeren Besprechung mit Kollegen aus. Parallel übte Herr K., in etwas vertrauteren persönlichen Beziehungen von seinen Schwierigkeiten zu erzählen bzw. überhaupt über Ängste oder Inkompetenzgefühle zu berichten. Im Verlauf stellte Herr K. die Regel weiter in Frage und formulierte sie um in »es ist schön, wenn ich gut sortiert bin; es ist aber keine Katastrophe, wenn ich verletzlich oder schwach bin«. Im weiteren Verlauf konnte Herr K. das Eingeständnis von Schwächen sogar positiv als Zeichen von Menschlichkeit konnotieren.

Disputation dysfunktionaler Kognitionen

In welchem Stil dysfunktionale Überzeugungen in Frage gestellt werden, unterscheidet sich je nach Therapeutin recht stark. Eine Disputation kann sehr sanft und subtil verlaufen; sie kann aber auch sehr hartnäckig und konfrontierend geschehen. Entscheidend ist, dass das Bemühen der Therapeutin, ihren Patienten zu unterstützen, diesem deutlich bleibt und sich beide kooperativ mit den ungünstigen Kognitionen der Person auseinander setzen. Auch die Dauer der Disputation einer Annahme lässt sich im Vorhinein nicht festlegen; sie kann von wenigen Minuten bis hin zu mehreren Stunden dauern. In der Umsetzung kann sich die Lösung von einem dysfunktionalen Gedanken sogar erheblich länger hinziehen.

TherapeutInnen und PatientInnen konzentrieren sich für die Disputation zunächst auf einen Gedanken. Weitere Voraussetzungen für das Gelingen der Disputation sind, dass die Therapeutin vom Vorgehen überzeugt ist und der Patient seinen Sinn einsieht. Weiterhin muss der Patient glauben können, dass eine Veränderung seiner dysfunktionalen Kognitionen grundsätzlich möglich ist.

Die einzelnen Disputationsmethoden sind sehr vielfältig; im Folgenden kann nur exemplarisch auf einzelne Strategien eingegangen werden. Prinzipiell lässt sich jedoch sagen, dass eine Disputation umso erfolgreicher sein wird, je mehr verschiedene Interventionen auf den verschiedenen Ebenen zur Infragestellung der Annahmen eingesetzt werden (z. B. auch Verhaltensexperimente, Beobachtungsaufgaben oder Befragungen der Umwelt). Selbstständiges Üben zwischen den Sitzungen hat in diesem Zusammenhang eine sehr große Bedeutung. TherapeutInnen gehen von vornherein davon aus, dass ein hohes Maß an Redundanz und Ausdauer erforderlich ist, um sich von Maximen, die das Leben bisher bestimmten, zu lösen. Diese Redundanz trägt auch dazu bei, dass sich PatientInnen die Strategien selbst aneignen und somit auch Selbsthilfestrategien entwickeln. Allerdings weisen TherapeutInnen ihre PatientInnen explizit darauf hin, dass die Disputation von Annahmen nicht in der gefürchteten Situation selbst durchgeführt werden soll; da Disputationen kognitiv aufwändig sind, besteht die Gefahr, dass die Performanz der Person in der Situation leidet, sie sich nicht auf die Situation konzentriert und die kognitive Arbeit womöglich sogar zur internen Vermeidung nutzt. Sinnvoll sind (wiederholte) Disputationen außerhalb der problematischen Situation; auch die Ergebnisse der kognitiven Arbeit können sich PatientInnen immer wieder vergegenwärtigen.

Prinzipiell lassen sich bei vielen Disputationsmethoden die folgenden Schritte unterscheiden: 1. Sammlung von Belegen für die bearbeitete Annahme, 2. Infragestellung von Belegen für die Annahme, 3. Erhebung von Gegenargumenten gegen die Annahme. Im Einzelfall prüfen TherapeutInnen, ob es günstiger ist, zunächst die Belege für die ungünstige Annahme in Frage zu stellen oder zuerst Gegenargumente zu sammeln. Um den Veränderungsprozess verfolgen zu können, schätzt der Patient jeweils vor und nach der Disputation ein, wie überzeugt er von der Annahme ist.

Bei der Sammlung von Belegen für die ungünstige Annahme achten TherapeutInnen sorgfältig darauf, dass ihre PatientInnen *alle* ihnen verfügbaren Argumente für die Annahme explizieren (und nicht etwa aus Scham oder im Sinne sozialer Erwünschtheit einzelne für sich behalten). Um hier eine möglichst umfassende Liste zu erreichen, fragen Sie eher noch einmal, u. U. durchaus etwas fordernd, nach: »War das schon alles? Hat die Angst nicht noch mehr zu bieten?«

Auch für die Entwicklung von Gegenargumenten lassen sich PatientInnen und TherapeutInnen Zeit. An diesem Punkt achten TherapeutInnen sorgfältig darauf, dass ihre PatientInnen zunächst von sich aus ihnen präsente Gegenargumente nennen. Den Suchprozess unterstützen sie durch Fragen wie »Hatten Sie schon einmal ein Erlebnis, das zeigt, dass der Gedanke nicht hundertprozentig stimmt? Woran könnte das liegen?«, »Gibt es irgendwelche kleinen Dinge, die gegen den Gedanken sprechen?«, »Wenn es Ihnen nicht so schlecht geht, denken Sie dann auch anders über die Situation?« Auch Distanzierungsfragen werden genutzt, um PatientInnen bei der Suche nach Gegenargumenten zu unterstützen: »Was würden Sie einem guten Freund sagen, der dieses Problem hat?«, »Was würde ein guter Freund Ihnen zu diesem Gedanken sagen? Wie würde er argumentieren, dass der Gedanke nicht völlig stimmt?«

Auch bei der Infragestellung von Belegen für die Annahme achten TherapeutInnen auf eine sokratische Gesprächsführung, d. h. darauf, dass sie Fragen stellen, die es ihren PatientInnen erlauben, selbst Gegenargumente gegen die Annahme zu finden. Hierzu hinterfragen sie z. B. absolutistische Aussagen (wie z. B. ›immer‹ oder ›nie‹), arbeiten die Implikationen der Annahme heraus (»heißt das, ich bin ein schlechter Mensch, wenn ich nicht perfekt bin?«) oder setzen wiederum Distanzierungsfragen ein. Gegebenenfalls bringen TherapeutInnen am Ende der Sammlung von Gegenargumenten ergänzende Aspekte ein; hierbei fragen sie nach, ob die jeweilige Idee ihren PatientInnen einleuchtend ist.

Nach Sammlung des Für und Wider bitten TherapeutInnen ihre PatientInnen darum einzuschätzen, wie überzeugt sie nun von dem bearbeiteten Gedanken sind. Auf einer Skala von 0–100 (0 = gar nicht überzeugend, 100 = voll überzeugend) bewerten die PatientInnen dann die Belege gegen die Annahme und notieren sich besonders wichtige Aspekte auf einer Karteikarte.

Bei sozialen Ängsten beziehen sich die Belege dafür, dass eine Person z. B. ein Versager ist., sehr häufig auf ›interne‹ Belege (emotionale Beweisführung, Gedankenlesen, Orientierung an körperlichen Reaktionen etc.). Neben der Infragestellung dieser Grundorientierung durch die bisherige therapeutische Arbeit (vgl. Kapitel F 2 ›Hindernisse bei der Veränderung sozialer Ängste‹) kann es sinnvoll sein, mit PatientInnen einen spezifisch hierauf ausgerichteten Protokollbogen zu entwickeln (z. B. mit den drei Spalten »Interne Belege«, »Externe Belege«, »Externe Gegenbeweise«).
Im Folgenden werden exemplarisch spezifische Methoden zur Disputation ungünstiger Gedanken angerissen:

- *Kosten-Nutzen- bzw. Vorteil-Nachteil-Analysen für einzelne Annahmen.* Bei diesem Vorgehen listen PatientInnen mit Unterstützung ihrer TherapeutInnen die Vor- und Nachteile einer Annahme in zwei Spalten auf. Diese Methode im Sinne einer hedonistischen Disputation dient dazu, einerseits die Motivation von PatientInnen zu erhöhen und andererseits zugrunde liegende Annahmen zu identifizieren (z. B. wenn eine Kosten-Nutzen-Analyse für negative Bilanzierungen durchgeführt ist, kann sich zeigen, dass es der Person eigentlich darum geht, jegliches Risiko zu vermeiden). TherapeutInnen achten in diesem Zusammenhang darauf, dass mehr Contra- als Pro-Argumente gesammelt werden; gegebenenfalls können vermeintliche Vorteile hinterfragt werden. Auch hier können die Argumente wieder gewichtet werden.
- *Rede und Gegenrede.* Mit immer wieder zwischen Therapeutin und Patient alternierenden Rollen werden Gegenargumente gegen ungünstige Annahmen entwickelt und eingeübt.
- Bei bestimmten *›Denkfehlern‹* im Sinne Becks (z. B. Beck & Emery, 1981) kann z. B. mit Skalierungstechniken gearbeitet werden. Wenn Herr K. z. B. die Vorstellung hat, nicht in eine bestimmte Gruppe zu gehören, so lässt sich eine Skala mit den Extrempunkten »ich gehöre nicht hierhin« (= 0) und »ich gehöre voll dazu« (= 100) konstruieren. Ausgehend von ›0‹ werden dann in 20er-Stufen jeweils Operationalisierungen der einzelnen Zwischenstufen formuliert (z. B. bei ›20‹ – ich kenne 1,2 Personen oberflächlich, bei ›60‹ – ich werde zu einem Abendessen eingeladen etc.).

Als spezifische Technik zur Bearbeitung dysfunktionaler Kognitionen lässt sich auch das Reattribuieren nennen. Hiermit ist gemeint, dass nach anderen Erklärungen für ein Ereignis, das die Annahmen der Person aktiviert, gesucht wird. Reattributionsstrategien sind besonders dann indiziert, wenn Patienten zu Selbstbeschuldigungen bzw. zu einem übertriebenen Verantwortlichkeitsdenken für bestimmte negative Ereignisse neigen und sich selbst entsprechend abwerten. Prototypisch handelt es sich meist um klassische ungünstige Attributionsmuster, bei denen Misserfolg auf die Person und Erfolg auf Zufall attribuiert wird (vgl. Rotter, 1966). Ziel der Reattribution ist es nicht, die PatientInnen von jeglicher Verantwortung freizusprechen und die Realität zu rosig zu malen; vielmehr geht es darum, den Anteil der Person am Zustandekommen eines negativen Ereignisses möglichst genau zu spezifizieren und dabei eine Vielzahl möglicher Erklärungsmuster einzubeziehen.
Hierzu explorieren PatientInnen und TherapeutInnen zunächst alle möglichen Faktoren, die zu der Situation beigetragen haben könnten. Diese Auflistung erfolgt zunächst im Sinne eines ›Brainstorming‹, d. h. ohne Bewertung der einzelnen Faktoren. In diesem Zusammenhang können auch Distanzierungstechniken eingesetzt werden (»Wie würden Sie das Verhalten einer anderen Person erklären, die in der gleichen Situation ähnlich wie Sie gehandelt hätte?«).
Neben der Bearbeitung direkt selbstbeschuldigender Ideen können Attributionstechniken auch auf alle anderen ungünstigen Interpretationen angewandt werden, in denen der Patient einseitig nur eine bestimmte Erklärungsursache zulässt und andere gar nicht sieht. Im Falle sozialer Ängste kann das z. B. auch bedeuten, dass ein als ablehnend empfundenes Verhalten eines Interaktionspartners in Hinblick auf die möglichen Ursachen durchleuchtet wird.

Herr K. und das Gefühl, eigentlich nicht dazuzugehören

Die Annahme, dass er eigentlich nicht an den Platz gehört, den er beruflich und gesellschaftlich einnimmt, stellte eine wichtige Grundüberzeugung dar, die Herrn K. immer wieder beunruhigte und die ihn trotz seiner bisherigen therapeutischen Erfolge belastete. Der Patient und seine Therapeutin einigten sich darauf, sich mit dieser Vorstellung detailliert zu beschäftigen. Das Ziel von Herrn K. war es, sich vor allem in seinem Kollegenkreis weniger fremd zu fühlen und ›selbstver-

ständlich‹ mit ihnen zusammen zu sein. Vor der Disputation äußerte Herr K., zu 70% von dem Gedanken überzeugt zu sein, dass er nicht dazugehöre.
Die Therapeutin wählte als Rahmen für die Disputation ein Kuchendiagramm als Reattributionsmethode. Bisheriger Orientierungspunkt für Herrn K. war, dass man beruflich dazugehört, wenn man aus derselben sozialen Schicht kommt, insbesondere die Eltern bereits Akademiker waren. Durch Fragen der Therapeutin entwickelte Herr K. die weiteren möglichen Gründe für Dazugehörigkeit:

- sich die gleiche berufliche Qualifikation geschaffen zu haben,
- ähnliche berufliche Interessen,
- bereits länger in einem Betrieb arbeiten,
- gut miteinander zurechtkommen,
- fachlich gut sein,
- die betreffende Stelle von jemandem bekommen zu haben, der einschätzen kann, ob man da hingehört,
- Anerkennung durch andere,
- Spaß an der Arbeit.

Die Therapeutin fragte Herrn K. ergänzend noch danach, ob ihn seine Kollegen als jemanden ansehen würden, der dazugehört, und wenn ja, warum. Er meinte, dass sie mehrheitlich sagen würden, dass er gut in das Team passe. Die einzelnen Gründe für das Dazugehören wurden vom Patienten als ›Kuchenstücke‹ gewichtet (vgl. Abbildung):

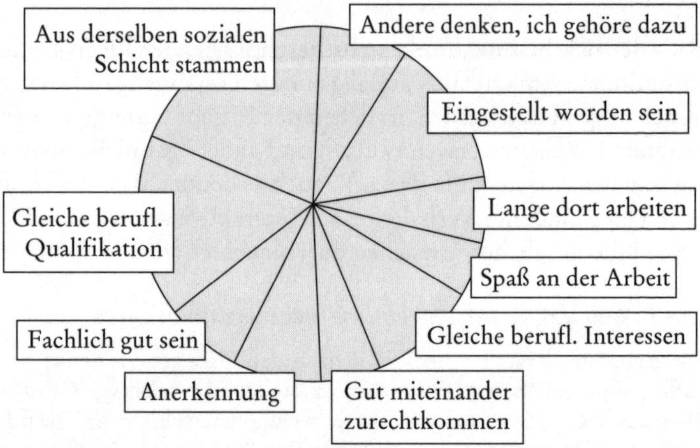

Abb. 8: Wann gehört man beruflich dazu? – Das Kuchendiagramm von Herrn K.

Patient und Therapeutin betrachteten anschließend, wie viele ›Kuchenstücke‹ auf Herrn K. zutreffen. Herr K. betonte, dass es ja stimme, dass seine Eltern keine Akademiker waren, die anderen Gründe für Dazugehörigkeit aber doch wesentlich gewichtiger seien. Wenn er den ›Kuchen‹ so betrachte, sei er nur zu 10% davon überzeugt, dass er nicht dazugehöre. Zur Vergegenwärtigung der Gründe für die Dazugehörigkeit nahm sich Herr K. eine Karteikarte, auf deren eine Seite er schrieb »ich gehöre auf meinen beruflichen und gesellschaftlichen Platz«. Auf der anderen Seite listete er die Gründe im Einzelnen auf.

Entwicklung und Einübung funktionaler Kognitionen

Zu der Zeit, als kognitive Perspektiven anfänglich in verhaltenstherapeutische Zugänge integriert wurden, geschah dies vor allem auf der Ebene der automatischen Gedanken, d. h. der situativ relevanten Kognitionen. Zur Veränderung dysfunktionaler Kognitionen wurde damals vor allem mit Selbstverbalisationen gearbeitet, die im Sinne funktionaler Kognitionen die Handlungssteuerung vor bzw. in belastenden Situationen unterstützen sollten (vgl. z. B. Fliegel et al., 1994).

Werden solche Selbstverbalisationen oder alternative automatische Gedanken als therapeutische Methode genutzt, so sollten sie die Form von Selbstaussagen haben, die eher einen ermunternden denn einen korrigierenden Grundtenor haben (z. B. »Nimm es nicht so schwer!«, »Du musst nicht!«, »Sei nicht strenger mit dir, als du es mit anderen bist!«). Solche alternativen situativen Kognitionen sollten zudem kurz sein (um keine zusätzliche Belastung in der Situation darzustellen). Weiterhin sollten sie spezifisch auf die jeweilige Situation und das Individuum zugeschnitten und schließlich wiederholbar sein. Ungünstig sind Formulierungen, die tendenziell kontrafaktisch sind (z. B. wenn sich ein Patient sagt: »Ich bin ganz ruhig«, obwohl er sehr erregt ist). Günstiger sind eher Formulierungen, die einen Aufforderungs- denn einen deskriptiven Charakter haben (also z. B. »Beruhige dich!«). Während entsprechende Selbstverbalisationen früher eher quasi als ›Trockenübung‹ in der Therapiesitzung entwickelt wurden, werden sie heute eher nicht im Vorhinein entwickelt (Margraf & Schneider, 1990); die Person begibt sich vielmehr in die angstauslösende Situation hinein, und es wird gemeinsam geschaut, welche sinnhaften Kognitionen in und aus der Bewältigungssituation herausgearbeitet werden können.

Diese Schwerpunktveränderung ist darauf zurückzuführen, dass inhaltlich funktionale Kognitionen im Angstgeschehen zu Sicherheitsverhaltensweisen werden können. So können sich PatientInnen etwa gebetsmühlenartig immer wieder aufsagen, dass nichts passieren kann, ohne dass sie daran glauben. Die inhaltlich an sich günstige Kognition bindet so viel Aufmerksamkeit und wird zur inneren Vermeidung genutzt. Selbstverbalisationen, die zur Unterstützung von PatientInnen in der Situation entwickelt werden, sollten daher im Therapieverlauf immer wieder auf ihre funktionale Qualität hin betrachtet werden.

Immer günstig ist es dagegen, darauf zu achten, dass sich PatientInnen mit sozialen Ängsten für ihre Schritte und ihre Arbeit an der sozialen Angst verstärken. TherapeutInnen haben in diesem Zusammenhang im Kopf, dass die sozialen Ängste eher zu einer Selbstabwertung der Person führen und so damit zu rechnen ist, dass auch große Anstrengungen und Erfolge als »natürlich«, »hätte ja jeder gekonnt« oder »das hätte ich schon früher machen müssen« verarbeitet werden. Selbstverstärkung bezieht sich vor allem darauf, dass sich die Person den Ängsten gestellt hat, dass sie ihre Vermeidungstendenzen überwunden und zu einer aktiven Auseinandersetzung gefunden hat – Selbstverstärkung bezieht sich nicht darauf, dass keine Angst aufgetreten ist.

Aus der Arbeit an konditionalen oder unkonditionalen Überzeugungen – sowohl durch Verhaltensexperimente wie auch kognitive Methoden im engeren Sinne – können sich funktionalere Kognitionen entwickeln (z. B. statt »ich bin nichts wert« »ich habe gute und schlechte Eigenschaften«). Um die Integration solcher günstigeren Annahmen und damit eine emotionale Einsicht zu unterstützen, führen sich PatientInnen diese immer wieder vor Augen, modifizieren und ergänzen sie gemeinsam mit ihren TherapeutInnen. Hierzu können z. B. auch Karteikarten genutzt werden, auf deren eine Seite die funktionale Annahme und deren andere Belege und Argumente für sie geschrieben werden. Material für diese Karteikarten kann aus den verschiedensten Quellen, von den ersten Übungen zu Sicherheitsverhaltensweisen bis hin zu einem Verantwortlichkeitskuchen, kommen. In diesem Zusammenhang empfiehlt sich eher eine begrenzte zielgenaue Auswahl relevanter Kognitionen denn eine vollständige Dokumentation der bisherigen Arbeit. TherapeutInnen ermuntern ihre PatientInnen dazu, sich diese Karteikarten immer wieder anzusehen und die Inhalte zu vergegenwärtigen. Dies ist vor allem außerhalb gefürchteter Situationen sinnvoll; in einer angstauslösenden Situation sollte sich die Person dieser eher stellen und genau darauf achten, was passiert; die Beschäftigung mit alternativen Kognitionen in der Situation selbst kann leicht wieder zu einem Sicherheitsverhalten bzw. interner Vermeidung werden. Zur Unterbrechung antizipatorischer Grübeleien und negativer Bilanzierungen lassen sich die entwickelten funktionalen Kognitionen dagegen gut nutzen.

5. Rückfallprophylaxe und Therapieabschluss

Psychotherapie ist ein Angebot, das zeitlich begrenzt und nicht lebensbegleitend konzipiert ist. Dieses Merkmal des therapeutischen Kontraktes wird PatientInnen möglichst früh in der Therapie vermittelt, z. B. indem TherapeutInnen Verweise darauf immer wieder einmal einflechten (»Und wie werden Sie das machen, wenn die Therapie vorbei ist?«). Die Frage, wann eine Therapie abgeschlossen werden kann, beantwortet sich konkret, indem überprüft wird, inwieweit die individuellen Therapieziele erreicht worden sind. Allgemein formuliert gelten für die Beendigung einer Therapie folgende Kriterien:

- PatientInnen haben erfolgreiche Strategien zur Bewältigung ihrer Probleme gelernt und können sie in ihrem Alltag umsetzen.
- PatientInnen verfügen über ein auf- und ausgebautes Selbsthilfepotenzial im Sinne von Selbstmanagement-Fähigkeiten (Kanfer et al., 1996).
- PatientInnen trauen sich zu, ihre im Umgang mit kritischen Lebenssituationen erlernten Problemlösefähigkeiten auch in künftigen (problematischen) Situationen anzuwenden (vgl. ›Kompetenzerwartung‹ nach Bandura, 1977).

Prävention von Rückfällen

Um besser abschätzen zu können, wie nahe PatientInnen dem erhofften Therapieziel sind, kann man auch die Frage aufwerfen, wie sehr sich PatientInnen in Anbetracht vorgestellter zukünftiger

Schwierigkeiten belastet fühlen. Je nachdem, welche Bedeutung PatientInnen einem ›Rückfall‹ in diesem Sinn beimessen, lässt sich einerseits der aktuelle ›Störungs- oder Beeinträchtigungsgrad‹ ablesen; anderseits ist dies auch ein Hinweis auf die Zuversicht, die PatientInnen im Hinblick auf zukünftige Aufgaben empfinden. Bei allzu großer Sorge um zukünftige Angstepisoden – beispielsweise indem bereits vorweg eine mögliche kommende Angsterfahrung als ›Beweis‹ beigezogen wird, alles sei umsonst gewesen, die Therapie hätte nichts erbracht oder dass PatientInnen sich so vorausblickend bereits zu ›hoffnungslosen Fällen‹ stempeln – nehmen TherapeutInnen dies zum Anlass, diese Einschätzungen des Patienten weiterhin kognitiv zu hinterfragen (Wells, 1997). Häufig liegt der Grund zur Sorge auch darin, dass sich PatientInnen noch sehr lebhaft ihre Einschränkungen und das Unglücklichsein, das mit ihren sozialen Ängsten verbunden war, vorstellen können und eine Rückkehr dieses Zustandes auf jeden Fall vermeiden wollen. Befürchtungen dieser Art können z. B. mit folgender Frage identifiziert werden: »Angenommen, Sie erhielten mit der Post die Einladung zu einer Party, was würden Sie denken?« PatientInnen, bei denen die Therapie erfolgreich verlaufen ist, würden darauf wohl antworten, dass sie dies nicht sehr beunruhigen würde, da sie in diesem Fall ihre gelernten Bewältigungsstrategien einsetzen würden.
Von therapeutischer Seite empfiehlt es sich daher, zukünftige intensive Angstsymptome in sozialen Situationen als zwar nicht unbedingt sehr wahrscheinlich, aber doch als möglich festzuhalten. Zudem gilt es, dem Patienten deutlich zu machen, dass er nun effektive Bewältigungsstrategien zur Hand hat, die er früher nicht zur Verfügung hatte (Margraf & Schneider, 1990). Im Sinne eines ›kognitiven Reframings‹ kann die Therapeutin dabei auch hervorheben, dass ›Rückfälle‹ dem Patienten die Möglichkeit bieten, seine Bewältigungsstrategien noch einmal genau zu testen.
Wells (1997) thematisiert im Zusammenhang mit der Behandlung von Angststörungen, was TherapeutInnen den PatientInnen konkret aus der Therapie mitgeben können, um besser für zukünftige Situationen aus dem bislang gefürchteten Set von Schwierigkeiten gewappnet zu sein. Ein ›therapy blueprint‹, eine Art Plan oder Zusammenstellung, kann z. B. diese Funktion einer konkreten Anweisung ›für alle Fälle‹ übernehmen. Der Plan hält fest, was PatientInnen in der Therapie gelernt haben: Ursachen ihrer Angststörung

(siehe F 1 ›Entwicklung eines Genesemodells‹), die aufrechterhaltenden Faktoren (siehe F 1 ›Entwicklung eines individuellen Erklärungsmodells‹) sowie die verschiedenen Vorgehensweisen, wie das Problem überwunden werden kann (siehe die Kapitel F 2 bis F 4). Konkret umfasst der Blueprint ein Beispiel des individuellen Angstablaufs, eine Zusammenstellung der Rolle von Sicherheitsverhalten und Vermeidung, eine detaillierte Auflistung der Techniken, wie kognitive (Fehl-)Attributionen hinterfragt werden können sowie eine Zusammenstellung von ›Gegenbeweisen‹. Somit haben PatientInnen ihre ›Therapieanleitung‹ konkret zur Hand, d. h. ein generelles, aber dennoch individuelles Fallkonzept mit den daraus abgeleiteten Veränderungsstrategien. Der Therapieplan erfüllt die Anforderungen an Modelle zur Entwicklung und Aufrechterhaltung der Angststörung (siehe F 1 ›Entwicklung einer individuumspezifischen Fallkonzeption‹): Er ist kompatibel und plausibel, weil er das gemeinsam erarbeitete Erklärungsmodell enthält; er wurde in der bisherigen therapeutischen Arbeit nicht falsifiziert und – was in dieser Abschlussphase wohl besonders wesentlich ist – er enthält eine auch auf zukünftige Situationen gerichtete Perspektive, wie gewünschtes Verhalten von den PatientInnen erreicht werden kann. Hilfreich zur Rückfallprophylaxe kann beispielsweise auch die Anregung der TherapeutInnen an ihre PatientInnen sein, einen Brief an sich selbst zu schreiben (»Lieber Hans! Was ich dir von den Erfahrungen aus der Arbeit an deinen sozialen Schwierigkeiten noch gern mitteilen möchte …«). In diesem Brief fassen die PatientInnen die wesentlichen Aspekte des therapeutischen Vorgehens und ihnen besonders wichtige bzw. nützliche Einsichten und Erfahrungen zusammen. Der Brief enthält damit Hinweise, wie sie in schwierigen Situationen bzw. bei einem möglichen Rückfall versuchen sollten, mit den Ängsten umzugehen.

Therapieabschluss

In der Abschlussphase der Therapie wird der Patient auf die Trennung und die selbstständige Weiterentwicklung vorbereitet werden. Es geht dabei einerseits um Stabilisierung der erreichten Erfolge (Stichworte ›Übung und Wiederholung‹) und andererseits um den Transfer in den gegenwärtigen und zukünftigen Lebensalltag der PatientInnen und die Generalisierung auf verschiedene Kontexte und Konstellationen (Stichworte ›neue Herausforderungen‹, ›verwandte Aufgaben‹). Kanfer et al. (1996) betonen in diesem Zusammenhang die Suche nach allgemeinen Prinzipien für eine erfolgreiche Problemlösung. Ein Patient, der wegen sozialer Unsicherheit in Therapie war, wird in der Abschlussphase somit dazu aufgefordert, seine therapeutischen Fortschritte nochmals zu rekapitulieren, um sich Bewältigungsregeln für künftige soziale Situationen zurechtzulegen (z. B. »Wenn ich bemerke, dass ich vor einem bevorstehenden Rendezvous innerlich unruhig zu werden beginne, führe ich mir vor Augen, wie schön das Treffen werden und dass ich nur gewinnen kann«).

Transfer und Generalisierung bedeuten auch ein immer häufigeres ›Verlassen‹ des Schutzraumes Therapie. Die letzte Therapiephase steht somit auch im Zeichen der sukzessiven Zurücknahme des TherapeutInnen-Einflusses (vgl. E 2 ›Stellenwert der Therapiebeziehung in verschiedenen Therapiephasen‹).

Gewisse Schritte leiten diesen Prozessabschnitt zunehmender Selbstständigkeit von der Therapie und der therapeutischen Wegbegleitung ein (Hoffmann, 1996). Dazu gehört,

- dass immer weniger Vorgaben über die zu bearbeitenden Themen gemacht werden;
- dass PatientInnen zunehmend ermutigt werden, Probleme alleine zu bearbeiten, begleitet oder ohne Rückversicherung durch die Therapeutin;
- dass die Rolle von Ansprechpartnern für Schwierigkeiten im Lebensalltag wieder auf die Personen in der natürlichen Umwelt der PatientInnen übertragen wird. Das bedeutet auch, dass TherapeutInnen ihre PatientInnen darin anleiten, sich selbst (die Therapeutin) zu ersetzen;
- dass eine Bilanzierung der Therapie explizit festhält, was PatientInnen gelernt haben: nicht nur, wie sie was erlebt haben, sondern was sie konkret auch an Problemlösefertigkeiten mit ›nach Hause‹ nehmen (vgl. Abschnitt zur ›Prävention von Rückfällen‹);
- dass durch die therapeutischen Erfolge sich das Selbstbild der Person verändert und dass diese Revision und die Perspektiven, die sich so eröffnen, thematisiert und unterstützt werden.

Hoffmann schlägt schließlich als weiteren Schritt eine ›Ent-Dramatisierung der Therapie‹ vor. Damit ist gemeint, dass Therapie als

selbstverständliche (und somit wohl auch sozial kompetent in Anspruch genommene/zu nehmende) Form der Unterstützung, der zeitweiligen Hilfe interpretiert wird.
Die Abschlussphase steht somit im Zeichen der Bilanzierung des Erreichten, der Vorbereitung auf zukünftige Herausforderungen sowie der Verabschiedung von der Therapie und der Therapeutin. Um die erreichten Therapiefortschritte zu sichern und den Wechsel von therapeutisch unterstützter zu immer selbstständigerer Bewältigung zu fördern, werden gegen Ende die Sitzungsabstände vergrößert. Es empfiehlt sich auch, mit PatientInnen darüber zu sprechen, unter welchen Umständen sie ›Auffrischungssitzungen‹ (›booster sessions‹) in Anspruch nehmen sollten. Booster-Sitzungen sind konzipiert als eine Art komprimierte Intensiv-Wiederauffrischungs-Kurse, in denen gelernte Bewältigungsstrategien rekapituliert und reaktiviert werden. Soziale Ängste sind Schwierigkeiten, welche die PatientInnen oft Jahrzehnte begleitet haben. Die Art und Weise, wie sie vor der Therapie mit ihnen umgegangen sind, manifestieren gut etablierte und routinierte Verhaltensmuster, in die PatientInnen bei neuen Anforderungen oder in schwierigen Lebenssituationen leicht zurückfallen können. Hierfür sprechen auch Forschungsergebnisse, nach denen ›Problemschemata‹ auch bei erfolgreicher Psychotherapie nicht verschwinden oder verlernt werden, sondern vielmehr seltener aktiviert werden und gleichzeitig neue Schemata gelernt werden (vgl. Willutzki, 1989).
Psychotherapie im Sinne der kognitiven Verhaltenstherapie versteht sich nicht als ›Heilung‹ eines Problems, einer Krankheit oder einer Störung im engeren Sinne, sondern als Lernprozess, in welchem PatientInnen sich Strategien zu eigen machen, die dann auch bei neuerlichen problematischen Lebenssituationen an die Stelle der alten, angstbezogenen Muster treten können. Deshalb steht der Therapieabschluss nicht ausschließlich unter einem Motto wie ›Ende gut, alles gut‹, in dem auch eine der Angsterfahrung ähnliche Erleichterung nach überstandener oder umschiffter gefürchteter Situation anklingen mag. Ein Motto wie ›Packen wir es an‹ oder ›Wer nicht wagt, der nicht gewinnt‹ trifft wohl besser, was erreicht werden soll.

Herr K. – Rückfallprophylaxe und Therapieabschluss

Insgesamt umfasste die therapeutische Arbeit mit Herrn K. 23 Therapiesitzungen. Bereits im Verlauf hatte die Therapeutin mit Herrn K. immer wieder kurze mentale ›Exkursionen‹ in die Zeit nach der Therapie gemacht. Nachdem Herr K. über drei Sitzungen hauptsächlich von seinen Fortschritten berichtet hatte und immer selbstständiger in der Überprüfung belastender Annahmen wurde, sprach die Therapeutin das Therapieende an. Herr K. äußerte, dass er schon selbst daran gedacht hatte, aber doch noch etwas unsicher sei, ob er auch allein zurechtkäme. Er würde sich aber auch freuen, wenn er den Termin nicht mehr hätte und vor allem auch spüren würde, dass er nicht mehr behandlungsbedürftig sei. Um weitere Erfahrungen mit dem Leben ohne Therapie zu machen, wurden zunächst größere Abstände zwischen den Sitzungen vereinbart.

In den letzten Sitzungen suchten Herr K. und die Therapeutin alle Unterlagen zusammen, die im Laufe der Therapie erstellt worden waren, und hefteten sie in eine schöne Mappe, die sich Herr K. speziell für diesen Zweck ausgesucht hatte.

In diesen Sitzungen wurden auch Indikatoren dafür besprochen, wann Herr K. seine Fähigkeiten aus der Therapie wieder auffrischen sollte. Als Frühwarnzeichen sah Herr K., wenn er im Gespräch mit seinen Kollegen wieder in eine unbehaglich erlebte Wortlosigkeit fallen und sich hauptsächlich Gedanken über die Situation machen würde. Herr K. vereinbarte auch mit seiner Frau, dass diese ihn darauf hinweisen dürfe, wenn er sich wieder zurückzöge, und sie ihn deutlich drängen dürfe, dann wieder eine Auffrischungssitzung in Anspruch zu nehmen.

In der vorletzten Sitzung bat die Therapeutin Herrn K., doch einen unterstützenden und freundlichen Brief an sich selbst zu schreiben. Herr K. brachte diesen mit, und die beiden besprachen ihn. Ganz beeindruckend an diesem Brief war vor allem sein Ton. Herr K. formulierte fast zärtlich sorgende und ermunternde Regeln: »Mein lieber Franz! Du hast jetzt einen langen Weg zurückgelegt und du bist sehr mutig gewesen und immer mutiger geworden. Ich bin stolz auf dich. In diesem Brief möchte ich dir gern ein paar Dinge mitgeben, die dir hoffentlich helfen, so zu bleiben, wie du bist – oder vielleicht sogar noch weiter zu kommen?! …«

Die Therapeutin schickte den Brief Herrn K. sechs Wochen nach Therapieende zu.

6. Rahmenbedingungen der therapeutischen Arbeit

In diesem letzten Kapitel wird kurz darauf eingegangen, unter welchen Rahmenbedingungen die therapeutische Arbeit stattfinden soll. Dazu gehört, dass sich TherapeutInnen Gedanken darüber machen, in welcher Reihenfolge sie die einzelnen therapeutischen Schritte mit ihren PatientInnen gehen. Eine solche Struktur ist wichtig, da das ›Material‹, das Personen mit sozialen Ängsten mit in die Therapie bringen, direkte Anknüpfungspunkte für sehr viele der vorgestellten Möglichkeiten gibt; es ist wenig sinnvoll, dass TherapeutInnen einfach ›anspringen‹ auf das, was ihnen im Moment salient erscheint.
Gerade bei der Psychotherapie sozialer Ängste stellt sich die Frage, ob sie nicht besser als Gruppen- denn als Einzeltherapie durchgeführt werden sollte. Das Für und Wider der unterschiedlichen Settings wird in einem kurzen Abschnitt erörtert.

6.1 Zur Reihenfolge der einzelnen therapeutischen Schritte

Um PatientInnen dabei zu helfen, ihre sozialen Ängste zu überwinden, empfiehlt es sich aus unserer Sicht, im Wesentlichen in der dargestellten Reihenfolge vorzugehen. Dies gilt vor allem für die beiden Kapitel F 2 und F 3. Damit widmen sich die TherapeutInnen nach der Entwicklung von auf die jeweiligen PatientInnen bezogenen Erklärungsmodellen zunächst der Arbeit an den Hindernissen für eine Modifikation der sozialen Ängste. Wegen der spezifischen Vernetzung der einzelnen Faktoren empfiehlt sich die in den jeweiligen Abschnitten dargestellte Reihenfolge. Wie mehrfach betont wurde, stellt diese Arbeit nur den ersten Blick auf die aufrechterhaltenden Verarbeitungsprozesse bei sozialen Ängsten dar. Im weiteren Therapieverlauf achten die TherapeutInnen immer wieder auf die Veränderungshindernisse und gestalten das therapeutische Vorgehen so, dass sie nicht zum Tragen kommen können; falls notwendig, gehen sie noch einmal zurück, erarbeiten mit ihren PatientInnen die Problematik bestimmter Verarbeitungsstrategien und üben Alternativen ein.

Erst dann, wenn PatientInnen eine gewisse Veränderung z. B. ihrer Aufmerksamkeitsrichtung und ihrer Sicherheitsverhaltensweisen möglich ist, können sie von den Verhaltensexperimenten profitieren. Da die konkrete Erfahrung jedoch einen sehr potenten Faktor für die Veränderung sozialer Schemata darstellt, sollte sie PatientInnen möglichst bald in Form von verhaltensbezogenen Strategien (z. B. qua Verhaltensexperimente, Befragungen der Umwelt) ermöglicht werden.

Die Methoden, die fokal auf der kognitiven Seite ansetzen, werden zur Prüfung verbleibender kognitiver Befürchtungen und Grundannahmen genutzt. Gegebenenfalls werden sie auch ergänzend bei der therapeutischen Arbeit im Rahmen von Verhaltensexperimenten oder Befragungen der Umwelt eingesetzt. Im Rahmen des hier dargestellten Ansatzes richten sich TherapeutInnen jedoch nicht vorschnell auf einen im engeren Sinne kognitiven Zugang aus; zunächst werden die Ansatzpunkte am Verhalten im Sinne des vorgestellten integrativ kognitiv-behavioralen Vorgehens fokussiert. Am Ende der Therapie steht die Bilanz und damit verbunden die Überlegungen dazu, wie der Erfolg von PatientInnen über das Behandlungsende hinaus stabilisiert werden kann.

6.2 Gruppen- oder Einzeltherapie – in welchem Setting soll eine Psychotherapie sozialer Ängste stattfinden?

Gerade bei der Psychotherapie sozialer Ängste wird immer wieder diskutiert, ob eher ein einzel- oder ein gruppentherapeutisches Vorgehen angebracht ist. Während Grawe et al. (1994) deutlich dafür plädieren, psychische Probleme in dem Kontext zu behandeln, in dem sie aktualisiert werden können – und soziale Ängste damit in der sozialen Gemeinschaft, in der Gruppe –, sind die wenigen Ergebnisse in Hinblick auf einen Vergleich zwischen Gruppen- und Einzeltherapie bei sozialer Phobie recht uneindeutig (vgl. z. B. Wlazlo et al. 1990; Scholing & Emmelkamp, 1993; Taylor,

1996; Stangier et al., 2003). Für ein Vorgehen, das sich inhaltlich ebenfalls an den diesem Therapieprogramm zugrundeliegenden Vorstellungen von Wells (1997) bzw. Clark (1997) orientiert, berichten Stangier et al. (2003) deutlich bessere Ergebnisse für das einzeltherapeutische Setting im Vergleich zur Gruppentherapie. Sie plädieren aufgrund ihrer Erfahrungen dafür, bei PatientInnen zunächst im einzeltherapeutischen Setting die Voraussetzungen für eine günstigere Verarbeitung sozialer Situationen zu schaffen; konkret bedeutet dies, dass sowohl die Entwicklung der Erklärungsmodelle als auch die Arbeit an den Hindernissen für die Veränderung sozial phobischer Schemata in der Einzeltherapie erfolgen sollte (vgl. auch Stangier, Heidenreich & Peitz, 2003). Ähnlich argumentieren auch Koban und Neumann (2001). Ihrer Ansicht nach besteht die Gefahr, dass die Angstschemata der PatientInnen bereits aktiviert werden, während sie nur beobachten, wie z. B. die Problematik von Sicherheitsverhaltensweisen, mit einem Patienten erarbeitet wird; dadurch werden ungünstige Selbstbewertungen und kognitive Abwehrmechanismen angeregt, die einem erfahrungsorientierten Vorgehen eher entgegenstehen. Zudem besteht bei stärker belasteten PatientInnen die Gefahr, dass sie sehr viel Angst erleben und daher zu ausgeprägten Sicherheitsverhaltensweisen neigen bzw. keine Aufnahmekapazität für neue Informationen haben. Aus diesen Gründen plädieren auch wir dafür, die in den Kapiteln F 1 und F 2 beschriebenen therapeutischen Schritte eher im einzeltherapeutischen Setting umzusetzen. Erst wenn es gelingt, die ungünstigen Informationsverarbeitungsmuster der PatientInnen in sozialen Situationen zu verändern, können diese von Verhaltensexperimenten – und dann möglicherweise durchaus in einem gruppentherapeutischen Setting – profitieren. Entscheidend scheint uns zu sein, dass die neueren Studien darauf hindeuten, dass TherapeutInnen ihren PatientInnen mit sozialen Ängsten mit einem einzeltherapeutischen Vorgehen kein minderwertiges, sondern vermutlich ein besseres therapeutisches Angebot machen.

6.3 Schlussbemerkungen

Eine soziale Phobie ist ein zumeist chronisches Problem, das für die Betroffenen massive Einschränkungen und viel Leid bedeutet. Viele ihrer Möglichkeiten und Lebenschancen gehen in den Ängsten unter, oft ohne dass andere auch nur eine Ahnung von den Schwierigkeiten der Person haben. In diesem Buch haben wir soziale Ängste von den verschiedensten Seiten her beleuchtet. Unser Anliegen war es, dieses oft unverständlich scheinende Geschehen zu entmystifizieren und dadurch für PatientInnen und TherapeutInnen Wege aufzuzeigen, den Käfig der sozialen Angst zu öffnen. Oft wird eine Psychotherapie ›nur‹ der Einstieg in ein anderes Leben sein; sich ganz anders im Kontakt zu seinen Mitmenschen zu erleben bedeutet auch, das Selbstbild und das So-Sein in der Welt zu verändern – und das braucht Zeit. Menschen sind soziale Wesen und in einem ganz ursprünglichen Sinn auf andere angewiesen, nicht nur zur Befriedigung ihre unmittelbaren Bedürfnisse, sondern gerade auch, um Glück oder ein Stück vom Glück zu erleben. Ganz, ganz viel davon wünschen wir all denjenigen, die trotz ihrer Schwierigkeiten nicht aufgeben und es vielleicht sogar schaffen, sich auf das Abenteuer ›Psychotherapie‹ einzulassen.

Literatur

Ambühl, H. (1992). Die therapeutische Beziehungsgestaltung unter dem Gesichtspunkt der Konfliktdynamik. In J. Margraf & J. C. Brengelmann (Hrsg.), *Die Therapeut-Patient-Beziehung in der Verhaltenstherapie* (S. 245–264). München: Röttger.

Ambühl, H. (im Druck). Die Entwicklung von Beziehungs- und interaktionellen Kompetenzen. In A.-R. Laireiter & U. Willutzki (Hrsg.), *Ausbildung in Verhaltenstherapie*. Göttingen: Hogrefe.

Ambühl, H. & Doblies, G. (1991). Wie sieht ein klientInnengerechtes therapeutisches Angebot aus? Ein Plädoyer für fallspezifische Analysemethoden in der Psychotherapieforschung. *Verhaltenstherapie und psychosoziale Praxis, 3,* 289–304.

American Psychiatric Association (1980). *Diagnostic and statistical manual of mental disorders. Third edition (DSM-III).* Washington, D.C.: American Psychiatric Association.

American Psychiatric Association (1987). *Diagnostic and statistical manual of mental disorders. Third Edition, Revised.* Washington D.C: American Psychiatric Association. (Deutsch 1989: Diagnostisches und statistisches Manual psychischer Störungen DSM-III-R. Weinheim: Beltz)

American Psychiatric Association (1994). *Diagnostic and statistical manual of mental disorders: DSM-IV. Fourth edition.* Washington D.C.: American Psychiatric Association. (Deutsch 1996: Diagnostisches und statistisches Manual psychischer Störungen DSM-IV. Göttingen: Hogrefe) (Deutsche Bearbeitung 1998: Diagnostische Kriterien des Diagnostischen und Statistischen Manuals Psychischer Störungen DSM-IV. Göttingen: Hogrefe)

Amering, M. & Griengl, H. (1998). Verlegenheit – Peinlichkeit – embarassment – embarassability. In H. Katschnig, U. Demal & J. Windhaber (Hrsg.), *Wenn Schüchternheit zur Krankheit wird ... Über Formen, Entstehung und Behandlung der Sozialphobie* (S. 33–38). Wien: Facultas.

Amies, P. L., Gelder, M. G. & Shaw, P. M. (1983). Social phobia: A comparative clinical study. *British Journal of Psychiatry, 142*, 174–179.

Antony, M. M. (1997). Assessment and treatment of social phobia. *Canadian Journal of Psychiatry, 42,* 826–834.

Argyle, M. (1972). *Soziale Interaktion*. Köln: Kiepenheuer & Witsch.

Aron, E.N. (1999). High sensitivity as one source of fearfulness and shyness: Preliminary research and clinical implications. In L. A. Schmidt &

J. Schulkin (Eds.), *Extreme fear, shyness, and social phobia. Origins, biological mechanisms, and clinical outcomes* (pp. 251–272). New York, Oxford: Oxford University Press.

Baier, D. & Buller, R. (1999). Die medikamentöse Behandlung der Sozialen Phobie. In J. Margraf & K. Rudolf (Hrsg.), *Soziale Kompetenz – Soziale Phobie. Anwendungsfelder, Entwicklungslinien, Erfolgsaussichten* (S. 249–263). Hohengehren: Schneider.

Bandura, A. (1977). Self-efficacy: Toward a unifying theory of behavior change. *Psychological Review, 84,* 191–215.

Bandura, A. (1979). *Sozial-kognitive Lerntheorie*. Stuttgart: Klett-Cotta.

Bandura, A. (1997). *Self-efficacy*. New York: Freeman.

Barlow, D. H. (1988). *Anxiety and its disorders*. New York: Guilford.

Bartling, G., Fiegenbaum, W. & Krause, R. (1980). *Reizüberflutung. Theorie und Praxis*. Stuttgart: Kohlhammer.

Beck, A. T. (1976). *Cognitive therapy and the emotional disorders.* New York: International Universities Press.

Beck, A. T. & Emery, G. (1981). *Kognitive Verhaltenstherapie bei Angst und Phobien. Eine Anleitung für Therapeuten*. Tübingen: dgvt.

Beck, A. T., Emery, G. & Greenberg, R. L. (1985). *Anxiety disorders and phobias: A cognitive perspective*. New York: Basic Books.

Beck, J. S. (1999). *Praxis der Kognitiven Therapie.* Weinheim: Psychologie Verlags Union.

Beidel, D. C. & Turner, S.M. (1998). *Shy children, phobic adults: Nature and treatment of social phobia.* Washington: American Psychological Association.

Beidel, D. C. & Turner, S. M. (1999). The natural course of shyness and related syndromes. In L.A. Schmidt & J. Schulkin (Eds.), *Extreme fear, shyness, and social phobia. Origins, biological mechanism, and clinical outcomes* (pp. 203–223). New York, Oxford: Oxford University Press.

Bem, S. L. (1981). *Bem Sex-Role Inventory professional manual.* Palo Alto: Consulting Psychologists Press.

Bennet, M. & Gillingham, K. (1991). The role of self-focused attention in children's attributions of social emotions to the self. *Journal of Genetic Psychology, 152*, 303–309.

Bernstein, D. A. & Borkovec, T. D. (2000). *Entspannungstraining. Handbuch der Progressiven Muskelentspannung.* (9. Auflage) Stuttgart: Pfeiffer bei Klett-Cotta.

Bieling, P. J. & Alden, L. E. (1997). The consequences of perfectionism for patients with social phobia. *British Journal of Clinical Psychology, 36*, 387–395.

Borkovec, T. D., Shadick, R. N. & Hopkins, M. (1991). The nature of normal and pathological worry. In R. M. Rapee & D. H. Barlow (Eds.), *Chronic anxiety: Generalized anxiety disorder and mixed anxiety-depression* (pp. 29–51). New York: Guilford.

Bruch, M. A. & Cheek, J. M. (1995). Developmental factors in childhood and adolescent shyness. In R. G. Heimberg, M. R. Liebowitz, D. A. Hope & F. R. Schneier (Eds.), *Social phobia. Diagnosis, assessment, and treatment* (pp. 163–182). New York: Guilford.

Bruch, M. A. & Heimberg, R. G. (1994). Differences in perception of parental and personal characteristics between generalized and nongeneralized social phobics. *Journal of Anxiety Disorders, 8*, 155–168.

Bruner, J. (1986). *Actual minds, possible worlds*. Cambridge: Harvard University Press.

Buss, A. H. (1980). *Self-consciousness and social anxiety*. San Francisco: Freeman.

Butler, G. (1985). Exposure as a treatment for social phobia: Some instructive difficulties. *Behaviour Research and Therapy, 23*, 651–657.

Butler, G., Cullington, A., Munby, M., Amies, P. & Gelder, M. (1984). Exposure and anxiety management in the treatment of social phobia. *Journal of Consulting and Clinical Psychology, 52*, 642–650.

Butler, G. & Wells, A. (1995). Cognitive-behavioral treatments: Clinical applications. In R. G. Heimberg, M. R. Liebowitz, D. Hope & F. R. Schneier (Eds.), *Social phobia. Diagnosis, assessment, and treatment* (pp. 310–333). New York: Guilford.

Carducci, B. (2000). *Erfolgreich schüchtern. Der Weg zu einem neuen Selbstwertgefühl*. Frankfurt am Main: Krüger. (Original ›Shyness‹ 1999)

Caspar, F. M. (1996). *Beziehungen und Probleme verstehen: Eine Einführung in die psychotherapeutische Plananalyse* (2. Auflage). Bern: Huber.

Caspi, A., Elder, G. H. & Bem, D. J. (1988). Moving away from the world: Life-course patterns of shy children. *Developmental Psychology, 24*, 824–831.

Chapman, T. F., Mannuzza, S. & Fyer, A. J. (1995). Epidemiology and family studies of social phobia. In R. G. Heimberg, M. R. Liebowitz, D. A. Hope & F. R. Schneier (Eds.), *Social phobia. Diagnosis, assessment, and treatment* (pp. 21–40). New York: Guilford.

Chartier, M. J., Hazen, A. L. & Stein, M. B. (1998). Lifetime patterns of social phobia: A retrospective study of the course of social phobia in a nonclinical population. *Depression and Anxiety, 7,* 113–121.

Cheek, J. M. & Krasnoperova, E. N. (1999). Varieties of shyness in adolescence and adulthood. In L. A. Schmidt & J. Schulkin (Eds.), *Extreme fear, shyness, and social phobia. Origins, biological mechanisms, and clinical outcomes* (pp. 224–250). New York, Oxford: Oxford Press.

Clark, D. M. (1997). Panic disorder and social phobia. In D. M. Clark & C. G. Fairburn (Eds.), *Science and practice of cognitive behaviour therapy* (pp. 121–153). Oxford: Oxford University Press.

Clark, D. M. & Wells, A. (1995). A cognitive model of social phobia. In R. G. Heimberg, M. R. Liebowitz, D. A. Hope & F. R. Schneier (Eds.), *Social phobia. Diagnosis, assessment, and treatment* (pp. 69–93). New York: Guilford.

Cottle, M. (2000). Diagnose Menschenscheu. Die Erfindung der Krankheit »Sozialphobie« durch Ärzte und Pharmafirmen. *Neue Zürcher Zeitung, 18./19. März 2000, Nr. 66,* 99.

Cox, B. J. & Swinson, R. P. (1995). Assessment and measurement. In M. B. Stein (Ed.), *Social phobia. Clinical and research perspectives* (pp. 261–291). Washington: American Psychiatric Press.

Crozier, W. R. (1999). Individual differences in childhood shyness: Distinguishing fearful and self-conscious shyness. In L. A. Schmidt & J. Schulkin (Eds.), *Extreme fear, shyness, and social phobia. Origins, biological mechanisms, and clinical outcomes* (pp. 14–29). New York, Oxford: Oxford Press.

Crozier, W. R. & Burnham, M. (1990). Age-related differences in children's understanding of shyness. *British Journal of Developmental Psychology, 8,* 179–185.

Darwin, C. R. (1872). *The expression of emotions in man and animals.* London: John Murray.

Ellis, A. (1970). *The essence of rational psychotherapy.* New York: Institute for Rational Living.

Ellis, A. (1977). *Die rational-emotive Therapie. Das innere Selbstgespräch bei seelischen Problemen und seine Veränderung.* München: Pfeiffer. (Original ›Reason and emotion in psychotherapy‹ 1962)

Ellis, A. (1979). Das ABC der rational-emotiven Therapie. In R. van Quekelberghe (Hrsg.), *Modelle kognitiver Therapie* (S. 38–48). München: Urban & Schwarzenberg.

Ellis, A. (1997). *Grundlagen und Methoden der Rational-Emotiven Verhaltenstherapie.* Stuttgart: Pfeiffer bei Klett-Cotta.

Ellis, A. & Dryden, W. (1997). *The practice of rational emotive behavior therapy* (2nd edition). New York: Springer.

Feske, U. & Chambless, D. L. (1995). Cognitive behavioral versus exposure only treatment for social phobia: A meta-analysis. *Behavior Therapy, 26*, 695–720.

Fiedler, P. (1997). Therapieplanung in der modernen Verhaltenstherapie. *Verhaltenstherapie und Verhaltensmedizin, 18*, 7–39.

Fiegenbaum, W., Freitag, M. & Frank, B. (1992). Kognitive Vorbereitung auf Reizkonfrontationstherapien. In J. Margraf & J. C. Brengelmann (Hrsg.), *Die Therapeut-Patient-Beziehung in der Verhaltenstherapie* (S. 89–108). München: Röttger.

Fiegenbaum, W. & Tuschen, B. (1996). Reizkonfrontation. In J. Margraf (Hrsg.), *Lehrbuch der Verhaltenstherapie. Band 1: Grundlagen, Diagnostik, Verfahren, Rahmenbedingungen* (S. 301–313). Berlin: Springer.

Fliegel, St., Groeger, W. M., Künzel, R., Schulte, D. & Sorgatz, H. (1994). *Verhaltenstherapeutische Standardmethoden: ein Übungsbuch* (3. Auflage). Weinheim: Beltz, Psychologie Verlags Union.

Foa, E. B. & Kozak, M. J. (1986). Emotional processing of fear: Exposure to corrective information. *Psychological Bulletin, 99*, 20–35.

Friedmann, A. (1998). Kulturspezifische Sozialphobie. In H. Katschnig, U. Demal & J. Windhaber (Hrsg.), *Wenn Schüchternheit zur Krankheit wird … Über Formen, Entstehung und Behandlung der Sozialphobie* (S. 54–66). Wien: Facultas.

Gambrill (1995). Assertion skills training. In W. O'Donohue & L. Krasner (Eds.), *Handbook of social skills training* (pp. 81–118). Boston: Allyn and Bacon.

Gelernter, C. S., Uhde, T. W., Cimbolic, P., Arnkoff, D. B., Vittone, B. J., Tancer, M. E. & Bartko, J. J. (1991). Cognitive-behavioral and pharmacological treatments of social phobia: A controlled study. *Archives of General Psychiatry, 48*, 938–945.

Goldfried, M. R. & Trier, C. S. (1975). Die Entspannung als aktive Maßnahme zur Angstbewältigung. In I. Florin & W. Tunner (Hrsg.), *Therapie der Angst* (S. 206–220). München: Urban & Schwarzenberg.

Goldstein, A. P. (1973). *Structured learning therapy*. New York: Academic. (Deutsch 1978: Strukturierte Lerntherapie. Ansätze zu einer Therapie der sozial Benachteiligten. München: Urban & Schwarzenberg)

Grawe, K. (1980). Die diagnostisch-therapeutische Funktion der Gruppeninteraktion verhaltenstherapeutischer Gruppen. In K. Grawe (Hrsg.), *Verhaltenstherapie in Gruppen* (S. 88–223). München: Urban & Schwarzenberg.

Grawe, K. (1982). *Implikationen und Anwendungsmöglichkeiten der Vertikalen Verhaltensanalyse für die Sichtweise und Behandlung psychischer Störungen.* Forschungsbericht Nr. 4, 1982. Universität Bern: Psychologisches Institut.

Grawe, K. (1998). *Psychologische Therapie*. Göttingen: Hogrefe.

Grawe, K., Donati, R. & Bernauer, F. (1994). *Psychotherapie im Wandel – Von der Konfession zur Profession*. Göttingen: Hogrefe.

Grawe, K., Grawe-Gerber, M., Heiniger, B., Ambühl, H. & Caspar, F. (1996). Schematheoretische Fallkonzeption und Therapieplanung. In F. Caspar (Hrsg.), *Psychotherapeutische Problemanalyse* (S. 189–224). Tübingen: dgvt.

Hartenberg, P. (1921). *Les timides et la timidité*. Paris: Alcan.

Heckelman, L. R. & Schneier, F. R. (1995). Diagnostic issues. In R. G. Heimberg, M. R. Liebowitz, D. A. Hope & F. R. Schneier (Eds.), *Social phobia. Diagnosis, assessment, and treatment* (pp. 3–20). New York: Guilford.

Heidenreich, T. & Stangier, U. (2002). Störungsspezifische Diagnostik der sozialen Phobie. In Stangier, U. & Fydrich, T. (Hrsg.), *Soziale Phobie und soziale Angststörung* (S. 66–86). Göttingen: Hogrefe.

Heimberg, R. G. & Juster, H. R. (1995). Cognitive-behavioral treatments: Literature review. In R. G. Heimberg, M. R. Liebowitz, D. A. Hope & F. R. Schneier (Eds.), *Social phobia. Diagnosis, assessment, and treatment* (pp. 261–309). New York: Guilford.

Heimberg, R. G. & Liebowitz, M. R. (1996). Issues in the design of trials for the evaluation of psychopharmacological treatments for social phobia. *International Clinical Psychopharmacology, 11 (suppl. 3),* 49–64.

Heimberg, R. G., Liebowitz, M. R., Hope, D. A., Schneier, F. R., Holt, C. S., Welkowitz, L. A., Juster, H. R., Campeas, R., Bruch, M. A., Cloitre, M., Fallon, B. & Klein, D. F. (1998). Cognitive behavioral group therapy vs. phenelzine therapy for social phobia. *Archives of General Psychiatry, 55,* 1133–1141.

Henderson, L. & Zimbardo, P.G. (1999). Developmental outcomes and clinical perspectives. In L.A. Schmidt & J. Schulkin (Eds.), *Extreme fear, shyness, and social phobia. Origins, biological mechanism, and clinical outcomes* (pp. 294–305). New York, Oxford: Oxford University Press.

Hinkle, D.N. (1970). The game of personal constructs. In D. Bannister (Ed.), *Perspectives in personal construct psychology* (pp. 91–110). London: Academic.

Hinsch, R. & Pfingsten, U. (1998). *Gruppentraining sozialer Kompetenzen (GSK)* (3. überarb. Auflage). Weinheim: Psychologie Verlags Union.

Hinsch, R. & Weigelt, M. (1998). Konzeption des GSK und allgemeine Vorgehensweise. In R. Hinsch & U. Pfingsten (Hrsg.), *Gruppentraining sozialer Kompetenzen (GSK)* (3. überarb. Auflage) (S. 55–60). Weinheim: Psychologie Verlags Union.

Hoffmann, N. (1996). Therapeutische Beziehung und Gesprächsführung. In J. Margraf (Hrsg.), *Lehrbuch der Verhaltenstherapie. Band 1: Grundlagen, Diagnostik, Verfahren, Rahmenbedingungen* (S. 39–51). Berlin: Springer.

Hope, D. A. & Heimberg, R. G. (1993). Social phobia and social anxiety. In D. H. Barlow (Ed.), *Clinical handbook of psychological disorders: A step-by-step treatment manual* (2nd edition) (pp. 99–136). New York: Guilford.

Hope, D. A., Heimberg, R. G., Juster, H. R. & Turk, C. L. (2000). *Managing social anxiety: A cognitive behavioral therapy approach*. New York: Graywind.

Jacobson, E. (1938). *Progressive relaxation*. Chicago: University of Chicago Press.

Janet, P. (1903). *Les obsessions et la psychasthénie*. Paris: Alcan.

Johansson, J. & Öst, L.-G. (1982). Perception of autonomic reactions and actual heart rate in phobic patients. *Journal of Behavioral Assessment, 4*, 133–143.

Jones, W. H., Briggs, S. R. & Smith, T. G. (1986). Shyness: Conceptualization and measurement. *Journal of Personality and Social Psychology, 51*, 629–639.

Joraschky, P. (1998). Psychodynamische Therapie der Sozialphobie. In H. Katschnig, U. Demal & J. Windhaber (Hrsg.), *Wenn Schüchternheit zur Krankheit wird ... Über Formen, Entstehung und Behandlung der Sozialphobie* (S. 105–118). Wien: Facultas.

Juster, H., Brown, E. J. & Heimberg, R. G. (1996). Sozialphobie. In J. Margraf (Hrsg.), *Lehrbuch der Verhaltenstherapie. Band 2: Störungen* (S. 43–59). Berlin: Springer.

Juster, H. R., Heimberg, R. G., Frost, R. O., Holt, C. S., Mattia, J. L. & Faccenda, K. (1996). Social phobia and perfectionism. *Personality and Individual Differences, 21*, 403–410.

Kagan, J. (1999). The concept of behavioral inhibition. In L.A. Schmidt & J. Schulkin (Eds.), *Extreme fear, shyness, and social phobia. Origins, biological mechanism, and clinical outcomes* (pp. 3–13). New York, Oxford: Oxford University Press.

Kagan, J., Reznick, J.S. & Snidman, N. (1988). Biological bases of childhood shyness. *Science, 240*, 167–171.

Kanfer, F. H., Reinecker, H. & Schmelzer, D. (1996). *Selbstmanagement-Therapie. Ein Lehrbuch für die klinische Praxis* (2. überarb. Auflage). Berlin: Springer.

Kasper, S. (2000). *Soziale Phobie. Diagnostik und Pharmakotherapie.* Wiesbaden: Deutscher Universitätsverlag.

Kendler, K. S., Neale, M. C., Kessler, R.C ., Heath, A. C. & Eaves, L. J. (1992). The genetic epidemiology of phobias in women. *Archives of General Psychiatry, 49*, 273–281.

Kessler, R. C., McGonagle, K., Zhao, S., Nelson, C., Hughes, M., Eschlemann, S., Wittchen, H.-U. & Kendler, K. S. (1994). Lifetime and 12-month prevalence of DSM-III-R psychiatric disorders in the United States: Results from the National Comorbidity Survey. *Archives of General Psychiatry, 51*, 8–19.

Knowles, J. A., Mannuzza, S. & Fyer, A. J. (1995). Heritability of social anxiety. In M. B. Stein (Ed.), *Social phobia. Clinical and research perspectives* (pp. 147–161). Washington: American Psychiatric Press.

Koban, C. & Neumann, B. (2001). Gruppentherapie bei sozialen Ängsten und Kompetenzmängeln. *Psychotherapie im Dialog, 2,* 63–70.

Kottje-Birnbacher, L. & Birnbacher, D. (1999). Ethische Aspekte bei der Setzung von Therapiezielen. In H. Ambühl & B. Strauss (Hrsg.), *Therapieziele* (S. 15–31). Göttingen: Hogrefe.

Kriz, J. (1994). *Grundkonzepte der Psychotherapie*. Weinheim: Psychologie Verlags Union.

Laireiter, A.-R. (1995). Die Therapeut-Klient-Beziehung in der Verhaltenstherapie. *Psychotherapie Forum, 3,* 128–146.

Lazarus, A. A. (1971). *Behavior therapy and beyond.* New York: McGraw-Hill. (Deutsch 1978: Verhaltenstherapie im Übergang. Breitbandmethoden für die Praxis. München: Reinhardt)

Leary, M. R. & Kowalski, R. M. (1995). The self-presentation model of social phobia. In R. G. Heimberg, M. R. Liebowitz, D. A. Hope & F. R. Schneier (Eds.), *Social phobia. Diagnosis, assessment, and treatment* (pp. 94–112). New York: Guilford.

Lee, C. K., Kwak, Y. S., Yamamoto, J., Rhee, H., Kim, Y. S., Han, J. H., Choi, J. O. & Lee, Y. H. (1990). Psychiatric epidemiology in Korea: I. Gender and age differences in Seoul. *Journal of Nervous and Mental Disease, 178*, 242–246.

Lépine, J. P. & Simon, V. (1998). Überlegungen zum Begriff der Schüchternheit. In H. Katschnig, U. Demal & J. Windhaber (Hrsg.), *Wenn Schüchternheit zur Krankheit wird … Über Formen, Entstehung und Behandlung der Sozialphobie* (S. 47–53). Wien: Facultas.

Liebowitz, M. R. (2000). Medication treatment of social anxiety. In D.A. Hope, R. G. Heimberg, H. R. Juster & C.L. Turk (Eds.), *Managing social anxiety: A cognitive behavioral therapy approach* (pp. 209–216). New York: Graywind.

Liebowitz, M. R., Gorman, J. M., Fyer, A. J. & Klein, D. F. (1985). Social phobia: Review of a neglected anxiety disorder. *Archives of General Psychiatry, 42*, 729–736.

Liebowitz, M. R. & Marshall, R. D. (1995). Pharmacological treatments: Clinical applications. In R. G. Heimberg, M. R. Liebowitz, D. A. Hope & F. R. Schneier (Eds.), *Social phobia. Diagnosis, assessment, and treatment* (pp. 366–383). New York: Guilford.

Liebowitz, M. R., Schneier, F. R., Campeas, R., Hollander, E., Hatterer, J., Fyer, A., Gorman, J., Papp, L., Davies, S., Gully, R. & Klein, D. (1992). Phenelzine vs. atenolol in social phobia: A placebo-controlled comparison. *Archives of General Psychiatry, 49*, 290–300.

Ludwig, R. P. & Lazarus, P. J. (1983). Relationship between shyness in children and constricted cognitive control as measured by the Stroop color-word test. *Journal of Consulting and Clinical Psychology, 51*, 386–389.

Margraf, J. (1996). Grundprinzipien und historische Entwicklung. In J. Margraf (Hrsg.), *Lehrbuch der Verhaltenstherapie. Band 1: Grundlagen, Diagnostik, Verfahren, Rahmenbedingungen* (S. 1–30). Berlin: Springer.

Margraf, J. & Rudolf, K. (1999). Angst in sozialen Situationen: Das Konzept der Sozialphobie. In J. Margraf & K. Rudolf (Hrsg.), *Soziale Kompetenz – Soziale Phobie. Anwendungsfelder, Entwicklungslinien, Erfolgsaussichten* (S. 2–24). Hohengehren: Schneider.

Margraf, J. & Schneider, S. (1990). *Panik, Angstanfälle und ihre Behandlung* (2. überarb. Auflage). Berlin: Springer.

Marks, I. M. (1987). *Fears, phobias, and rituals.* Oxford: Oxford University Press.

Marks, I. (1993). *Ängste verstehen und bewältigen.* (2. Auflage) Berlin: Springer.

Marks, I. & Gelder, M. (1966). Different ages of onset in varieties of phobias. *American Journal of Psychiatry, 123*, 218–221.

Mattick, R. P., Page, A. & Lampe, L. (1995). Cognitive and behavioral aspects. In M.B. Stein (Ed.), *Social phobia. Clinical and research perspectives* (pp. 189–227). Washington: American Psychiatric Press.

Mattick, R. P. & Peters, L. (1988). Treatment of severe social phobia: Effects of guided exposure with and without cognitive restructuring. *Journal of Consulting and Clinical Psychology, 56*, 251–260.

Mattick, R. P., Peters, L. & Clarke, J. C. (1989). Exposure and cognitive restructuring for social phobia: A controlled study. *Behavior Therapy, 20*, 3–23.

Meichenbaum, D. (1977). *Cognitive-behavior modification.* New York: Plenum. (Deutsch 1979: Kognitive Verhaltensmodifikation. München: Urban & Schwarzenberg)

Meichenbaum, D. (1985). *Stress inoculation training.* New York: Pergamon. (Deutsch 1991: Intervention bei Stress. Anwendung und Wirkung des Stressimpfungstrainings. Bern: Huber)

Merkle, R. (1991). *Wenn das Leben zur Last wird. Ein praktischer Ratgeber zur Überwindung seelischer Tiefs und depressiver Verstimmungen.* Mannheim: PAL.

Mischel, W. (1973). Toward a cognitive learning reconceptualization of personality. *Psychological Review, 80*, 252–283.

Mineka, S. & Zinbarg, R. (1995). Conditioning and ethological models of social phobia. In R. G. Heimberg, M. R. Liebowitz, D. A. Hope & F. R. Schneier (Eds.), *Social phobia. Diagnosis, assessment, and treatment* (pp. 134–162). New York: Guilford.

Munjack, D. J. & Moss, H. B. (1981). Affective disorders and alcoholism in families of agoraphobics. *Archives of General Psychiatry, 38*, 869–871.

Nutt, D. & Montgomery, S. A. (1996). Moclobemide in the treatment of social phobia. *International Clinical Psychopharmacology, 11 (suppl. 3)*, 77–82.

Orlinsky, D. E., Grawe, K. & Parks, B. K. (1994). Process and outcome in psychotherapy – noch einmal. In A. E. Bergin & S. L. Garfield (Eds.), *Handbook of psychotherapy and behavior change. Fourth edition* (pp. 270–376). Chichester: Wiley.

Orlinsky, D. E. & Howard, K. I. (1988). Ein allgemeines Psychotherapiemodell. *Integrative Therapie, 4*, 281–308.

Orlinsky, D. E., Ronnestad, M. H. & Willutzki, U. (2004). Fifty years of psychotherapy process-outcome research: Continuity and Change. In M. J. Lambert (Ed.), *Bergin and Garfield's Handbook of Psychotherapy and Behavior Change* (pp. 307–389). New York: Wiley.

Öst, L.-G. (1985). Ways of acquiring phobias and outcome of behavioral treatments. *Behaviour Research and Therapy, 23*, 683–689.

Öst, L.-G. (1987). Applied relaxation: Description of a coping technique and review of controlled studies. *Behaviour Research and Therapy, 25*, 397–409.

Öst, L.-G. & Hugdahl, K. (1981). Acquisition of phobias and anxiety response patterns in clinical patients. *Behaviour Research and Therapy, 16*, 439–447.

Öst, L.-G., Jerremalm, A. & Johansson, J. (1981). Individual response patterns and the effects of different behavioral methods in the treatment of social phobia. *Behaviour Research and Therapy, 19*, 1–16.

Padesky, C. A. & Goldberger, D. (1995). *Clinician's guide to mind over mood.* New York: Guilford.

Pfingsten, U. (1994). Kognitive Verhaltenstherapie bei sozialen Ängsten, Unsicherheiten und Defiziten. In M. Hautzinger (Hrsg.), *Kognitive Verhaltenstherapie bei psychischen Erkrankungen* (S. 117–136). Berlin: Quintessenz.

Pfingsten, U. (1998). Entstehung sozialer Kompetenzprobleme. In R. Hinsch & U. Pfingsten (Hrsg.), *Gruppentraining sozialer Kompetenzen (GSK)* (3. überarb. Auflage) (S. 36–43). Weinheim: Beltz.

Pilkonis, P. A. & Zimbardo, P. G. (1979). The personal and social dynamics of shyness. In C.E. Izard (Ed.), *Emotions in personality and psychopathology* (pp. 133–160). New York: Plenum.

Pollack, M. H. & Gould, R. A. (1996). The pharmacotherapy of social phobia. *International Clinical Psychopharmacology, 11 (suppl. 3)*, 71–75.

Potts, N. L. S. & Davidson, J. R. T. (1995). Pharmacological treatments: Literature review. In R. G. Heimberg, M. R. Liebowitz, D. A. Hope & F. R. Schneier (Eds.), *Social phobia. Diagnosis, assessment, and treatment* (pp. 334–365). New York: Guilford.

Rapee, R. M. (1995). Descriptive psychopathology of social phobia. In R. G. Heimberg, M. R. Liebowitz, D. A. Hope & F. R. Schneier (Eds.), *Social phobia. Diagnosis, assessment, and treatment* (pp. 41–66). New York: Guilford.

Rapee, R. M. & Heimberg, R. G. (1997). A cognitive-behavioral model of anxiety in social phobia. *Behaviour Research and Therapy, 35*, 741–756.

Rapee, R. M. & Lim, L. (1992). Discrepancy between self- and observer ratings of performance in social phobics. *Journal of Abnormal Psychology, 101*, 728–731.

Rapee, R. M. & Melville, L. F. (1997). Recall of family factors in social phobia and panic disorder: Comparison of mother and offspring reports. *Depression and Anxiety, 5*, 7–11.

Reinecker, H. (1993). *Phobien*. Göttingen: Hogrefe.

Robins, L. N., Helzer, J. E., Croughan, J. & Ratcliff, K. S. (1981). National Institute of Mental Health Diagnostic Interview Schedule: Its history, characteristics and validity. *Archives of General Psychiatry, 38*, 381–389.

Rosenbaum, J. F., Biederman, J., Hirshfeld, D. R., Bolduc, E. A. & Chaloff, J. (1991). Behavioral inhibition in childhood: A possible precursor to panic disorder or social phobia. *Journal of Clinical Psychiatry, 52 (supplement),* 5–9.

Rothbart, M. K. (1999). Temperament, fear, and shyness. In L. A. Schmidt & J. Schulkin (Eds.), *Extreme fear, shyness, and social phobia. Origins, biological mechanisms, and clinical outcomes* (pp. 88–93). New York, Oxford: Oxford Press.

Rotter, J. B. (1966). Generalized expectancies for internal versus external control of reinforcement. *Psychological Monographs, 80*, 609.

Sachs, G. & Katschnig, H. (1998). Sollen Pharmakotherapie und Psychotherapie in der Behandlung der Sozialen Phobie kombiniert werden? In H. Katschnig, U. Demal & J. Windhaber (Hrsg.), *Wenn Schüchternheit zur Krankheit wird … Über Formen, Entstehung und Behandlung der Sozialphobie.* (S. 147–153). Wien: Facultas.

Salkovskis, P. (1991). The importance of behaviour in the maintenance of anxiety and panic: A cognitive account. *Behavioural Psychotherapy, 19*, 6–19.

Salter, A. (1949). *Conditioned reflex therapy*. New York: Capricorn.

Schachter, S. & Singer, J. (1962). Cognitive, social, and physiological determinants of emotional states. *Psychological Review, 69*, 379–399.

Schelp, T., Gravemeier, R. & Maluck, D. (1997). *Die Rational-Emotive Therapie als Gruppentraining gegen Stress* (2. überarb. Auflage). Bern: Huber.

Schmidt, L. A. & Fox, N. A. (1999). Conceptual, biological, and behavioral distinctions among different categories of shy children. In L. A. Schmidt & J. Schulkin (Eds.), *Extreme fear, shyness, and social phobia. Origins, biological mechanisms, and clinical outcomes* (pp. 47–66). New York, Oxford: Oxford Press.

Schmitt, G. M. & Kurlemann, G. (1993). Explorative Verfahren der Konstrukterhebung. In J.W. Scheer & A. Catina (Hrsg.), *Einführung in die Repertory-Grid-Technik. Band 2* (S. 62–71). Bern: Huber.

Schneier, F. R. (1995). Monoamine oxidase inhibitors, selective serotonin reuptake inhibitors, and other antidepressants in pharmacotherapy. In M.B. Stein (Ed.), *Social phobia. Clinical and research perspectives* (pp. 347–374). Washington: American Psychiatric Press.

Schneier, F. R. (1999). Extreme fear, shyness, and social phobia. Treatment and intervention. In L. A. Schmidt & J. Schulkin (Eds.), *Extreme fear, shyness, and social phobia. Origins, biological mechanisms, and clinical outcomes* (pp. 273–293). New York, Oxford: Oxford University Press.

Schneier, F. R., Johnson, J., Horning, C. D., Liebowitz, M. R. & Weissman, M. M. (1992). Social phobia: Comorbidity and morbidity in an epidemiologic sample. *Archives of General Psychiatry, 49*, 282–288.

Scholing, A. & Emmelkamp, P. M. (1993). Exposure with and without cognitive therapy for generalized social phobia: Effects of individual and group treatment. *Behaviour Research and Therapy, 31*, 667–681.

Schuch, B. (1998). Psychotherapie sozialer Ängste im Kindes- und Jugendalter. In H. Katschnig, U. Demal & J. Windhaber (Hrsg.), *Wenn Schüchternheit zur Krankheit wird ... Über Formen, Entstehung und Behandlung der Sozialphobie* (S. 93–104). Wien: Facultas.

Schwarz, N. & Bohner, G. (1996). Feelings and their motivational implications. In P.M. Gollwitzer & J.A. Bargh (Eds.), *The psychology of action* (pp. 119–145). New York: Guilford.

Smail, P., Stockwell, T., Canter, S. & Hodgson, R. (1984). Alcohol dependence and phobic anxiety states. I. A prevalence study. *British Journal of Psychiatry, 144*, 53–57.

Solyom, L., Ledwige, B. & Solyom, C. (1986). Delineating social phobia. *British Journal of Psychiatry, 149*, 464–470.

Sommer, G. (1977). Kompetenzerwerb in der Schule als primäre Prävention. In G. Sommer & H. Ernst (Hrsg.), *Gemeindepsychologie* (S. 70–98). München: Urban & Schwarzenberg.

Spielberger, C. D., Pollans, C. H. & Wordern, T. J. (1984). Anxiety disorders. In S. M. Turner & M. Hersen (Eds.), *Adult psychopathology and diagnosis* (pp. 263–303). New York: Wiley.

Stangier, U. & Heidenreich, T. (1997). Diagnostik der Sozialen Phobie. *Verhaltenstherapie, 7*, 107–118.

Stangier, U., Heidenreich, T. & Peitz, M. (2001). *Effektivität kognitiv-behavioraler Einzel- vs. Gruppentherapie bei sozialer Phobie: Ergebnisse eines 6-Monats-Follow-up.* Vortrag auf dem 19. Symposium der Fachgruppe Klinische Psychologie und Psychotherapie. Bern, 25. Mai 2001.

Stangier, U., Heidenreich, T. & Peitz, M. (2003). Soziale Phobien. Weinheim: Beltz, PVU.

Stangier, U., Heidenreich, T., Peitz, M., Lauterbach, W. & Clark, D. M. (2003). Cognitive therapy for social phobia: individual versus group treatment. *Behaviour Research and Therapy,* 41, 991–1007.

Stavemann, H. H. (1999). Emotionale Turbulenzen. Weinheim: Beltz, PVU.

Stein, M. B., Chartier, M. J., Hazen, A. L., Kozak, M. V., Tancer, M. E., Lander, S., Furer, P., Chubaty, D. & Walker, J. R. (1998). A direct-interview family study of generalized social phobia. *American Journal of Psychiatry, 155*, 90–97.

Stemberger, R. T., Turner, S. M., Beidel, D. C. & Calhoun, K. S. (1995). Social phobia: An analysis of possible developmental factors. *Journal of Abnormal Psychology, 104*, 526–531.

Stopa, L. & Clark, D. M. (1993). Cognitive processes in social phobia. *Behaviour Research and Therapy, 31*, 255–267.

Sutherland, S. M. & Davidson, J. R. T. (1995). β-blockers and benzodiazepines in pharmacotherapy. In M. B. Stein (Ed.), *Social phobia. Clinical and research perspectives* (pp. 323–346). Washington: American Psychiatric Press.

Taylor, St. (1996). Meta-analysis of cognitive-behavioral treatments for social phobia. *Journal of Behavior Therapy and Experimental Psychiatry, 27*, 1–9.

Trower, P., Yardley, K., Bryant, B. & Shaw, P. (1978). The treatment of social failure: A comparison of anxiety-reduction and skills-acquisition procedures on two social problems. *Behavior Modification, 2*, 41–60.

Turner, S. M. & Beidel, D. C. (1989). Social phobia: Clinical syndrome, diagnosis and comorbidity. *Clinical Psychology Review, 9*, 3–18.

Turner, S. M., Beidel, D. C., Dancu, C. V. & Keys, D. J. (1986). Psychopathology of social phobia and comparison to avoidant personality disorder. *Journal of Abnormal Psychology, 95*, 389–394.

Turner, S. M., Beidel, D. C. & Jacob, R. G. (1994). Social phobia: A comparison of behavior therapy and atenolol. *Journal of Consulting and Clinical Psychology, 62*, 350–358.

Ullrich de Muynck, R. & Ullrich, R. (1973). Standardisierung des Selbstsicherheitstrainings für Gruppen (Assertiveness Training Programm, ATP). In J. Brengelmann & W. Tunner (Hrsg.), *Behavior Therapy – Verhaltenstherapie* (S. 254–259). München: Urban & Schwarzenberg.

Ullrich, R. & R. de Muynck (1998). *Das Assertiveness Training Programm ATP. Einübung von Selbstvertrauen und sozialer Kompetenz*. Stuttgart: Pfeiffer bei Klett-Cotta.

Vaitl, D. (1993). Psychophysiologie der Entspannung. In D. Vaitl & F. Petermann (Hrsg.), *Handbuch der Entspannungsverfahren. Band 1: Grundlagen und Methoden* (S. 25–63). Weinheim: Beltz Psychologie Verlags Union.

Vernberg, E. M., Abwender, D. A., Ewell, K. K. & Beery, S.H. (1992). Social anxiety and peer relationships in early adolescence: A prospective analysis. *Journal of Clinical Child Psychology, 21*, 189–196.

Versiani, M., Amrein, R. & Montgomery, S. A. (1997). Social phobia: Long-term treatment outcome and prediction of response – a moclobemide study. *International Clinical Psychopharmacology, 12,* 239–254.

Versiani, M., Nardi, A. E., Mundim, F. D., Pinto, S., Saboya, E. & Kovacs, R. (1996). The long-term treatment of social phobia with moclobemide. *International Clinical Psychopharmacology, 11 (suppl. 3),* 83–88.

Volkart, R. (1995). Patient und Therapeut zwischen Skylla und Charybdis! Die Interpretation eines Transkriptes mit dem Psychotherapie-Prozess-Modell von Joseph Weiss. In M. Buchholz (Hrsg.), *Psychotherapeutische Interaktion* (S. 127–171). Opladen: Westdeutscher Verlag.

Wacker, H. R., Müllejans, R., Klein, K. H. & Battegay, R. (1992). Identification of cases of anxiety disorders and affective disorders in the community according to ICD 10 and DSM-III-R by using the Composite International Diagnostic Interview (CIDI). *International Journal of Methods in Psychiatric Research, 2,* 91–100.

Weiss, J., Sampson, H. & The Mount Zion Psychotherapy Research Group (1986). *The psychoanalytic process: Theory, clinical observation, and research.* New York: Guilford.

Wells, A. (1997). *Cognitive therapy of anxiety disorders.* Chichester: Wiley.

Wells, A. & Clark, D. M. (1997). Social phobia: A cognitive approach. In G. C. L. Davey (Ed.), *Phobias. A handbook of theory, research and treatment* (pp. 3–26). Chichester: Wiley.

Wells, A., Clark, D. M., Salkovskis, P., Ludgate, J., Hackmann, A. & Gelder, M. G. (1995). Social phobia: The role of in-situation safety behaviours in maintaining anxiety and negative beliefs. *Behavior Therapy, 26,* 153–161.

Wells, A. & Papageorgiou, C. (1998). Social phobia: Effects of external attention on anxiety, negative beliefs, and perspective taking. *Behavior Therapy, 29,* 357–370.

Wells, J. E., Bushnell, J. A., Hornblow, A. R., Joyce, P. R. & Oakley-Browne, M.A. (1989). Christchurch Psychiatric Epidemiology Study: Methodology and lifetime prevalence for specific psychiatric disorders. *Australian and New Zealand Journal of Psychiatry, 23,* 315–326.

Wells, A. (2000). Emotional Disorders and Metacognition. Chichester: Wiley.

WHO (1992). *The ICD-10 classification of mental and behavioural disorders. Clinical descriptions and diagnostic guidelines.* Geneva: World Health Organisation.
(Deutsch 1993: *Internationale Klassifikation psychischer Störungen. ICD-10, Kapitel V (F); klinisch-diagnostische Leitlinien.* Übersetzt und

herausgegeben von H. Dilling, W. Mombour & M. H. Schmidt. Bern: Huber)
(Deutsch 1994: *ICD-10, Kapitel V (F): Forschungskriterien*. Hrsg. von H. Dilling, übersetzt von E. Schulte-Markwort & W. Mombour. Bern: Huber)

Wilken, B. (1998). *Methoden der kognitiven Umstrukturierung*. Stuttgart: Kohlhammer.

Willutzki, U. (1989). *Zur kognitiven Seite phobischer Ängste*. Frankfurt: Lang.

Willutzki, U. (1999). Menschenbild und Therapieziele in der kognitiven Verhaltenstherapie. In H. Ambühl & B. Strauss (Hrsg.), *Therapieziele* (S. 143–164). Göttingen: Hogrefe.

Willutzki, U. (2000a). *Positive Perspektiven in der Psychotherapie*. Habilitationsschrift. Universität Bochum: Fakultät für Psychologie.

Willutzki, U. (2000b). Ressourcenorientierung in der Psychotherapie: Eine »neue« Perspektive? In: M. Hermer (Hrsg.), *Psychotherapeutische Perspektiven am Beginn des 21. Jahrhunderts* (S. 193–212). Tübingen: dgtv.

Willutzki, U., Haas, H., Neumann B. & Koban, C. (in Vorb.). *Die Psychotherapie sozialer Ängste: Zur Evaluation eines kognitiv-verhaltenstherapeutischen bzw. kombiniert ressourcenorientierten Vorgehens.*

Willutzki, U., Haas, H., Neumann, B., Koban, C. & Schulte, D. (2004, im Druck). Zur Psychotherapie sozialer Ängste: Kognitive Verhaltenstherapie im Vergleich zu einem kombiniert ressourcenorientierten Vorgehen. Eine randomisierte kontrollierte Interventionsstudie. *Zeitschrift für Klinische Psychologie und Psychotherapie.*

Windhaber, J. (1998). Pharmakotherapie der Sozialphobie. In H. Katschnig, U. Demal & J. Windhaber (Hrsg.), *Wenn Schüchternheit zur Krankheit wird ... Über Formen, Entstehung und Behandlung der Sozialphobie* (S. 137–146). Wien: Facultas.

Wittchen, H. U. & Beloch, E. (1996). The impact of social phobia on quality of life. *International Journal of Clinical Psychopharmacology, 11,* 14–23.

Wlazlo, Z. (1995). *Soziale Phobie. Eine Anleitung zur Durchführung einer Exposition in vivo.* Basel: Karger.

Wlazlo, Z., Schroeder-Hartwig, K., Hand, I., Kaiser, G. & Münchau, N. (1990). Exposure in vivo vs. social skills training for social phobia: Long-term outcome and differential effects. *Behaviour Research and Therapy, 28,* 181–193.

Wolpe, J. (1958). *Psychotherapy by reciprocal inhibition*. Stanford: Stanford University Press.

Wolpe, J. (1969). *The practice of behavior therapy*. New York: Pergamon.

Zimbardo, P. G. (1986). The Stanford shyness project. In W. H. Jones, J. M. Cheek & S. R. Briggs (Eds.), *Shyness: Perspectives on research and treatment*. New York: Plenum.

Zimmer, D. (1978). Der Begriff der ›Sozialen Kompetenz‹ und seine Bedeutung für die klinische Verhaltensmodifikation: Soziologische und klinische Aspekte. In R. Ullrich & R. Ullrich de Muynck (Hrsg.), *Soziale Kompetenz: Experimentelle Ergebnisse zum Assertiveness Training Programm ATP* (S. 483–503). München: Pfeiffer.

Verzeichnis der Abbildungen und Tabellen: